2016

国际农产品贸易统计年鉴

INTERNATIONAL AGRICULTURAL TRADE STATISTICAL YEARBOOK

农业部农产品贸易办公室
农业部农业贸易促进中心　编

中国农业出版社

图书在版编目（CIP）数据

国际农产品贸易统计年鉴．2016 / 农业部农产品贸易办公室，农业部农业贸易促进中心编．—北京：中国农业出版社，2016.12
ISBN 978-7-109-22564-0

Ⅰ．①国… Ⅱ．①农…②农… Ⅲ．①农产品贸易－国际贸易－统计资料－2016－年鉴 Ⅳ．①F746.2-66

中国版本图书馆 CIP 数据核字（2017）第 007055 号

中国农业出版社出版
（北京市朝阳区麦子店街 18 号楼）
（邮政编码 100125）
责任编辑　汪子涵

北京通州皇家印刷厂印刷　　新华书店北京发行所发行
2016 年 12 月第 1 版　　2016 年 12 月北京第 1 次印刷

开本：720mm×960mm　1/16　　印张：30.5
字数：545 千字
定价：80.00 元

《国际农产品贸易统计年鉴 2016》
编 辑 委 员 会

编 者 说 明

一、《国际农产品贸易统计年鉴》是一本反映中国及世界重点国家（地区）农产品贸易的统计资料工具书。

二、本书共分四篇。第一篇主要反映世界农产品进出口总体情况，第二篇反映谷物、棉花等主要农产品进出口前15位国家（地区）情况，第三篇分别从产品、贸易伙伴、地区角度反映中国农产品进出口情况，第四篇主要反映与中国贸易关系较为密切的重点国家（地区）农产品贸易情况。

三、世界贸易数据采自世界贸易组织统计数据库，中国农产品贸易数据来自中国海关统计数据库，各国农产品贸易数据采自联合国商品贸易统计数据库。

四、本书采集、收录了2005—2015年间贸易历史数据。重点对33类产品、38个国家（地区）的数据进行了加工整理。

五、世界贸易统计口径直接采用世界贸易组织统计标准，中国农产品贸易统计口径依照农业部与海关总署共同确定的统计范围和分类标准，各国（地区）农产品贸易统计口径参照中国统计范围和分类标准整理。各数据库统计方式存在差异，数据来源将在注释中标明，以供参考。中国农产品贸易统计基于2 419个HS八位编码的原始数据。

六、所有数据随世界贸易组织统计数据库、联合国商品贸易统计数据库、中国海关统计数据库及其产品分类的调整而更新。

七、符号使用说明：表中空白处表示该项统计指标数据不足本表最小单位数、数据不详或无该项数据。

目　　录

一、综合篇

二、产品篇

主要进口产品

三、中国篇

主要进出口产品

主要贸易伙伴

四、国际市场篇

南美洲

大洋洲

一、综合篇

简 要 说 明

一、本篇资料的主要内容

本篇资料综合反映世界农产品在世界商品贸易中的地位，以及世界农产品进口、出口大国的进出口排序。

二、本篇资料的数据来源

本篇资料数据采自世界贸易组织统计数据库和联合国商品贸易统计数据库。

三、本篇资料的数据采集时间

采集时间为 2016 年 11 月。

1-1 世界农产品贸易综述

一、10 年来全球农产品贸易总体情况*

过去 10 年，全球农产品贸易快速增长，出口额由 2005 年的 8 530.4 亿美元增至 2015 年的 15 683.4 亿美元，年均增长 6.3%（图 1）。世界农产品出口额占世界商品出口总额的比重保持在 7.8%～9.5%之间，2015 年为 9.5%。

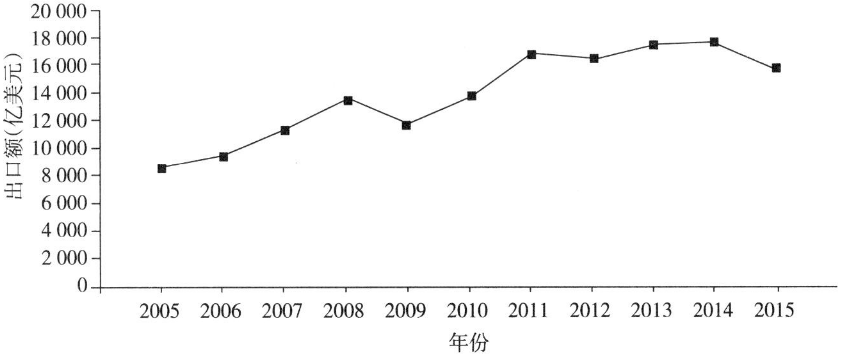

图 1　2005—2015 年全球农产品出口额变化情况

2005—2015 年，大部分年份农产品出口额保持增长，其中 2007 年和 2011 年出口额同比增速均超过 20%。金融危机后，农产品贸易受挫，2009 年全球农产品贸易大幅萎缩，之后回暖，但近几年增速趋缓，增长乏力，2015 年再次出现下降（图 2）。

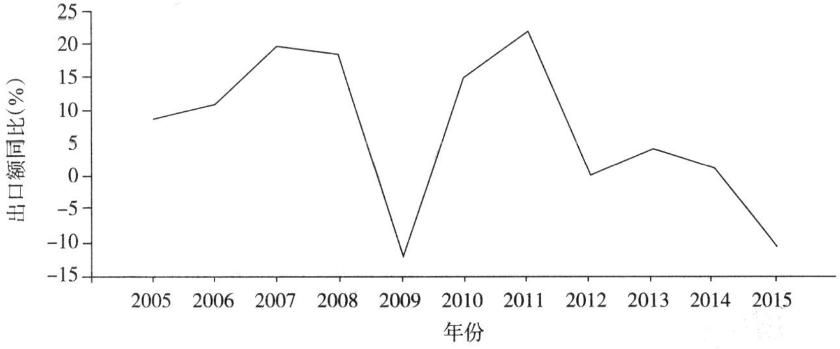

图 2　2005—2015 年全球农产品出口额同比变化情况

* 数据来源于世界贸易组织统计数据库。

二、2015 年全球农产品贸易情况

（一）全球农产品贸易结构*

2015 年，全球大类农产品中贸易额靠前的是畜产品和饮品，出口额分别为 2 522.6 亿美元和 1 816.7 亿美元，占同期全球农产品出口额的比重分别为 18.8%和 13.5%（图 3）。

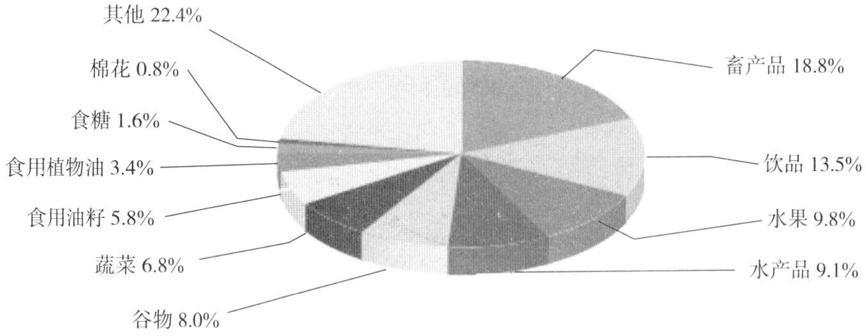

图 3 2015 年全球农产品出口结构

2015 年，各大类农产品出口普遍下滑，降幅为 12.7%～37.2%。其中，食用植物油、棉花、畜产品、饮品降幅较大，降幅分别为 37.2%、28.9%、25.2%和 23.8%（表 1）。

表 1 2005—2015 年全球主要农产品出口额同比变化情况

单位：%

	2005 年	2006 年	2007 年	2008 年	2009 年	2010 年	2011 年	2012 年	2013 年	2014 年	2015 年
农产品	6.9	8.6	23.8	22.6	−11.1	13.7	22.0	1.7	2.4	4.7	−22.1
谷物	1.6	9.3	47.7	46.0	−26.4	8.4	37.7	1.9	4.8	−2.2	−23.0
棉花	−13.3	13.1	6.0	5.5	−20.6	71.7	40.0	−2.5	−10.0	−20.6	−28.9
食用油籽	1.5	−26.0	97.5	56.8	−10.3	17.5	21.0	15.3	5.7	1.1	−14.0
食用植物油	3.0	19.3	35.1	47.2	−25.7	21.3	35.6	−0.3	−7.9	−2.8	−37.2
食糖	34.1	32.1	−13.4	6.2	12.3	39.4	22.8	−5.3	−8.7	−14.3	−21.7
蔬菜	3.3	18.1	16.6	12.8	−4.0	13.0	11.7	−5.5	−9.5	28.0	−15.5
水果	10.7	7.7	24.1	14.8	−7.9	9.8	16.7	1.0	8.3	1.6	−12.7
畜产品	6.5	3.7	24.9	20.8	−14.0	15.8	21.3	0.4	7.8	3.9	−25.2
水产品	11.4	15.8	7.3	11.7	−6.1	15.0	18.4	0.5	6.9	6.4	−22.0
饮品	12.9	6.2	25.1	15.6	−8.5	12.3	22.4	0.8	1.7	−0.3	−23.8

* 此部分数据来源于联合国商品贸易统计数据库。

（二）主要进出口国家（地区）*

2015年，全球前五大农产品出口国（地区）分别为欧盟28国、美国、巴西、中国、加拿大，出口额分别为5 834.6亿美元、1 608.0亿美元、800.0亿美元、725.3亿美元、635.9亿美元，占全球农产品出口额的比重分别为37.2%、10.3%、5.1%、4.6%、4.1%（图4）。

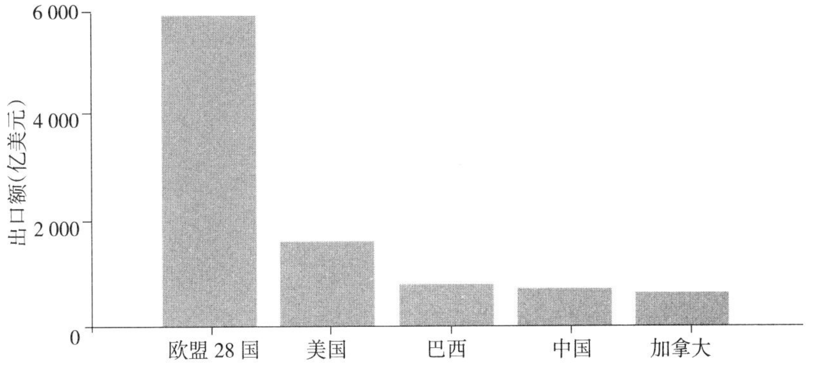

图4　2015年全球前五大农产品出口国（地区）

2015年，全球前五大农产品进口国（地区）分别为欧盟28国、中国、美国、日本、加拿大，进口额分别为5 926.7亿美元、1 597.3亿美元、1 566.3亿美元、734.4亿美元、382.2亿美元，占全球农产品进口额的比重分别为37.3%、10.0%、9.9%、4.6%、2.4%（图5）。

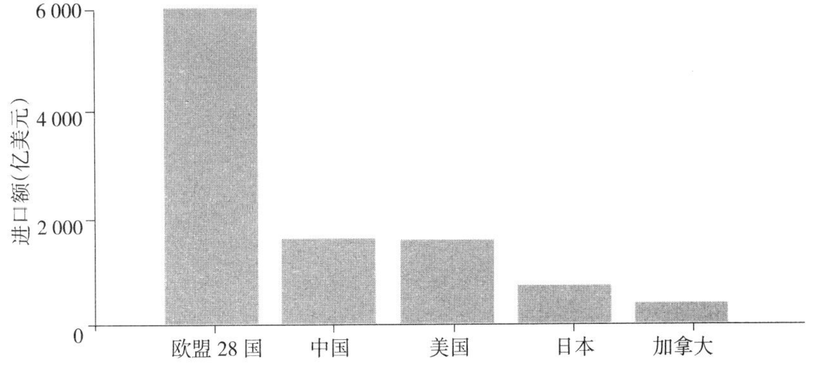

图5　2015年全球前五大农产品进口国（地区）

* 数据来源于世界贸易组织统计数据库。

1-2 世界农产品在世界商品贸易中的地位*

单位：亿美元，%

年份	世界商品出口额	世界商品进口额	世界农产品出口额	世界农产品进口额	世界农产品出口额占世界商品出口总额的比重	世界农产品进口额占世界商品进口总额的比重
2005	105 090.0	108 700.0	8 530.4	8 994.0	8.1	8.3
2006	121 310.0	124 610.0	9 463.6	9 821.3	7.8	7.9
2007	140 230.0	143 300.0	11 348.0	11 808.7	8.1	8.2
2008	161 600.0	165 720.0	13 458.6	14 156.1	8.3	8.5
2009	125 550.0	127 820.0	11 815.1	12 223.9	9.4	9.6
2010	153 010.0	155 110.0	13 602.0	13 954.1	8.9	9.0
2011	183 380.0	185 030.0	16 580.3	17 005.3	9.0	9.2
2012	184 960.0	187 050.0	16 605.5	16 662.9	9.0	8.9
2013	189 480.0	190 110.0	17 363.0	18 447.6	9.2	9.7
2014	189 950.0	191 040.0	17 626.0	18 730.7	9.3	9.8
2015	164 820.0	167 250.0	15 683.4	15 899.5	9.5	9.5

1-3 中国农产品在中国商品贸易中的地位

单位：亿美元，%

年份	中国商品出口额	中国商品进口额	中国农产品出口额	中国农产品进口额	中国农产品出口额占中国商品出口总额的比重	中国农产品进口额占中国商品进口总额的比重
2005	7 619.5	6 599.5	287.1	451.9	3.8	6.8
2006	9 689.8	7 914.6	325.4	516.5	3.4	6.5
2007	12 204.6	9 561.2	388.6	653.7	3.2	6.8
2008	14 306.9	11 325.7	422.6	868.1	3.0	7.7
2009	12 016.1	10 059.2	408.8	766.2	3.4	7.6
2010	15 777.5	13 962.5	516.1	1 082.6	3.3	7.8
2011	18 983.8	17 434.8	646.1	1 447.2	3.4	8.3
2012	20 487.1	18 184.1	662.0	1 568.4	3.2	8.6
2013	22 090.1	19 499.9	701.9	1 654.8	3.2	8.5
2014	23 422.9	19 592.3	745.0	1 701.1	3.2	8.7
2015	22 749.5	16 819.5	725.3	1 597.3	3.2	9.5

* 1-2，1-3，1-4，1-5，1-6 数据来源于世界贸易组织统计数据库。

1-4 世界农产品贸易额前 15 位国家（地区）

（2015 年）

单位：亿美元，%

国家（地区）	2015 年进出口额	在世界农产品进出口总额中所占比重			
		2000 年	2005 年	2010 年	2015 年
欧盟 28 国	11 761.3	42.3	44.8	39.7	37.2
美国	3 174.3	12.3	10.2	9.4	10.1
中国	2 322.6	3.1	4.2	5.8	7.4
加拿大	1 018.1	4.4	3.6	3.1	3.2
巴西	906.4	1.8	2.2	2.9	2.9
日本	837.5	5.8	4.1	3.2	2.7
印度	631.0	0.9	1.0	1.5	2.0
印度尼西亚	581.3	1.2	1.2	1.9	1.8
墨西哥	549.1	1.8	1.7	1.5	1.7
俄罗斯	546.7	1.3	1.8	2.1	1.7
泰国	523.9	1.5	1.4	1.7	1.7
澳大利亚	505.3	1.8	1.6	1.4	1.6
韩国	438.8	1.5	1.3	1.3	1.4
马来西亚	438.5	1.1	1.2	1.6	1.4
越南	432.6	0.5	0.6	1.0	1.4
小计	**24 667.5**	**81.05**	**80.87**	**78.05**	**78.10**

1-5 世界农产品出口额前 15 位国家（地区）

（2015 年）

单位：亿美元，%

国家（地区）	2015 年出口额	在世界农产品出口总额中所占比重			
		2000 年	2005 年	2010 年	2015 年
欧盟 28 国	5 834.6	41.9	44.2	39.3	37.2
美国	1 608.0	13.0	9.7	10.5	10.3
巴西	800.0	2.8	4.1	5.0	5.1
中国	725.3	3.0	3.4	3.8	4.6
加拿大	635.9	6.3	4.8	3.8	4.1
印度尼西亚	397.7	1.4	1.6	2.6	2.5
泰国	364.6	2.2	2.1	2.6	2.3
澳大利亚	359.8	3.0	2.5	2.0	2.3
印度	353.8	1.1	1.2	1.7	2.3
阿根廷	345.6	2.2	2.2	2.5	2.2
墨西哥	272.5	1.7	1.5	1.4	1.7
俄罗斯	271.6	1.4	1.7	1.6	1.7
马来西亚	253.9	1.5	1.6	2.1	1.6
越南	246.1	0.7	0.9	1.2	1.6
新西兰	235.8	1.4	1.5	1.4	1.5
小计	**12 705.1**	**83.46**	**83.02**	**81.66**	**81.01**

1-6 世界农产品进口额前15位国家（地区）

（2015年）

单位：亿美元，%

国家（地区）	2015年进口额	在世界农产品进口总额中所占比重			
		2000年	2005年	2010年	2015年
欧盟28国	5 926.7	42.7	45.3	40.1	37.3
中国	1 597.3	3.3	5.0	7.8	10.0
美国	1 566.3	11.6	10.7	8.3	9.9
日本	734.4	10.4	7.3	5.6	4.6
加拿大	382.2	2.6	2.4	2.3	2.4
韩国	330.4	2.2	1.9	1.9	2.1
印度	277.2	0.7	0.8	1.3	1.7
墨西哥	276.5	1.8	1.8	1.7	1.7
俄罗斯	275.2	1.3	1.9	2.6	1.7
中国香港	274.7	2.0	1.2	1.5	1.7
沙特阿拉伯	236.5	0.9	1.0	1.3	1.5
阿拉伯联合酋长国	197.5	0.5	0.6	0.8	1.2
越南	186.5	0.2	0.4	0.7	1.2
马来西亚	184.7	0.8	0.8	1.2	1.2
印度尼西亚	183.6	1.0	0.8	1.1	1.2
小计	**12 629.6**	**81.87**	**82.05**	**78.18**	**79.43**

二、产品篇

简 要 说 明

一、本篇资料的主要内容

本篇资料主要从产品角度，全面反映了世界农产品贸易的主要情况。

二、本篇资料的统计口径

本篇资料依照中国农业部与海关总署商定的统计范围和分类标准进行统计。

三、本篇资料的统计范围

本篇资料选择九大类主要农产品，统计涵盖世界农产品进口、出口主要国家（地区）。

四、本篇资料的数据来源

本篇资料是采集联合国商品贸易统计数据库的原始数据加工整理而得。

五、本篇资料的数据采集时间

采集时间为 2016 年 10 月。

主要出口产品

2-1 世界谷物出口量前15位国家（地区）

（2015年）

单位：吨，%

序号	国家（地区）	出口量	同比增长
1	美国	80 742 008.4	14.7
2	乌克兰	37 786 838.3	14.8
3	法国	35 835 265.5	9.4
4	巴西	31 885 363.1	44.6
5	俄罗斯	31 124 405.5	2.4
6	加拿大	28 423 059.0	−6.4
7	阿根廷	25 176 899.0	11.8
8	澳大利亚	24 378 308.8	−4.3
9	德国	15 661 621.3	10.1
10	印度	13 276 214.6	−33.0
11	罗马尼亚	10 545 417.2	3.9
12	泰国	10 065 307.4	−15.6
13	匈牙利	7 225 528.3	30.5
14	波兰	6 230 379.8	11.2
15	哈萨克斯坦	5 629 219.8	−18.1
	小计	**363 985 835.7**	

2-2　世界棉花出口量前15位国家（地区）

（2015年）

单位：吨，%

序号	国家（地区）	出口量	同比增长
1	美　　国	2 466 832.6	10.1
2	印　　度	1 391 086.7	−15.4
3	巴　　西	846 920.1	10.4
4	澳大利亚	448 886.5	−50.2
5	布基纳法索	257 005.6	−16.7
6	贝　　宁	234 801.2	27.4
7	希　　腊	224 002.0	−7.4
8	科特迪瓦	183 210.5	−0.4
9	土耳其	161 475.8	15.1
10	巴基斯坦	112 521.0	−32.6
11	喀麦隆	99 236.4	9.2
12	阿根廷	58 468.3	−39.1
13	埃　　及	49 995.7	93.9
14	西班牙	48 432.8	−38.3
15	多　　哥	44 905.7	33.9
	小　　计	**6 627 780.7**	

2-3 世界食用油籽出口量前15位国家（地区）

（2015年）

单位：吨，%

序号	国家（地区）	出口量	同比增长
1	巴　西	54 529 188.2	19.0
2	美　国	51 385 447.4	17.2
3	加拿大	14 326 435.6	1.0
4	阿根廷	12 433 434.1	53.9
5	巴拉圭	4 653 609.3	−5.3
6	乌克兰	3 770 466.6	−1.9
7	乌拉圭	3 035 092.3	−4.6
8	澳大利亚	2 870 062.3	−1.2
9	荷　兰	2 274 053.5	−4.2
10	罗马尼亚	1 976 276.6	−16.3
11	法　国	1 971 222.8	4.6
12	印　度	1 287 457.4	−14.1
13	俄罗斯	1 050 320.8	21.0
14	波　兰	1 013 456.5	21.6
15	保加利亚	985 487.9	−26.5
	小　计	**157 562 011.2**	

2-4 世界食用植物油出口量前15位国家（地区）

（2015年）

单位：吨，%

序号	国家（地区）	出口量	同比增长
1	马来西亚	15 709 176.3	1.8
2	阿根廷	6 194 472.4	36.2
3	乌克兰	4 252 373.7	−7.1
4	加拿大	2 754 771.2	10.1
5	荷兰	2 666 819.6	−1.4
6	俄罗斯	2 158 163.3	−9.3
7	德国	2 094 489.9	16.1
8	巴西	1 892 283.2	30.3
9	美国	1 794 891.0	8.2
10	西班牙	1 450 940.5	−23.7
11	法国	745 502.2	6.0
12	巴拉圭	711 062.9	9.5
13	土耳其	680 564.2	−5.4
14	捷克	585 435.2	24.9
15	匈牙利	564 859.1	−5.4
	小计	**44 255 804.6**	

2-5 世界食糖出口量前15位国家（地区）

（2015年）

单位：吨，%

序号	国家（地区）	出口量	同比增长
1	巴西	24 012 276.1	−0.5
2	泰国	7 591 330.0	20.6
3	印度	3 068 246.7	25.9
4	法国	2 332 490.6	16.7
5	危地马拉	2 137 512.8	0.9
6	巴基斯坦	1 583 608.0	133.0
7	墨西哥	1 528 457.7	−16.8
8	巴林	1 206 990.3	1284.0
9	德国	892 077.6	−18.6
10	哥伦比亚	785 572.6	−1.5
11	南非	701 263.1	−23.2
12	比利时	623 239.3	12.6
13	萨尔瓦多	517 473.0	15.8
14	荷兰	475 396.3	2.4
15	毛里求斯	438 317.4	4.2
	小计	**47 894 251.7**	

2-6 世界畜产品出口额前 15 位国家（地区）

（2015 年）

单位：万美元，%

序号	国家（地区）	出口额	同比增长
1	美　国	2 534 012.8	−19.1
2	德　国	2 172 994.5	−22.9
3	荷　兰	2 069 461.7	−20.8
4	澳大利亚	1 678 982.3	−7.3
5	巴　西	1 569 814.7	−17.1
6	新西兰	1 463 077.3	−23.2
7	法　国	1 436 306.2	−17.9
8	丹　麦	927 101.3	−16.1
9	西班牙	837 421.7	−9.9
10	加拿大	836 887.6	−14.4
11	比利时	826 270.4	−21.5
12	波　兰	804 733.1	−11.9
13	爱尔兰	660 366.2	−14.6
14	意大利	647 863.5	−13.5
15	中　国	588 108.8	−14.0
	小　计	**19 053 402.1**	

2-7 世界蔬菜出口额前15位国家（地区）

（2015年）

单位：万美元，%

序号	国家（地区）	出口额	同比增长
1	中　国	1 473 928.5	5.2
2	荷　兰	1 162 944.5	—10.2
3	西班牙	814 199.7	—6.7
4	美　国	751 955.2	—0.4
5	墨西哥	633 147.9	8.3
6	比利时	461 859.6	—8.6
7	意大利	432 457.1	—11.3
8	法　国	354 041.4	—15.0
9	加拿大	280 226.9	1.8
10	德　国	261 813.5	—13.0
11	印　度	221 877.8	5.9
12	波　兰	172 264.2	—12.5
13	土耳其	149 140.2	—12.6
14	秘　鲁	130 141.2	0.4
15	埃　及	128 209.1	0.4
	小　计	**7 428 206.9**	

2-8 世界水果出口额前 15 位国家（地区）

（2015 年）

单位：万美元，%

序号	国家（地区）	出口额	同比增长
1	美　　国	1 339 925.4	-4.5
2	西 班 牙	977 161.6	-0.8
3	荷　　兰	882 466.2	-13.6
4	中　　国	846 882.6	8.8
5	智　　利	564 132.5	-10.2
6	德　　国	540 430.8	-13.7
7	墨 西 哥	530 161.5	11.3
8	意 大 利	509 492.0	-10.8
9	比 利 时	450 060.4	-11.6
10	泰　　国	412 245.3	2.5
11	法　　国	406 971.6	-11.9
12	土 耳 其	343 665.9	-7.7
13	巴　　西	318 308.6	-1.9
14	南　　非	315 676.6	-4.2
15	厄瓜多尔	308 703.8	7.9
	小　　计	**8 746 284.9**	

2-9 世界水产品出口额前15位国家（地区）

（2015年）

单位：万美元，%

序号	国家（地区）	出口额	同比增长
1	中国	2 079 904.1	−6.1
2	挪威	921 114.4	−14.9
3	美国	637 390.5	−3.4
4	泰国	582 894.0	−15.2
5	智利	545 623.9	−18.9
6	印度	494 504.6	−13.0
7	加拿大	489 162.1	5.0
8	西班牙	378 069.9	−7.1
9	厄瓜多尔	368 423.1	−13.3
10	瑞典	368 026.4	−5.4
11	荷兰	365 822.8	−12.3
12	丹麦	360 382.7	−10.0
13	俄罗斯	293 975.3	−2.8
14	德国	276 915.4	−16.9
15	日本	240 938.9	2.6
	小计	**8 403 148.1**	

2-10 世界饮品出口额前15位国家（地区）

（2015年）

单位：万美元，%

序号	国家（地区）	出口额	同比增长
1	法　　国	1 977 279.4	-8.2
2	德　　国	1 449 372.7	-12.6
3	英　　国	1 168 369.4	-9.8
4	意 大 利	1 146 671.7	-10.0
5	荷　　兰	1 143 099.4	-8.0
6	美　　国	1 095 038.1	-2.4
7	比 利 时	784 048.0	-4.5
8	巴　　西	766 247.6	-6.4
9	西 班 牙	561 068.4	237.4
10	墨 西 哥	540 212.3	1.6
11	科特迪瓦	533 605.9	10.2
12	瑞　　士	516 880.0	52.3
13	中　　国	437 080.5	13.6
14	新 加 坡	363 296.1	-4.6
15	波　　兰	324 931.9	2.3
	小　　计	**12 807 201.3**	

主要进口产品

2-11 世界谷物进口量前15位国家（地区）

（2015年）

单位：吨，%

序号	国家（地区）	进口量	同比增长
1	中　　国	32 715 734.4	67.6
2	日　　本	23 065 420.6	-3.0
3	墨 西 哥	18 214 552.8	10.8
4	韩　　国	14 961 671.4	2.8
5	西 班 牙	14 422 123.4	17.1
6	荷　　兰	13 998 772.8	3.9
7	阿尔及利亚	13 839 367.4	11.3
8	意 大 利	12 287 469.3	-8.1
9	沙特阿拉伯	12 110 272.8	-19.5
10	德　　国	10 491 606.7	-2.2
11	比 利 时	8 067 016.5	-1.6
12	美　　国	7 854 792.5	-8.0
13	哥伦比亚	7 027 099.8	12.2
14	巴　　西	6 731 963.8	-14.6
15	埃　　及	6 525 680.3	390.3
	小　　计	**202 313 544.4**	

2-12 世界棉花进口量前15位国家（地区）

（2015年）

单位：吨，%

序号	国家（地区）	进口量	同比增长
1	中　　国	1 758 886.0	−34.1
2	土 耳 其	816 012.3	−11.4
3	泰　　国	526 654.3	56.9
4	韩　　国	287 184.8	7.0
5	巴基斯坦	280 557.0	16.4
6	印　　度	229 427.5	−1.4
7	墨 西 哥	228 509.1	2.2
8	日　　本	100 575.1	8.2
9	德　　国	91 345.2	−4.6
10	马来西亚	90 728.6	30.7
11	意 大 利	73 647.2	−8.9
12	埃　　及	73 044.5	−4.4
13	俄 罗 斯	67 888.6	−17.4
14	秘　　鲁	55 902.7	−6.2
15	法　　国	43 695.1	−5.1
	小　　计	**4 724 058.0**	

2-13 世界食用油籽进口量前15位国家（地区）

（2015年）

单位：吨，%

序号	国家（地区）	进口量	同比增长
1	中国	87 639 093.9	13.0
2	德国	9 556 316.8	3.9
3	荷兰	6 922 997.0	8.8
4	日本	6 097 343.8	8.0
5	墨西哥	5 607 166.1	−0.2
6	西班牙	4 088 984.3	−1.4
7	比利时	3 563 993.5	−5.6
8	土耳其	3 170 618.3	−4.0
9	泰国	2 662 988.3	34.0
10	俄罗斯	2 468 522.8	11.5
11	法国	2 282 031.3	2.5
12	美国	1 938 548.0	−47.2
13	韩国	1 683 269.3	1.9
14	意大利	1 449 408.4	−23.0
15	葡萄牙	1 407 709.0	3.7
	小计	**140 538 990.7**	

2-14 世界食用植物油进口量前15位国家（地区）

（2015年）

单位：吨，%

序号	国家（地区）	进口量	同比增长
1	印度	14 900 287.4	24.7
2	中国	8 391 092.4	6.6
3	荷兰	3 775 615.4	−2.2
4	美国	3 445 072.3	4.9
5	意大利	2 850 118.1	−8.1
6	巴基斯坦	2 614 251.1	5.4
7	德国	2 146 718.2	4.3
8	西班牙	2 053 089.9	11.8
9	土耳其	1 446 769.7	−0.7
10	马来西亚	1 440 103.6	90.6
11	比利时	1 232 840.5	−11.4
12	英国	1 035 378.0	−2.1
13	法国	1 012 844.1	5.3
14	墨西哥	929 579.7	16.9
15	俄罗斯	915 628.4	20.8
	小计	**48 189 388.8**	

2-15 世界食糖进口量前15位国家（地区）

（2015年）

单位：吨，%

序号	国家（地区）	进口量	同比增长
1	中　　国	4 846 684.5	39.0
2	美　　国	3 206 469.5	4.7
3	马来西亚	1 934 183.1	−9.6
4	阿尔及利亚	1 904 963.9	0.2
5	韩　　国	1 817 636.8	−3.7
6	印　　度	1 600 026.8	16.1
7	意大利	1 471 574.9	−8.4
8	日　　本	1 282 251.9	−4.3
9	苏　　丹	1 235 040.5	
10	英　　国	1 197 869.2	−4.3
11	加拿大	1 143 366.9	−7.2
12	西班牙	1 051 566.4	−24.1
13	俄罗斯	1 010 022.1	0.3
14	摩洛哥	923 331.7	19.6
15	德　　国	751 433.2	14.3
	小　　计	**25 376 421.4**	

2-16 世界畜产品进口额前 15 位国家（地区）

（2015 年）

单位：万美元，%

序号	国家（地区）	进口额	同比增长
1	中国	1 792 708.2	−13.0
2	美国	1 779 016.9	5.2
3	德国	1 734 075.8	−21.2
4	英国	1 405 416.4	−9.8
5	日本	1 402 615.5	−10.3
6	意大利	1 268 578.9	−22.0
7	荷兰	1 101 266.6	−13.8
8	法国	1 067 450.6	−15.5
9	中国香港	1 022 403.2	−15.6
10	墨西哥	672 614.6	−15.1
11	比利时	630 920.7	−23.8
12	沙特阿拉伯	614 772.6	−1.0
13	俄罗斯	564 466.8	−44.4
14	韩国	556 622.7	0.8
15	加拿大	460 408.7	−7.1
	小计	**16 073 338.1**	

2-17 世界蔬菜进口额前15位国家（地区）

（2015年）

单位：万美元，%

序号	国家（地区）	进口额	同比增长
1	美国	1 458 000.4	4.7
2	德国	863 896.5	−10.1
3	英国	655 639.1	−4.7
4	法国	558 485.6	−10.2
5	日本	477 463.9	−4.7
6	加拿大	424 138.1	1.8
7	荷兰	415 985.3	−11.0
8	俄罗斯	260 968.4	−34.9
9	意大利	253 928.4	−7.4
10	比利时	253 480.2	−5.7
11	西班牙	207 782.4	−6.9
12	沙特阿拉伯	145 361.9	10.9
13	韩国	137 610.4	12.0
14	马来西亚	117 319.1	12.4
15	瑞典	115 575.1	−10.0
	小计	**6 345 634.8**	

2-18　世界水果进口额前 15 位国家（地区）

（2015 年）

单位：万美元，%

序号	国家（地区）	进口额	同比增长
1	美　　国	1 991 263.0	7.0
2	德　　国	1 047 606.3	−10.8
3	英　　国	887 536.5	−1.3
4	荷　　兰	745 595.7	−15.1
5	中　　国	723 378.7	17.0
6	法　　国	696 508.3	−7.6
7	加 拿 大	622 901.4	−3.3
8	比 利 时	483 504.5	−14.3
9	俄 罗 斯	470 631.2	−31.1
10	日　　本	453 550.6	−6.0
11	意 大 利	317 651.0	−6.1
12	中国香港	310 918.6	5.0
13	西 班 牙	276 138.2	22.1
14	沙特阿拉伯	269 222.3	7.9
15	韩　　国	252 440.5	3.0
	小　　计	**9 548 846.8**	

2-19 世界水产品进口额前15位国家（地区）

（2015年）

单位：万美元，%

序号	国家（地区）	进口额	同比增长
1	美　国	2 149 188.7	−6.3
2	日　本	1 438 748.5	−9.4
3	中　国	903 170.0	−2.0
4	西班牙	658 442.9	−7.0
5	法　国	642 823.1	−7.8
6	意大利	571 924.2	−9.3
7	德　国	554 088.0	−15.6
8	韩　国	453 948.8	2.0
9	英　国	447 788.3	−9.3
10	瑞　典	443 483.7	−7.6
11	中国香港	397 247.4	−1.9
12	加拿大	296 118.4	−8.2
13	荷　兰	278 706.1	−20.6
14	丹　麦	264 994.4	−10.6
15	泰　国	264 814.3	−7.6
	小　计	**9 765 486.9**	

2-20 世界饮品进口额前15位国家（地区）

（2015年）

单位：万美元，%

序号	国家（地区）	进口额	同比增长
1	美　国	3 428 120.9	3.4
2	德　国	1 521 227.8	−14.1
3	英　国	1 278 747.0	−4.7
4	法　国	1 036 131.4	−3.5
5	荷　兰	912 338.6	−5.9
6	加拿大	785 779.0	−6.2
7	比利时	636 598.9	−10.0
8	日　本	615 839.9	−4.2
9	中　国	572 931.0	34.1
10	意大利	486 785.8	−2.9
11	俄罗斯	431 986.2	−29.4
12	西班牙	426 589.1	49.1
13	中国香港	347 261.7	9.6
14	瑞　士	329 965.4	109.3
15	新加坡	323 702.5	−9.4
	小　计	**13 134 005.3**	

三、中国篇

简 要 说 明

一、本篇资料的主要内容

本篇资料分别从产品、市场、地区三个角度，全面反映了中国农产品贸易的主要情况。

二、本篇资料的统计口径

本篇资料依照中国农业部与海关总署共同商定的统计范围和分类标准进行统计。

三、本篇资料的数据来源

本篇资料是采集中国海关统计数据库的原始数据加工整理而得。

四、本篇资料的数据采集时间

采集时间为 2016 年 6 月。

中国农产品贸易综述*

一、10 年来中国农产品贸易总体情况

2005—2015 年，中国农产品贸易快速发展，贸易额由 563.4 亿美元增长到 1 875.6 亿美元，年均增长 12.8%。其中，进口额从 287.9 亿美元增长到 1 168.8 亿美元，年均增长 15.0%；出口额从 275.5 亿美元增长到 706.8 亿美元，年均增长 9.9%。

由于参与全球市场资源配置程度不断加深、国内需求快速增长及国内外价差不断扩大，中国农产品贸易自 2004 年起由顺差转为逆差，且逆差总体呈不断扩大趋势，从 2004 年的 47.3 亿美元增长到 2015 年的 462.0 亿美元（图 1）。

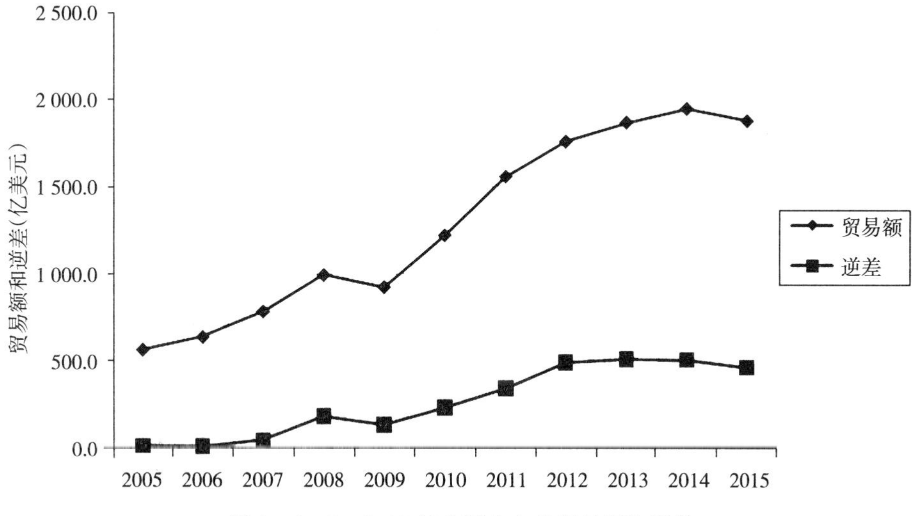

图 1　2005—2015 年中国农产品贸易额和逆差

二、2015 年中国农产品贸易情况

2015 年，中国农产品进出口额 6 年来首次出现下降，但仍为历史第二高，达 1 875.6 亿美元，同比下降 3.6%。其中，进口 1 168.8 亿美元，同比下降 4.6%；出口 706.8 美元，同比下降 1.8%；逆差 462.0 亿美元，同比缩小 8.7%（图 2、图 3）。据联合国商品贸易统计数据库不完全统计，2015 年中国农产品贸易额居世界第 2 位，仅次于美国（2 928 亿美元），占 2015 年世界农产品贸易额的 7.0%，其中进口额居世界第 2 位，出口额居世界第 5

---

* 本综述中引用的中国农产品贸易年度数据均来自中国海关统计数据库中的当年 1～12 月累计数据。

位（表 1）。

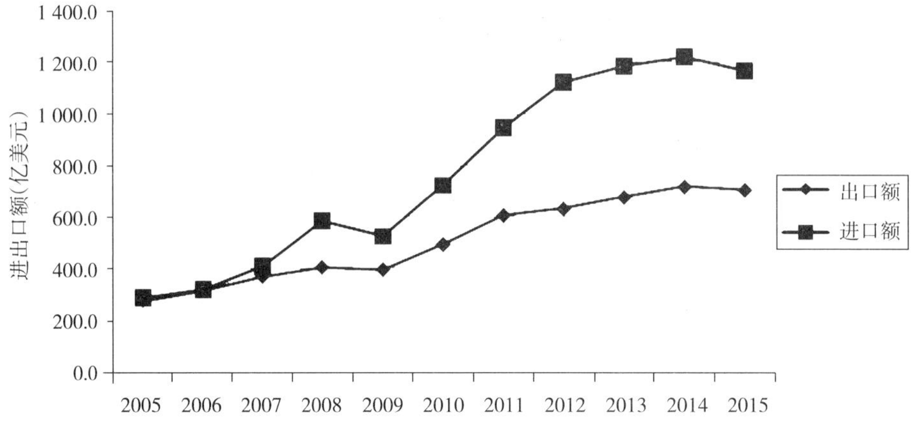

图 2　2005—2015 年中国农产品进出口额变化

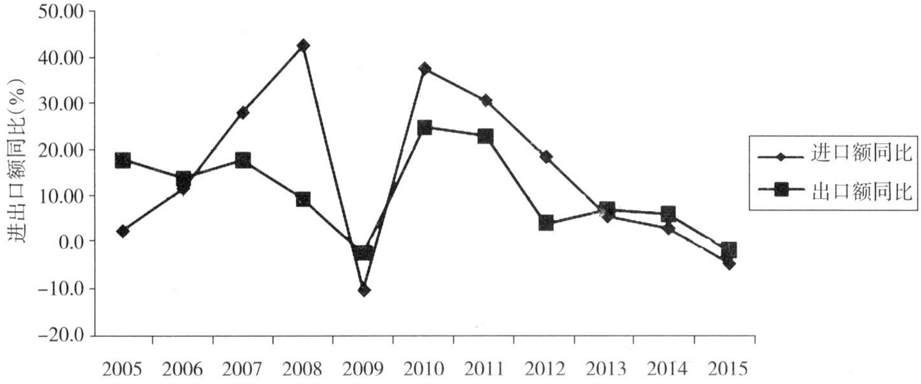

图 3　2005—2015 年中国农产品进出口额同比变化

表 1　2015 年全球前十大农产品贸易国及进出口国

单位：亿美元，%

全球前十大农产品贸易国				前十大农产品出口国			前十大农产品进口国		
排名	国家	贸易额	占比	国家	出口额	占比	国家	进口额	占比
1	美国	2 928.3	10.9	美国	1 472.9	11.0	美国	1 455.3	10.8
2	中国	1 876.9	7.0	荷兰	884.5	6.6	中国	1 169.6	8.7
3	德国	1 671.4	6.2	德国	776.4	5.8	德国	894.9	6.7
4	荷兰	1 473.4	5.5	巴西	745.4	5.5	日本	676.1	5.0
5	法国	1 294.4	4.8	中国	707.4	5.3	英国	657.8	4.9

（续）

全球前十大农产品贸易国				前十大农产品出口国			前十大农产品进口国		
排名	国家	贸易额	占比	国家	出口额	占比	国家	进口额	占比
6	英国	963.7	3.6	法国	695.5	5.2	法国	598.9	4.5
7	意大利	890.1	3.3	加拿大	490.4	3.6	荷兰	588.9	4.4
8	加拿大	860.1	3.2	西班牙	468.9	3.5	意大利	477.5	3.6
9	巴西	844.1	3.1	意大利	412.6	3.1	加拿大	369.6	2.8
10	西班牙	830.4	3.1	比利时	409.7	3.0	西班牙	361.5	2.7

注：数据于2016年12月采集自联合国商品贸易统计数据库。

（一）2015年中国农产品贸易特点

1. 谷物、油籽、食糖等大宗产品进口量高位快速增加。自2011年大宗农产品全面呈净进口以来，粮棉油糖等进口快速增长（图4）。2015年谷物净进口3 218万吨，同比增加七成。其中大米进口增加三成，小麦进口保持较高水平，玉米、大麦和高粱进口激增近一倍。另外，木薯进口增加近一成，玉米酒糟（DDGs）进口增加近三成。食用油籽进口8 757万吨，增加一成。棉花进口176万吨，同比减少三成，仍居于高位。食糖进口485万吨，同比增加四成，创进口新高。

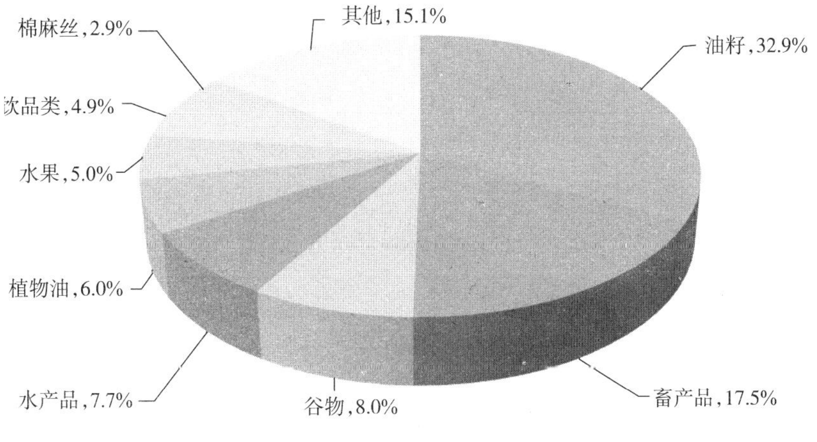

图4　2015年中国农产品进口结构

2. 农产品进口量额增长出现显著分离。2015年，农产品进出口额6年来首次出现下降，国际市场价格较低是造成贸易额下降的主要原因。尽管低价造成进口额有所下降，但多数大宗农产品进口量在高基础上继续保持迅猛增加势头，量额增长出现显著分离。中国农产品进口动力仍然主要来自国内外价差。截至2015年12月，大米、小麦、玉米、棉花、原糖的国际市场平均到岸价分别比上年同期下降10.2%、14.1%、16.4%、16.2%和14.5%。2015年越南、泰国大米到港税后价比国产大米（晚籼米、标一）每吨分别低1 274

元、1 088 元。由于国际能源价格下行、生物质能源需求增长趋缓，国际玉米市场供需总体宽松，价格下跌，2015 年 4 月中旬以来进口玉米配额外税后价连续 2 个多月低于国内价，最多时每吨低 200 多元。尽管国内下调了玉米临储价格，但受劳动力、土地成本等因素限制，国内外市场价差仍然较大。据统计，2015 年 10～12 月美国玉米到港配额内价格与国内市场价差仍达每吨 600 多元。

3. 优势出口产品整体增长较快，水产品出口额在加入 WTO 以来首次下降。2015 年蔬菜、水果出口额同比分别增长 6.2%和 11.5%，但水产品出口额同比下降 6.3%（图 5）。水产品是传统优势出口产品，一直稳居出口额首位。近年来，随着国内生产成本增加以及国际需求减弱，国际市场竞争加剧，国内水产品加工贸易受到一定影响，2015 年水产品出口额在加入 WTO 以来首次出现下降。水产品对日本、美国、欧盟出口额同比分别下降 4.2%、5.8%和 6.4%。蔬菜出口保持增长，对东盟出口同比增长 12.6%，其中对越南增长 17.8%。水果出口增长较快，对东盟出口同比增长 33.2%，其中对泰国增长 67.8%。

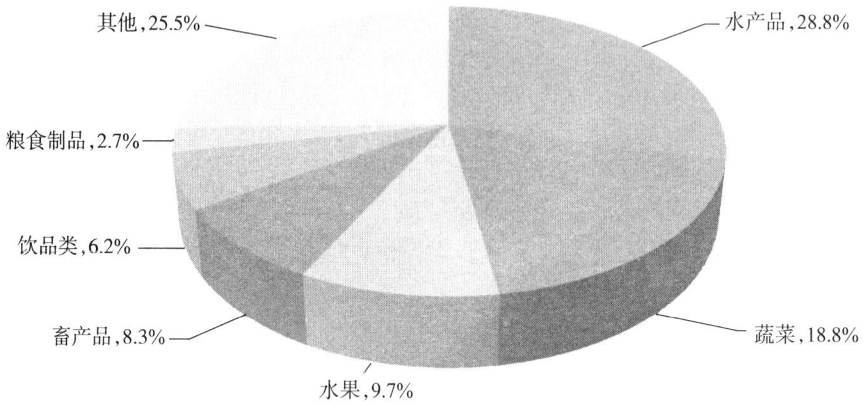

图 5 2015 年中国农产品出口结构

（二）2015 年中国农产品贸易伙伴

2015 年，中国前五大农产品进口来源地分别为美国（274.4 亿美元，同比下降 14.0%）、巴西（198.9 亿美元，同比下降 7.9%）、欧盟（132.8 亿美元，同比增长 20.7%）、澳大利亚（80.6 亿美元，同比下降 1.3%）、加拿大（52.2 亿美元，同比下降 6.4%）。2015 年，中国自美国、巴西、欧盟、澳大利亚、加拿大前五大进口来源地进口的农产品总额为 711.9 亿美元，占同期进口总额的 60.9%。

2015 年，中国前五大农产品出口市场分别为日本（102.1 亿美元，同比下降 8.4%）、中国香港（89.3 亿美元，同比增长 2.2%）、欧盟（81.9 亿美元，同比下降 3.8%）、美国（74.4 亿美元，同比下降 1.2%）、韩国（43.5 亿美元，同比下降 10.6%）。2015 年中国向日本、中国香港、欧盟、美国、韩国出口的农产品总额为 391.3 亿美元，占同期出口总额的 55.4%。

（三）2015 年分产品贸易情况

1. 谷物。2015 年，谷物共进口 3 271.5 万吨，同比增长 67.6%，创历史新高；出口 53.3 万吨，同比下降 30.8%。谷物净进口 3 218.2 万吨，同比增长 71.7%（图 6）。其中大米进口增加三成，小麦进口保持较高水平，玉米、大麦和高粱进口激增近 1 倍。从具体产品看，中国已成为全球第二大大米进口国，主要来自越南和泰国，价差较大是大米进口增加的主要原因。小麦进口主要是为了品种调剂。中国小麦产量世界第一，近年来国内小麦丰收、库存量较大，供需基本面宽松，但国内市场对用于中高档品种调剂的优质小麦进口仍有刚性需求。由于大麦、高粱进口关税仅分别为 3%、2%，且无任何限制进口措施，在国内外玉米价格“倒挂”且玉米受关税配额管理的情况下，大麦和高粱进口几近“失控”，全年进口量达 2 143.2 万吨，比上年高位进口量又翻了一番。玉米酒糟（DDGs）进口 682.1 万吨，同比增长 26.0%。

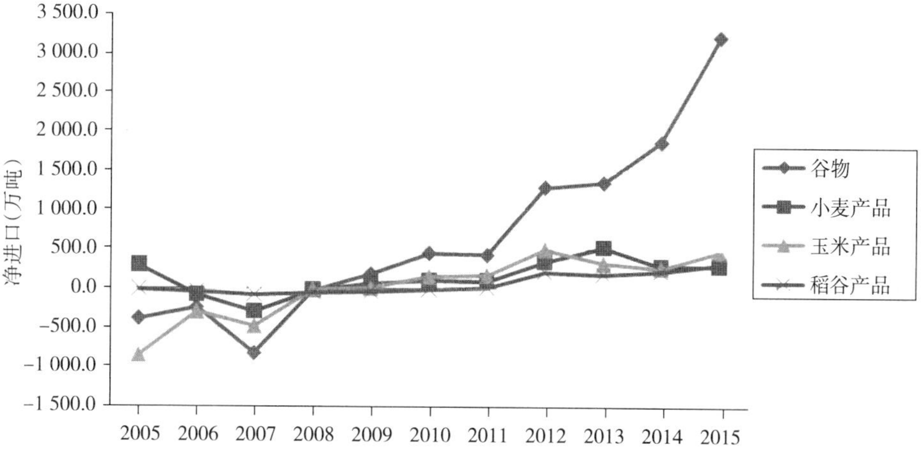

图 6 2005—2015 年中国谷物产品净进口

2. 棉花。2015 年，棉花进口 175.9 万吨，同比下降 34.1%，仍居于高位（图 7）。由于实施目标价格政策后价格更多由市场决定，国内棉价大幅下行，国内外价差收窄；另外，国家严控配额外进口。这两个因素造成 2015 年企业进口棉花动力减弱，进口量下降。但与此同时，作为棉花替代性产品的棉纱进口了 234.5 万吨，同比增长 16.7%，创造了新的历史纪录，加大了“去库存”难度。

3. 食糖。2015 年，食糖进口量 484.6 万吨，同比增长 39.0%，创进口新高（图 8）。国际市场连续 5 年供大于求、库存不断增加，再加上主产区巴西货币雷亚尔贬值幅度较大，国际糖价走低，国内外价差扩大，企业进口积极性高涨。在连续 4 年超配额进口的情况下，2015 年食糖进口继续大幅增加，对国内市场价格造成明显打压，严重影响了主产区蔗农收益和种植积极性，榨糖企业亏损面也未明显改善，产业可持续发展举步维艰。据统计，在 2015 年 9 月结束的 2014/2015 榨季，中国糖料种植和食糖生产严重滑坡，全国糖料种植面积下降 11.3%，食糖产量下降 10.7%，是 21 世纪以来减幅最大的年份，也是食糖连续第 2 年减产。

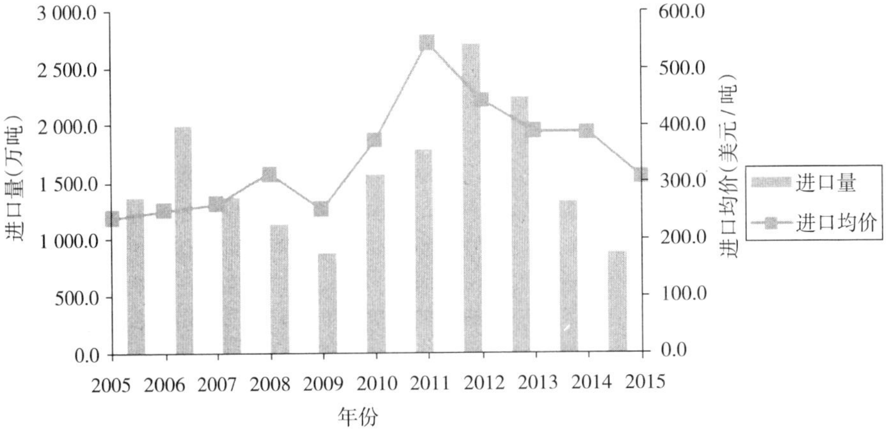

图 7 2005—2015 年中国棉花进口量价

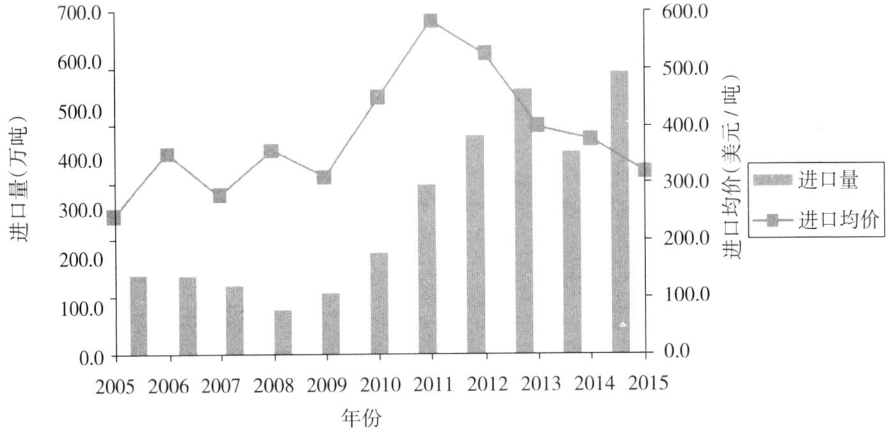

图 8 2005—2015 年中国食糖进口量价

4. 食用油籽。食用油籽进口高位增长，增速较上年有所提高。2015 年，食用油籽进口 8 757.1万吨，同比增长 13.0%，进口额 383.9 亿美元，同比下降 13.8%。其中，大豆进口 8 169.4万吨，同比增长 14.4%（图 9）；油菜籽进口 447.1 万吨，同比下降 12.0%。

5. 食用植物油、饼粕。2015 年，食用植物油进口 839.1 万吨，同比增长 6.6%（图 10），进口额 59.9 亿美元，同比下降 15.1%。其中，棕榈油进口 590.9 万吨，同比增长 11.0%；豆油进口 81.8 万吨，同比下降 28.0%；菜籽油进口 81.5 万吨，同比增长 0.6%；葵花油和红花油进口 65.1 万吨，同比增长 43.1%。

2015 年，饼粕进口 72.9 万吨，同比下降 21.4%；出口 183.1 万吨，同比下降 19.6%。

6. 畜产品。2015 年，畜产品进口额 204.5 亿美元，同比下降 7.8%；出口额 58.9 亿美元，同比下降 14.0%；贸易逆差 145.6 亿美元，同比下降 5.0%（图 11）。猪肉进口 77.8 万吨，同比增长 37.8%；猪杂碎进口 81.7 万吨，同比下降 0.4%。牛肉进口 47.4 万吨，同比

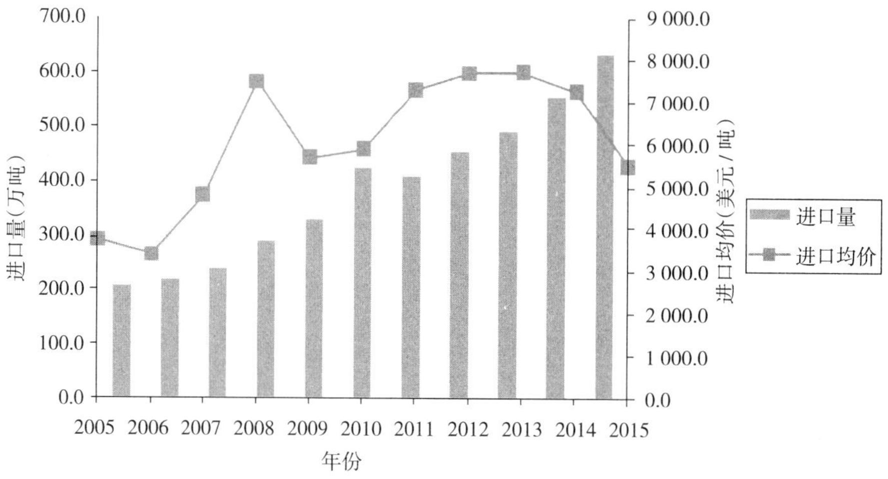

图 9 2005—2015 年中国大豆进口量价

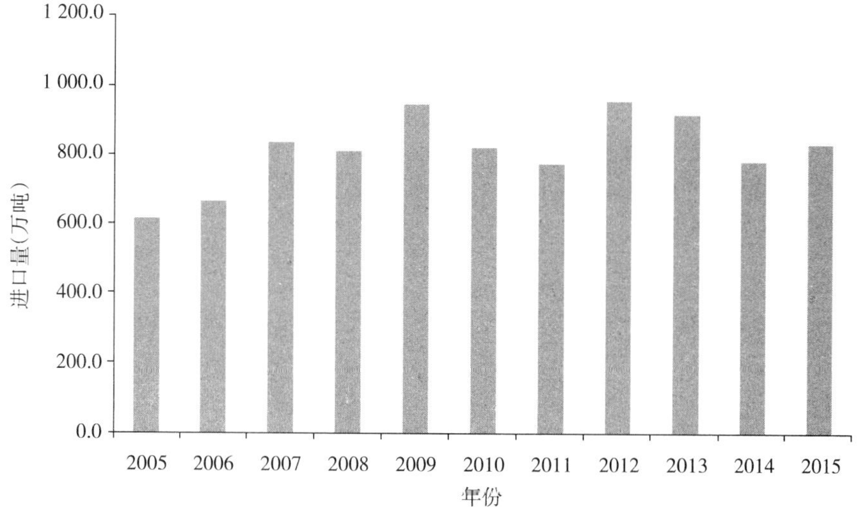

图 10 2005—2015 年中国食用植物油进口量

增长 59.0%；羊肉进口 22.3 万吨，同比下降 21.2%，国内羊肉供给充裕、市场活羊价格大幅下降，羊肉价格由 1 月的每千克 64.8 元跌至 12 月的每千克 56.1 元，而国际市场羊肉供应有限、价格上涨，羊肉进口需求受到抑制。奶粉 2015 年进口 73.4 万吨，同比下降 30.3%；鲜奶进口 46.0 万吨，同比增长 43.7%。由于 2014 年进口增速较快，国内奶粉库存量较高，加上国内鲜奶价格较低，企业进口利润下降，导致 2015 年奶粉进口量高位下降。

7. 蔬菜。2015 年，蔬菜出口 132.7 亿美元，同比增长 6.2%；进口 5.4 亿美元，同比增长 5.0%；贸易顺差 127.3 亿美元，同比增长 6.2%。

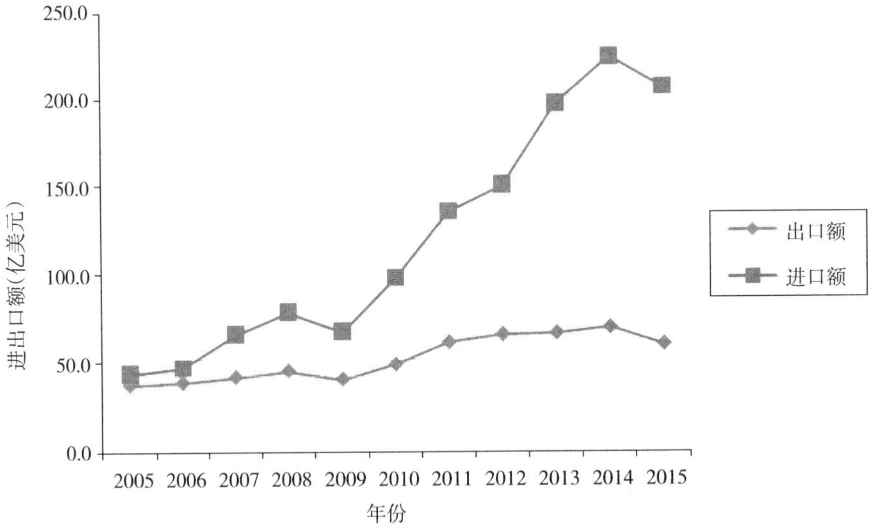

图 11　2005—2015 年中国畜产品进出口额

8. 水果。2015 年，水果出口 68.9 亿美元，同比增长 11.5%；进口 58.7 亿美元，同比增长 14.7%；贸易顺差 10.2 亿美元，同比下降 4.2%。

9. 水产品。2015 年，水产品出口 203.3 亿美元，同比下降 6.3%；进口 89.8 亿美元，同比下降 2.2%；贸易顺差 113.5 亿美元，同比下降 9.3%。2015 年水产品出口额加入 WTO 以来首次出现下降。

主要进出口产品

3-1 中国主要农产品出口额（一）

单位：万美元

项 目	2005年	2006年	2007年	2008年	2009年	2010年
农产品	2 754 897.6	3 138 405.5	3 698 718.9	4 047 097.5	3 954 354.2	4 937 340.4
谷物	153 211.5	117 289.5	220 890.6	78 390.0	73 944.4	69 331.8
小麦产品	12 297.3	25 830.5	69 140.5	10 789.6	9 826.6	11 771.9
玉米产品	110 753.4	42 170.7	87 532.5	7 942.3	3 170.8	3 334.8
稻谷产品	23 233.7	41 727.4	48 787.3	48 326.4	52 506.2	41 867.9
棉花	942.5	2 622.8	3 800.8	4 427.8	1 988.6	1 057.3
食用油籽	96 087.0	87 793.3	108 743.6	141 864.1	113 100.1	117 771.5
大豆	17 812.8	15 390.9	20 679.2	36 615.3	24 497.8	12 550.8
花生	60 569.4	57 639.5	70 152.6	77 493.7	66 267.3	77 487.3
油菜籽	5.6	7.0	27.3	21.1	56.4	7.3
食用植物油	17 646.7	27 230.1	17 214.8	40 750.1	15 644.9	12 928.9
豆油	4 009.5	7 215.0	5 735.0	18 497.0	7 587.2	6 508.1
菜籽油	2 097.6	9 048.3	1 650.7	1 128.1	1 328.1	520.6
棕榈油	65.1	45.7	60.2	172.0	56.0	166.9
食糖	11 076.9	6 080.3	4 835.1	2 845.9	3 365.2	6 385.7
蔬菜	450 149.8	545 479.0	625 293.0	648 389.6	682 978.7	994 718.2
水果	203 529.3	247 711.3	375 018.3	423 176.0	383 597.3	435 727.7
畜产品	360 301.6	372 556.5	404 779.1	439 304.4	391 271.7	475 029.8
猪肉	40 612.1	40 087.9	28 374.8	27 564.5	26 272.1	33 201.3
牛肉	4 150.3	6 415.8	7 931.8	9 550.4	6 120.5	10 908.6
羊肉	5 672.5	6 675.6	5 412.0	5 038.3	4 176.1	6 897.7
家禽	91 433.3	93 219.4	105 922.6	98 620.2	102 205.0	133 770.2
蛋产品	7 510.3	7 574.4	9 154.9	13 033.5	12 071.3	14 214.7
乳品	8 177.1	9 416.3	24 225.9	30 170.3	5 689.0	4 394.2
动物生皮	229.2	346.8	172.6	196.0	338.5	368.8
动物生毛皮	902.1	1 524.0	2 238.3	273.2	49.5	158.4
羊毛	6 589.7	6 746.8	7 532.8	5 320.6	3 825.3	6 905.7
水产品	790 328.5	935 996.5	975 346.7	1 067 432.1	1 079 543.2	1 382 765.7
饮品	137 754.1	186 013.1	169 151.2	188 082.7	181 592.2	216 714.3
酒	29 435.7	71 373.1	39 754.0	44 824.2	38 547.8	52 668.7
茶	50 104.7	57 445.7	63 822.4	71 591.8	73 981.4	82 523.4
咖啡	4 850.1	7 193.9	7 772.1	10 353.8	11 448.0	13 422.8

中国主要农产品出口额（二）

单位：万美元

项　目	2011年	2012年	2013年	2014年	2015年
农产品	6 072 106.5	6 325 298.9	6 782 500.7	7 196 017.9	7 068 155.9
谷物	81 168.6	62 991.4	69 652.0	59 980.7	44 432.1
小麦产品	16 092.2	15 016.0	15 041.3	10 973.3	7 300.0
玉米产品	4 658.1	10 117.1	3 318.6	769.1	489.9
稻谷产品	42 698.1	27 226.7	41 674.1	37 839.7	26 771.0
棉花	8 168.0	4 222.6	1 670.6	3 088.2	4 962.0
食用油籽	144 040.5	170 355.4	157 035.6	142 955.0	146 385.9
大豆	16 660.0	28 035.7	20 233.1	19 961.8	12 585.6
花生	94 766.0	105 139.2	92 410.0	80 547.2	83 392.2
油菜籽	36.9	40.2	12.4	15.3	44.1
食用植物油	21 423.0	18 866.6	19 781.9	20 537.2	18 984.7
豆油	7 433.3	10 375.7	12 805.4	13 130.8	12 384.4
菜籽油	556.0	1 108.3	1 039.5	945.1	551.0
棕榈油	160.8	131.7	206.2	152.0	141.8
食糖	5 127.8	4 348.6	4 180.0	3 785.7	4 657.4
蔬菜	1 171 510.5	997 273.3	1 158 492.4	1 249 519.4	1 326 603.3
水果	552 108.3	618 340.2	632 370.6	617 866.2	688 861.8
畜产品	599 399.8	643 852.7	652 474.0	684 826.3	589 079.5
猪肉	32 610.2	29 503.8	32 539.2	42 268.9	32 239.7
牛肉	11 959.3	8 060.1	4 431.6	5 927.5	4 472.1
羊肉	5 304.6	4 251.0	3 134.9	4 344.2	3 371.9
家禽	174 699.1	187 379.8	184 106.5	184 839.6	164 990.1
蛋产品	17 343.9	17 713.0	17 645.9	19 198.3	19 158.6
乳品	7 966.2	8 235.8	5 701.7	8 202.8	5 349.0
动物生皮	776.1	889.8	1 160.2	1 453.6	1 494.0
动物生毛皮	202.6	272.0	215.5	191.0	279.0
羊毛	11 280.3	8 663.6	8 514.9	8 951.9	6 695.2
水产品	1 779 230.5	1 898 311.3	2 026 325.7	2 169 842.4	2 033 296.3
饮品	273 636.6	312 477.2	333 793.2	384 774.3	436 922.5
酒	57 262.7	72 854.7	62 085.1	87 743.6	116 953.3
茶	101 756.8	112 100.3	134 117.9	137 864.7	148 834.8
咖啡	22 076.3	28 424.6	26 926.9	34 196.6	44 462.0

3-2 中国主要农产品进口额（一）

单位：万美元

项　目	2005年	2006年	2007年	2008年	2009年	2010年
农产品	2 878 710.4	3 216 744.5	4 119 736.2	5 876 976.7	5 269 855.2	7 255 380.8
谷物	140 932.6	84 056.8	53 609.9	73 236.8	89 848.9	152 805.8
小麦产品	77 287.0	11 931.3	2 871.1	1 480.0	21 116.9	31 583.7
玉米产品	147.7	1 206.4	691.2	1 307.6	2 134.1	36 794.7
稻谷产品	19 944.6	29 368.1	22 804.3	20 840.7	21 557.8	27 135.9
棉花	324 650.5	497 505.6	358 104.5	356 469.0	221 136.8	584 657.5
食用油籽	799 485.7	793 697.4	1 203 370.9	2 286 714.4	2 067 581.0	2 652 824.4
大豆	777 912.5	748 896.8	1 147 223.2	2 181 408.9	1 878 743.7	2 508 095.4
花生	54.5	427.3	211.8	1 252.5	535.4	2 177.5
油菜籽	8 409.5	20 797.3	35 172.8	75 419.6	139 123.7	77 781.5
食用植物油	281 721.7	315 836.2	624 644.1	898 869.5	666 648.7	715 863.4
豆油	90 776.9	79 979.3	214 639.1	333 382.4	184 245.9	120 326.9
菜籽油	10 420.6	2 828.8	30 509.7	35 526.9	37 725.2	92 112.9
棕榈油	178 216.0	227 571.1	368 295.3	521 389.7	421 941.0	471 059.7
食糖	38 327.2	54 867.2	37 959.9	31 850.1	37 839.9	90 578.3
蔬菜	12 850.3	14 742.9	16 682.9	18 851.1	18 058.0	27 917.2
水果	66 511.7	77 034.6	96 916.4	120 690.5	165 107.0	203 007.0
畜产品	423 314.9	455 696.3	647 092.9	772 713.9	659 858.5	965 554.7
猪肉	2 878.8	2 129.8	12 316.7	52 347.5	13 631.3	20 863.7
牛肉	876.9	845.0	1 416.4	1 804.7	4 404.0	8 429.6
羊肉	5 471.2	5 017.3	7 843.7	10 591.1	13 927.1	15 656.4
家禽	35 991.9	48 623.8	97 634.8	113 223.0	102 695.5	99 888.0
蛋产品	4.0	119.1	13.9	117.0	59.3	132.9
乳品	45 877.1	55 820.4	74 401.3	86 165.0	102 799.2	196 952.4
动物生皮	132 391.9	143 845.0	162 062.4	184 704.6	144 060.5	203 270.6
动物生毛皮	15 940.3	16 654.2	20 125.5	21 972.8	26 065.9	38 256.9
羊毛	121 375.1	126 229.4	179 313.8	169 831.4	146 590.1	196 292.3
水产品	412 103.3	430 078.7	472 075.2	540 588.5	526 447.9	653 624.6
饮品	62 358.3	82 349.2	115 397.5	155 966.1	146 993.2	224 075.3
酒	38 921.4	55 331.9	81 537.4	108 223.7	105 235.0	156 984.6
茶	920.6	1 124.8	1 878.2	2 653.3	2 442.8	5 722.6
咖啡	2 733.1	4 329.6	5 794.2	8 244.0	6 898.0	9 996.4

中国主要农产品进口额（二）

单位：万美元

项　目	2011年	2012年	2013年	2014年	2015年
农产品	9 487 192.0	11 247 929.9	11 886 737.4	12 253 845.2	11 688 070.5
谷物	204 439.2	478 781.8	510 346.4	622 120.4	940 183.1
小麦产品	42 368.9	110 862.8	188 055.3	97 858.0	90 174.8
玉米产品	57 841.6	168 926.7	93 749.6	72 966.7	110 850.6
稻谷产品	40 763.8	115 316.3	108 302.4	125 426.2	149 773.7
棉花	967 859.6	1 199 954.4	871 882.5	515 620.1	272 113.6
食用油籽	3 147 755.8	3 774 974.3	4 139 880.6	4 450 725.9	3 838 504.4
大豆	2 983 434.6	3 498 872.2	3 798 510.4	4 027 222.1	3 483 177.5
花生	7 517.9	3 628.9	2 678.5	3 872.5	13 074.1
油菜籽	80 189.8	195 873.2	242 419.2	280 197.8	204 335.5
食用植物油	900 751.1	1 080 384.3	894 340.8	704 935.5	598 517.4
豆油	132 446.2	227 674.7	127 538.7	109 219.2	64 569.0
菜籽油	66 465.9	151 666.6	190 872.1	81 793.7	65 740.9
棕榈油	663 399.2	650 238.3	490 364.6	438 355.5	370 472.4
食糖	194 340.0	224 382.2	206 883.5	149 425.9	177 406.8
蔬菜	32 566.1	41 487.8	42 231.2	51 410.3	53 982.8
水果	310 815.3	376 178.7	415 736.4	511 801.0	587 233.5
畜产品	1 339 842.0	1 490 165.2	1 950 962.6	2 216 664.7	2 044 687.3
猪肉	84 742.5	98 116.3	110 508.9	104 914.4	144 923.1
牛肉	9 488.4	25 461.8	126 931.2	128 978.5	232 086.0
羊肉	27 423.4	42 151.4	95 422.1	113 274.7	72 981.9
家禽	91 969.0	100 388.9	106 699.1	92 144.8	95 304.4
蛋产品	120.4	66.8	57.4	79.3	4.9
乳品	262 019.5	321 306.3	518 835.6	797 891.2	569 956.0
动物生皮	278 359.2	301 380.2	356 783.7	343 200.8	305 593.4
动物生毛皮	47 832.2	63 761.3	81 779.2	83 942.5	94 473.9
羊毛	285 944.5	263 734.6	276 131.0	242 705.7	247 980.4
水产品	801 671.7	799 827.9	863 795.0	918 583.8	898 152.5
饮品	340 131.2	403 394.0	408 188.1	447 641.6	573 019.2
酒	246 731.6	297 437.3	286 942.8	287 639.8	385 794.0
茶	6 648.1	7 733.9	8 267.8	9 990.4	12 006.5
咖啡	17 320.5	23 005.6	22 565.4	35 106.9	45 554.4

3-3 中国主要农产品出口量（一）

单位：吨

项　目	2005年	2006年	2007年	2008年	2009年	2010年
农产品	36 107 744.6	33 983 375.2	40 279 094.8	33 779 275.3	33 923 488.1	32 870 933.4
谷物	10 174 864.6	6 098 837.6	9 911 677.8	1 861 067.1	1 370 961.6	1 243 305.7
小麦产品	604 659.9	1 509 733.6	3 072 683.4	309 836.3	245 027.2	277 224.9
玉米产品	8 642 047.5	3 099 197.2	4 918 492.2	273 418.7	129 583.9	127 319.8
稻谷产品	685 839.7	1 253 040.9	1 343 485.2	971 625.8	786 198.9	622 337.6
棉花	8 400.1	16 261.0	24 588.5	23 839.7	9 949.2	7 368.6
食用油籽	1 366 545.2	1 224 340.4	1 289 687.9	1 191 999.2	1 094 932.1	877 255.0
大豆	413 434.0	394 749.7	474 623.2	484 383.2	356 295.0	172 962.0
花生	774 272.7	661 188.2	637 523.0	513 609.5	565 655.8	516 243.6
油菜籽	147.1	144.0	849.4	55.1	221.0	109.6
食用植物油	228 139.2	400 318.0	167 625.8	249 328.3	115 594.9	95 687.0
豆油	63 034.4	117 708.5	65 717.3	133 988.4	69 245.5	59 296.6
菜籽油	30 636.6	144 763.4	21 692.5	7 103.9	9 134.9	3 804.0
棕榈油	1 203.3	757.8	601.2	1 129.7	473.0	1 548.0
食糖	358 290.3	154 389.5	110 529.0	62 402.5	63 886.2	94 348.4
蔬菜	6 755 828.8	7 292 916.3	8 143 035.5	8 162 455.3	7 989 671.5	8 399 235.4
水果	3 648 724.3	3 704 683.4	4 775 651.4	4 844 028.3	5 255 954.2	5 075 240.0
畜产品	2 474 595.5	2 514 609.9	2 429 667.1	3 171 822.2	3 320 550.8	1 923 530.4
猪肉	250 512.8	268 882.8	133 566.6	82 203.1	87 393.8	110 126.4
牛肉	19 105.4	27 448.1	28 337.1	22 729.0	13 395.3	22 147.4
羊肉	30 046.9	33 352.1	22 158.6	14 584.6	9 531.8	13 481.0
家禽	398 378.3	391 425.1	421 410.2	344 325.9	352 647.8	444 013.5
蛋产品	1 215 087.3	1 199 810.5	1 195 875.1	1 451 572.0	1 344 547.9	105 133.1
乳品	69 823.5	74 860.1	134 565.8	120 632.9	36 779.7	33 760.8
动物生皮	327.3	505.2	716.7	1 389.3	3 899.5	4 346.7
动物生毛皮	255.7	373.8	479.7	92.0	27.3	115.8
羊毛	33 368.4	31 293.3	28 128.1	15 086.5	10 808.6	18 394.9
水产品	3 152 294.5	3 629 897.3	3 110 190.9	3 031 330.1	3 004 282.0	3 340 105.9
饮品	1 831 256.7	2 617 395.5	1 887 639.9	1 826 962.5	1 852 047.1	1 855 944.7
酒	391 012.5	1 274 679.1	422 720.1	427 451.5	381 753.4	410 620.8
茶	291 117.9	304 329.3	295 420.4	303 879.3	308 920.8	308 848.5
咖啡	25 658.5	34 604.6	37 024.4	41 551.9	50 649.3	51 494.5

中国主要农产品出口量（二）

单位：吨

项目	2011年	2012年	2013年	2014年	2015年
农产品	33 835 418.7	34 349 251.7	34 578 740.6	35 214 260.8	35 767 899.4
谷物	1 214 847.6	1 016 140.9	1 000 561.6	769 429.1	532 529.3
小麦产品	328 207.8	285 899.2	278 388.7	189 632.8	121 819.4
玉米产品	136 083.0	257 300.3	77 640.3	20 035.7	11 109.6
稻谷产品	515 667.5	279 213.8	478 472.5	419 205.0	287 237.8
棉花	27 914.4	23 202.9	8 076.2	14 305.7	29 673.9
食用油籽	911 655.9	1 006 178.0	869 655.7	871 879.2	841 517.2
大豆	214 146.1	321 135.9	209 254.3	207 378.2	133 892.7
花生	487 585.4	450 944.6	424 878.9	442 036.1	412 304.5
油菜籽	185.8	335.5	162.3	101.9	108.0
食用植物油	124 277.3	100 984.8	116 781.4	135 463.3	137 022.9
豆油	51 113.6	65 384.8	89 612.2	99 535.1	104 448.5
菜籽油	3 275.0	6 630.8	6 209.0	6 608.0	4 607.8
棕榈油	1 284.2	871.1	2 005.7	1 343.9	1 670.8
食糖	59 388.7	47 144.2	47 771.2	46 215.9	74 979.4
蔬菜	9 695 009.6	9 310 339.8	9 612 077.9	9 760 010.9	10 179 879.1
水果	4 795 402.8	4 864 220.2	4 837 470.4	4 360 545.0	4 502 788.2
畜产品	1 425 369.0	1 386 446.6	1 393 642.8	1 470 359.0	1 419 062.4
猪肉	80 690.5	66 243.1	73 394.8	91 516.3	71 522.0
牛肉	21 979.1	12 200.3	5 874.2	6 494.0	4 702.1
羊肉	8 118.0	5 043.4	3 214.5	4 433.7	3 759.2
家禽	494 223.8	492 171.2	502 399.1	511 937.2	487 658.4
蛋产品	104 412.3	102 491.1	93 284.4	94 582.7	97 640.8
乳品	43 324.9	44 896.1	36 051.6	40 529.8	34 092.6
动物生皮	6 663.3	7 723.2	9 028.5	14 423.1	8 187.9
动物生毛皮	142.0	194.0	136.2	101.6	126.0
羊毛	21 487.7	16 025.7	15 612.1	17 556.6	15 523.1
水产品	3 912 417.5	3 801 211.3	3 959 072.0	4 163 328.4	4 060 269.5
饮品	1 966 532.1	1 903 775.6	1 931 904.7	2 093 478.1	2 170 570.3
酒	342 354.5	330 063.0	345 924.6	343 670.0	344 151.6
茶	329 518.5	323 262.9	335 387.1	312 832.2	336 496.6
咖啡	58 048.8	84 071.1	101 186.9	104 490.7	92 088.1

3-4 中国主要农产品进口量（一）

单位：吨

项 目	2005年	2006年	2007年	2008年	2009年	2010年
农产品	58 766 585.1	63 725 632.6	64 373 856.5	69 474 523.4	85 937 507.1	105 598 540.2
谷物	6 271 987.1	3 594 975.2	1 557 475.2	1 540 510.3	3 150 987.5	5 708 381.8
小麦产品	3 538 501.7	612 774.0	100 517.4	43 060.0	904 125.2	1 230 665.9
玉米产品	4 017.3	65 358.4	35 429.4	50 024.2	84 479.7	1 573 201.6
稻谷产品	521 731.9	729 915.3	487 487.0	329 697.6	356 810.4	388 160.9
棉花	2 745 491.9	3 980 047.7	2 741 164.6	2 263 716.3	1 758 926.2	3 127 751.3
食用油籽	27 042 335.8	29 316 979.1	31 914 727.0	39 004 912.5	46 331 475.7	57 046 007.7
大豆	26 590 648.5	28 269 968.3	30 821 448.6	37 435 601.9	42 551 686.7	54 797 293.7
花生	700.8	5 457.4	3 664.1	10 370.6	3 483.4	16 159.3
油菜籽	296 235.9	737 996.8	833 104.7	1 302 572.8	3 285 852.1	1 599 847.8
食用植物油	6 213 230.4	6 715 351.6	8 396 627.8	8 171 139.7	9 502 489.8	8 261 662.2
豆油	1 694 326.7	1 542 635.2	2 822 908.5	2 585 669.7	2 391 222.3	1 340 908.7
菜籽油	177 558.1	43 995.0	374 776.1	269 792.2	467 526.2	985 324.3
棕榈油	4 330 140.0	5 081 920.7	5 095 127.6	5 282 319.9	6 441 283.9	5 696 105.2
食糖	1 389 671.3	1 365 406.5	1 193 358.3	779 887.0	1 064 481.8	1 766 147.2
蔬菜	106 848.7	124 071.4	107 148.9	114 094.5	97 176.7	150 045.9
水果	1 222 566.4	1 372 074.3	1 455 114.0	1 792 287.5	2 441 732.8	2 754 006.6
畜产品	2 595 290.5	2 992 644.5	3 564 700.2	4 199 067.4	4 162 559.8	4 557 969.3
猪肉	31 046.3	23 843.4	85 705.2	373 342.7	134 972.0	201 091.4
牛肉	1 142.9	1 160.9	3 639.3	4 231.3	14 158.4	23 702.0
羊肉	41 365.6	36 818.4	46 589.1	55 452.2	66 466.4	56 967.8
家禽	391 427.8	597 835.0	817 963.5	847 280.2	759 559.7	544 885.6
蛋产品	9.6	214.6	164.9	193.3	104.0	69.3
乳品	320 034.8	347 826.2	298 580.7	350 691.1	596 999.2	745 293.5
动物生皮	899 127.5	957 050.9	996 399.0	1 092 806.0	1 279 627.4	1 230 537.6
动物生毛皮	29 146.5	32 553.3	31 386.2	32 980.5	32 757.0	34 769.4
羊毛	248 891.7	278 007.3	311 324.7	285 402.5	307 886.0	317 956.7
水产品	4 065 217.6	3 776 051.4	3 464 712.2	3 890 881.9	3 742 574.1	3 822 356.2
饮品	278 627.5	359 778.7	427 215.8	471 809.4	462 405.4	672 875.6
酒	133 278.9	191 369.8	227 143.7	248 631.1	258 412.1	395 312.5
茶	3 090.2	3 784.6	5 984.3	6 230.5	4 713.8	13 531.5
咖啡	17 418.5	20 161.7	21 721.3	24 792.6	24 877.3	35 157.5

中国主要农产品进口量（二）

单位：吨

项 目	2011年	2012年	2013年	2014年	2015年
农产品	104 176 188.2	128 004 090.0	138 070 807.5	153 387 625.8	182 149 790.1
谷物	5 446 757.9	13 983 013.1	14 584 794.3	19 515 619.3	32 714 911.5
小麦产品	1 258 053.3	3 700 977.1	5 535 461.8	3 004 443.3	3 007 003.5
玉米产品	1 753 601.3	5 208 007.0	3 265 944.8	2 599 142.4	4 730 010.7
稻谷产品	597 770.0	2 368 557.7	2 271 040.0	2 578 982.0	3 376 876.7
棉花	3 566 366.1	5 413 046.6	4 500 485.3	2 668 960.1	1 758 732.0
食用油籽	54 818 275.3	62 279 986.8	67 835 019.9	77 518 391.9	87 570 978.8
大豆	52 639 678.3	58 384 754.8	63 375 383.3	71 399 012.2	81 694 086.3
花生	57 674.0	25 342.9	21 498.2	32 121.2	135 024.0
油菜籽	1 262 265.1	2 929 591.9	3 662 410.2	5 081 037.2	4 470 667.5
食用植物油	7 797 763.7	9 599 368.9	9 221 301.1	7 873 475.5	8 390 693.7
豆油	1 143 191.9	1 826 113.9	1 157 586.3	1 135 476.2	817 879.4
菜籽油	550 903.7	1 175 817.9	1 526 833.0	809 955.5	815 019.3
棕榈油	5 912 232.1	6 341 162.5	5 979 071.0	5 323 890.8	5 909 217.7
食糖	2 919 436.5	3 747 166.0	4 545 940.6	3 485 795.9	4 845 871.1
蔬菜	167 318.6	222 121.9	208 368.6	221 957.4	244 309.1
水果	3 418 315.1	3 424 960.7	3 289 836.1	4 008 669.9	4 484 553.4
畜产品	4 947 963.7	5 349 991.4	6 424 229.7	6 572 389.5	6 861 479.2
猪肉	467 659.8	522 340.8	583 513.9	564 263.4	777 505.7
牛肉	20 089.3	61 386.4	294 223.1	297 949.4	473 831.2
羊肉	82 700.0	123 938.5	258 723.2	282 881.8	222 925.0
家禽	422 175.5	523 007.9	592 209.6	471 575.7	409 080.0
蛋产品	68.3	26.0	18.6	16.3	2.5
乳品	906 063.5	1 145 578.2	1 592 196.3	1 935 593.0	1 791 111.5
动物生皮	1 218 168.2	1 274 507.2	1 399 640.0	1 291 099.0	1 365 110.8
动物生毛皮	31 635.8	35 320.0	35 595.5	31 192.4	32 678.8
羊毛	322 146.5	309 474.7	349 538.2	332 444.0	353 303.9
水产品	4 248 779.6	4 123 756.2	4 170 304.9	4 280 957.2	4 081 258.6
饮品	838 994.6	979 980.2	1 097 440.0	1 369 584.9	2 493 826.7
酒	512 166.9	594 663.1	632 318.7	820 182.3	1 855 157.8
茶	14 872.0	19 500.8	20 729.9	23 695.9	24 290.7
咖啡	49 416.2	68 138.3	62 888.0	87 963.2	87 638.5

主要贸易伙伴

3-5 中国对主要国家（地区）农产品出口额（一）

单位：万美元

国家（地区）	2005年	2006年	2007年	2008年	2009年	2010年
合计	2 754 897.6	3 138 405.5	3 698 718.9	4 047 097.5	3 954 354.2	4 937 340.4
亚洲	1 815 453.9	1 931 859.3	2 231 942.0	2 275 770.2	2 349 783.3	2 955 886.7
日本	794 237.1	823 271.9	837 217.1	769 728.9	769 150.5	915 499.8
马来西亚	69 385.3	84 628.6	105 438.1	118 846.8	122 811.4	167 834.7
印度尼西亚	42 202.5	61 705.2	90 728.2	84 076.6	105 077.6	177 943.9
中国香港	276 780.6	278 930.3	322 913.6	362 744.9	372 190.0	450 633.6
韩国	285 627.0	290 165.5	361 177.7	317 319.2	283 217.4	353 208.6
泰国	30 699.9	36 734.6	52 147.3	73 536.5	85 818.7	118 847.9
印度	23 285.7	24 396.9	37 892.9	43 593.4	51 087.3	54 085.5
越南	30 691.8	35 245.6	47 295.8	71 370.1	94 606.1	135 111.5
土耳其	5 721.8	5 339.9	9 452.8	14 532.0	10 175.9	16 628.9
欧洲	453 743.7	558 365.3	705 967.7	832 001.3	728 782.9	886 378.6
欧盟	356 181.6	446 445.4	551 147.1	644 563.2	578 438.3	690 479.6
法国	21 083.2	28 652.7	35 977.2	46 221.0	40 010.9	43 897.4
德国	93 957.7	111 296.6	137 974.7	164 269.1	149 706.6	175 239.8
荷兰	54 207.8	77 316.4	99 293.2	99 719.4	92 392.2	109 772.9
西班牙	37 866.2	45 337.4	56 278.4	58 502.7	55 881.5	74 592.7
英国	39 283.3	51 337.6	58 313.8	71 165.8	65 629.1	81 526.4
意大利	28 915.6	35 338.1	42 141.3	50 165.3	41 607.3	48 285.6
俄罗斯	73 459.3	88 977.2	123 051.1	144 423.0	120 066.8	155 111.9
北美洲	353 420.7	456 435.6	527 204.8	615 962.7	571 388.6	707 701.6
美国	293 364.8	382 744.8	440 513.4	510 628.3	470 413.7	581 682.7
加拿大	38 416.3	45 395.5	55 849.4	65 836.2	66 364.1	80 673.6
墨西哥	21 579.4	28 251.3	30 828.9	39 481.3	34 606.1	45 297.5
南美洲	31 236.7	54 103.6	59 475.0	92 227.3	74 924.4	120 333.6
巴西	7 222.0	8 878.5	11 952.1	26 783.3	22 047.3	52 113.0
阿根廷	934.3	1 357.0	2 379.7	2 620.7	2 454.3	3 993.3
智利	1 376.5	2 030.3	4 151.5	6 726.7	5 679.0	8 793.0
秘鲁	566.0	1 004.0	2 006.6	2 954.4	3 274.9	4 138.7
大洋洲	34 434.0	48 139.9	60 304.8	75 774.5	70 773.8	86 808.9
澳大利亚	28 077.8	36 629.5	45 252.4	58 177.8	57 034.7	68 762.9
新西兰	4 718.7	6 329.6	8 291.6	9 725.8	8 189.7	10 626.8
非洲	66 608.7	89 501.8	113 824.6	155 361.4	158 701.2	180 231.0
南非	10 352.4	14 189.5	20 080.4	22 178.2	26 523.7	27 690.5
埃及	5 828.6	6 282.7	7 686.1	14 861.9	14 522.9	16 974.0
津巴布韦	65.6	3.0	10.3	350.3	19.4	85.4
尼日利亚	3 387.1	5 383.6	6 711.9	17 209.7	20 816.5	19 367.3
阿尔及利亚	7 960.5	8 395.1	11 369.2	13 624.3	13 436.4	14 405.9
肯尼亚	516.0	588.0	737.1	863.5	1 399.3	1 728.6

中国对主要国家（地区）农产品出口额（二）

单位：万美元

国家（地区）	2011年	2012年	2013年	2014年	2015年
合计	6 072 106.5	6 325 298.9	6 782 500.7	7 196 017.9	7 068 155.9
亚洲	3 670 030.7	3 914 384.9	4 211 107.1	4 564 853.0	4 556 391.0
日本	1 101 314.2	1 200 075.8	1 125 327.5	1 114 267.9	1 021 242.7
马来西亚	212 243.6	216 682.9	264 951.5	278 674.6	263 340.0
印度尼西亚	215 330.7	188 281.6	174 578.0	197 956.0	183 947.7
中国香港	591 628.0	668 414.1	784 609.7	873 608.8	893 191.0
韩国	418 036.0	415 939.6	439 479.3	486 991.0	435 250.5
泰国	174 303.5	204 953.5	258 957.5	285 951.4	381 689.8
印度	56 832.4	61 132.0	62 884.8	65 072.4	56 649.7
越南	208 008.8	194 740.0	234 422.8	299 188.4	343 280.2
土耳其	16 955.2	18 138.1	17 736.1	19 054.0	19 673.7
欧洲	1 062 161.0	1 008 123.3	1 079 939.0	1 129 998.3	1 037 296.5
欧盟	815 778.7	761 609.1	813 960.3	851 487.1	819 247.9
法国	56 548.2	52 812.7	55 570.0	56 625.3	55 044.8
德国	199 482.2	192 672.1	196 785.8	207 716.7	195 349.4
荷兰	126 257.6	119 504.2	127 724.6	136 941.7	133 847.7
西班牙	91 892.4	73 223.8	83 181.6	86 358.4	86 024.4
英国	95 743.6	96 035.1	107 226.6	110 566.4	106 241.9
意大利	62 769.9	51 228.6	59 870.8	60 927.6	61 536.7
俄罗斯	196 433.4	196 121.3	213 254.2	233 577.3	182 112.2
北美洲	830 747.2	877 983.8	900 052.8	918 319.3	907 226.9
美国	675 717.0	725 137.4	739 963.3	753 369.9	744 330.5
加拿大	92 241.1	101 505.4	97 281.9	102 331.2	98 774.5
墨西哥	62 746.2	51 286.4	62 698.7	62 517.4	63 941.9
南美洲	151 566.1	159 869.6	183 232.7	164 459.2	159 272.4
巴西	64 760.0	70 042.0	87 887.5	67 211.0	59 416.3
阿根廷	5 044.2	4 581.5	4 379.5	4 460.7	4 512.0
智利	16 357.4	15 004.8	19 339.6	23 718.7	29 138.3
秘鲁	5 679.9	6 041.3	6 041.2	6 331.0	7 579.0
大洋洲	113 029.1	115 492.6	126 087.2	132 580.3	131 013.4
澳大利亚	90 546.6	90 510.8	100 873.1	102 514.4	97 197.6
新西兰	13 382.4	14 485.8	14 391.3	16 218.0	18 365.1
非洲	244 572.5	249 444.7	282 081.8	285 807.7	276 955.7
南非	34 303.5	37 734.9	34 875.9	33 943.5	29 888.0
埃及	24 577.3	25 724.1	28 113.4	23 051.0	24 380.1
津巴布韦	902.8	181.8	198.5	783.4	90.6
尼日利亚	34 672.1	36 705.7	38 566.8	36 180.8	25 796.9
阿尔及利亚	17 276.0	16 401.8	19 251.6	16 651.4	17 289.4
肯尼亚	3 372.4	2 188.0	2 929.0	3 727.0	4 651.5

3-6 中国自主要国家（地区）农产品进口额（一）

单位：万美元

国家（地区）	2005年	2006年	2007年	2008年	2009年	2010年
合计	2 878 710.4	3 216 744.5	4 119 736.2	5 876 976.7	5 269 855.2	7 255 380.8
亚洲	572 053.2	801 445.1	1 021 132.7	1 269 763.4	1 151 636.2	1 662 476.2
日本	36 432.2	41 708.6	39 993.8	40 126.8	46 369.8	60 760.2
马来西亚	134 054.3	171 653.6	301 795.5	413 659.0	306 899.8	352 205.9
印度尼西亚	92 190.9	125 206.2	181 223.5	267 461.6	228 095.1	294 801.3
中国香港	4 726.6	6 144.4	8 463.3	8 293.4	8 920.9	11 202.8
韩国	25 275.1	23 282.4	30 269.6	33 486.8	31 305.5	42 123.0
泰国	98 603.4	129 606.8	136 560.1	120 480.7	179 888.2	248 762.0
印度	39 849.4	116 199.0	129 821.6	161 297.6	95 251.2	257 287.4
越南	21 497.3	37 292.4	47 222.2	49 453.5	74 980.6	76 571.5
土耳其	2 279.6	2 532.9	3 943.5	4 853.5	3 963.3	5 550.9
欧洲	339 061.1	368 321.0	451 243.1	534 469.8	508 387.8	689 401.3
欧盟	201 272.1	214 989.3	281 046.8	372 757.4	341 651.4	494 057.1
法国	67 682.0	68 089.5	112 342.2	143 877.5	123 087.0	164 566.0
德国	13 686.9	15 370.7	20 790.6	25 502.9	21 985.5	37 770.9
荷兰	26 170.5	29 439.6	32 370.4	52 102.7	50 375.4	66 833.2
西班牙	8 105.5	11 062.2	11 073.4	14 005.8	19 378.8	34 036.8
英国	22 119.1	21 532.7	22 729.7	22 312.6	23 727.9	31 441.3
意大利	5 475.0	8 177.7	11 549.7	15 204.4	18 000.5	28 897.4
俄罗斯	115 137.7	128 972.6	144 298.5	132 504.3	128 753.0	138 727.3
北美洲	796 921.6	850 399.1	1 049 278.0	1 632 275.4	1 680 171.9	2 180 180.2
美国	672 378.3	759 636.8	913 286.0	1 442 136.8	1 403 287.0	1 863 945.2
加拿大	114 642.2	80 489.3	124 473.8	176 314.9	265 214.0	300 345.9
墨西哥	6 967.3	7 269.0	7 722.8	10 193.0	7 249.4	10 488.6
南美洲	750 589.5	766 817.4	1 153 882.0	1 944 402.4	1 421 839.1	1 947 108.0
巴西	302 702.5	382 437.5	484 525.3	880 502.1	845 156.1	1 073 457.1
阿根廷	299 304.6	240 914.2	518 137.1	840 520.4	348 536.2	570 399.8
智利	35 307.4	35 420.6	45 386.6	61 302.9	80 280.5	82 469.1
秘鲁	74 709.7	63 036.9	61 343.9	100 377.2	80 738.0	112 057.8
大洋洲	312 129.0	308 600.4	349 741.3	397 422.2	386 930.2	615 776.1
澳大利亚	240 642.7	232 520.7	261 330.5	293 432.1	249 228.6	393 025.5
新西兰	70 604.6	73 363.3	83 223.9	102 114.6	135 024.5	220 747.3
非洲	107 907.4	121 155.9	94 382.3	98 634.5	120 888.6	160 313.6
南非	5 611.8	7 456.5	14 724.3	20 061.0	25 141.7	35 286.8
埃及	3 735.9	3 839.2	3 876.5	3 308.8	2 812.2	6 576.5
津巴布韦	14 411.7	10 939.6	10 566.7	13 008.4	9 876.7	13 026.8
尼日利亚	445.9	999.8	746.5	484.8	990.8	1 091.6
阿尔及利亚	3.7	0.1	0.0	5.3	0.0	9.9
肯尼亚	1 111.2	1 109.1	1 199.7	1 474.3	1 740.2	1 547.7

中国自主要国家（地区）农产品进口额（二）

单位：万美元

国家（地区）	2011 年	2012 年	2013 年	2014 年	2015 年
合计	9 487 192.0	11 247 929.9	11 886 737.4	12 253 845.2	11 688 070.5
亚洲	2 181 839.4	2 462 862.0	2 271 790.7	2 343 120.5	2 239 099.9
日本	37 122.9	43 271.6	47 251.1	57 833.3	68 381.6
马来西亚	526 220.5	448 840.4	396 373.5	348 802.9	264 970.9
印度尼西亚	416 193.3	470 060.6	354 569.7	405 596.3	418 467.1
中国香港	13 560.5	15 099.9	15 120.4	24 394.3	28 491.0
韩国	63 698.1	61 713.9	72 720.9	76 292.1	86 294.3
泰国	298 254.4	395 746.7	436 419.3	508 655.8	506 274.7
印度	376 089.5	417 206.8	337 091.0	240 655.9	125 868.7
越南	131 976.6	222 361.3	204 716.2	229 364.8	275 418.2
土耳其	9 748.5	10 004.9	11 309.1	12 667.8	14 302.2
欧洲	949 137.6	1 075 283.0	1 311 096.8	1 424 275.7	1 752 368.6
欧盟	706 443.0	842 616.0	1 028 187.0	1 100 477.9	1 327 729.8
法国	252 695.6	282 598.0	297 757.0	309 318.9	396 989.5
德国	58 762.2	94 760.6	140 612.5	139 038.5	186 205.8
荷兰	84 116.4	107 086.3	144 366.2	145 536.9	189 437.6
西班牙	62 561.5	68 475.7	77 475.9	81 507.6	105 825.9
英国	47 917.7	48 680.8	58 460.4	64 471.7	63 602.0
意大利	40 567.9	42 954.2	51 982.1	54 898.5	61 630.2
俄罗斯	169 298.8	155 411.6	156 981.0	155 031.2	171 879.8
北美洲	2 677 282.5	3 445 605.3	3 275 966.3	3 463 901.2	3 028 247.8
美国	2 332 273.8	2 878 900.2	2 667 657.3	2 877 702.0	2 473 990.0
加拿大	314 473.5	535 652.4	577 240.1	558 138.3	522 225.5
墨西哥	25 750.2	25 297.7	23 856.1	21 608.4	23 043.8
南美洲	2 498 887.1	2 849 996.4	3 287 043.6	3 196 542.0	3 112 761.7
巴西	1 561 257.5	1 870 037.4	2 251 975.3	2 159 125.4	1 988 531.8
阿根廷	544 188.4	509 652.1	499 080.1	452 121.1	509 371.0
智利	112 196.1	139 577.3	155 227.4	168 890.6	194 062.9
秘鲁	133 410.8	125 740.6	113 794.1	128 763.3	143 268.7
大洋洲	947 145.4	1 127 763.6	1 430 334.9	1 502 836.0	1 254 953.6
澳大利亚	644 535.9	740 746.7	859 657.6	816 412.9	806 232.7
新西兰	298 377.0	381 519.6	560 570.4	679 532.6	442 756.8
非洲	232 890.3	286 413.2	310 459.1	322 938.1	300 611.8
南非	41 778.0	46 733.1	54 453.2	61 501.6	59 160.3
埃及	10 202.4	5 920.4	4 046.7	2 880.8	4 563.2
津巴布韦	35 182.9	43 620.4	55 493.4	60 314.8	61 293.3
尼日利亚	2 412.2	1 738.2	908.8	1 078.3	1 104.0
阿尔及利亚	19.3	69.0	37.5	12.1	22.6
肯尼亚	1 819.9	1 706.2	1 729.8	1 617.3	1 749.3

3-7 中国谷物进口量前15位国家（地区）

（2015年）

单位：吨，万美元,%

序号	国家（地区）	进口量	同比增长	进口额	同比增长
1	美国	10 034 456.1	37.2	277 940.1	32.6
2	澳大利亚	7 415 285.5	28.8	213 515.2	23.5
3	乌克兰	4 678 611.0	325.6	106 401.3	258.9
4	欧盟	4 633 718.9	380.9	115 486.1	328.2
5	东盟	3 112 497.2	18.8	139 223.2	13.1
6	加拿大	2 035 278.7	109.7	61 814.8	92.4
7	巴基斯坦	442 613.0	8.5	16 241.0	2.2
8	阿根廷	134 116.7	66.3	3 634.2	33.4
9	哈萨克斯坦	118 560.2	−52.9	2 801.9	−60.4
10	俄罗斯	105 153.0	140.9	2 318.9	85.6
11	韩国	1 680.3	8.4	148.0	10.3
12	日本	1 089.6	149.4	329.7	366.8
13	蒙古	873.1	230.8	25.8	175.0
14	中国台湾	359.5	−58.5	111.1	−40.3
15	秘鲁	326.0	18.1	76.9	30.6
	小计	**32 714 618.7**		**940 068.2**	

3-8 中国棉花进口量前 15 位国家（地区）

（2015 年）

单位：吨，万美元，%

序号	国家（地区）	进口量	同比增长	进口额	同比增长
1	美国	531 539.4	−5.3	98 959.4	−21.8
2	印度	346 399.7	−61.9	40 937.3	−74.2
3	澳大利亚	251 796.5	−49.2	47 101.7	−56.4
4	乌兹别克斯坦	175 760.3	2.3	28 712.3	−13.6
5	巴西	146 138.9	−5.9	22 668.6	−19.2
6	土耳其	50 103.6	67.6	2 269.7	14.5
7	喀麦隆	45 360.9	52.0	7 126.5	17.4
8	土库曼斯坦	38 416.8	48.9	1 492.2	−5.7
9	东盟	35 543.1	12.5	4 084.8	19.7
10	科特迪瓦	13 725.8	−17.2	2 143.6	−35.6
11	墨西哥	13 302.0	−41.4	1 969.0	−52.3
12	贝宁	12 145.9	−68.6	1 746.6	−76.9
13	布基纳法索	11 354.3	−80.1	1 793.0	−84.5
14	苏丹	8 829.9	−3.2	1 208.9	−30.1
15	塔吉克斯坦	8 318.0	242.9	1 350.6	198.8
	小计	**1 688 735.0**		**263 564.1**	

3-9 中国食用油籽进口量前15位国家（地区）
（2015年）

单位：吨，万美元，%

序号	国家（地区）	进口量	同比增长	进口额	同比增长
1	巴西	40 077 555.4	25.2	1 689 661.2	-9.9
2	美国	28 446 636.1	-5.3	1 247 276.5	-23.7
3	阿根廷	9 458 254.1	57.4	394 430.4	17.1
4	加拿大	5 322 785.1	-5.5	242 633.7	-22.1
5	乌拉圭	2 317 829.0	-5.1	98 123.7	-28.2
6	澳大利亚	480 602.4	-20.3	23 918.6	-26.3
7	俄罗斯	399 653.1	430.8	14 856.6	500.3
8	埃塞俄比亚	187 037.7	7.0	28 245.2	-29.1
9	多哥	131 424.0	172.9	17 644.8	74.7
10	坦桑尼亚	106 306.3	26.5	13 241.4	18.7
11	哈萨克斯坦	94 426.9	22.1	3 604.1	17.3
12	苏丹	92 629.3	93.2	14 644.9	44.6
13	尼日尔	85 269.3	355.3	11 968.7	217.5
14	蒙古	73 012.3	91.9	2 538.0	90.6
15	塞内加尔	65 790.8	2 354.1	5 763.8	871.5
	小计	**87 339 211.8**		**3 808 551.5**	

3-10 中国食用植物油进口量前15位国家（地区）

（2015年）

单位：吨，万美元，%

序号	国家（地区）	进口量	同比增长	进口额	同比增长
1	东盟	5 902 020.7	10.8	370 108.2	−15.6
2	乌克兰	715 420.1	55.5	63 820.7	41.6
3	阿根廷	592 495.1	11.7	48 538.6	−6.8
4	加拿大	553 274.8	−4.4	43 466.5	−26.5
5	巴西	227 998.1	−52.6	19 878.1	−57.0
6	欧盟	133 011.2	24.6	25 115.2	15.8
7	俄罗斯	82 314.3	837.0	7 450.0	774.5
8	澳大利亚	45 596.7	94.6	4 244.3	57.7
9	阿拉伯联合酋长国	45 580.9	−61.2	3 886.2	−65.8
10	印度	20 646.6	−2.1	2 574.5	−17.5
11	塞内加尔	18 782.0	96.5	2 502.0	107.0
12	哈萨克斯坦	13 346.2	79.5	1 250.7	90.8
13	土耳其	12 143.2	64.8	1 645.2	−1.1
14	美国	10 008.3	−94.7	1 431.6	−92.4
15	尼加拉瓜	7 550.7	284.6	1 017.2	311.5
	小计	**8 380 189.1**		**596 929.0**	

3-11 中国食糖进口量前 15 位国家（地区）

（2015 年）

单位：吨，万美元，%

序号	国家（地区）	进口量	同比增长	进口额	同比增长
1	巴西	2 741 443.2	30.5	94 339.1	9.5
2	东盟	619 592.7	13.1	24 154.1	11.8
3	古巴	520 650.0	21.8	21 399.8	1.9
4	澳大利亚	354 277.0	116.6	12 023.1	73.1
5	危地马拉	317 687.0	603.8	11 932.5	534.2
6	韩国	188 093.4	−2.7	9 591.7	−14.9
7	萨尔瓦多	98 349.5		3 547.0	
8	阿拉伯联合酋长国	2 651.3	140 255.0	113.4	25 457.2
9	印度	1 353.1	−65.8	51.3	−72.5
10	毛里求斯	663.4	9.5	53.7	1.7
11	中国台湾	302.5	74.8	62.9	191.4
12	哥伦比亚	275.6	15.0	12.5	−14.8
13	新西兰	251.8	527.2	52.5	1 485.7
14	日本	96.0	100.5	17.1	43.2
15	欧盟	81.5	−67.6	30.1	−61.4
	小计	**4 845 767.8**		**177 380.8**	

3-12 中国畜产品进口额前15位国家（地区）

（2015年）

单位：万美元，%

序号	国家（地区）	进口额	同比增长
1	欧盟	630 470.5	20.5
2	澳大利亚	405 823.7	−3.5
3	新西兰	348 819.9	−42.0
4	美国	241 915.4	−27.5
5	巴西	99 541.7	79.6
6	乌拉圭	77 192.5	2.6
7	加拿大	68 355.7	8.4
8	阿根廷	39 669.8	29.6
9	南非	28 491.4	−7.0
10	智利	24 519.3	55.2
11	东盟	20 021.3	3.0
12	蒙古	14 449.7	29.4
13	新加坡	14 346.1	−15.0
14	韩国	11 506.4	14.2
15	哥斯达黎加	6 957.8	86.8
	小计	**2 032 081.1**	

3-13 中国蔬菜进口额前15位国家（地区）

（2015年）

单位：万美元，%

序号	国家（地区）	进口额	同比增长
1	美国	19 972.5	−0.6
2	东盟	8 599.2	1.1
3	欧盟	8 528.3	18.6
4	日本	4 728.7	7.7
5	加拿大	2 229.3	−30.4
6	韩国	1 696.0	66.5
7	印度	1 222.3	−11.5
8	智利	1 005.2	−7.2
9	新西兰	899.1	27.7
10	中国台湾	774.1	45.3
11	以色列	675.0	19.3
12	秘鲁	465.3	−17.4
13	澳大利亚	448.8	−17.3
14	朝鲜	279.1	30.0
15	墨西哥	186.9	45.9
	小计	**51 709.8**	

3-14 中国水果进口额前 15 位国家（地区）

（2015 年）

单位：万美元，%

序号	国家（地区）	进口额	同比增长
1	东盟	286 523.6	7.8
2	智利	98 947.2	25.4
3	美国	41 443.5	21.6
4	新西兰	27 888.1	78.7
5	厄瓜多尔	22 205.6	18.6
6	秘鲁	21 589.5	5.0
7	南非	16 663.2	−5.9
8	欧盟	14 930.6	−13.9
9	澳大利亚	11 820.2	56.5
10	中国台湾	11 015.4	75.2
11	巴西	9 294.5	0.9
12	墨西哥	4 414.0	26.5
13	加拿大	4 066.7	34.6
14	以色列	3 066.3	−6.4
15	韩国	3 012.9	69.6
	小计	**576 881.3**	

3-15 中国水产品进口额前15位国家（地区）

（2015年）

单位：万美元，%

序号	国家（地区）	进口额	同比增长
1	俄罗斯	131 056.1	−6.7
2	美国	127 433.8	−7.6
3	秘鲁	117 017.4	12.0
4	东盟	107 004.6	−0.9
5	加拿大	55 287.3	18.5
6	智利	43 661.8	−18.1
7	新西兰	38 856.4	0.8
8	挪威	35 157.7	−34.8
9	欧盟	29 202.2	−10.9
10	日本	28 113.9	4.4
11	厄瓜多尔	23 650.3	29.7
12	中国台湾	19 802.5	17.7
13	韩国	19 436.2	12.9
14	印度	13 439.8	15.8
15	法罗群岛（丹）	12 724.3	21.5
	小计	**801 844.1**	

3-16 中国畜产品出口额前15位国家（地区）

（2015年）

单位：万美元，%

序号	国家（地区）	出口额	同比增长
1	中国香港	189 321.0	−2.0
2	日本	132 444.5	−19.7
3	欧盟	99 896.2	−11.3
4	东盟	50 967.2	−7.8
5	美国	31 445.6	−8.7
6	中国澳门	13 790.4	2.2
7	韩国	10 113.7	−52.3
8	吉尔吉斯斯坦	8 623.0	−29.7
9	中国台湾	7 474.2	−71.0
10	巴西	6 476.3	−10.6
11	南非	5 400.9	8.5
12	朝鲜	3 308.4	−33.2
13	澳大利亚	2 692.3	22.0
14	俄罗斯	2 289.1	−27.9
15	加拿大	2 227.3	−17.5
	小计	**566 470.2**	

3-17 中国蔬菜出口额前15位国家（地区）

（2015年）

单位：万美元，%

序号	国家（地区）	出口额	同比增长
1	东盟	388 836.1	12.6
2	日本	217 325.5	—4.9
3	欧盟	115 511.9	—3.9
4	中国香港	113 080.9	17.9
5	韩国	103 951.2	18.6
6	美国	88 188.5	7.5
7	俄罗斯	53 631.6	—7.4
8	巴西	21 458.5	24.7
9	阿拉伯联合酋长国	19 355.6	5.1
10	巴基斯坦	14 139.6	54.2
11	加拿大	13 381.5	—6.2
12	沙特阿拉伯	12 808.8	6.9
13	澳大利亚	10 091.7	6.5
14	加纳	9 750.0	—8.2
15	中国台湾	9 566.6	—4.5
	小计	**1 191 077.9**	

3-18 中国水果出口额前 15 位国家（地区）

（2015 年）

单位：万美元，%

序号	国家（地区）	出口额	同比增长
1	东盟	313 405.0	33.2
2	美国	81 998.0	−2.0
3	日本	55 933.9	−9.3
4	俄罗斯	44 817.8	−9.2
5	欧盟	43 395.9	0.9
6	中国香港	40 986.8	39.3
7	哈萨克斯坦	13 724.2	−3.2
8	加拿大	12 483.7	−2.6
9	孟加拉国	11 883.7	11.9
10	韩国	8 651.9	−2.1
11	澳大利亚	8 341.2	−12.7
12	印度	7 080.0	−38.2
13	朝鲜	5 495.3	71.6
14	阿拉伯联合酋长国	4 293.4	−15.3
15	吉尔吉斯斯坦	4 153.8	17.3
	小计	**656 644.7**	

3-19 中国水产品出口额前15位国家（地区）

（2015年）

单位：万美元，%

序号	国家（地区）	出口额	同比增长
1	日本	363 831.5	−4.2
2	美国	319 495.8	−5.8
3	东盟	277 579.6	2.3
4	欧盟	221 428.4	−6.4
5	中国香港	211 474.8	−16.1
6	中国台湾	158 794.7	1.5
7	韩国	156 123.3	−7.6
8	加拿大	38 347.7	−8.8
9	俄罗斯	37 950.4	−43.5
10	墨西哥	35 237.9	−7.2
11	新加坡	33 703.6	13.7
12	澳大利亚	26 562.1	−18.4
13	斯里兰卡	19 204.5	118.5
14	巴西	17 940.1	−32.8
15	智利	14 782.7	53.6
	小计	**1 932 457.2**	

主要进出口地区

3-20 中国农产品出口额前15位地区

（2015年）

单位：万美元，%

序号	地区	出口额	同比增长
1	山　　东	1 647 399.6	−2.1
2	广　　东	939 151.5	1.7
3	福　　建	845 333.8	−0.1
4	浙　　江	496 521.3	−5.6
5	辽　　宁	469 707.9	−7.5
6	云　　南	394 803.9	30.1
7	江　　苏	328 066.3	−3.4
8	河　　南	185 489.2	11.6
9	河　　北	184 417.9	−5.4
10	湖　　北	178 318.5	−6.0
11	上　　海	143 209.2	−8.0
12	吉　　林	127 981.6	−10.7
13	安　　徽	122 405.8	−4.5
14	黑 龙 江	115 019.8	−17.0
15	广　　西	113 358.7	−25.6
	小　　计	**6 291 185.1**	

3-21 中国农产品进口额前15位地区

（2015年）

单位：万美元，%

序号	地区	进口额	同比增长
1	广　东	2 405 701.2	6.0
2	山　东	1 709 989.0	−19.8
3	江　苏	1 689 404.5	−4.9
4	上　海	1 080 000.0	6.6
5	天　津	769 095.2	−13.1
6	辽　宁	689 425.4	−16.7
7	福　建	577 497.6	0.0
8	广　西	502 903.4	−8.1
9	浙　江	489 191.3	−6.7
10	北　京	431 082.9	8.4
11	河　北	353 766.8	−8.6
12	河　南	175 978.3	21.4
13	吉　林	119 792.6	12.7
14	安　徽	109 912.7	35.2
15	云　南	74 761.6	−29.6
	小　计	**11 178 502.3**	

3-22　中国各地区农产品出口额（一）

单位：万美元

	2005年	2006年	2007年	2008年	2009年	2010年
全国合计	2 754 897.6	3 138 405.5	3 698 718.9	4 047 097.5	3 954 354.2	4 937 340.4
北　京	42 067.5	43 248.7	49 376.8	45 802.2	44 102.0	47 990.9
天　津	48 581.0	55 893.4	59 823.6	74 034.9	71 438.0	81 959.4
河　北	86 972.5	94 799.8	109 275.5	112 329.7	115 866.6	137 641.2
山　西	7 507.8	11 781.5	24 651.1	21 683.0	14 194.0	16 133.1
内蒙古	32 529.8	29 859.2	42 913.8	33 460.7	32 979.8	48 344.2
辽　宁	223 922.2	238 666.5	301 758.6	313 578.2	290 698.3	339 881.9
吉　林	109 760.7	99 193.8	121 316.5	126 651.5	113 955.3	124 314.7
黑龙江	82 175.0	99 650.9	137 186.7	153 965.7	116 264.9	123 217.1
上　海	78 529.2	93 807.5	105 156.8	107 517.9	95 991.3	114 452.8
江　苏	108 678.1	139 882.0	172 924.1	199 362.4	195 817.9	250 057.5
浙　江	249 469.8	268 902.8	300 928.9	343 768.5	313 172.4	376 250.8
安　徽	33 634.6	41 161.4	50 292.2	50 253.5	53 170.2	68 860.9
福　建	200 585.9	233 559.8	264 832.8	294 800.1	327 115.8	468 273.4
江　西	15 480.3	24 839.7	24 856.1	33 464.9	35 040.3	42 095.4
山　东	723 593.6	855 171.5	990 451.0	1 034 982.6	1 018 012.6	1 339 180.3
河　南	40 711.0	48 809.4	52 909.4	53 912.5	56 156.4	81 031.8
湖　北	32 880.8	41 988.4	49 912.9	65 552.1	71 514.3	106 508.2
湖　南	27 310.7	30 975.9	35 279.6	42 455.7	42 308.5	57 156.0
广　东	358 184.9	391 137.0	410 042.0	456 008.5	482 176.9	570 296.8
广　西	25 817.0	32 037.8	38 281.3	62 960.1	63 258.8	76 902.4
海　南	15 802.9	26 939.4	35 433.5	46 360.7	40 222.6	45 430.6
重　庆	13 402.8	13 565.0	14 689.9	17 965.7	16 931.6	18 269.6
四　川	45 552.8	51 585.4	58 558.0	65 614.6	54 980.2	67 044.5
贵　州	7 193.3	6 816.5	8 130.6	11 185.2	15 021.0	17 519.4
云　南	51 436.3	57 631.3	70 134.0	85 121.9	102 359.1	135 280.7
西　藏	3 312.7	4 435.7	5 723.3	3 201.4	3 770.3	5 867.6
陕　西	28 734.8	37 591.9	69 378.2	68 735.9	54 097.7	58 224.3
甘　肃	17 807.3	18 271.8	26 399.0	35 833.8	32 432.3	35 902.2
青　海	768.9	915.5	969.1	954.8	1 297.6	1 607.3
宁　夏	1 827.1	2 722.2	4 265.0	4 388.7	4 021.6	7 446.7
新　疆	40 666.7	42 563.6	62 868.9	81 190.1	75 985.9	74 198.7

中国各地区农产品出口额（二）

单位：万美元

	2011年	2012年	2013年	2014年	2015年
全国合计	6 072 106.5	6 325 298.9	6 782 500.7	7 196 017.9	7 068 155.9
北　京	55 687.1	58 536.1	51 868.9	49 638.0	43 997.3
天　津	94 797.4	88 867.6	91 166.1	96 262.8	94 580.5
河　北	170 857.0	171 020.0	177 894.9	194 919.4	184 417.9
山　西	18 468.2	20 189.7	20 925.5	17 777.6	19 508.3
内蒙古	58 090.2	64 099.0	63 168.7	65 868.6	76 995.0
辽　宁	424 376.4	455 452.7	475 987.1	507 599.7	469 707.9
吉　林	136 618.7	147 109.8	145 816.0	143 249.1	127 981.6
黑龙江	138 078.4	138 776.5	160 557.2	138 493.0	115 019.8
上　海	125 758.9	131 954.0	137 237.6	155 589.7	143 209.2
江　苏	280 589.9	296 993.2	295 823.7	339 762.9	328 066.3
浙　江	469 358.8	484 991.1	521 203.3	526 012.9	496 521.3
安　徽	88 577.9	99 989.4	120 250.5	128 135.7	122 405.8
福　建	655 170.4	723 816.8	785 888.9	846 361.8	845 333.8
江　西	56 026.2	63 837.9	71 944.2	79 225.9	67 268.5
山　东	1 618 753.3	1 591 784.7	1 607 136.7	1 683 309.9	1 647 399.6
河　南	112 508.7	111 620.5	152 124.3	166 230.3	185 489.2
湖　北	144 262.4	117 877.1	185 695.6	189 673.9	178 318.5
湖　南	63 675.1	70 002.5	86 984.2	108 656.0	105 875.1
广　东	698 330.5	754 386.5	869 676.7	923 287.0	939 151.5
广　西	88 075.7	112 662.1	128 720.8	152 413.6	113 358.7
海　南	54 034.7	56 129.1	55 967.5	59 026.0	49 054.8
重　庆	21 988.9	24 413.5	25 105.1	23 408.5	20 448.1
四　川	81 265.4	79 890.5	62 129.8	61 293.2	61 295.5
贵　州	21 909.3	27 747.8	25 179.1	27 778.0	33 583.6
云　南	186 513.4	218 172.2	251 577.5	303 567.3	394 803.9
西　藏	4 301.7	4 172.3	4 366.3	3 239.2	2 433.3
陕　西	67 688.9	75 900.5	76 678.7	62 470.2	61 273.5
甘　肃	39 727.2	44 755.6	37 499.5	41 212.9	42 183.1
青　海	2 336.8	1 985.2	2 990.1	4 698.8	3 474.7
宁　夏	9 785.9	9 686.7	9 612.4	13 696.3	12 083.4
新　疆	84 492.7	78 478.4	81 323.8	83 159.7	82 916.2

3-23 中国各地区农产品进口额（一）

单位：万美元

	2005年	2006年	2007年	2008年	2009年	2010年
全国合计	2 878 710.4	3 216 744.5	4 119 736.2	5 876 976.7	5 269 855.2	7 255 380.8
北　京	218 596.1	182 982.6	183 676.8	182 604.9	157 857.2	224 737.0
天　津	135 198.5	156 276.0	226 188.3	398 749.8	334 883.7	453 818.4
河　北	99 933.7	119 682.1	145 937.1	252 631.1	193 623.7	250 120.9
山　西	4 001.0	1 199.4	782.3	648.7	5 965.0	10 674.7
内蒙古	6 505.5	4 829.2	4 489.1	5 475.5	9 087.4	18 856.2
辽　宁	174 536.3	163 258.2	184 507.6	295 682.0	292 583.2	445 624.4
吉　林	8 188.5	17 235.1	20 863.4	20 938.4	36 812.5	52 057.2
黑龙江	13 713.2	12 004.9	13 899.4	17 233.7	15 830.0	22 146.0
上　海	197 935.5	245 235.7	321 832.2	379 093.8	373 087.6	518 127.2
江　苏	449 978.2	526 115.5	786 622.3	1 084 372.8	967 781.6	1 240 918.6
浙　江	174 613.4	199 916.5	251 142.9	322 047.9	237 752.5	369 074.2
安　徽	17 157.5	16 051.2	21 413.2	21 556.6	26 817.3	34 844.4
福　建	142 576.7	145 215.9	178 152.6	269 089.2	246 858.4	329 861.1
江　西	2 601.3	3 415.2	3 613.2	3 254.0	2 361.4	7 099.4
山　东	565 632.6	641 422.8	713 964.5	1 048 491.1	875 487.3	1 277 317.8
河　南	46 354.5	46 472.7	59 548.0	100 943.2	75 641.6	113 273.3
湖　北	12 455.6	15 512.9	15 611.4	18 242.8	13 904.1	31 251.1
湖　南	11 272.0	12 197.2	11 536.9	21 186.0	29 282.2	28 909.6
广　东	457 340.9	542 821.8	763 227.0	1 099 768.0	1 021 482.9	1 344 974.4
广　西	77 297.9	95 068.4	128 417.5	207 233.3	218 195.0	252 742.2
海　南	5 213.7	5 805.7	5 807.9	7 312.5	8 189.2	10 261.9
重　庆	12 651.4	9 167.5	18 567.3	35 358.5	27 820.6	27 906.6
四　川	12 542.0	11 853.2	17 925.7	22 439.4	22 261.3	33 016.3
贵　州	1 315.3	1 294.1	1 656.5	2 201.0	1 633.7	2 038.9
云　南	11 763.5	15 935.8	18 927.4	36 610.8	49 944.2	97 591.5
西　藏	702.2	229.3	99.0	52.6	57.9	46.4
陕　西	6 925.8	8 165.2	9 965.6	11 712.9	12 535.6	17 496.4
甘　肃	927.7	677.2	693.4	1 005.8	1 200.7	2 151.6
青　海	54.2	85.6	97.8	22.7	34.9	203.1
宁　夏	1 069.0	447.6	182.7	1 092.4	234.0	280.1
新　疆	9 656.8	16 170.1	10 387.2	9 925.2	10 648.4	37 959.9

中国各地区农产品进口额（二）

单位：万美元

	2011年	2012年	2013年	2014年	2015年
全国合计	9 487 192.0	11 247 929.9	11 886 737.4	12 253 845.2	11 688 070.5
北　京	336 788.4	402 209.7	418 357.0	397 570.0	431 082.8
天　津	608 869.7	831 553.2	906 426.1	884 955.8	769 095.2
河　北	311 087.7	330 074.1	379 110.4	387 229.2	353 766.8
山　西	16 550.1	6 596.3	13 229.0	30 876.3	16 402.3
内蒙古	25 417.8	25 356.6	51 385.4	59 319.3	51 724.5
辽　宁	527 468.4	611 289.3	721 109.2	827 448.3	689 425.4
吉　林	62 323.5	98 343.7	112 596.1	106 287.4	119 792.6
黑龙江	31 251.2	41 618.6	54 611.0	67 493.0	56 188.1
上　海	765 885.0	863 675.1	1 000 476.6	1 013 349.5	1 080 000.0
江　苏	1 533 497.2	1 918 254.4	1 845 464.7	1 775 748.1	1 689 404.5
浙　江	483 126.3	527 383.5	548 391.9	524 276.9	489 191.3
安　徽	55 913.5	76 608.9	85 682.6	81 285.2	109 912.7
福　建	428 250.5	513 406.9	562 180.0	577 279.8	577 497.6
江　西	18 222.4	15 890.7	18 658.6	20 101.3	34 817.3
山　东	1 816 450.1	1 935 331.0	1 974 240.0	2 132 573.0	1 709 989.0
河　南	157 751.5	155 693.8	175 494.2	144 975.2	175 978.2
湖　北	64 483.2	75 617.6	65 671.8	49 988.6	67 693.6
湖　南	40 636.2	53 606.6	60 040.4	67 193.7	65 334.9
广　东	1 587 411.8	1 924 800.4	2 042 509.4	2 268 598.7	2 405 701.2
广　西	336 176.7	522 198.7	553 314.8	547 265.3	502 903.4
海　南	20 040.1	23 532.3	20 982.0	26 400.5	28 963.8
重　庆	43 546.0	57 821.3	41 841.4	38 727.1	65 019.4
四　川	43 994.6	41 789.3	38 744.5	35 559.6	46 647.5
贵　州	3 620.5	4 148.7	2 608.1	3 782.9	2 645.8
云　南	104 248.9	120 616.5	113 897.2	106 161.9	74 761.6
西　藏	25.3	1 591.1	628.2	828.4	719.1
陕　西	17 169.2	18 353.2	27 024.8	16 803.9	30 115.9
甘　肃	1 323.1	6 409.8	5 097.4	15 364.3	7 403.6
青　海	360.9	1 735.4	2 461.2	693.8	1 918.5
宁　夏	208.5	3 849.2	7 903.6	5 991.6	2 029.3
新　疆	45 093.7	38 573.7	36 599.7	39 716.8	31 944.4

四、国际市场篇

简 要 说 明

一、本篇资料的主要内容

本篇资料主要反映与中国贸易关系较为密切的重点国家（地区）的农产品贸易情况。

二、本篇资料的统计口径

各国（地区）农产品贸易统计口径参照中国的统计范围和分类标准进行整理。

三、本篇资料的统计范围

本篇资料反映了 37 个国家（地区）主要大类农产品的进、出口额和进、出口量变化情况。

四、本篇资料的数据来源

本篇资料是采集联合国商品贸易统计数据库的原始数据加工整理而得。

五、本篇资料的数据采集时间

采集时间为 2016 年 8～10 月。

六、特别说明

欧盟进出口数据是指欧盟对外贸易数据，不含其成员间贸易。

亚 洲

4-1 日本主要农产品贸易情况

4-1-1 日本农产品贸易综述

一、10年来日本农产品贸易总体情况

2005—2015年，日本农产品贸易额由2005年的613.2亿美元增至2015年的736.4亿美元，年均增长1.8%。其中，出口额由36.9亿美元增至60.4亿美元，年均增长5.1%；进口额由576.3亿美元增至676.0亿美元，年均增长1.6%；贸易逆差由539.4亿美元增至615.6亿美元，年均增长1.3%（图1）。

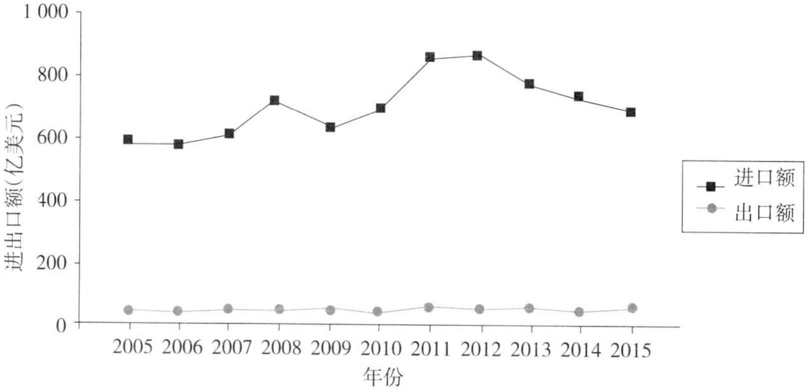

图1 2005—2015年日本农产品进出口额变化

从进口额年度变化情况看，2006年、2009年、2013—2015年同比下降，其余年份则保持正增长。其中，2011年进口增幅最大，达23.4%。从出口额年度变化情况看，2009年和2014年同比下降，其余年份同比持平或保持正增长。其中，2010年出口增速最快，达17.3%（图2）。

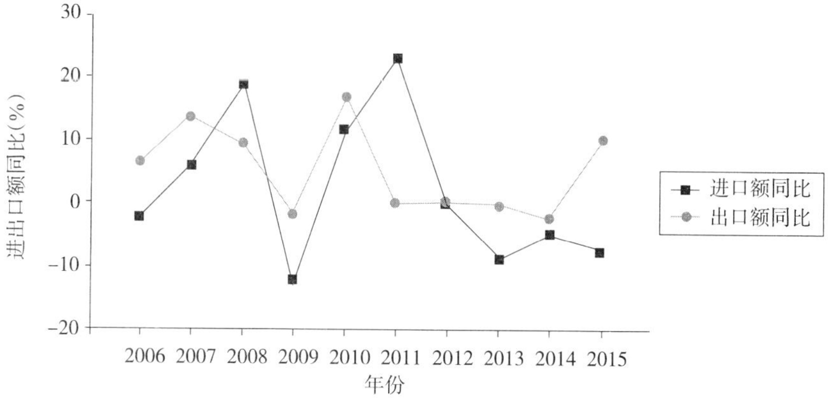

图2 2006—2015年日本农产品进出口额同比变化

二、2015 年日本农产品贸易情况

2015 年日本农产品贸易额为 736.4 亿美元，同比下降 6.5%，在全球各大农产品贸易国中排名第 12 位。其中出口额为 60.4 亿美元，同比增长 10.4%，全球排名第 43 位；进口额为 676.0 亿美元，同比下降 7.7%，全球排名第 4 位。

（一）进出口产品结构

2015 年，日本进口农产品有水产品、畜产品和饮品等，进口额分别为 143.9 亿美元、140.3 亿美元和 61.6 亿美元，占其农产品进口额的比重分别为 21.3%、20.7%和 9.1%。此外，日本还进口谷物和蔬菜等，2015 年进口额分别为 60.0 亿美元和 47.6 亿美元，分别占其农产品进口额的 8.9%和 7.0%（图 3）。

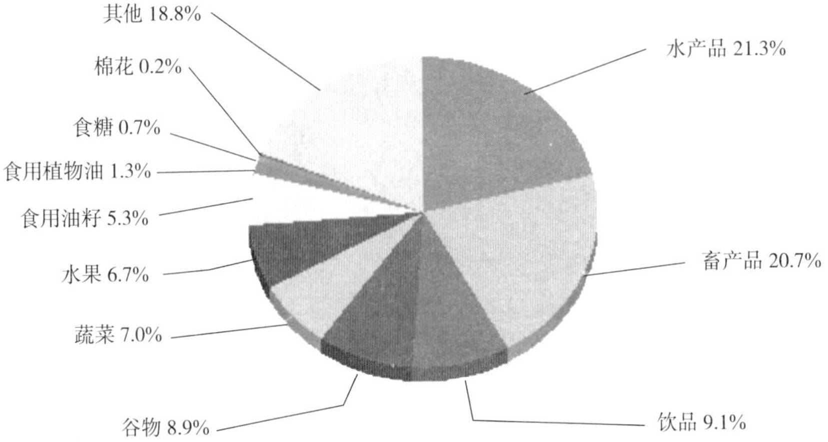

图 3　2015 年日本农产品进口结构

2015 年，日本大类农产品进口额同比均下降，其中食糖下降幅度最大，达 22.3%，其次为谷物 14.0%和棉花 10.8%。水果、食用植物油、食用油籽和畜产品的降幅处于 6.0%~10.3%之间。蔬菜、饮品和水产品的降幅则分别为 4.8%、4.2%和 3.0%（表 1）。

表 1　2006—2015 年日本主要农产品进口额同比变化情况

单位：%

	2006 年	2007 年	2008 年	2009 年	2010 年	2011 年	2012 年	2013 年	2014 年	2015 年
农产品	−2.4	5.9	18.7	−12.6	11.1	23.4	0.0	−8.8	−5.1	−7.7
谷物	0.4	40.5	55.1	−36.1	5.7	38.9	−9.7	−1.8	−18.9	−14.0
棉花	−10.7	0.5	16.7	−50.4	42.0	99.1	−41.4	−6.8	−11.4	−10.8
食用油籽	−5.5	26.1	51.1	−31.2	12.9	12.3	3.2	2.1	−8.4	−7.4

（续）

	2006 年	2007 年	2008 年	2009 年	2010 年	2011 年	2012 年	2013 年	2014 年	2015 年
食用植物油	−0.2	22.6	48.3	−27.0	12.4	30.2	−4.1	−4.7	−7.0	−6.3
食糖	33.7	−10.5	7.9	7.0	38.1	66.1	−26.3	−21.9	−11.5	−22.3
蔬菜	1.6	−1.4	−1.7	−0.6	17.7	17.4	8.1	−4.9	−3.4	−4.8
水果	−3.0	6.6	7.7	−3.3	4.4	19.0	4.7	−8.0	−4.9	−6.0
畜产品	−11.4	5.5	16.8	−10.6	15.4	21.6	0.0	−9.3	5.7	−10.3
水产品	−2.7	−5.0	8.6	−8.4	12.5	16.8	3.2	−14.5	−8.9	−3.0
饮品	8.9	5.7	6.3	−8.2	12.5	25.6	−1.7	−5.0	−0.4	−4.2

2015 年，日本农产品中出口额靠前的是水产品、饮品和水果，出口额分别为 24.1 亿美元、7.4 亿美元和 6.1 亿美元，占其农产品出口额的比重分别为 39.9%、12.2%和 10.0%。此外，日本还出口畜产品、蔬菜、谷物和食用植物油等，出口额分别为 2.9 亿美元、2.1 亿美元、1.0 亿美元和 0.5 亿美元，分别占其农产品出口额的 4.8%、3.5%、1.7%和 0.9%（图 4）。

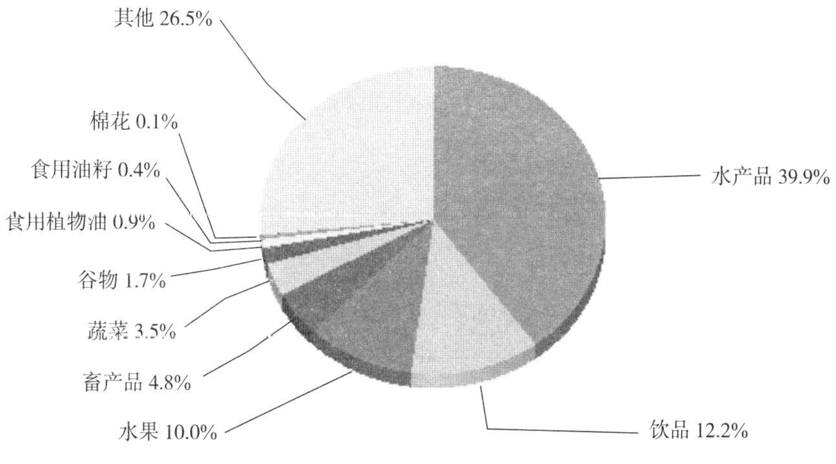

图 4　2015 年日本农产品出口结构

2015 年，日本出口额同比增长较快的农产品是棉花、水果和食用油籽，增幅分别为 35.5%、25.1%和 18.7%。蔬菜、食糖、水产品、饮品和谷物的增幅在 6.5%～17.5%之间。食用植物油出口额略微上涨，为 0.1%。农产品中仅畜产品出口额同比下降，降幅为 8.2%（表 2）。

表 2 2006—2015 年日本主要农产品出口额同比变化情况

单位：%

	2006 年	2007 年	2008 年	2009 年	2010 年	2011 年	2012 年	2013 年	2014 年	2015 年
农产品	6.0	13.5	9.6	−1.5	17.3	0.1	−0.3	0.0	−2.3	10.4
谷物	−2.0	−3.4	32.4	−27.3	30.5	−1.3	15.1	−16.8	5.1	6.5
棉花	−2.7	−0.7	−12.4	29.3	37.4	63.6	7.1	−58.7	−20.7	35.5
食用油籽	15.4	55.3	−15.6	−5.0	9.7	−2.8	17.1	−9.2	11.7	18.7
食用植物油	26.8	−10.3	28.8	23.8	5.6	−2.5	7.1	0.5	13.5	0.1
食糖	−0.3	114.8	−50.9	5.4	12.4	10.1	3.0	−22.8	−1.1	17.4
蔬菜	8.3	5.0	11.4	−3.4	9.9	4.0	−8.8	0.4	7.3	17.5
水果	−0.5	16.5	13.5	3.9	11.7	3.8	−9.8	2.1	6.9	25.1
畜产品	1.5	27.5	43.4	−9.4	16.5	4.8	7.8	4.3	3.5	−8.2
水产品	9.9	15.1	−0.3	−6.6	19.2	−2.2	−0.9	6.9	−12.6	13.8
饮品	9.3	14.5	31.3	0.8	22.0	7.1	6.5	−3.9	12.8	10.6

（二）主要贸易伙伴

2015 年日本前五大农产品进口来源地分别为美国、中国、泰国、澳大利亚和加拿大，进口额分别为 147.6 亿美元、90.3 亿美元、42.8 亿美元、40.0 亿美元和 37.4 亿美元，占其农产品进口额的比重分别为 22.1%、13.5%、6.4%、6.0%和 5.6%（图 5）。

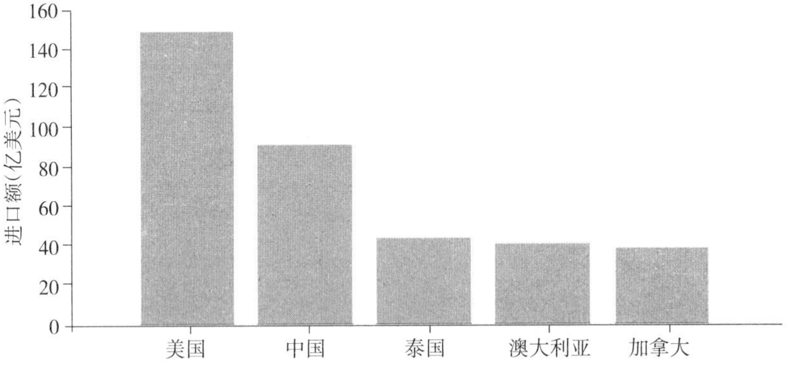

图 5 2015 年日本前五大农产品进口来源地

2015 年日本前五大农产品出口市场分别为中国香港、美国、中国、韩国和泰国，出口额分别为 14.7 亿美元、8.9 亿美元、6.3 亿美元、3.9 亿美元和 2.9 亿美元，占其农产品出口额的比重分别为 28.0%、16.9%、12.0%、7.4%和 5.6%（图 6）。

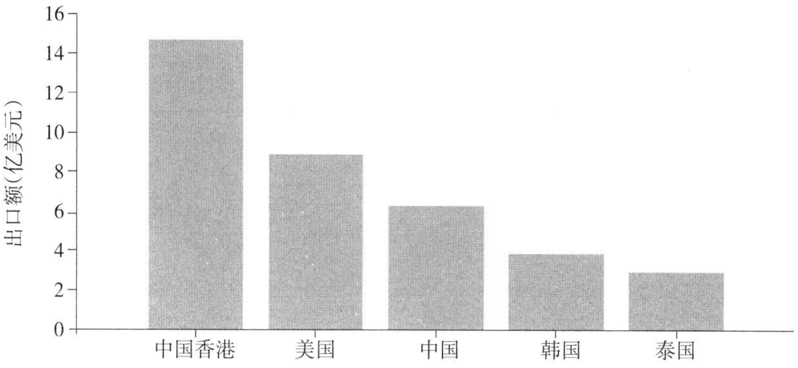

图 6　2015 年日本前五大农产品出口市场

4-1-2 日本主要农产品出口额（一）

单位：万美元

项　目	2005年	2006年	2007年	2008年	2009年	2010年
农产品	369 116.1	391 379.1	444 146.3	486 585.8	479 106.6	561 775.4
谷物	8 096.4	7 933.1	7 665.5	10 146.3	7 377.6	9 630.4
小麦产品	7 292.7	6 785.8	6 575.6	8 036.9	5 838.0	6 692.8
玉米产品	142.9	68.5	17.5	26.6	8.6	11.1
稻谷产品	650.6	1 067.1	1 065.1	2 069.6	1 514.6	2 906.4
棉花	270.7	263.4	261.6	229.3	296.5	407.3
食用油籽	1 029.7	1 188.8	1 846.4	1 557.7	1 480.4	1 623.4
大豆	52.7	26.0	493.6	39.4	71.8	44.9
花生	38.5	85.3	101.7	106.5	85.6	95.3
油菜籽		0.6		29.1		
食用植物油	2 353.8	2 985.5	2 677.4	3 448.0	4 269.2	4 508.7
豆油	39.6	31.5	37.2	53.7	53.3	271.3
菜籽油	54.5	78.2	67.8	109.2	395.5	306.6
棕榈油	83.6	27.1	52.5	105.0	73.6	88.3
食糖	181.9	181.3	389.4	191.3	201.5	226.5
蔬菜	12 950.8	14 031.3	14 738.8	16 421.1	15 858.4	17 424.4
水果	31 048.0	30 886.6	35 992.4	40 864.7	42 447.6	47 401.8
畜产品	13 254.7	13 448.5	17 147.0	24 594.2	22 271.8	25 938.1
猪肉	39.7	65.5	112.9	199.1	150.2	221.0
牛肉	423.2	559.4	1 738.1	3 909.4	4 044.3	3 880.3
羊肉						
家禽	295.5	292.5	798.8	1 051.9	1 249.2	1 686.8
蛋产品	157.1	124.8	136.9	200.7	276.7	333.1
乳品	802.0	1 107.6	1 856.2	1 986.4	4 248.0	4 324.2
动物生皮	8 668.3	8 144.0	8 119.5	11 928.7	8 547.0	9 292.6
动物生毛皮	13.1	4.5	2.5	1.5	1.2	
羊毛	18.2	21.4	7.1	20.5	32.6	29.4
水产品	166 431.7	182 972.5	210 564.2	209 974.4	196 030.0	233 763.4
饮品	26 616.6	29 085.4	33 302.7	43 725.6	44 095.9	53 777.3
酒	11 363.6	12 216.2	13 552.5	16 348.9	17 203.7	20 967.9
茶	3 036.0	3 479.2	3 658.5	4 502.4	5 259.7	6 487.0
咖啡	1 637.8	1 619.9	2 526.4	5 160.2	3 998.7	4 735.8

日本主要农产品出口额（二）

单位：万美元

项　目	2011年	2012年	2013年	2014年	2015年
农产品	562 560.2	560 640.4	560 656.7	547 596.1	604 384.4
谷物	9 507.6	10 943.9	9 102.6	9 566.4	10 184.9
小麦产品	7 273.0	7 359.4	7 198.0	7 041.4	6 491.7
玉米产品	9.4	6.1	10.1	5.7	14.6
稻谷产品	2 211.6	3 569.5	1 885.9	2 498.5	3 656.6
棉花	666.4	713.7	294.8	233.7	316.6
食用油籽	1 577.9	1 847.4	1 677.2	1 872.6	2 222.3
大豆	18.0	70.4	59.8	60.6	36.8
花生	90.7	79.4	78.0	89.6	115.0
油菜籽	74.0	101.7	6.7	3.9	6.3
食用植物油	4 396.6	4 709.9	4 732.7	5 370.6	5 377.1
豆油	66.3	77.5	79.0	75.0	286.0
菜籽油	250.6	292.1	296.8	251.2	195.6
棕榈油	98.4	66.5	78.2	45.3	30.2
食糖	249.4	256.9	198.3	196.1	230.2
蔬菜	18 123.8	16 523.5	16 586.8	17 796.6	20 919.4
水果	49 193.8	44 353.9	45 264.2	48 402.6	60 571.9
畜产品	27 171.3	29 301.6	30 551.1	31 629.4	29 031.9
猪肉	236.1	245.7	262.5	485.7	529.5
牛肉	4 346.8	6 343.6	5 913.2	7 726.0	9 093.2
羊肉					
家禽	831.1	1 311.0	1 414.0	1 664.1	1 435.2
蛋产品	143.4	249.7	334.4	442.5	668.0
乳品	1 855.8	1 229.1	1 321.0	1 734.6	1 873.9
动物生皮	14 086.6	15 080.0	15 781.6	13 625.9	9 526.6
动物生毛皮	0.9	1.0		0.9	
羊毛	72.7	57.1	42.1	8.3	0.6
水产品	228 613.0	226 481.4	242 185.5	211 701.0	240 939.3
饮品	57 571.8	61 314.0	58 930.3	66 473.0	73 551.2
酒	24 492.4	26 086.8	25 883.8	27 964.3	32 378.2
茶	7 391.4	7 202.6	7 762.9	8 332.1	9 372.2
咖啡	4 574.2	3 842.5	4 401.2	4 915.9	5 159.4

4-1-3 日本主要农产品进口额（一）

单位：万美元

项 目	2005年	2006年	2007年	2008年	2009年	2010年
农产品	5 762 711.2	5 622 374.5	5 953 647.3	7 065 541.0	6 173 458.7	6 860 541.0
谷物	472 790.0	474 663.7	666 914.1	1 034 560.1	660 626.7	698 485.7
小麦产品	122 942.2	128 195.1	163 674.0	327 962.0	145 006.1	166 972.6
玉米产品	258 584.3	258 975.8	384 712.2	558 143.0	377 319.4	395 951.9
稻谷产品	32 199.2	30 361.8	37 040.5	41 675.9	63 024.3	51 881.6
棉花	24 176.2	21 594.3	21 701.7	25 331.0	12 570.5	17 851.1
食用油籽	257 081.0	242 844.5	306 307.6	462 936.5	318 705.4	359 875.8
大豆	142 307.8	128 234.4	166 359.0	236 401.5	175 054.9	183 423.2
花生	11 526.0	12 232.1	12 099.3	16 191.6	14 041.1	17 118.2
油菜籽	72 283.4	71 699.4	95 731.0	156 983.9	94 600.9	116 400.0
食用植物油	55 495.3	55 365.0	67 897.1	100 664.1	73 457.2	82 576.4
豆油	4 976.0	5 250.0	4 431.3	8 261.5	4 785.6	2 604.5
菜籽油	4 606.3	1 377.2	1 789.8	3 915.1	1 899.8	1 345.6
棕榈油	22 175.9	24 568.8	38 911.3	61 286.9	42 131.1	51 426.4
食糖	36 891.9	49 329.4	44 153.7	47 654.0	50 992.5	70 398.5
蔬菜	372 525.3	378 378.6	373 080.7	366 706.4	364 386.4	429 012.6
水果	392 735.0	381 092.5	406 084.6	437 295.7	422 952.0	441 697.4
畜产品	1 190 265.1	1 054 977.6	1 112 994.7	1 300 218.4	1 162 150.0	1 341 255.8
猪肉	436 891.3	329 867.4	343 495.9	416 374.9	394 875.5	451 057.9
牛肉	200 551.6	194 205.9	204 823.6	214 250.7	199 602.7	228 814.3
羊肉	15 635.3	14 932.7	10 910.5	11 718.2	12 050.8	12 936.1
家禽	225 028.4	209 718.0	212 035.7	295 031.9	252 849.2	299 329.1
蛋产品	8 861.7	5 564.3	4 947.2	7 213.9	6 003.8	6 339.7
乳品	91 533.0	90 106.1	114 235.8	133 927.7	100 469.5	116 506.0
动物生皮	14 564.0	15 528.1	16 535.0	12 959.5	9 690.1	12 248.4
动物生毛皮	819.9	1 188.3	848.1	564.3	466.4	493.8
羊毛	6 850.4	6 468.6	7 639.0	6 450.4	3 376.1	4 957.9
水产品	1 527 167.4	1 485 524.3	1 411 673.4	1 533 307.9	1 404 903.6	1 581 021.9
饮品	435 395.4	474 196.0	501 009.0	532 534.4	489 004.0	550 267.4
酒	197 564.8	215 841.4	222 499.9	232 134.9	207 725.0	233 865.1
茶	21 040.5	20 161.9	20 643.7	21 067.4	19 694.3	22 824.0
咖啡	106 905.6	113 500.4	119 283.1	140 027.1	127 981.4	152 822.2

日本主要农产品进口额（二）

单位：万美元

项　目	2011 年	2012 年	2013 年	2014 年	2015 年
农产品	8 467 463.5	8 467 171.7	7 718 859.2	7 326 353.8	6 759 521.3
谷物	970 379.6	876 441.1	860 476.9	697 673.6	600 330.8
小麦产品	271 245.7	215 871.2	228 147.6	197 415.8	165 544.3
玉米产品	535 820.1	512 976.3	475 344.4	386 089.7	323 746.6
稻谷产品	58 608.5	46 995.9	49 390.7	44 045.0	50 873.8
棉花	35 539.0	20 821.6	19 397.8	17 191.7	15 327.3
食用油籽	404 238.7	417 291.7	426 044.5	390 140.1	361 257.8
大豆	181 264.7	181 092.3	188 427.3	183 296.6	170 368.1
花生	20 684.5	22 474.0	19 695.8	17 315.4	17 404.3
油菜籽	154 120.9	165 836.1	168 238.6	128 352.8	119 348.5
食用植物油	107 496.3	103 127.8	98 246.8	91 348.8	85 566.6
豆油	3 345.6	3 899.3	5 620.3	1 453.9	990.0
菜籽油	5 113.8	3 997.8	3 113.5	1 683.7	1 910.2
棕榈油	72 823.0	65 165.8	53 777.8	52 976.7	44 240.4
食糖	116 959.2	86 175.9	67 312.6	59 564.4	46 279.6
蔬菜	503 844.5	544 818.7	518 138.4	500 358.3	476 451.9
水果	525 674.3	550 440.6	506 552.8	481 960.6	453 116.0
畜产品	1 631 273.4	1 630 605.1	1 479 042.7	1 563 226.8	1 402 573.6
猪肉	522 473.7	512 244.2	399 582.9	431 461.2	351 280.8
牛肉	264 440.6	276 005.7	272 908.8	289 221.8	278 402.9
羊肉	16 217.6	12 789.4	12 446.5	16 101.8	13 532.4
家禽	411 241.0	388 260.3	363 606.5	369 045.5	355 686.5
蛋产品	8 857.2	7 521.4	7 788.7	7 092.6	7 137.9
乳品	144 644.7	146 381.5	141 687.8	159 497.7	138 409.4
动物生皮	12 884.2	15 643.2	13 808.2	13 995.9	12 683.8
动物生毛皮	986.4	656.4	821.8	864.6	555.2
羊毛	7 932.5	7 564.0	5 081.0	4 651.4	4 047.9
水产品	1 846 370.1	1 905 087.7	1 629 687.6	1 484 054.3	1 439 333.7
饮品	691 072.5	679 488.3	645 193.6	642 578.5	615 805.8
酒	281 553.8	312 075.3	297 667.0	304 218.4	279 095.1
茶	24 624.2	24 402.3	23 940.0	23 545.9	21 018.8
咖啡	220 121.2	186 382.3	176 491.6	161 719.5	174 708.8

4-1-4 日本主要农产品出口量（一）

单位：吨

项　目	2005年	2006年	2007年	2008年	2009年	2010年
农产品						
谷物	308 572.0	317 588.1	275 312.5	228 484.3	203 265.4	235 270.9
小麦产品	289 921.4	290 033.0	255 437.3	187 117.4	185 410.0	196 183.0
玉米产品	5 627.7	3 518.6	408.7	71.8	138.9	65.4
稻谷产品	12 897.0	23 618.0	19 375.3	41 161.1	17 663.1	38 898.0
棉花	4 404.8	3 484.7	3 698.8	2 709.3	1 993.7	2 359.2
食用油籽	2 242.3	2 743.8	16 246.5	3 044.8	2 314.2	2 753.0
大豆	116.5	330.1	11 656.6	100.2	89.2	159.9
花生	158.1	271.7	227.8	157.4	145.3	166.7
油菜籽		21.3		4.1		
食用植物油	7 649.7	13 812.8	8 312.6	7 067.2	13 740.4	11 142.3
豆油	199.8	164.7	197.1	202.1	116.0	2 967.0
菜籽油	336.0	487.9	396.7	343.2	2 791.5	1 034.4
棕榈油	1 119.2	140.2	437.3	569.9	435.6	357.4
食糖	1 912.9	1 490.0	9 427.1	1 200.3	1 337.1	1 226.5
蔬菜	19 455.4	22 428.2	24 464.6	22 039.9	17 062.1	14 758.0
水果						
畜产品						
猪肉	32.3	65.4	99.5	290.7	100.4	153.1
牛肉	71.6	115.0	285.1	581.8	565.3	541.0
羊肉						
家禽	2 069.0	2 548.2	6 071.5	7 231.0	8 971.4	11 034.8
蛋产品						
乳品	2 425.3	3 110.0	4 363.5	2 829.2	5 020.6	4 959.2
动物生皮	73 683.2	73 681.7	72 886.4	74 984.8	88 693.6	83 079.1
动物生毛皮						
羊毛	85.3	61.5	24.4	58.0	92.0	50.5
水产品						
饮品						
酒						
茶	3 253.9	2 704.6	2 898.4	2 877.0	3 191.9	3 499.0
咖啡	1 982.9	1 548.2	2 477.5	4 612.9	3 560.6	4 354.6

日本主要农产品出口量（二）

单位：吨

项　目	2011年	2012年	2013年	2014年	2015年
农产品					
谷物	217 283.0	242 666.6	188 103.9	194 150.2	210 852.5
小麦产品	191 480.0	192 598.0	168 205.0	166 332.9	157 953.0
玉米产品	69.9	31.0	51.6	37.1	256.8
稻谷产品	25 691.0	50 019.1	19 809.8	27 717.8	52 426.3
棉花	2 575.7	2 443.2	1 175.4	872.5	1 199.1
食用油籽	2 189.0	1 999.6	2 287.9	2 549.4	3 642.5
大豆	18.7	99.5	105.6	114.1	49.0
花生	146.0	60.9	100.2	133.3	154.5
油菜籽	8.2	65.1	107.9	70.1	135.9
食用植物油	7 713.4	10 547.6	9 283.7	12 624.6	13 432.2
豆油	143.3	150.1	202.5	251.9	3 288.2
菜籽油	589.5	1 327.2	1 553.7	825.5	751.0
棕榈油	544.4	473.2	734.7	192.1	73.5
食糖	1 854.4	1 221.2	1 251.5	1 202.5	1 415.3
蔬菜	13 705.7	12 483.9	16 129.2	17 961.3	32 999.9
水果					
畜产品					
猪肉	165.7	168.4	247.3	429.5	467.0
牛肉	570.4	863.4	909.1	1 251.3	1 610.9
羊肉					
家禽	4 403.0	7 173.6	9 028.4	10 913.7	9 130.7
蛋产品					
乳品	2 642.3	2 685.7	3 218.0	4 101.5	4 804.4
动物生皮	81 036.0	82 642.1	84 738.2	77 583.0	74 379.0
动物生毛皮					
羊毛	139.2	129.4	112.3	17.7	0.5
水产品					
饮品					
酒					
茶	3 523.3	3 277.7	3 878.8	4 453.8	5 019.8
咖啡	2 785.9	2 437.1	3 220.4	3 705.7	4 481.7

4-1-5 日本主要农产品进口量（一）

单位：吨

项 目	2005年	2006年	2007年	2008年	2009年	2010年
农产品						
谷物	26 234 701.1	26 029 738.8	25 588 613.6	25 497 513.4	25 039 998.5	25 630 917.7
小麦产品	5 474 303.5	5 339 027.8	5 277 204.9	5 782 599.7	4 704 561.5	5 477 519.2
玉米产品	16 665 263.7	16 893 088.3	16 635 960.0	16 465 616.0	16 299 280.1	16 193 263.7
稻谷产品	789 149.5	608 156.7	644 705.7	598 425.7	672 063.9	665 896.0
棉花	194 260.1	164 042.4	160 411.0	162 522.9	88 198.7	106 587.7
食用油籽	6 977 598.4	6 822 827.5	6 774 890.3	6 470 689.9	5 830 887.9	6 220 157.9
大豆	4 182 572.1	4 042 396.8	4 160 950.7	3 711 131.5	3 390 148.0	3 455 674.6
花生	101 316.9	105 916.3	91 539.0	81 760.7	84 000.4	93 487.6
油菜籽	2 304 208.4	2 292 622.6	2 154 086.1	2 312 543.6	2 072 408.6	2 344 304.0
食用植物油	691 734.8	661 685.4	676 494.9	702 549.1	676 268.4	682 904.1
豆油	51 643.1	59 673.6	42 250.4	50 781.1	35 596.8	18 314.4
菜籽油	63 226.8	17 074.7	17 852.5	22 084.6	14 310.2	9 047.7
棕榈油	478 979.4	498 924.8	532 209.0	546 444.1	551 416.0	569 443.7
食糖	1 352 931.1	1 314 737.0	1 527 807.7	1 401 572.0	1 299 692.5	1 220 093.7
蔬菜	3 103 552.1	2 969 250.3	2 692 942.0	2 407 609.3	2 308 680.8	2 626 672.2
水果						
畜产品						
猪肉	873 114.7	725 006.5	760 572.3	817 690.9	702 938.2	753 026.9
牛肉	459 918.9	460 618.1	473 652.2	458 024.4	481 135.7	499 530.9
羊肉	32 204.1	32 846.6	22 626.3	23 745.1	23 824.8	19 103.3
家禽	787 667.2	749 443.8	733 729.8	776 499.3	678 319.3	823 467.7
蛋产品						
乳品	308 666.0	300 750.4	336 667.0	292 095.1	276 550.4	293 261.8
动物生皮	49 211.1	49 057.9	47 685.9	34 880.0	28 001.3	27 373.8
动物生毛皮						
羊毛	17 652.4	16 650.9	16 473.1	12 786.9	8 554.6	9 758.1
水产品						
饮品						
酒						
茶	54 060.7	50 527.8	49 822.9	45 592.5	42 731.4	45 762.8
咖啡	439 242.2	447 017.4	414 880.6	410 667.7	413 309.3	432 141.7

日本主要农产品进口量（二）

单位：吨

项　目	2011年	2012年	2013年	2014年	2015年
农产品					
谷物	25 209 378.7	24 597 575.4	24 611 873.2	23 783 704.5	23 065 448.0
小麦产品	6 216 481.1	5 973 092.6	6 202 606.6	5 762 228.8	5 533 606.3
玉米产品	15 288 821.1	14 899 123.9	14 404 872.9	15 038 121.7	14 710 694.1
稻谷产品	743 075.8	632 007.7	696 395.4	671 420.5	689 773.0
棉花	116 209.8	104 529.3	113 546.9	92 922.5	100 575.1
食用油籽	5 570 969.3	5 545 672.4	5 605 154.7	5 646 647.5	6 097 343.8
大豆	2 830 907.4	2 727 474.0	2 762 167.3	2 827 878.0	3 242 828.1
花生	94 014.4	84 326.4	81 696.5	81 909.1	79 187.8
油菜籽	2 318 994.0	2 408 423.0	2 461 047.6	2 411 348.0	2 441 561.0
食用植物油	719 474.0	717 934.8	743 708.3	717 414.9	748 904.8
豆油	19 819.6	23 568.2	39 494.6	9 326.8	6 485.1
菜籽油	32 190.5	25 207.3	20 369.6	12 875.2	19 097.5
棕榈油	587 699.5	577 047.3	591 165.1	598 503.7	619 916.5
食糖	1 535 772.6	1 435 884.1	1 402 881.5	1 340 415.9	1 284 550.9
蔬菜	2 858 906.3	3 007 705.0	2 848 033.5	2 807 255.6	2 718 529.2
水果					
畜产品					
猪肉	793 095.6	778 803.7	738 450.4	829 382.1	790 649.9
牛肉	517 231.3	514 185.5	534 254.1	518 708.3	493 985.5
羊肉	19 863.0	17 141.7	18 449.5	20 735.4	18 504.5
家禽	933 232.4	912 541.1	889 627.9	930 495.9	980 896.6
蛋产品					
乳品	317 950.9	337 111.4	330 408.4	342 688.3	379 678.9
动物生皮	24 166.5	29 577.6	25 162.0	24 900.3	23 677.1
动物生毛皮					
羊毛	10 102.2	9 837.1	8 277.9	7 562.7	6 541.8
水产品					
饮品					
酒					
茶	44 826.8	41 590.6	39 874.1	36 886.5	33 596.4
咖啡	439 003.7	404 429.9	484 702.0	439 308.2	463 521.0

4-1-6 日本农产品出口额前 15 位国家（地区）
（2015 年）

单位：万美元，%

序号	国家（地区）	出口额	同比增长
1	中国香港	146 789.0	16.7
2	美国	88 567.5	−0.6
3	中国	62 917.1	21.0
4	韩国	38 860.0	7.6
5	泰国	29 497.2	38.6
6	越南	28 120.6	17.7
7	新加坡	17 637.6	3.8
8	澳大利亚	9 901.6	12.3
9	荷兰	8 099.7	25.1
10	加拿大	6 898.5	−1.3
11	马来西亚	6 707.9	22.8
12	德国	6 421.7	7.9
13	英国	6 324.1	−11.6
14	阿拉伯联合酋长国	6 103.5	10.8
15	法国	5 914.2	7.0
	总计	**468 760.2**	

4-1-7 日本农产品进口额前15位国家（地区）

（2015年）

单位：万美元，%

序号	国家（地区）	进口额	同比增长
1	美国	1 475 871.2	−10.7
2	中国	903 149.6	−8.3
3	泰国	428 181.3	−0.2
4	澳大利亚	400 112.2	−5.6
5	加拿大	374 475.3	−11.4
6	巴西	304 375.0	−1.9
7	韩国	193 246.8	−5.3
8	法国	174 080.6	−12.5
9	智利	166 068.6	−15.0
10	新西兰	140 380.8	−10.8
11	越南	137 506.2	−6.9
12	印度尼西亚	123 778.8	−12.3
13	菲律宾	121 149.7	−7.3
14	俄罗斯	102 286.0	−13.1
15	意大利	101 476.8	−11.4
	总计	**5 146 138.9**	

4-2 印度主要农产品贸易情况

4-2-1 印度农产品贸易综述

一、10年来印度农产品贸易总体情况

2005—2015年，印度农产品贸易额由2005年的159.6亿美元增至2015年的581.2亿美元，年均增长13.8%。其中，出口额由103.1亿美元增至345.2亿美元，年均增长12.8%；进口额由56.5亿美元增至236.0亿美元，年均增长15.4%；贸易顺差由46.6亿美元增至109.2亿美元，年均增长8.9%（图1）。

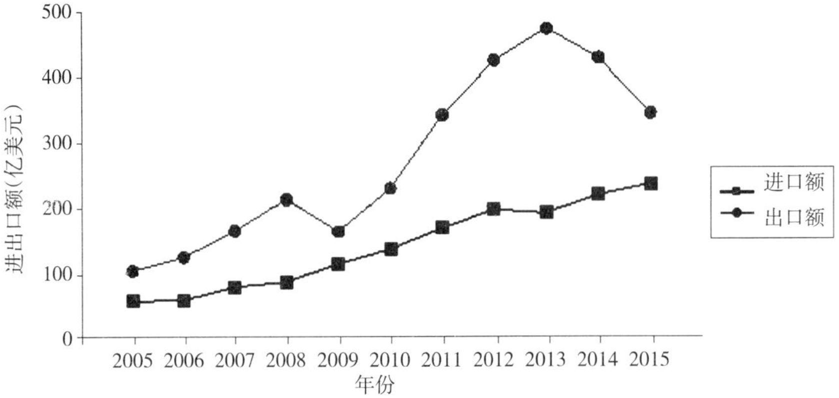

图1 2005—2015年印度农产品进出口额变化

从年度变化情况看，2009年、2014年和2015年进出口额同比和出口额同比下降，2013年进口额同比下降，其余年份3项数值均保持正增长。其中，2011年出口增速最快，达49.2%，2007年进口增幅最大，达34.2%。2014年以来，进出口额增速呈下降趋势，2015年同比下降10.6%。2015年进口额同比增长7.3%，较上年降低7.7个百分点；出口额同比下降19.8%，较上年降低10.3个百分点（图2）。

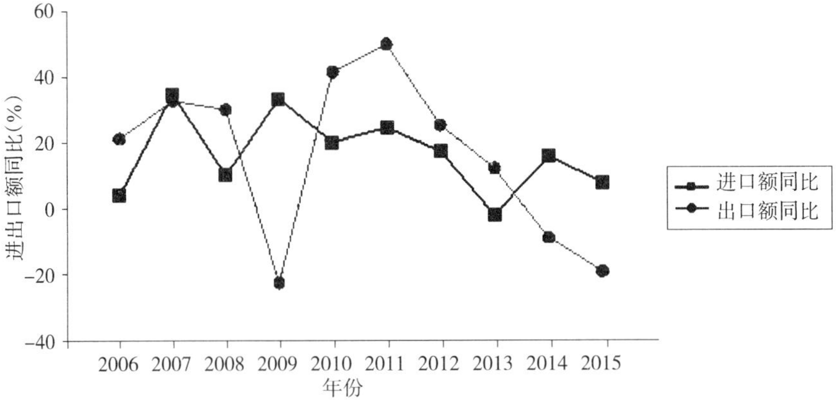

图2 2006—2015年印度农产品进出口额同比变化

二、2015 年印度农产品贸易情况

2015 年印度农产品贸易额为 581.2 亿美元，同比下降 10.6%，在全球各大农产品贸易国中排名第 13 位。其中出口额为 345.2 亿美元，同比下降 19.8%，全球排名第 13 位；进口额为 236.0 亿美元，同比增长 7.3%，全球排名第 16 位。

（一）进出口产品结构

2015 年，印度进口农产品以食用植物油、水产品和饮品为主，进口额分别为 102.6 亿美元、13.8 亿美元和 9.5 亿美元，占其农产品进口额的比重分别为 43.5%、5.8% 和 4.0%。此外，印度还进口水果和食糖等，2015 年进口额分别为 7.5 亿美元和 5.0 亿美元，分别占其农产品进口额的 3.2% 和 2.1%（图 3）。

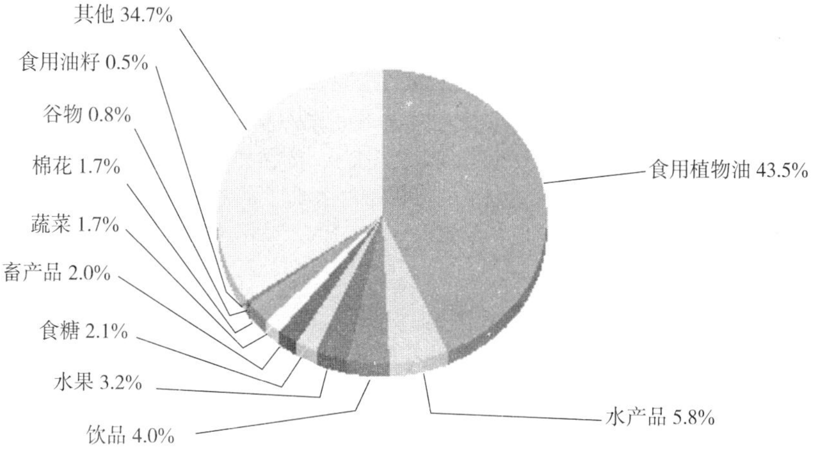

图 3　2015 年印度农产品进口结构

2015 年，印度大部分产品的进口额有所下降，同比降幅较大的农产品主要是食用油籽、棉花和畜产品，降幅分别为 43.2%、22.9% 和 13.3%。此外，食用植物油、饮品和食糖的降幅在 1.0%～8.0%之间。印度进口额同比增长最快的农产品为谷物，增幅为 325.7%，其次为水产品、蔬菜和水果，增幅分别为 34.4%、28.7% 和 1.2%。（表 1）。

表 1　2006—2015 年印度主要农产品进口额同比变化情况

单位：%

	2006 年	2007 年	2008 年	2009 年	2010 年	2011 年	2012 年	2013 年	2014 年	2015 年
农产品	3.3	34.2	9.4	32.7	19.5	23.9	16.7	−2.7	15.0	7.3
谷物	5 970.1	312.3	−78.4	−92.6	520.5	−75.0	28.2	3.7	0.4	325.7
棉花	−2.3	20.5	120.3	−56.1	−9.6	9.0	156.2	−14.9	25.9	−22.9

（续）

	2006年	2007年	2008年	2009年	2010年	2011年	2012年	2013年	2014年	2015年
食用油籽	45.2	78.8	50.7	11.0	−22.0	4.9	7.0	203.6	−1.6	−43.2
食用植物油	−1.9	9.6	26.1	64.2	31.4	44.0	20.2	−11.7	9.0	−1.0
食糖	−99.5	−47.5	5 017.1	2 900.4	12.3	−95.3	778.9	−7.2	46.0	−8.0
蔬菜	2.5	26.6	20.7	3.1	17.4	17.8	17.0	−0.5	39.0	28.7
水果	32.7	34.0	19.8	15.5	33.3	28.8	−4.7	28.8	8.1	1.2
畜产品	8.4	18.8	4.8	−13.1	73.6	12.3	−16.7	−15.5	13.3	−13.3
水产品	−1.1	0.4	27.2	10.1	18.5	58.6	2.6	189.7	26.6	34.4
饮品	−43.1	30.9	57.8	24.2	−0.3	30.3	19.5	0.5	34.0	−2.3

2015年，印度农产品中出口额靠前的是谷物、水产品和畜产品，出口额分别为70.1亿美元、49.5亿美元和47.7亿美元，占其农产品出口额的比重分别为20.3%、14.3%和13.8%。此外，印度还出口蔬菜、饮品、棉花和食用油籽等，出口额分别为22.2亿美元、20.3亿美元、19.4亿美元和14.7亿美元，分别占其农产品出口额的6.4%、5.9%、5.6%和4.3%（图4）。

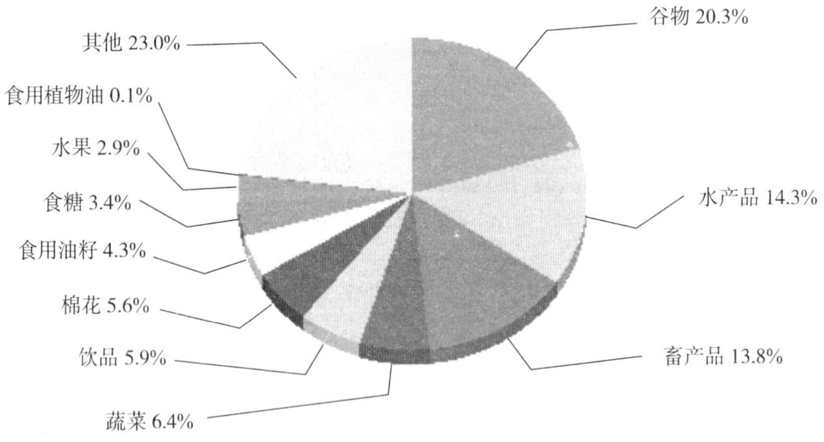

图4 2015年印度农产品出口结构

2015年，印度出口额同比下降较快的农产品是棉花、谷物和食用油籽，降幅分别为33.3%、31.5%和21.6%。水果、水产品、食用植物油和畜产品的降幅在6.1%～15.6%之间。其他农产品出口额同比增长，其中食糖、蔬菜和饮品分别增长6.3%、5.9%和0.1%（表2）。

表 2 2006—2015 年印度主要农产品出口额同比变化情况

单位：%

	2006 年	2007 年	2008 年	2009 年	2010 年	2011 年	2012 年	2013 年	2014 年	2015 年
农产品	20.6	32.1	29.4	−23.3	40.8	49.2	24.6	11.5	−9.5	−19.8
谷物	−17.0	74.4	40.7	−23.5	−1.9	83.6	62.7	25.0	−7.4	−31.5
棉花	194.2	66.8	0.2	−37.8	195.7	13.9	7.8	24.0	−37.8	−33.3
食用油籽	22.6	58.5	33.7	−33.1	65.6	79.4	−5.3	−6.3	29.5	−21.6
食用植物油	39.7	34.1	4.1	−67.2	−13.4	245.2	36.3	−53.3	55.5	−13.2
食糖	1 495.7	56.3	50.5	−97.8	2 520.1	123.1	4.6	−51.7	15.5	6.3
蔬菜	41.4	38.5	8.0	10.0	13.2	24.5	−5.6	14.3	7.5	5.9
水果	22.0	18.5	33.9	2.5	12.5	16.4	12.3	21.1	3.5	−6.1
畜产品	7.6	22.8	45.1	−16.4	44.9	44.0	18.2	59.7	0.3	−15.6
水产品	4.2	5.2	−9.4	1.8	50.8	38.1	0.5	53.0	7.5	−13.0
饮品	18.1	1.6	32.4	−11.1	29.9	44.4	−4.4	10.6	−9.1	0.1

（二）主要贸易伙伴

2015 年印度前五大农产品进口来源地分别为印度尼西亚、马来西亚、阿根廷、加拿大和乌克兰，进口额分别为 40.1 亿美元、24.9 亿美元、20.5 亿美元、14.1 亿美元和 13.3 亿美元，占其农产品进口额的比重分别为 17.0%、10.6%、8.7%、6.0%和 5.7%（图 5）。

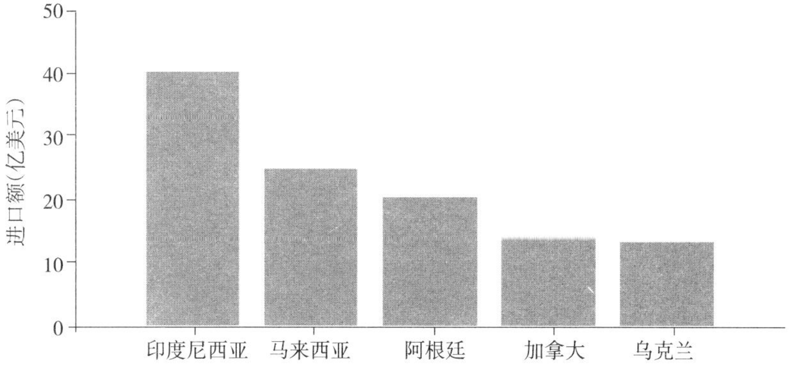

图 5 2015 年印度前五大农产品进口来源地

2015 年印度前五大农产品出口市场分别为美国、越南、阿拉伯联合酋长国、沙特阿拉伯和孟加拉国，出口额分别为 37.5 亿美元、36.5 亿美元、20.2 亿美元、19.4 亿美元和 14.6 亿美元，占其农产品出口额的比重分别为 10.9%、10.6%、5.9%、5.7%和 4.2%（图 6）。

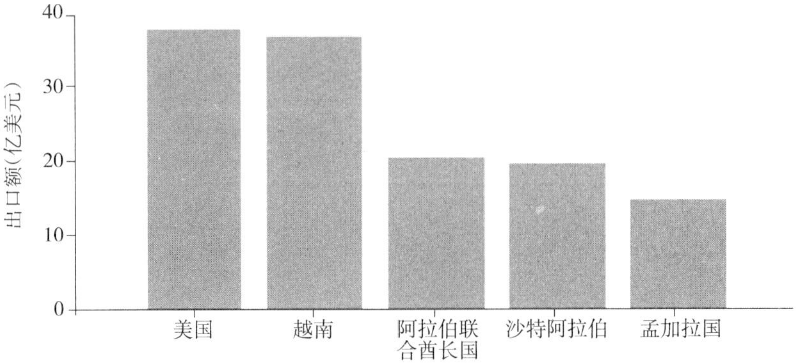

图 6 2015 年印度前五大农产品出口市场

4-2-2 印度主要农产品出口额（一）

单位：万美元

项 目	2005年	2006年	2007年	2008年	2009年	2010年
农产品	1 031 056.0	1 243 745.6	1 642 506.7	2 125 408.8	1 629 962.1	2 294 276.3
谷物	193 682.1	160 674.9	280 219.9	394 232.0	301 572.4	295 990.3
小麦产品	18 968.9	2 025.5	1 400.8	534.6	1 241.7	1 711.3
玉米产品	7 503.0	10 545.5	32 148.6	93 300.2	53 718.9	53 972.5
稻谷产品	164 092.1	146 129.1	236 160.3	285 835.4	240 968.6	230 812.2
棉花	33 887.9	99 706.7	166 330.2	166 690.2	103 676.6	306 581.6
食用油籽	31 680.0	38 828.4	61 523.7	82 241.6	55 011.2	91 089.6
大豆	759.1	528.2	1 014.7	2 107.1	3 132.3	1 109.1
花生	11 683.8	18 088.2	24 313.7	28 528.4	21 054.2	40 273.2
油菜籽	74.1	0.6	4.3	79.0	28.5	6.2
食用植物油	2 498.7	3 490.7	4 680.1	4 870.1	1 597.7	1 384.3
豆油	789.7	1 345.6	850.5	1 032.5	146.4	92.4
菜籽油	136.1	198.5	250.6	146.8	362.0	178.3
棕榈油	34.8	192.0	85.4	30.1	0.6	24.9
食糖	3 898.2	62 204.8	97 196.5	146 253.5	3 273.9	85 778.8
蔬菜	55 074.8	77 855.7	107 828.7	116 413.1	128 106.8	145 032.4
水果	29 063.0	35 442.9	42 016.4	56 239.4	57 669.9	64 882.9
畜产品	89 278.5	96 082.7	118 028.2	171 214.3	143 125.0	207 413.4
猪肉	31.1	58.7	60.7	288.6	16.7	69.8
牛肉	55 900.1	67 440.8	80 667.1	110 714.1	98 407.2	169 650.2
羊肉	1 720.3	1 538.3	2 748.6	6 547.3	18 250.8	6 034.8
家禽	554.2	464.7	484.4	539.2	774.6	1 295.8
蛋产品	7 577.0	5 638.9	10 132.3	10 992.5	6 979.6	6 664.9
乳品	14 716.2	10 915.4	15 587.8	26 999.5	8 895.1	11 533.3
动物生皮	949.6	1 590.7	2 807.4	5 565.1	1 812.0	471.1
动物生毛皮	5.5	2.3	4.4	15.3	0.4	0.1
羊毛	165.6	88.1	70.8	89.8	196.0	348.9
水产品	163 227.0	170 092.0	178 972.7	162 081.8	165 058.8	248 989.3
饮品	79 704.2	94 149.9	95 661.9	126 628.5	112 556.7	146 219.9
酒	4 518.5	5 871.8	7 208.3	10 793.0	11 492.6	16 046.3
茶	40 581.2	44 245.5	45 630.2	58 972.5	58 159.2	72 003.6
咖啡	33 576.3	42 680.3	41 495.5	54 426.6	40 447.1	54 740.9

印度主要农产品出口额（二）

单位：万美元

项　目	2011 年	2012 年	2013 年	2014 年	2015 年
农产品	3 423 275.5	4 263 910.0	4 673 984.1	4 304 323.0	3 451 613.0
谷物	543 364.8	883 965.4	1 104 951.3	1 023 305.5	701 210.9
小麦产品	17 835.4	142 970.8	140 822.1	124 764.3	28 002.4
玉米产品	109 835.6	114 642.3	128 427.9	86 259.2	24 468.7
稻谷产品	408 695.5	614 225.1	817 788.0	791 455.3	638 910.8
棉花	349 272.5	376 679.0	467 202.3	290 661.8	193 933.4
食用油籽	163 446.4	154 829.4	145 003.1	187 848.3	147 353.4
大豆	2 497.6	4 338.0	19 759.2	26 331.8	22 189.4
花生	95 288.9	90 464.0	49 337.0	69 023.3	67 178.3
油菜籽	41.0	17.8	15.7	29.3	1.8
食用植物油	4 778.7	6 514.1	3 043.8	4 733.3	4 110.4
豆油	1 402.7	122.4	94.8	66.4	142.1
菜籽油	355.2	323.6	547.9	448.0	526.1
棕榈油	167.1	26.9	9.9	15.0	16.0
食糖	191 367.7	200 193.1	96 602.9	111 612.5	118 641.7
蔬菜	180 582.7	170 539.5	122 975.7	209 590.5	221 877.8
水果	75 538.4	84 838.1	102 737.2	106 347.6	99 898.8
畜产品	298 624.7	352 883.5	563 479.5	565 545.6	477 356.5
猪肉	26.7	26.9	8.7	15.8	0.3
牛肉	259 301.7	299 585.9	448 655.3	480 018.3	409 952.3
羊肉	5 391.2	5 947.6	12 099.5	13 164.3	12 828.5
家禽	2 202.4	1 134.4	1 461.1	1 558.6	1 618.0
蛋产品	7 054.9	8 948.5	7 925.0	9 313.4	10 318.4
乳品	7 544.6	15 732.1	57 536.0	31 155.8	12 145.6
动物生皮	416.9	172.9	433.2	305.8	86.1
动物生毛皮	11.7	10.5	1.4	1.9	2.2
羊毛	1 019.9	757.7	755.0	876.0	1 212.3
水产品	343 931.8	345 622.6	528 803.2	568 712.0	494 504.6
饮品	211 190.5	201 801.9	223 100.5	202 827.7	203 025.4
酒	26 682.8	34 352.9	42 554.5	36 389.4	32 811.1
茶	90 020.1	72 210.2	85 883.2	69 380.2	71 328.3
咖啡	90 764.4	88 845.1	85 108.0	83 116.4	79 552.6

4-2-3 印度主要农产品进口额（一）

单位：万美元

项 目	2005年	2006年	2007年	2008年	2009年	2010年
农产品	565 407.9	583 814.6	783 484.7	857 404.3	1 137 599.1	1 359 113.7
谷物	521.2	31 634.9	130 434.8	28 164.2	2 071.9	12 855.4
小麦产品	133.0	30 763.5	129 619.8	26 679.9	362.3	10 200.9
玉米产品	94.7	125.8	283.7	522.4	802.8	1 240.6
稻谷产品	6.0	30.5	33.4	35.9	30.7	33.9
棉花	16 438.9	16 061.6	19 356.7	42 643.4	18 713.9	16 910.6
食用油籽	1 714.8	2 490.4	4 452.6	6 709.7	7 450.3	5 807.7
大豆	2.3	6.6	4.8	5.7	5.2	0.8
花生	0.8	1.6	3.5	3.3	3.4	33.5
油菜籽						6.9
食用植物油	212 862.2	208 768.1	228 750.2	288 406.8	473 461.7	622 006.7
豆油	82 218.9	82 106.9	70 508.2	34 077.2	69 199.4	111 479.0
菜籽油	4.4	4.3	4.9	5.3	3 737.9	980.0
棕榈油	128 781.8	118 600.3	148 428.6	243 753.1	350 333.5	449 403.9
食糖	22 187.0	108.4	56.9	2 911.2	87 346.4	98 129.0
蔬菜	8 795.0	9 014.4	11 413.5	13 776.1	14 198.3	16 673.8
水果	13 232.4	17 557.9	23 520.1	28 184.8	32 555.6	43 402.9
畜产品	30 000.2	32 523.3	38 642.1	40 501.9	35 192.2	61 077.1
猪肉	14.5	18.1	19.7	54.6	69.5	93.9
牛肉	11.0	1.9	2.0			
羊肉	7.1	16.9	9.1	5.9	25.1	17.8
家禽	70.9	272.1	243.2	387.9	515.3	306.0
蛋产品	127.6	69.7	65.4	39.0	47.5	72.9
乳品	764.8	2 167.1	1 363.5	1 517.6	6 339.7	18 377.8
动物生皮	6 346.5	6 074.1	8 137.9	9 778.6	7 597.9	9 036.2
动物生毛皮	21.1	31.1	96.0	159.6	99.6	166.0
羊毛	21 064.2	22 303.2	27 005.6	26 576.7	18 431.3	30 236.9
水产品	10 439.2	10 320.8	10 361.9	13 177.2	14 513.3	17 194.8
饮品	31 718.4	18 060.4	23 646.2	37 323.3	46 343.8	46 202.2
酒	19 931.2	7 297.0	9 166.5	17 157.4	24 656.9	19 049.4
茶	2 440.4	2 917.9	3 014.0	4 201.8	5 338.0	4 954.2
咖啡	4 150.2	2 240.4	3 495.2	6 081.3	5 525.2	6 213.3

印度主要农产品进口额（二）

单位：万美元

项 目	2011 年	2012 年	2013 年	2014 年	2015 年
农产品	1 683 859.6	1 965 560.0	1 908 899.0	2 199 367.6	2 360 464.6
谷物	3 210.4	4 114.1	4 267.7	4 283.1	18 234.8
小麦产品	88.6	223.2	625.6	850.7	13 645.0
玉米产品	752.5	387.4	1 354.8	766.8	1 756.8
稻谷产品	144.4	94.9	147.0	198.4	145.3
棉花	18 437.8	47 229.1	40 210.3	50 642.5	39 048.8
食用油籽	6 093.1	6 520.5	19 798.7	19 477.1	11 061.7
大豆	10.5	67.4	63.3	252.8	852.8
花生	60.0	14.3	121.5	209.8	118.6
油菜籽		1.6	13.1		
食用植物油	895 421.8	1 075 986.3	950 379.7	1 035 954.7	1 025 810.4
豆油	120 626.1	137 964.5	119 307.2	198 513.4	269 831.4
菜籽油	1 627.0	13 285.2	4 359.4	23 722.2	28 035.0
棕榈油	673 986.4	789 637.4	696 677.6	655 138.3	592 214.7
食糖	4 571.4	40 176.0	37 269.1	54 397.7	50 072.6
蔬菜	19 648.3	22 986.5	22 270.7	31 782.4	40 893.8
水果	55 909.4	53 262.3	68 611.3	74 171.7	75 085.6
畜产品	68 583.8	57 103.3	47 127.2	54 649.2	47 360.2
猪肉	115.0	146.3	95.6	130.0	132.1
牛肉					
羊肉	6.7	21.5	82.8	135.8	80.9
家禽	225.6	203.9	355.5	405.2	383.0
蛋产品	124.5	93.9	80.0	113.2	102.2
乳品	17 739.3	10 123.9	3 460.9	4 711.8	4 502.6
动物生皮	9 110.1	7 969.7	7 895.2	8 836.9	6 814.0
动物生毛皮	229.2	179.9	171.6	147.5	138.0
羊毛	37 898.4	34 520.1	32 434.4	35 625.4	30 853.9
水产品	27 263.8	27 960.0	80 995.1	102 527.2	137 821.6
饮品	60 201.3	71 941.9	72 298.5	96 855.6	94 628.6
酒	22 434.9	26 856.4	29 973.8	37 199.3	43 257.6
茶	4 662.3	4 723.1	4 485.6	5 073.5	5 558.5
咖啡	9 787.2	12 884.9	12 914.6	14 765.5	12 733.5

4-2-4 印度主要农产品出口量（一）

单位：吨

项 目	2005年	2006年	2007年	2008年	2009年	2010年
农产品						
谷物	6 737 984.1	5 277 777.4	8 209 963.3	8 353 009.2	5 094 941.6	4 587 892.2
小麦产品	1 087 057.5	88 645.5	36 637.1	13 966.6	29 394.1	47 939.5
玉米产品	437 500.7	637 964.9	1 525 690.8	4 225 747.0	2 706 688.0	1 855 621.2
稻谷产品	5 066 897.9	4 463 644.9	6 261 714.5	3 569 921.1	2 174 843.3	2 520 871.1
棉花	339 313.3	896 436.0	1 266 998.6	1 224 799.3	781 569.8	2 307 383.7
食用油籽	454 956.3	552 351.1	644 441.9	699 477.0	572 998.7	801 347.7
大豆	23 097.4	12 644.4	22 935.0	42 330.9	68 030.7	22 837.5
花生	192 435.7	279 170.2	263 929.0	298 574.6	244 598.0	470 755.6
油菜籽	5 524.4	25.4	7.0	2 749.9	541.8	162.1
食用植物油	27 114.2	40 484.5	36 027.8	33 593.1	11 022.0	7 102.3
豆油	11 180.8	17 396.1	9 163.9	9 250.1	2 001.1	810.1
菜籽油	1 123.9	1 756.1	1 655.0	1 152.8	3 344.0	1 658.7
棕榈油	683.2	4 396.3	994.9	211.6	5.4	275.9
食糖	107 892.0	1 368 078.5	3 326 511.0	5 022 139.8	78 115.6	1 764 482.4
蔬菜	1 578 900.9	2 202 265.9	1 849 333.3	2 675 008.8	2 908 125.9	1 797 989.0
水果						
畜产品						
猪肉	249.9	437.7	265.6	972.1	71.7	275.6
牛肉	439 192.8	485 556.8	482 233.5	479 848.4	434 605.1	493 925.7
羊肉	6 823.6	6 580.5	7 384.7	19 033.2	66 729.1	14 418.7
家禽	1 941.0	1 634.9	1 867.1	2 651.0	4 062.2	4 708.5
蛋产品						
乳品	76 009.2	54 451.6	55 156.0	83 352.9	36 466.8	46 117.0
动物生皮	3 622.7	5 738.2	7 002.5	9 246.0	3 304.2	1 813.3
动物生毛皮						
羊毛	386.0	220.7	128.3	206.0	937.9	1 384.3
水产品						
饮品						
酒						
茶	177 385.8	184 070.3	184 806.6	205 294.7	202 820.7	222 426.5
咖啡	178 412.2	213 390.1	170 912.9	183 734.7	153 566.1	155 901.3

印度主要农产品出口量（二）

单位：吨

项　目	2011年	2012年	2013年	2014年	2015年
农产品					
谷物	9 827 444.9	20 090 740.9	21 479 039.2	19 804 205.1	13 276 214.6
小麦产品	568 985.4	4 796 083.5	4 671 003.0	4 296 595.6	914 770.3
玉米产品	3 990 617.9	4 306 359.7	4 812 790.7	3 631 184.0	994 124.2
稻谷产品	5 043 463.9	10 602 212.9	11 399 616.8	11 173 731.6	11 037 027.8
棉花	1 954 340.8	2 063 868.5	2 553 410.9	1 644 105.2	1 391 086.7
食用油籽	1 322 609.1	1 117 525.8	1 110 404.4	1 499 459.7	1 287 457.4
大豆	40 714.6	61 724.0	271 369.6	353 668.7	331 761.2
花生	769 590.7	661 054.5	445 046.3	671 756.5	576 364.1
油菜籽	1 394.0	213.1	199.0	526.3	21.8
食用植物油	31 091.2	30 321.6	14 896.0	27 747.3	24 314.1
豆油	10 434.0	545.4	486.2	399.3	985.9
菜籽油	2 222.2	2 092.7	2 680.7	2 948.1	2 478.3
棕榈油	2 302.9	267.4	47.3	159.8	125.4
食糖	2 719 020.4	3 492 526.7	1 921 494.1	2 437 863.7	3 068 246.7
蔬菜	2 621 914.6	2 940 018.0	907 387.2	3 032 846.4	2 455 327.8
水果					
畜产品					
猪肉	92.1	116.4	70.1	67.0	2.3
牛肉	945 934.5	1 035 082.1	1 558 683.9	1 487 086.5	1 289 710.2
羊肉	10 743.5	11 996.5	21 431.3	22 807.1	21 610.0
家禽	11 486.0	6 286.7	6 582.6	8 604.7	8 149.1
蛋产品					
乳品	26 388.7	55 232.1	170 626.7	96 418.0	35 981.2
动物生皮	2 197.1	452.8	1 791.0	1 932.3	1 407.4
动物生毛皮					
羊毛	2 499.3	2 116.3	1 994.4	2 440.9	3 016.1
水产品					
饮品					
酒					
茶	326 919.9	230 181.2	261 723.1	218 399.7	240 443.0
咖啡	268 532.6	257 686.4	266 579.8	237 202.5	245 019.8

4-2-5 印度主要农产品进口量（一）

单位：吨

项　目	2005年	2006年	2007年	2008年	2009年	2010年
农产品						
谷物	17 923.3	1 426 464.7	5 095 953.9	747 898.7	45 205.3	382 451.1
小麦产品	3 681.8	1 396 414.4	5 081 440.3	722 525.0	10 505.9	333 226.7
玉米产品	2 100.8	2 741.2	6 019.3	7 042.2	12 412.9	20 484.6
稻谷产品	63.9	539.2	309.4	239.5	164.4	221.5
棉花	123 233.6	87 339.8	118 766.6	226 582.7	143 082.0	82 072.4
食用油籽	37 544.1	48 444.0	67 409.4	64 416.1	79 864.6	62 621.1
大豆	8.6	40.4	39.3	56.9	63.8	4.6
花生	3.2	20.6	29.3	27.2	240.6	1 067.6
油菜籽						102.2
食用植物油	4 568 928.9	4 305 214.7	4 468 284.9	5 794 964.3	7 600 964.1	7 304 209.5
豆油	1 509 932.0	1 498 937.9	1 196 209.0	580 022.5	979 884.4	1 251 210.6
菜籽油	124.0	41.2	44.6	40.6	44 092.3	9 987.0
棕榈油	3 037 157.1	2 681 993.2	3 144 532.5	5 138 625.3	5 979 042.1	5 436 190.2
食糖	855 114.3	1 866.4	509.2	71 210.9	2 085 710.4	1 787 970.6
蔬菜	85 084.8	70 219.5	91 407.2	93 976.6	95 118.7	92 203.3
水果						
畜产品						
猪肉	19.8	23.6	32.2	86.9	145.8	175.7
牛肉	84.0	2.0	2.0			
羊肉	16.5	17.6	16.5	16.2	37.5	30.4
家禽	64.7	86.7	111.7	123.6	130.3	183.0
蛋产品						
乳品	3 343.8	11 676.2	4 291.9	4 316.3	31 210.4	57 003.0
动物生皮	17 675.1	19 334.1	22 837.6	29 668.4	30 925.2	33 793.5
动物生毛皮						
羊毛	95 270.2	100 960.2	96 534.2	78 898.5	61 058.2	96 197.0
水产品						
饮品						
酒						
茶	18 677.6	25 994.3	18 873.3	23 436.6	31 751.2	25 188.3
咖啡	43 338.7	18 151.5	22 073.5	30 329.8	34 709.7	41 558.1

印度主要农产品进口量（二）

单位：吨

项　目	2011 年	2012 年	2013 年	2014 年	2015 年
农产品					
谷物	50 659.4	73 429.1	58 800.3	77 248.8	597 208.0
小麦产品	1 456.7	3 674.5	12 362.1	21 427.2	514 226.4
玉米产品	13 586.1	4 602.9	13 397.5	8 443.2	29 845.9
稻谷产品	1 198.1	680.9	1 411.8	1 917.8	1 412.3
棉花	53 510.1	233 596.8	179 183.4	232 756.5	229 427.5
食用油籽	66 218.4	71 385.2	143 173.9	128 617.7	95 030.5
大豆	121.1	855.1	646.4	3 966.1	13 382.7
花生	1 454.9	63.1	499.7	560.8	447.7
油菜籽		75.1	19.8		
食用植物油	7 645 706.4	9 936 101.3	10 640 614.0	11 950 594.9	14 900 287.4
豆油	939 375.5	1 093 539.1	1 107 891.1	2 106 205.8	3 509 117.9
菜籽油	11 995.3	102 398.0	39 063.1	252 287.3	331 134.8
棕榈油	5 973 262.2	7 653 356.3	8 389 672.3	7 932 540.3	9 536 216.2
食糖	75 399.4	749 019.0	836 226.0	1 377 666.3	1 600 026.8
蔬菜	89 647.1	105 506.6	79 490.0	92 162.7	208 696.5
水果					
畜产品					
猪肉	204.8	219.0	139.6	195.5	257.2
牛肉					
羊肉	7.9	23.7	59.0	84.9	53.5
家禽	153.4	68.8	103.3	120.1	123.0
蛋产品					
乳品	50 798.3	28 292.6	8 784.1	12 330.7	14 427.0
动物生皮	26 551.4	20 005.7	21 980.1	21 859.8	18 977.0
动物生毛皮					
羊毛	79 928.8	75 652.1	90 129.3	97 405.6	95 490.1
水产品					
饮品					
酒					
茶	22 303.0	21 392.0	19 855.4	23 317.7	20 555.6
咖啡	51 281.1	61 537.7	63 698.6	73 415.3	66 406.5

4-2-6 印度农产品出口额前 15 位国家（地区）
（2015 年）

单位：万美元，%

序号	国家（地区）	出口额	同比增长
1	美　　国	375 009.6	−23.4
2	越　　南	364 816.1	−21.4
3	阿拉伯联合酋长国	201 842.4	−2.0
4	沙特阿拉伯	194 233.3	−14.6
5	孟加拉国	145 612.6	−31.9
6	中　　国	115 137.1	−49.0
7	伊　　朗	110 525.6	−47.3
8	马来西亚	105 672.4	−2.1
9	巴基斯坦	93 119.2	0.4
10	英　　国	79 829.0	−7.9
11	日　　本	77 730.9	−8.2
12	泰　　国	71 659.4	−15.8
13	荷　　兰	66 367.6	−12.1
14	比利时	59 011.0	−10.9
15	伊拉克	56 466.5	45.8
	总　　计	**2 117 032.7**	

4-2-7 印度农产品进口额前 15 位国家（地区）
（2015 年）

单位：万美元，%

序号	国家（地区）	进口额	同比增长
1	印度尼西亚	401 298.6	−7.9
2	马来西亚	248 879.8	−7.0
3	阿根廷	204 687.5	28.4
4	加拿大	140 600.9	37.7
5	乌克兰	133 307.6	−14.5
6	美国	127 298.5	13.0
7	巴西	113 955.7	18.0
8	缅甸	89 311.4	8.3
9	澳大利亚	88 112.9	49.8
10	阿拉伯联合酋长国	81 106.6	80.0
11	中国香港	64 622.2	9.0
12	中国	51 874.9	−12.5
13	科特迪瓦	43 847.6	1.6
14	坦桑尼亚	39 817.8	10.8
15	斯里兰卡	33 454.1	49.9
	总计	**1 862 176.1**	

4-3 泰国主要农产品贸易情况

4-3-1 泰国农产品贸易综述

一、10年来泰国农产品贸易总体情况

2005—2015年，泰国农产品贸易额由2005年的193.7亿美元增至2015年的449.9亿美元，年均增长8.8%。其中，出口额由135.7亿美元增至309.0亿美元，年均增长8.6%；进口额由58.0亿美元增至140.9亿美元，年均增长9.3%；贸易顺差由77.7亿美元增至168.1亿美元，年均增长8.0%（图1）。

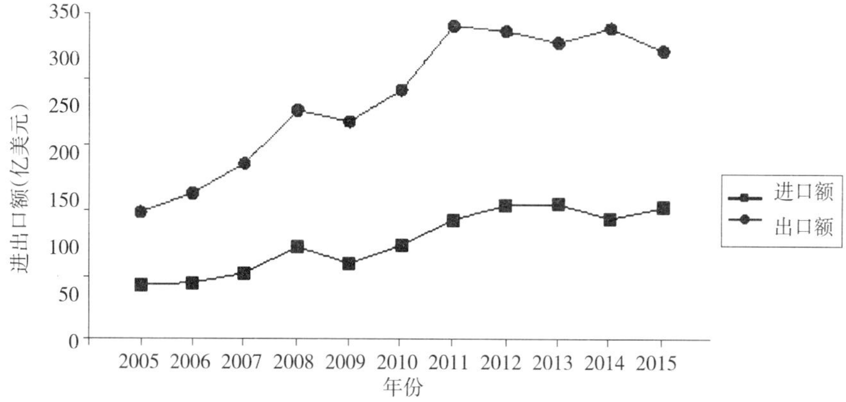

图1 2005—2015年泰国农产品进出口额变化

从年度变化情况看，2009年进出口额同比、出口额同比和进口额同比均下降，2013年和2015年进出口额同比和出口额同比下降，2012年出口额同比下降，2014年进口额同比下降，其余年份3项数值均保持正增长。其中，2008年出口增速最快，达30.4%，2008年进口增幅最大，达40.1%。2015年进口额同比增长9.0%，较上年提高19.7个百分点；出口额同比下降7.3%，较上年降低12.2个百分点（图2）。

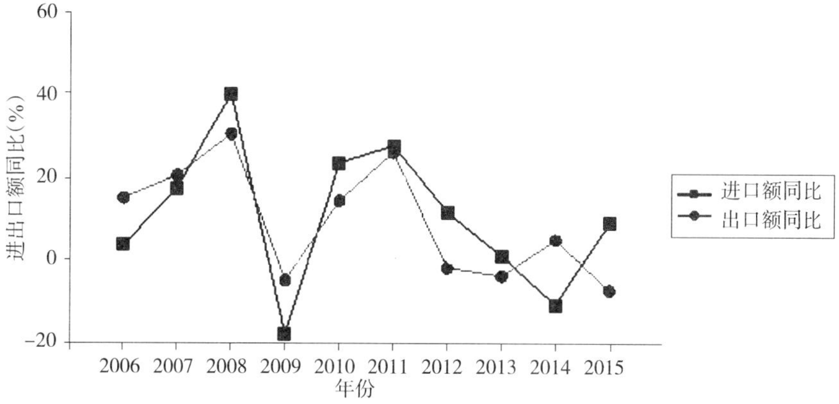

图2 2006—2015年泰国农产品进出口额同比变化

二、2015 年泰国农产品贸易情况

2015 年泰国农产品贸易额为 449.9 亿美元，同比下降 2.7%，在全球各大农产品贸易国中排名第 16 位。其中出口额为 309.0 亿美元，同比下降 7.3%，全球排名第 14 位；进口额为 140.9 亿美元，同比增长 9.0%，全球排名第 22 位。

（一）进出口产品结构

2015 年，泰国进口农产品以水产品、畜产品和水果为主，进口额分别为 26.5 亿美元、14.0 亿美元和 13.5 亿美元，占其农产品进口额的比重分别为 18.8%、10.0%和 9.6%。此外，泰国还进口谷物和食用油籽等，2015 年进口额分别为 12.7 亿美元和 12.2 亿美元，分别占其农产品进口额的 9.0%和 8.7%（图 3）。

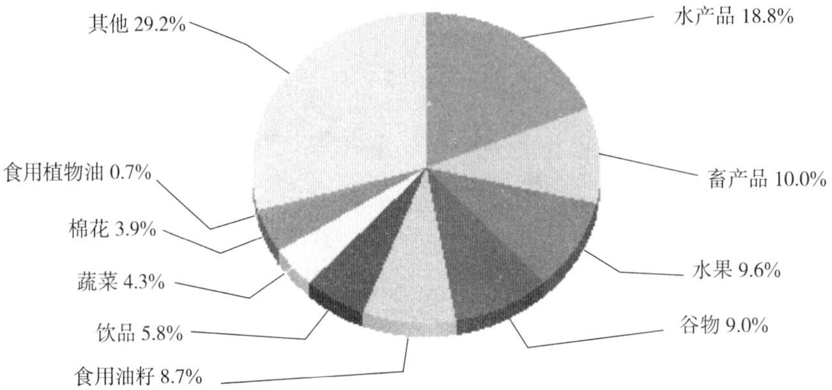

图 3 2015 年泰国农产品出口结构

2015 年，泰国进口同比增长较快的农产品主要是谷物、水产品和蔬菜，增幅分别为 111.7%、67.4%和 13.1%。此外，食用油籽、食用植物油和水果的增幅在 4.5%～10.8%之间。棉花、畜产品、饮品和食糖进口额同比下降 20.1%、14.8%、3.9%和 2.3%（表 1）。

表 1 2006—2015 年泰国主要农产品进口额同比变化情况

单位：%

	2006 年	2007 年	2008 年	2009 年	2010 年	2011 年	2012 年	2013 年	2014 年	2015 年
农产品	3.6	17.4	40.1	−17.8	23.5	27.6	11.7	1.0	−10.7	9.0
谷物	−3.0	26.0	38.2	−7.7	32.4	14.6	48.7	−23.2	−21.8	111.7
棉花	−7.4	−5.3	34.1	−32.7	51.1	52.8	−27.1	−9.3	−8.1	−20.1
食用油籽	−18.9	47.2	71.5	−27.2	21.1	34.6	14.7	−17.4	3.2	4.5

（续）

	2006年	2007年	2008年	2009年	2010年	2011年	2012年	2013年	2014年	2015年
食用植物油	−26.1	−16.4	222.2	−65.3	21.2	305.2	−29.1	−38.9	50.3	10.0
食糖	225.9	−98.4	1979.6	−58.5	1268.1	8.2	−85.2	−72.8	68.0	−2.3
蔬菜	23.9	24.6	20.5	10.7	20.8	24.8	13.2	15.3	0.1	13.1
水果	23.5	27.6	25.6	−2.0	17.9	34.6	23.2	27.6	−19.3	10.8
畜产品	0.0	29.3	15.1	−34.1	54.2	27.2	0.5	7.9	20.0	−14.8
水产品	7.4	10.5	40.8	−18.6	9.1	27.9	14.1	2.1	−51.8	67.4
饮品	12.1	7.1	36.0	−14.3	30.8	35.5	12.1	1.8	5.5	−3.9

2015年，泰国农产品中出口额靠前的是水产品、谷物和水果，出口额分别为58.3亿美元、47.8亿美元和41.2亿美元，占其农产品出口额的比重分别为18.9%、15.5%和13.3%。此外，泰国还出口畜产品、食糖、饮品和蔬菜等，出口额分别为34.6亿美元、26.3亿美元、17.4亿美元和12.3亿美元，分别占其农产品出口额的11.2%、8.5%、5.6%和4.0%（图4）。

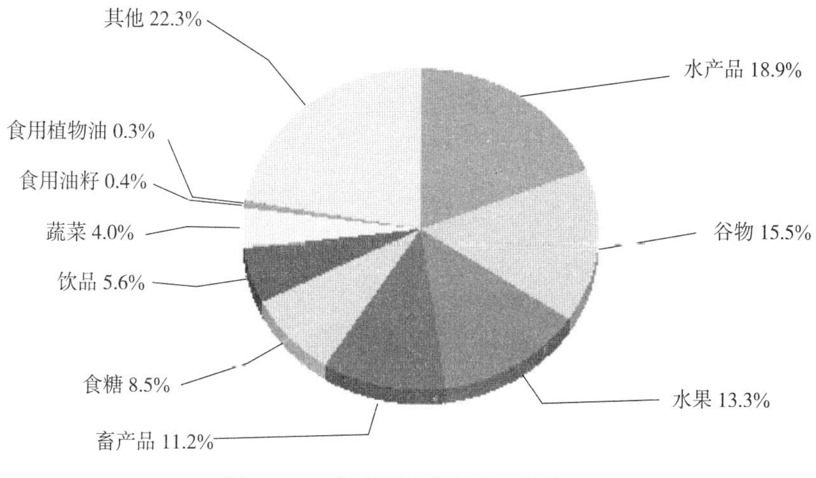

图4　2015年泰国农产品出口结构

2015年，泰国大部分农产品出口额同比下降，其中，食用植物油降幅最大，达62.3%，其次为棉花和谷物，降幅分别为22.8%和18.6%。水产品、食糖、蔬菜和食用油籽的降幅在0.3%～14.8%之间。其他农产品出口额同比增长，畜产品、水果和饮品分别增长2.8%、2.5%和2.3%（表2）。

表 2　2006—2015 年泰国主要农产品出口额同比变化情况

单位：%

	2006 年	2007 年	2008 年	2009 年	2010 年	2011 年	2012 年	2013 年	2014 年	2015 年
农产品	15.0	20.5	30.4	−4.8	14.4	26.0	−1.8	−3.8	4.9	−7.3
谷物	12.6	34.8	75.5	−16.1	3.9	21.7	−28.5	−2.2	23.0	−18.6
棉花	−9.5	4.1	−32.2	83.4	17.5	66.4	−52.1	66.7	−29.7	−22.8
食用油籽	46.5	−24.3	7.2	16.8	9.6	28.7	7.6	19.8	12.3	−0.3
食用植物油	71.7	128.1	75.0	−73.6	46.1	226.7	−15.8	30.7	−52.8	−62.3
食糖	4.5	71.4	13.7	26.0	19.4	68.9	8.7	−27.6	−4.3	−4.0
蔬菜	15.9	7.1	9.4	−2.5	12.2	16.4	−9.4	9.6	14.7	−1.6
水果	12.2	9.3	18.7	0.8	12.3	36.3	−0.2	1.5	12.0	2.5
畜产品	10.0	22.4	47.4	−4.8	10.6	20.8	11.2	3.5	7.4	2.8
水产品	17.2	8.3	14.7	−4.4	14.9	14.7	−1.3	−12.2	−6.5	−14.8
饮品	14.8	22.8	35.7	11.5	31.4	34.7	30.6	2.8	9.8	2.3

（二）主要贸易伙伴

2015 年泰国前五大农产品进口来源地分别为美国、中国、巴西、澳大利亚和印度尼西亚，进口额分别为 20.7 亿美元、16.9 亿美元、14.9 亿美元、6.6 亿美元和 6.5 亿美元，占其农产品进口额的比重分别为 15.0%、12.2%、10.8%、4.7%和 4.7%（图 5）。

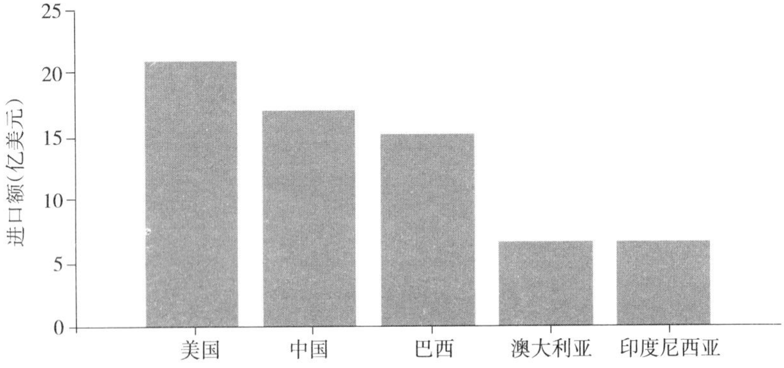

图 5　2015 年泰国前五大农产品进口来源地

2015 年泰国前五大农产品出口市场分别为日本、中国、美国、越南和缅甸，出口额分别为 42.0 亿美元、41.5 亿美元、33.0 亿美元、12.7 亿美元和 11.9 亿美元，占其农产品出口额的比重分别为 13.9%、13.7%、10.9%、4.2%和 3.9%（图 6）。

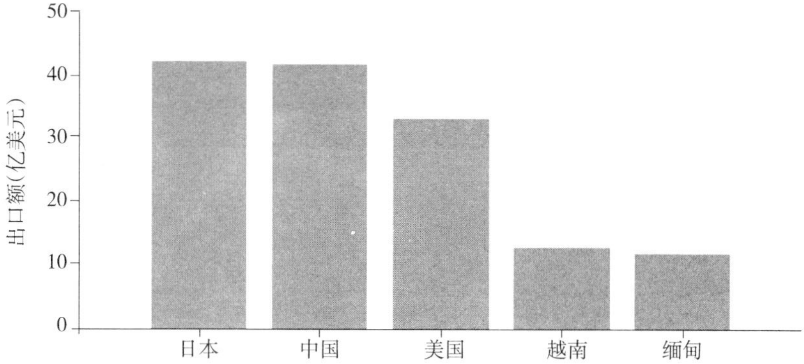

图 6　2015 年泰国前五大农产品出口市场

4-3-2 泰国主要农产品出口额（一）

单位：万美元

项 目	2005年	2006年	2007年	2008年	2009年	2010年
农产品	1 357 243.4	1 560 434.0	1 879 591.0	2 450 624.1	2 332 061.5	2 668 528.1
谷物	241 865.5	272 307.9	366 965.2	644 073.8	540 315.7	561 557.0
小麦产品	404.8	450.6	746.0	877.2	804.3	884.1
玉米产品	2 792.9	6 929.1	10 413.6	21 728.3	24 374.6	14 197.0
稻谷产品	237 728.6	263 974.6	353 964.0	619 636.5	513 717.7	545 029.7
棉花	583.0	527.4	549.3	372.5	683.2	803.0
食用油籽	4 617.7	6 764.7	5 118.9	5 489.8	6 412.8	7 028.3
大豆	96.1	109.8	167.7	115.7	132.0	155.0
花生	452.2	566.1	1 083.0	1 624.6	1 297.6	1 547.3
油菜籽		0.1		2.3	3.8	1.8
食用植物油	5 279.9	9 065.2	20 682.1	36 198.9	9 546.3	13 947.1
豆油	681.3	307.3	417.9	684.3	331.3	2 097.8
菜籽油	15.0	12.0	10.5	15.0	10.6	16.3
棕榈油	4 503.0	8 667.5	19 860.6	35 083.0	8 884.0	11 400.0
食糖	70 299.7	73 446.9	125 890.8	143 170.5	180 340.3	215 239.4
蔬菜	63 593.5	73 687.1	78 904.6	86 336.1	84 136.4	94 393.8
水果	157 885.6	177 143.0	193 697.5	229 916.1	231 647.6	260 219.4
畜产品	107 885.6	118 666.3	145 277.5	214 139.0	203 852.4	225 440.6
猪肉	1 100.7	635.2	662.0	1 015.3	413.8	253.0
牛肉	0.5	30.4	25.0	2.0	135.5	347.0
羊肉		0.9				0.1
家禽	86 902.7	98 234.8	119 625.1	178 542.4	163 869.2	182 952.4
蛋产品	953.3	1 303.0	2 841.2	3 526.8	3 465.8	2 111.9
乳品	12 622.0	10 917.8	13 062.2	13 527.8	12 763.7	13 980.8
动物生皮	402.2	474.3	721.1	763.5	391.7	513.3
动物生毛皮	0.1		1.9	0.6	0.2	0.2
羊毛	173.2	131.0	107.4	86.2	58.8	139.4
水产品	460 100.4	539 207.8	583 929.0	669 691.3	640 001.0	735 631.5
饮品	30 621.5	35 160.0	43 170.0	58 592.7	65 314.8	85 849.8
酒	8 982.1	9 658.4	13 285.5	20 667.5	18 260.4	22 196.2
茶	521.6	536.5	870.3	1 215.5	1 432.4	1 628.9
咖啡	5 108.2	7 674.3	7 229.2	8 406.0	11 434.8	14 696.8

泰国主要农产品出口额（二）

单位：万美元

项　目	2011年	2012年	2013年	2014年	2015年
农产品	3 361 744.5	3 301 547.2	3 162 202.9	3 336 109.2	3 090 284.1
谷物	683 360.0	488 670.9	477 995.2	587 902.1	478 402.1
小麦产品	1 002.0	1 155.8	1 236.4	1 309.4	1 427.7
玉米产品	16 921.2	9 394.9	19 833.8	28 083.0	8 845.5
稻谷产品	664 030.9	476 879.2	455 278.7	556 775.6	466 543.2
棉花	1 335.8	640.2	1 067.4	750.3	579.3
食用油籽	9 043.5	9 730.3	11 660.7	13 092.9	13 057.7
大豆	186.4	172.3	249.7	742.1	511.0
花生	1 702.0	1 943.6	2 171.5	2 373.9	2 367.3
油菜籽	1.4		0.2	0.2	0.2
食用植物油	45 568.1	38 383.1	50 172.6	23 693.4	8 935.3
豆油	5 088.7	7 353.4	6 389.8	3 226.4	3 614.6
菜籽油	12.4	15.7	9.7	7.7	10.1
棕榈油	39 853.1	30 623.1	43 374.4	20 108.0	4 841.4
食糖	363 514.9	395 264.3	285 992.8	273 808.6	262 792.2
蔬菜	109 889.1	99 613.3	106 860.1	125 166.2	123 199.6
水果	354 551.3	353 926.5	359 060.5	402 129.7	412 245.3
畜产品	272 275.3	302 665.7	312 909.9	336 358.6	345 663.7
猪肉	464.1	422.6	744.0	487.2	567.3
牛肉	3 145.0	5 583.0	2 079.2	3 668.4	3 472.4
羊肉	0.2	1.9	3.8	9.8	0.1
家禽	216 959.2	232 760.7	237 467.8	249 219.4	255 668.1
蛋产品	1 695.4	2 935.8	3 881.5	3 523.0	4 427.6
乳品	17 690.5	15 430.4	18 338.6	18 371.5	19 251.9
动物生皮	757.0	855.5	1 277.0	1 742.1	1 952.0
动物生毛皮	0.1	0.2	0.2		
羊毛	299.7	247.2	68.2	158.5	154.1
水产品	843 564.4	832 927.4	731 700.7	687 333.6	582 894.0
饮品	115 620.5	151 027.0	155 283.2	170 539.0	174 390.8
酒	34 197.3	54 959.4	45 636.7	44 037.3	43 339.4
茶	2 837.0	3 321.1	3 991.5	4 001.2	2 908.2
咖啡	16 074.5	18 774.0	19 150.2	21 480.9	17 620.9

4-3-3 泰国主要农产品进口额（一）

单位：万美元

项 目	2005年	2006年	2007年	2008年	2009年	2010年
农产品	580 115.1	601 116.3	705 549.4	988 617.6	812 562.6	1 003 872.2
谷物	28 419.5	27 561.6	34 726.8	47 982.7	44 302.2	58 676.9
小麦产品	26 434.6	25 048.0	31 717.2	40 601.9	36 078.7	51 453.9
玉米产品	981.7	1 816.7	2 131.5	5 364.0	4 423.0	5 750.6
稻谷产品	103.1	106.5	224.1	1 084.6	2 828.1	615.6
棉花	62 131.0	57 504.6	54 459.6	73 034.1	49 140.3	74 273.6
食用油籽	49 121.6	39 816.1	58 628.8	100 554.1	73 165.9	88 625.9
大豆	46 447.4	37 651.2	56 030.3	96 979.4	69 354.5	81 205.8
花生	1 317.4	1 175.3	1 388.1	2 147.9	1 784.1	4 995.4
油菜籽			0.7	0.5		
食用植物油	3 807.3	2 813.1	2 351.2	7 575.2	2 625.1	3 181.8
豆油	1.3	76.2	59.7	140.7	2.5	6.0
菜籽油	97.6	30.0	49.8	87.0	40.2	57.1
棕榈油	886.4	95.9	119.0	3 254.0	85.2	128.7
食糖	132.0	430.1	7.0	146.0	60.6	829.1
蔬菜	13 326.6	16 516.7	20 582.2	24 804.5	27 453.9	33 171.9
水果	31 163.9	38 474.8	49 080.8	61 652.4	60 396.5	71 228.7
畜产品	65 719.7	65 739.3	85 007.6	97 831.1	64 495.8	99 458.2
猪肉			11.6		0.4	3.4
牛肉	362.6	669.5	907.9	1 209.9	1 248.7	2 053.5
羊肉	128.7	163.4	268.6	413.8	407.6	637.1
家禽	2 176.8	1 689.5	1 669.0	1 953.9	2 227.7	2 498.6
蛋产品	351.9	346.3	515.9	399.2	275.5	246.4
乳品	33 933.0	34 360.1	46 703.1	53 781.7	28 119.3	48 414.3
动物生皮	15 516.4	14 483.4	20 058.8	20 827.5	11 886.5	18 227.2
动物生毛皮		0.3	0.5			0.3
羊毛	5 451.0	3 795.7	3 356.8	2 684.3	1 671.0	3 614.8
水产品	148 351.3	159 291.9	175 980.7	247 829.8	201 819.9	220 126.3
饮品	28 478.0	31 931.5	34 187.4	46 495.0	39 837.9	52 120.0
酒	17 687.1	19 848.3	19 856.4	25 242.9	20 741.9	24 706.4
茶	686.5	737.1	922.8	1 231.9	1 496.6	1 824.0
咖啡	2 380.9	3 084.5	3 923.9	7 184.2	4 504.3	7 286.0

泰国主要农产品进口额（二）

单位：万美元

项 目	2011年	2012年	2013年	2014年	2015年
农产品	1 281 315.1	1 431 824.4	1 427 560.2	1 421 125.0	1 409 137.7
谷物	67 263.4	99 994.0	76 749.5	59 980.8	126 991.5
小麦产品	61 273.2	93 852.2	69 646.4	55 269.3	120 077.2
玉米产品	3 569.6	4 031.5	4 444.5	2 104.9	3 310.3
稻谷产品	977.3	1 277.5	1 483.5	838.8	1 639.6
棉花	113 471.4	82 711.6	75 043.1	68 954.0	55 112.4
食用油籽	119 312.6	136 899.7	113 099.5	116 710.7	121 935.7
大豆	112 771.8	128 309.0	101 916.4	107 797.4	111 766.8
花生	3 941.6	5 786.4	7 968.9	5 331.0	6 660.8
油菜籽				2.2	0.1
食用植物油	12 892.7	9 142.2	5 585.8	8 396.1	9 236.4
豆油	113.6	9.9	244.5	871.9	266.1
菜籽油	149.8	93.3	128.0	125.9	305.0
棕榈油	8 433.8	4 406.5	14.7	2 055.4	5 085.3
食糖	896.7	132.7	36.1	60.7	59.3
蔬菜	41 385.1	46 828.7	37 742.3	54 062.9	61 131.3
水果	95 871.0	118 097.4	150 731.3	121 684.6	134 873.4
畜产品	126 508.3	127 180.7	136 483.9	164 618.7	140 224.7
猪肉	54.7	123.3	86.9	59.9	117.4
牛肉	5 345.1	8 481.8	5 229.4	8 025.3	9 213.7
羊肉	1 196.6	1 015.3	1 112.1	1 205.1	1 191.5
家禽	3 389.7	2 992.4	4 950.2	4 928.4	3 637.7
蛋产品	426.6	523.9	831.9	1 007.4	1 103.3
乳品	60 210.4	60 279.1	64 400.1	79 737.2	58 337.5
动物生皮	20 787.9	22 325.6	23 755.4	23 795.1	21 165.8
动物生毛皮	0.9	17.2	0.9	0.6	5.7
羊毛	3 668.6	298.4	2 199.2	3 755.9	3 299.1
水产品	281 550.2	321 338.2	327 961.3	286 634.4	264 814.3
饮品	70 634.6	79 205.6	80 636.5	85 059.5	81 727.0
酒	29 921.0	32 730.4	36 750.4	39 456.5	35 080.5
茶	2 453.3	3 106.5	2 636.0	2 948.5	2 992.2
咖啡	16 181.6	16 764.0	17 758.4	19 788.3	20 943.8

4-3-4 泰国主要农产品出口量（一）

单位：吨

项　目	2005年	2006年	2007年	2008年	2009年	2010年
农产品						
谷物	7 766 537.2	7 880 703.4	9 735 023.0	11 051 223.9	9 876 639.5	9 589 293.0
小麦产品	8 650.0	8 837.0	13 106.2	9 998.5	9 941.2	14 018.3
玉米产品	71 611.3	307 690.1	377 615.5	674 929.8	1 082 796.0	481 937.5
稻谷产品	7 656 775.7	7 543 951.8	9 307 197.0	10 329 070.4	8 746 166.0	9 063 760.0
棉花	7 412.0	8 049.0	7 712.1	4 384.2	7 760.4	9 017.1
食用油籽	47 796.3	233 654.6	71 774.5	24 214.4	27 682.9	28 454.6
大豆	1 225.3	1 312.7	2 715.3	1 295.9	1 330.7	953.9
花生	2 364.5	2 266.6	5 021.6	4 735.1	4 181.3	3 792.1
油菜籽	0.1	0.4		3.4	1.9	62.3
食用植物油	93 048.6	210 611.5	291 536.4	367 594.1	118 992.0	143 579.1
豆油	11 455.8	5 049.1	4 156.7	4 934.4	3 105.8	19 899.2
菜籽油	180.0	148.3	118.8	98.4	89.6	125.1
棕榈油	81 056.8	205 080.4	283 064.9	360 341.5	113 842.5	121 328.5
食糖	3 041 414.3	2 238 700.2	4 408 343.2	5 011 802.6	5 052 570.4	4 500 719.2
蔬菜	689 040.7	759 884.2	783 780.3	811 526.9	808 218.6	810 526.8
水果						
畜产品						
猪肉	5 847.6	3 298.9	3 894.7	4 106.9	2 647.6	1 499.9
牛肉	1.3	47.2	39.2	4.0	636.6	1 428.1
羊肉		1.4	0.8			0.3
家禽	285 033.7	311 905.0	354 172.3	429 066.9	420 714.2	466 438.2
蛋产品						
乳品	145 297.0	114 270.5	110 210.2	99 530.0	100 275.7	95 067.3
动物生皮	1 146.3	451.5	698.8	793.9	680.6	1 265.9
动物生毛皮						
羊毛	873.0	642.5	565.2	376.4	237.3	408.5
水产品						
饮品						
酒						
茶	4 354.6	3 467.3	5 396.9	6 582.0	10 492.5	10 794.2
咖啡	37 405.6	53 345.7	37 098.9	29 201.8	36 670.8	45 392.0

泰国主要农产品出口量（二）

单位：吨

项　目	2011年	2012年	2013年	2014年	2015年
农产品					
谷物	11 262 819.7	7 029 229.0	7 360 784.2	11 922 653.1	10 065 307.4
小麦产品	11 926.1	13 121.2	15 328.4	15 612.7	19 017.5
玉米产品	397 017.3	144 830.7	588 387.2	787 319.7	106 328.1
稻谷产品	10 828 517.5	6 859 177.2	6 736 244.7	11 097 568.4	9 925 375.1
棉花	8 690.4	6 499.4	8 990.0	8 515.9	6 342.1
食用油籽	32 238.8	35 271.4	40 401.8	47 788.0	41 724.3
大豆	2 629.7	1 951.9	2 045.3	11 626.9	9 340.0
花生	4 104.8	3 824.4	4 255.4	4 478.4	4 672.8
油菜籽	0.4	0.1	0.4	0.6	1.0
食用植物油	423 854.1	354 641.8	606 271.8	252 489.5	95 101.6
豆油	38 364.5	60 396.3	55 525.1	29 084.3	42 064.9
菜籽油	349.6	341.1	170.7	140.3	129.4
棕榈油	381 846.6	292 830.3	549 213.3	221 928.9	50 657.8
食糖	6 520 670.5	6 853 123.5	5 994 378.0	6 293 590.0	7 591 330.0
蔬菜	866 046.4	773 269.0	787 203.0	949 419.4	968 429.1
水果					
畜产品					
猪肉	2 576.7	2 069.8	3 839.7	2 659.7	3 188.6
牛肉	11 415.7	19 823.7	8 231.1	11 069.3	11 127.6
羊肉	0.2	5.1	22.3	30.4	0.1
家禽	496 188.2	562 805.0	536 974.4	582 036.3	661 173.7
蛋产品					
乳品	104 533.1	97 581.7	117 598.8	131 964.2	149 753.6
动物生皮	1 427.4	1 314.8	1 261.5	1 416.3	1 698.6
动物生毛皮					
羊毛	393.1	162.0	194.1	424.6	419.6
水产品					
饮品					
酒					
茶	15 110.7	27 496.4	29 934.6	24 428.2	14 536.7
咖啡	42 868.7	49 540.1	53 710.3	64 541.1	55 071.0

4-3-5 泰国主要农产品进口量（一）

单位：吨

项 目	2005年	2006年	2007年	2008年	2009年	2010年
农产品						
谷物	1 371 898.1	1 314 538.0	1 230 577.4	1 316 759.2	1 645 343.4	2 328 435.2
小麦产品	1 249 535.1	1 126 703.6	1 035 799.2	839 472.0	1 221 787.4	1 877 074.0
玉米产品	74 241.9	162 684.0	171 077.9	437 762.4	306 862.7	421 545.4
稻谷产品	2 509.2	1 718.7	3 644.0	13 979.7	77 337.1	5 565.9
棉花	514 935.1	428 071.2	402 422.2	452 586.1	356 679.1	395 507.7
食用油籽	1 666 142.0	1 439 987.0	1 594 120.0	1 793 898.5	1 604 648.4	1 902 195.5
大豆	1 610 207.8	1 396 819.4	1 542 905.8	1 724 983.5	1 536 024.4	1 820 130.6
花生	35 135.7	31 291.3	33 528.2	49 372.6	45 883.6	56 653.4
油菜籽	0.3		22.7	50.1	0.1	0.1
食用植物油	44 541.7	19 271.0	16 693.2	46 346.5	15 502.3	17 230.0
豆油	4.4	1 106.5	702.8	822.0	13.2	19.1
菜籽油	1 075.0	233.4	309.8	410.4	163.8	256.1
棕榈油	18 929.6	1 313.9	1 407.3	29 684.9	1 291.7	1 098.2
食糖	4 428.9	14 811.5	81.5	3 285.4	543.8	12 165.6
蔬菜	273 576.9	288 134.1	291 141.2	360 803.5	389 976.9	455 235.2
水果						
畜产品						
猪肉			59.0		1.1	21.4
牛肉	1 250.5	1 949.2	1 894.6	1 863.2	2 099.9	3 965.0
羊肉	660.7	640.3	665.1	734.9	611.5	750.8
家禽	3 894.2	2 128.8	2 182.3	2 371.0	2 880.1	2 008.6
蛋产品						
乳品	179 724.7	182 281.5	162 638.2	161 949.5	149 520.9	178 732.0
动物生皮	93 941.9	83 163.9	103 321.6	111 540.0	108 305.1	107 212.5
动物生毛皮						
羊毛	9 267.5	6 403.2	4 304.2	3 537.5	2 739.5	4 284.2
水产品						
饮品						
酒						
茶	2 371.4	2 463.8	2 483.9	2 844.2	2 497.1	3 218.1
咖啡	16 583.7	10 543.4	11 350.5	21 920.4	12 846.1	22 480.2

泰国主要农产品进口量（二）

单位：吨

项 目	2011年	2012年	2013年	2014年	2015年
农产品					
谷物	1 903 784.7	3 093 942.3	2 208 845.3	1 820 766.3	4 979 748.5
小麦产品	1 641 754.9	2 826 718.5	1 950 044.5	1 724 660.4	4 721 385.9
玉米产品	208 888.1	214 824.6	199 087.6	48 073.4	183 133.4
稻谷产品	10 913.5	27 249.7	25 474.4	7 583.0	27 451.7
棉花	330 346.7	325 871.5	357 612.2	335 659.5	526 654.3
食用油籽	2 075 343.9	2 208 208.7	1 770 934.8	1 987 925.9	2 662 988.3
大豆	1 995 924.8	2 120 811.1	1 679 476.4	1 899 017.1	2 558 059.7
花生	56 286.5	66 680.3	70 596.0	63 096.9	80 127.9
油菜籽	0.1	0.3	0.4	39.3	0.8
食用植物油	87 147.3	68 509.7	28 137.4	61 969.8	97 871.5
豆油	666.4	29.6	1 976.5	7 514.7	2 678.4
菜籽油	643.5	340.3	553.1	725.0	2 505.6
棕榈油	66 305.6	44 194.3	111.1	23 585.9	74 949.8
食糖	13 001.1	606.1	315.1	425.3	499.2
蔬菜	532 593.6	570 297.2	225 313.6	634 796.9	666 284.1
水果					
畜产品					
猪肉	258.6	724.8	559.5	476.6	860.4
牛肉	14 616.4	25 164.3	12 638.0	17 865.1	19 398.5
羊肉	1 047.7	1 010.9	1 160.2	1 352.5	1 440.5
家禽	3 061.3	12 546.7	27 620.1	20 011.5	8 038.4
蛋产品					
乳品	197 603.2	226 512.1	188 434.8	213 373.8	243 347.7
动物生皮	102 587.1	110 008.7	107 519.3	131 395.5	122 290.2
动物生毛皮					
羊毛	2 923.2	698.0	2 267.0	3 779.5	3 683.3
水产品					
饮品					
酒					
茶	4 315.8	18 177.0	5 856.0	5 569.2	8 209.4
咖啡	45 578.6	43 246.0	48 041.5	60 190.2	72 166.7

4-3-6 泰国农产品出口额前 15 位国家（地区）
（2015 年）

单位：万美元，%

序号	国家（地区）	出口额	同比增长
1	日本	420 305.5	−5.0
2	中国	415 239.3	1.9
3	美国	330 285.3	−5.4
4	越南	127 128.2	9.0
5	缅甸	118 982.7	15.4
6	印度尼西亚	118 033.5	−3.3
7	马来西亚	103 522.7	−11.6
8	英国	102 739.4	−9.2
9	柬埔寨	85 190.8	−1.6
10	中国香港	79 828.0	−8.0
11	澳大利亚	77 985.3	−10.3
12	菲律宾	75 565.0	9.0
13	老挝	75 175.8	12.8
14	韩国	66 488.9	−10.3
15	荷兰	61 549.3	−8.4
	总计	**2 258 019.7**	

4-3-7 泰国农产品进口额前15位国家（地区）
（2015年）

单位：万美元，%

序号	国家（地区）	进口额	同比增长
1	美国	207 187.5	3.5
2	中国	168 878.6	9.6
3	巴西	149 333.0	−1.6
4	澳大利亚	65 524.4	−23.0
5	印度尼西亚	65 456.0	0.2
6	越南	54 968.3	12.6
7	新西兰	45 830.1	−17.7
8	法国	45 214.3	65.4
9	马来西亚	43 688.6	−8.7
10	阿根廷	41 959.6	−29.5
11	印度	39 337.8	−16.3
12	日本	34 750.9	−10.4
13	新加坡	33 816.9	1.6
14	乌克兰	31 949.4	221.3
15	英国	28 635.2	12.4
	总计	**1 056 530.7**	

4-4　印度尼西亚主要农产品贸易情况

4-4-1　印度尼西亚主要农产品出口额（一）

单位：万美元

项　目	2005 年	2006 年	2007 年	2008 年	2009 年	2010 年
农产品	1 021 623.0	1 192 345.7	1 689 978.8	2 435 072.2	2 024 242.1	2 586 488.5
谷物	4 271.1	2 209.3	4 069.9	6 173.1	3 312.1	3 996.9
小麦产品	2 256.3	1 602.0	2 058.3	3 027.3	1 556.6	2 690.6
玉米产品	904.9	433.8	1 860.1	2 914.6	1 496.2	1 185.3
稻谷产品	1 009.1	107.5	83.8	149.4	205.8	85.5
棉花	3 839.5	3 583.7	3 574.4	3 968.3	3 186.8	4 550.4
食用油籽	3 574.5	4 148.4	2 883.4	1 679.9	1 395.0	2 859.6
大豆	49.4	292.7	233.4	142.3	40.3	39.5
花生	663.2	711.1	878.6	1 316.3	982.8	1 287.6
油菜籽	39.1	2.5	1.5	2.1	1.1	7.5
食用植物油	375 830.1	482 468.5	787 107.4	1 237 587.6	1 037 166.7	1 347 087.2
豆油		0.9	1.6	0.1	0.1	0.1
菜籽油	4.5	4.9	86.5	0.9		0.2
棕榈油	375 628.4	481 764.2	786 863.9	1 237 557.0	1 036 762.1	1 346 896.6
食糖	60.2	98.2	58.0	90.5	88.7	99.1
蔬菜	12 938.6	15 436.6	21 327.7	28 049.1	22 585.9	33 465.5
水果	26 192.5	26 737.3	24 647.5	41 077.8	32 483.9	40 351.4
畜产品	17 317.5	15 375.2	19 055.4	35 734.1	26 645.0	32 531.6
猪肉	3.7	20.9	4.5	4.7	41.5	3.4
牛肉	1.6	0.9	2.0	1.1	2.1	
羊肉	3.8			1.9		
家禽	11.7	5.7	7.0	13.1	2.3	19.0
蛋产品	9.3	9.9	2.7	21.8	5.0	16.2
乳品	9 615.7	7 894.8	7 586.6	20 905.1	8 892.6	8 895.2
动物生皮	55.7	43.0	51.5	11.7	23.0	41.8
动物生毛皮	0.1	0.2	0.1			
羊毛	13.4	37.1	33.0	20.9	39.8	238.4
水产品	187 169.2	205 330.7	220 398.7	263 598.0	239 614.3	276 153.3
饮品	134 958.5	164 808.7	177 911.8	257 329.3	255 708.7	288 010.6
酒	1 477.8	2 231.3	2 037.7	3 369.9	2 395.0	3 741.6
茶	12 328.8	13 475.0	12 754.8	16 288.3	17 448.0	18 232.5
咖啡	52 931.6	61 960.9	68 690.9	107 766.3	91 613.9	98 156.8

印度尼西亚主要农产品出口额（二）

单位：万美元

项　目	2011 年	2012 年	2013 年	2014 年	2015 年
农产品	3 300 057.0	3 317 252.4	3 168 780.6	3 486 185.9	
谷物	2 956.0	5 285.7	5 343.6	5 742.8	
小麦产品	1 836.2	2 659.2	3 783.8	3 996.5	
玉米产品	947.4	1 916.4	1 070.4	1 370.3	
稻谷产品	156.0	280.9	225.8	136.5	
棉花	6 133.8	4 113.9	4 511.9	4 594.8	
食用油籽	3 907.9	3 503.4	3 479.3	6 941.3	
大豆	50.4	171.3	54.6	2 448.1	
花生	1 476.8	1 457.0	1 445.1	1 552.7	
油菜籽	1.2	15.3	11.7	3.2	
食用植物油	1 726 444.1	1 760 505.2	1 583 940.6	1 746 532.8	
豆油	1.4	0.1	0.1	0.6	
菜籽油	0.1	1.0	10.1		
棕榈油	1 726 124.7	1 760 216.8	1 583 885.0	1 746 490.5	
食糖	110.4	138.5	128.7	156.6	
蔬菜	31 369.7	53 747.2	44 361.0	47 412.1	
水果	60 127.0	59 697.9	58 911.0	83 930.3	
畜产品	36 285.8	31 836.4	33 271.1	31 618.1	
猪肉	2.7	1.1	0.1	1.7	
牛肉	0.3	0.9	0.4		
羊肉	0.9				
家禽	13.9	2.4	2.9	0.1	
蛋产品	0.6	1.0	0.3	0.2	
乳品	8 360.0	7 598.6	7 535.9	9 223.9	
动物生皮	79.4	27.5	9.4	0.1	
动物生毛皮		0.1	0.4	0.6	
羊毛	178.6	127.3	120.5	5.1	
水产品	340 430.2	379 474.8	406 807.4	453 712.5	
饮品	297 437.5	291 134.8	292 588.1	288 813.0	
酒	7 113.8	7 556.3	8 127.9	7 678.3	
茶	17 033.6	16 023.3	16 078.2	14 149.5	
咖啡	130 349.7	156 681.3	146 835.6	136 021.4	

4-4-2 印度尼西亚主要农产品进口额（一）

单位：万美元

项 目	2005年	2006年	2007年	2008年	2009年	2010年
农产品	544 933.5	629 994.8	900 654.6	1 106 859.1	980 519.4	1 328 648.0
谷物	101 873.5	137 747.7	199 257.2	248 348.8	173 865.8	243 038.7
小麦产品	92 704.9	95 931.8	136 186.3	224 690.3	153 939.8	168 598.8
玉米产品	3 120.4	27 864.7	15 361.2	9 446.5	7 805.0	36 958.5
稻谷产品	5 599.8	13 478.3	47 054.4	12 790.6	11 075.8	36 321.9
棉花	58 060.2	62 353.6	80 296.2	121 711.2	78 397.0	115 134.7
食用油籽	36 168.1	36 650.0	55 289.6	81 629.7	80 962.8	108 158.9
大豆	31 386.1	30 246.7	48 194.3	70 423.2	62 487.9	84 227.4
花生	4 128.5	5 597.9	6 352.8	10 143.5	17 811.1	22 429.0
油菜籽	23.5	12.1	1.5	4.5	2.2	4.9
食用植物油	2 178.6	2 129.9	2 294.8	4 981.8	4 369.5	7 572.2
豆油	1 073.7	969.4	1 561.3	3 018.6	1 720.4	2 183.3
菜籽油	26.9	19.7	40.3	109.6	151.1	243.4
棕榈油	530.1	655.4	102.4	501.4	1 312.7	3 780.1
食糖	58 912.5	57 685.9	104 019.4	36 688.8	57 415.6	111 123.7
蔬菜	15 055.1	21 953.6	27 054.6	33 867.5	32 847.8	45 731.5
水果	36 127.3	48 269.8	61 122.6	83 435.2	89 319.5	103 842.5
畜产品	75 059.4	83 832.6	132 427.5	156 330.0	139 825.9	188 905.1
猪肉	31.6	26.8	44.4	29.0	19.6	6.1
牛肉	4 285.9	4 721.7	9 036.8	12 579.3	18 955.9	28 950.6
羊肉	269.7	206.2	240.8	288.6	379.6	555.6
家禽	1 233.4	1 107.3	1 786.4	979.5	506.1	156.6
蛋产品	221.2	315.3	498.3	601.7	723.2	701.7
乳品	51 692.1	56 085.9	87 204.1	86 505.0	58 982.7	92 298.2
动物生皮	162.4	146.8	280.3	1 123.6	687.5	1 103.9
动物生毛皮	0.2			2.9	26.7	17.5
羊毛	159.5	170.6	207.0	276.1	135.1	64.1
水产品	11 223.0	14 846.6	12 583.3	21 390.5	24 358.3	33 440.3
饮品	14 626.4	16 376.6	28 431.1	30 690.5	24 697.8	31 644.9
酒	70.5	114.9	149.6	349.3	84.5	869.5
茶	767.3	983.9	1 370.5	1 670.4	1 820.9	2 795.5
咖啡	2 528.6	3 588.7	12 271.0	9 287.9	4 861.9	5 772.0

印度尼西亚主要农产品进口额（二）

单位：万美元

项　目	2011年	2012年	2013年	2014年	2015年
农产品	1 929 549.6	1 813 573.9	1 808 080.3	1 932 512.1	
谷物	505 249.9	391 272.5	370 894.1	368 544.6	
小麦产品	247 867.6	244 667.0	252 265.3	246 169.3	
玉米产品	102 894.1	50 224.7	91 922.8	81 108.4	
稻谷产品	151 626.7	94 653.0	24 610.8	38 823.0	
棉花	178 822.3	133 776.0	134 870.9	140 204.4	
食用油籽	152 646.9	146 125.2	146 773.4	149 295.1	
大豆	124 858.5	121 565.7	110 797.1	118 254.9	
花生	25 957.5	22 172.5	33 610.1	28 808.9	
油菜籽	5.5	36.7	42.1	55.7	
食用植物油	7 742.5	6 225.4	11 638.5	6 561.8	
豆油	3 043.8	3 306.4	3 493.3	2 920.0	
菜籽油	431.8	712.9	756.3	805.6	
棕榈油	2 499.3	83.1	4 697.9	39.3	
食糖	173 947.9	166 227.1	173 065.7	132 893.6	
蔬菜	63 668.0	55 698.3	16 261.1	69 446.5	
水果	132 643.1	136 761.4	122 290.9	130 166.5	
畜产品	192 115.3	169 704.1	209 926.0	267 376.3	
猪肉	65.3	80.8	76.7	133.7	
牛肉	23 426.6	13 921.4	21 123.2	34 681.2	
羊肉	655.5	808.3	893.4	1 083.1	
家禽	168.7	128.8	393.8	428.1	
蛋产品	619.0	699.8	966.8	812.9	
乳品	114 895.7	110 481.7	131 837.4	135 690.2	
动物生皮	760.2	921.4	1 980.5	1 806.1	
动物生毛皮	47.3	9.5	60.2	95.5	
羊毛	40.0	435.7	201.5	176.1	
水产品	42 089.0	37 237.3	39 198.8	36 872.4	
饮品	39 932.5	48 563.5	48 299.9	76 622.7	
酒	1 247.0	1 196.2	1 201.6	1 340.3	
茶	3 376.3	4 258.0	4 181.7	3 817.7	
咖啡	12 208.0	18 415.8	13 679.5	14 129.1	

4-4-3 印度尼西亚主要农产品出口量（一）

单位：吨

项 目	2005年	2006年	2007年	2008年	2009年	2010年
农产品						
谷物	214 257.7	95 173.8	198 659.0	177 749.2	100 492.7	113 344.8
小麦产品	115 420.7	63 816.4	91 487.6	68 029.6	33 596.6	68 710.9
玉米产品	54 009.7	28 157.8	101 999.4	107 747.2	63 548.5	43 582.9
稻谷产品	43 905.7	2 570.8	4 735.9	1 183.0	2 626.9	516.9
棉花	35 836.0	40 780.8	38 002.5	32 141.0	25 947.6	29 197.0
食用油籽	118 769.1	177 305.0	63 653.4	13 015.9	15 109.9	157 630.4
大豆	893.6	1 756.7	1 950.3	1 038.5	510.4	436.9
花生	9 184.0	8 483.7	9 260.0	10 165.6	6 919.6	7 408.1
油菜籽	1 200.0	44.2	0.2	3.2	9.5	50.4
食用植物油	10 380 029.4	12 117 272.5	11 880 352.8	14 290 812.4	16 835 753.1	16 293 642.3
豆油	0.2	6.2	7.2	0.7	0.4	0.3
菜籽油	2.0	154.0	1 000.0	5.0		0.4
棕榈油	10 376 190.0	12 100 921.0	11 875 418.2	14 290 685.4	16 829 205.7	16 291 856.2
食糖	1 173.5	1 480.0	479.4	1 692.7	927.2	669.7
蔬菜	154 476.1	234 319.0	172 447.5	186 238.2	178 374.4	169 015.3
水果						
畜产品						
猪肉	47.7	97.3	16.4	48.7	746.2	56.7
牛肉	83.5	5.6	43.3	61.5	5.9	
羊肉	1.3		0.6	1.0		
家禽	115.5	30.9	86.5	94.0	17.6	315.3
蛋产品						
乳品	50 420.0	42 427.0	36 917.2	62 713.3	51 191.9	48 229.9
动物生皮	140.4	42.1	32.6	24.5	0.8	12.7
动物生毛皮						
羊毛	14.6	29.1	43.7	15.8	548.7	2 097.0
水产品						
饮品						
酒						
茶	105 096.2	95 431.0	83 943.4	97 124.7	93 143.7	88 114.2
咖啡	455 038.5	422 122.4	334 590.3	491 329.7	537 776.5	484 848.7

印度尼西亚主要农产品出口量（二）

单位：吨

项　目	2011年	2012年	2013年	2014年	2015年
农产品					
谷物	45 984.1	91 020.7	86 932.7	128 400.4	
小麦产品	31 833.8	46 129.1	68 957.0	79 983.2	
玉米产品	12 739.4	35 279.2	8 023.1	38 272.9	
稻谷产品	1 165.4	1 504.1	3 098.4	2 115.6	
棉花	21 917.3	22 273.8	28 778.8	36 669.7	
食用油籽	376 244.1	180 399.6	189 650.3	319 432.4	
大豆	605.9	2 412.9	1 126.7	41 361.7	
花生	7 423.9	6 838.5	6 414.4	6 291.5	
油菜籽	7.7	42.4	34.0	9.6	
食用植物油	16 438 489.5	18 848 161.5	20 578 055.8	22 892 531.8	
豆油	10.7	0.3	0.2	0.3	
菜籽油			2.4		
棕榈油	16 436 202.2	18 845 020.2	20 577 975.9	22 892 386.9	
食糖	836.9	790.0	770.0	1 220.5	
蔬菜	138 969.2	230 671.3	147 404.1	204 083.1	
水果					
畜产品					
猪肉	45.0	21.0	0.3	36.8	
牛肉	0.3	1.0	1.8		
羊肉	5.6		0.3		
家禽	26.5	0.9	3.9	0.1	
蛋产品					
乳品	43 491.5	44 944.8	46 698.0	48 117.8	
动物生皮	18.8	44.9	4.0	0.8	
动物生毛皮					
羊毛	1 003.9	1 082.6	1 070.4	216.3	
水产品					
饮品					
酒					
茶	76 331.2	70 666.4	72 439.1	68 166.6	
咖啡	423 410.5	535 216.7	616 393.3	480 530.3	

4-4-4 印度尼西亚主要农产品进口量（一）

单位：吨

项　目	2005年	2006年	2007年	2008年	2009年	2010年
农产品						
谷物	5 314 565.1	7 263 140.2	7 341 942.4	5 647 192.6	5 926 154.8	7 839 528.8
小麦产品	4 906 527.2	5 020 063.0	5 197 228.7	5 029 842.0	5 302 144.6	5 587 092.3
玉米产品	186 532.6	1 779 040.7	708 312.0	287 108.3	339 170.0	1 528 318.3
稻谷产品	204 964.0	446 907.4	1 416 978.0	297 934.6	257 651.6	694 398.1
棉花	464 983.6	474 396.0	595 336.6	732 015.1	575 576.5	614 258.5
食用油籽	1 240 433.3	1 333 735.3	1 605 852.3	1 402 764.9	1 524 654.0	1 992 984.1
大豆	1 110 292.4	1 143 785.4	1 419 444.0	1 184 415.7	1 320 741.9	1 744 837.9
花生	123 604.5	171 242.1	174 330.5	206 242.1	194 681.5	230 106.8
油菜籽	1 561.4	714.9	45.4	81.3	51.9	70.4
食用植物油	31 318.6	30 113.5	23 384.0	37 040.1	44 470.7	74 735.2
豆油	16 562.4	14 966.7	17 530.7	20 871.4	15 366.0	18 972.1
菜籽油	294.0	243.8	412.5	769.3	1 183.4	1 616.3
棕榈油	10 644.1	11 415.6	1 068.2	8 822.0	21 138.4	46 720.1
食糖	1 996 367.7	1 511 001.4	2 972 786.8	1 019 944.4	1 393 226.6	1 785 568.6
蔬菜	440 016.9	487 099.1	587 052.5	710 417.8	627 802.2	647 179.4
水果						
畜产品						
猪肉	196.4	248.4	298.0	213.8	162.8	27.8
牛肉	19 940.5	24 078.5	39 351.6	45 579.8	67 908.2	90 505.7
羊肉	829.6	711.8	570.9	698.5	844.6	787.1
家禽	4 288.7	3 936.5	6 366.8	6 386.6	3 606.8	843.5
蛋产品						
乳品	243 312.1	272 874.0	297 567.6	250 788.6	269 554.0	302 157.7
动物生皮	2 392.1	3 487.0	5 925.5	11 956.3	10 604.7	18 345.1
动物生毛皮						
羊毛	546.1	798.3	695.1	787.2	453.2	217.1
水产品						
饮品						
酒						
茶	5 569.5	5 494.2	9 498.0	8 014.0	8 177.3	12 394.2
咖啡	5 378.3	9 194.9	53 736.2	14 421.5	17 489.9	23 550.2

印度尼西亚主要农产品进口量（二）

单位：吨

项　目	2011年	2012年	2013年	2014年	2015年
农产品					
谷物	12 322 652.5	10 279 457.5	10 643 148.3	11 771 619.2	
小麦产品	6 290 927.4	6 737 921.2	6 943 986.8	7 630 102.7	
玉米产品	3 208 195.6	1 693 416.6	3 191 435.8	3 255 062.4	
稻谷产品	2 757 979.8	1 812 480.8	472 763.5	844 224.5	
棉花	547 420.6	612 147.5	673 795.4	705 563.9	
食用油籽	2 369 825.0	2 139 927.5	2 094 411.3	2 242 825.7	
大豆	2 093 430.9	1 923 285.4	1 787 632.4	1 968 233.2	
花生	252 088.7	187 029.8	283 838.7	254 775.1	
油菜籽	47.6	937.8	686.5	765.2	
食用植物油	53 292.1	36 924.8	108 119.8	43 965.2	
豆油	19 720.6	21 978.2	25 443.8	24 320.5	
菜籽油	2 339.1	4 283.0	4 529.1	6 004.3	
棕榈油	23 344.3	616.3	65 560.6	298.9	
食糖	2 502 568.7	2 815 940.2	3 344 303.8	2 965 801.3	
蔬菜	935 002.8	827 619.0	117 004.0	842 004.9	
水果					
畜产品					
猪肉	134.2	140.0	162.5	267.4	
牛肉	65 022.5	33 506.4	45 503.2	74 648.2	
羊肉	994.5	1 175.3	1 359.8	1 930.4	
家禽	715.9	449.1	1 199.3	2 138.7	
蛋产品					
乳品	335 181.9	352 539.5	373 946.2	358 427.4	
动物生皮	12 475.4	12 640.3	16 968.3	17 792.3	
动物生毛皮					
羊毛	123.3	212.5	330.0	353.4	
水产品					
饮品					
酒					
茶	20 871.4	25 900.3	22 434.8	16 556.4	
咖啡	29 239.4	62 533.2	31 684.9	33 811.7	

4-5 韩国主要农产品贸易情况

4-5-1 韩国农产品贸易综述

一、10 年来韩国农产品贸易总体情况

2005—2015 年，韩国农产品贸易额由 2005 年的 165.5 亿美元增至 2015 年的 356.1 亿美元，年均增长 8.0%。其中，出口额由 33.4 亿美元增至 71.1 亿美元，年均增长 7.9%；进口额由 132.1 亿美元增至 285.0 亿美元，年均增长 8.0%；贸易逆差由 98.7 亿美元增至 213.9 亿美元，年均增长 8.0%（图 1）。

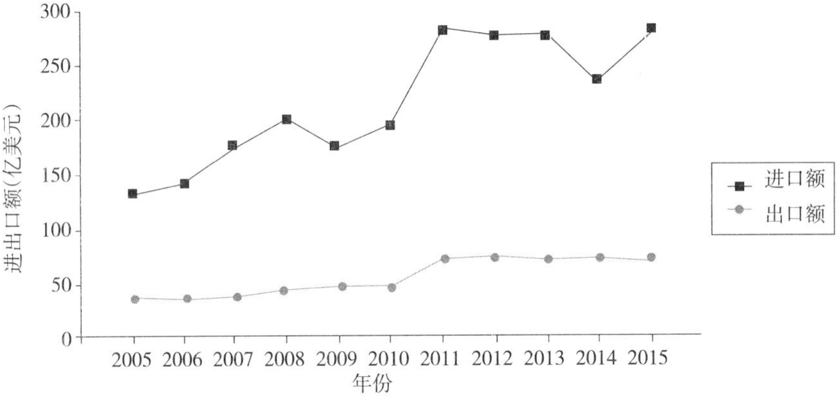

图 1 2005—2015 年韩国农产品进出口额变化

从年度变化情况看，2009 年、2012—2014 年进出口额同比下降外，其余年份均保持正增长。其中，2011 年出口增速最快，达 59.6%，2011 年进口增幅最大，接近 46.2%。2012 年以来，进出口表现低迷。2015 年进口额同比增长 21.3%，较上年提高 36.6 个百分点；出口额同比下降 0.8%，较上年提高 4.0 个百分点（图 2）。

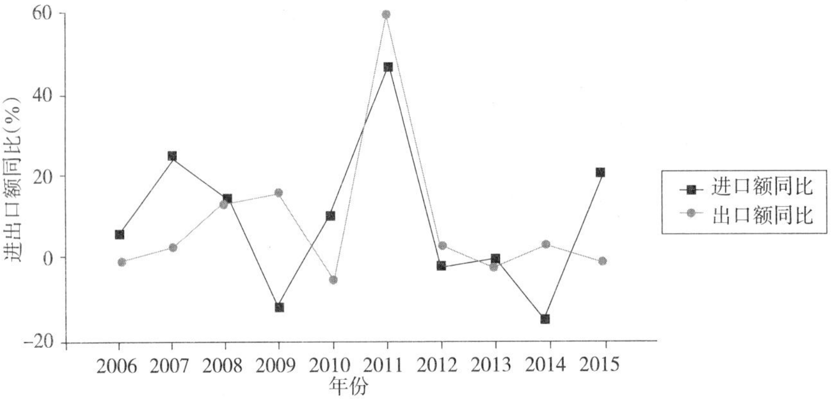

图 2 2006—2015 年韩国农产品进出口额同比变化

二、2015 年韩国农产品贸易情况

2015 年韩国农产品贸易额为 356.1 亿美元，同比增长 16.1%，在全球各大农产品贸易国中排名第 22 位。其中出口额为 71.1 亿美元，同比下降 0.8%，全球排名第 37 位；进口额为 285.0 亿美元，同比增长 21.3%，全球排名第 12 位。

（一）进出口产品结构

2015 年，韩国进口农产品以畜产品、水产品和谷物为主，进口额分别为 55.7 亿美元、45.4 亿美元和 37.4 亿美元，占其农产品进口额的比重分别为 19.5%、15.9%和 13.1%。此外，韩国还进口水果和饮品等，2015 年进口额分别为 25.2 亿美元和 19.4 亿美元，分别占其农产品进口额的 8.9%和 6.8%（图 3）。

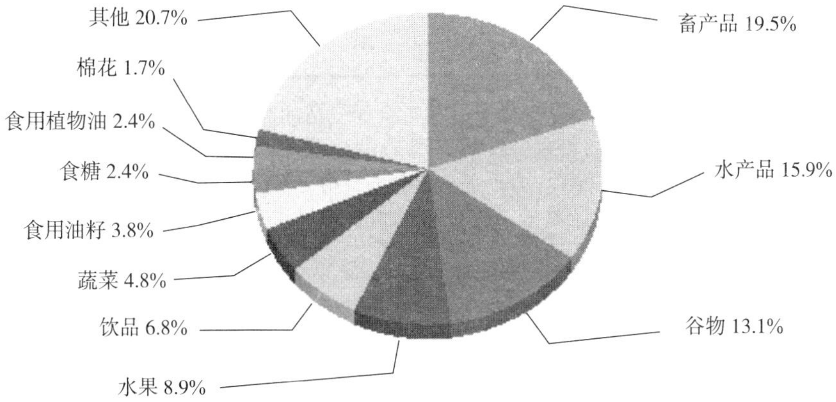

图 3　2015 年韩国农产品进口结构

2015 年，韩国进口同比增长较快的农产品主要是谷物、水果和饮品，增幅分别为 27 571.7%、72.9%和 40.8%。此外，蔬菜、水产品、畜产品的增幅在1.1%～17.8%之间。棉花、食糖和食用油籽进口额同比下降 13.9%、15.8%和 19.4%（表 1）。

表 1　2006—2015 年韩国主要农产品进口额同比变化情况

单位：%

	2006 年	2007 年	2008 年	2009 年	2010 年	2011 年	2012 年	2013 年	2014 年	2015 年
农产品	5.7	25.1	14.3	−12.1	9.9	46.2	−1.8	0.3	−15.4	21.3
谷物	5.4	37.6	53.0	−33.4	16.0	37.7	−0.5	4.9	−99.7	27 571.7
棉花	−16.2	2.2	11.7	−15.1	39.5	110.8	−19.9	−11.4	−7.7	−13.9
食用油籽	−61.5	203.0	70.8	−20.8	−9.0	31.3	7.4	11.3	8.1	−19.4

（续）

	2006年	2007年	2008年	2009年	2010年	2011年	2012年	2013年	2014年	2015年
食用植物油	-6.3	31.3	34.4	-15.9	22.4	44.3	1.2	-22.2	-6.0	-6.5
食糖	38.4	-17.6	20.6	13.8	39.4	30.1	-8.8	-12.2	-8.4	-15.8
蔬菜	23.9	15.9	-38.6	46.1	8.0	60.0	1.4	-14.9	12.6	17.8
水果	7.3	22.6	3.0	-8.3	-40.2	186.5	6.6	6.1	-33.4	72.9
畜产品	5.8	22.4	-2.6	-15.2	28.9	57.8	-13.7	-1.3	17.8	1.1
水产品	21.8	7.2	-12.7	5.0	17.1	24.5	-4.7	-2.1	16.5	2.4
饮品	-10.6	54.4	11.7	-14.9	-37.7	174.6	-3.0	-3.1	-19.1	40.8

2015年，韩国农产品中出口额靠前的是水产品、饮品和水果，出口额分别为16.9亿美元、10.2亿美元和8.1亿美元，占其农产品出口额的比重分别为23.8%、14.4%和11.4%。此外，韩国还出口蔬菜、畜产品、食糖和谷物等，出口额分别为3.5亿美元、2.6亿美元、1.5亿美元和0.3亿美元，分别占其农产品出口额的4.9%、3.7%、2.1%和0.4%（图4）。

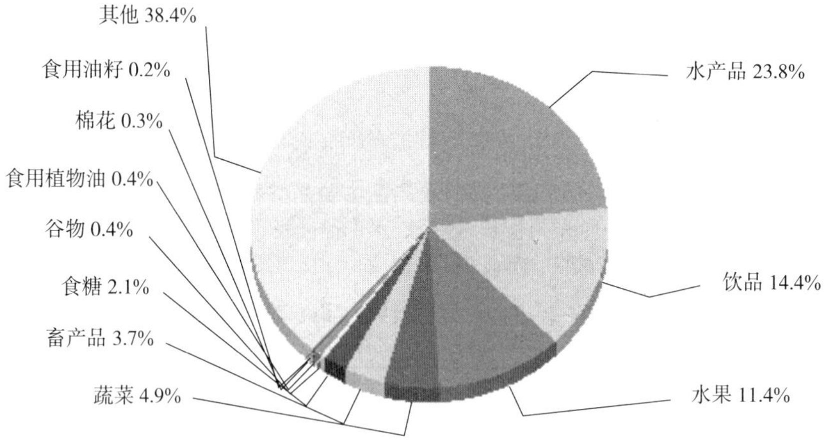

图4 2015年韩国农产品出口结构

2015年，韩国出口额同比增长较快的农产品是食用植物油、谷物和食用油籽，增幅分别为165.0%、158.8%和81.9%。蔬菜、水果的增幅在1.1%～1.6%之间。其他农产品出口额同比下降，其中水产品、食糖和畜产品分别下降8.7%、12.4%和19.0%（表2）。

表 2　2006—2015 年韩国主要农产品出口额同比变化情况

单位:%

	2006 年	2007 年	2008 年	2009 年	2010 年	2011 年	2012 年	2013 年	2014 年	2015 年
农产品	−0.8	3.4	13.6	16.1	−4.6	59.6	3.6	−2.5	3.2	−0.8
谷物	31.0	11.6	44.7	51.1	7.6	13.3	−4.7	−7.8	−58.7	158.8
棉花	−26.0	19.8	15.7	−8.3	15.5	76.0	−17.2	21.2	−11.8	−8.5
食用油籽	15.0	−37.0	33.9	5.4	−58.4	184.5	34.3	37.4	−7.6	81.9
食用植物油	−11.0	95.4	171.5	−45.9	160.2	96.7	12.8	−49.2	−67.9	165.0
食糖	33.3	12.5	−9.4	16.7	62.4	20.2	−9.7	−22.7	−14.8	−12.4
蔬菜	−14.9	12.8	−32.4	81.8	−36.7	85.3	14.2	−12.0	5.8	1.6
水果	−2.6	18.0	13.7	7.7	−72.5	487.3	−0.8	10.1	7.4	1.1
畜产品	−13.0	6.6	−33.8	72.1	36.9	69.0	18.9	55.4	−12.6	−19.0
水产品	−7.5	−14.6	36.3	19.0	18.4	27.9	0.8	−11.0	−5.4	−8.7
饮品	2.2	10.5	20.4	10.1	−64.1	392.4	6.9	−0.9	5.2	−1.9

（二）主要贸易伙伴

2015 年韩国前五大农产品进口来源地分别为美国、中国、澳大利亚、巴西和越南，进口额分别为 71.0 亿美元、36.1 亿美元、24.7 亿美元、19.9 亿美元和 9.4 亿美元，占其农产品进口额的比重分别为 25.1%、12.8%、8.8%、7.0%和 3.3%（图 5）。

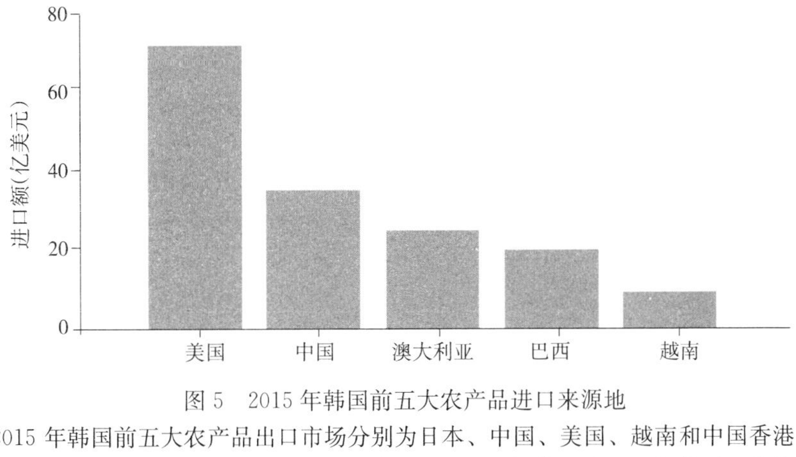

图 5　2015 年韩国前五大农产品进口来源地

2015 年韩国前五大农产品出口市场分别为日本、中国、美国、越南和中国香港，出口额分别为 17.6 亿美元、11.7 亿美元、7.7 亿美元、4.1 亿美元和 3.8 亿美元，占其农产品出口额的比重分别为 25.7%、17.1%、11.4%、6.0%和 5.6%（图 6）。

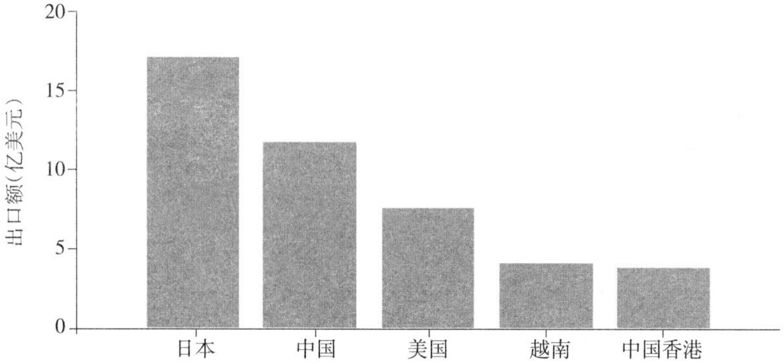

图 6 2015 年韩国前五大农产品出口市场

4-5-2 韩国主要农产品出口额（一）

单位：万美元

项　目	2005 年	2006 年	2007 年	2008 年	2009 年	2010 年
农产品	333 987.8	331 303.2	342 687.5	389 264.8	452 089.9	431 207.7
谷物	848.6	1 111.9	1 240.5	1 794.8	2 711.1	2 917.9
小麦产品	621.6	668.8	594.0	1 052.2	1 179.9	1 238.6
玉米产品	14.3	34.1	36.7	44.8	21.0	23.7
稻谷产品	156.4	351.3	539.4	600.4	1 359.1	1 445.2
棉花	1 319.5	976.9	1 170.0	1 353.3	1 241.1	1 433.0
食用油籽	456.8	525.4	331.2	443.7	467.5	194.7
大豆	10.1	2.6	4.8	6.6	12.4	33.6
花生	4.2	0.9	8.0	0.2	12.5	4.4
油菜籽			0.8			
食用植物油	435.5	387.6	757.4	2 056.2	1 111.4	2 892.0
豆油	379.5	334.0	531.8	1 843.8	970.6	2 327.7
菜籽油	2.1	0.3	0.2		2.5	4.0
棕榈油	13.2	10.6	14.7	7.5	1.1	6.1
食糖	9 400.7	12 529.3	14 094.1	12 776.2	14 915.6	24 222.9
蔬菜	23 266.5	19 801.8	22 329.0	15 084.9	27 424.3	17 356.8
水果	30 090.4	29 309.1	34 573.7	39 307.5	42 353.0	11 637.9
畜产品	8 205.0	7 138.3	7 608.2	5 035.2	8 665.4	11 860.5
猪肉	297.8	1 893.4	2 289.4	1 448.7	639.9	5.9
牛肉	48.4	84.5	6.2	49.2	788.1	734.8
羊肉						
家禽	991.5	648.0	930.1	1 299.1	1 865.4	3 196.0
蛋产品	9.2	2.4	9.0	6.2	57.1	66.8
乳品	895.8	1 109.0	1 130.4	1 210.8	2 339.5	2 299.8
动物生皮	208.4	82.2	167.6	190.4	208.0	130.2
动物生毛皮	2.1		5.5	0.3	1.1	3.2
羊毛	53.8	11.9	25.1	40.0	39.4	25.4
水产品	112 508.3	104 025.5	88 832.2	121 098.3	144 052.0	170 607.2
饮品	35 284.0	36 052.4	39 840.9	47 977.9	52 845.6	18 979.7
酒	18 308.9	18 653.0	18 677.6	22 929.0	23 971.2	12 748.7
茶	731.9	502.3	386.5	383.4	561.6	440.2
咖啡	5 751.6	6 642.7	9 201.8	11 491.1	13 285.9	1 516.9

韩国主要农产品出口额（二）

单位：万美元

项　目	2011 年	2012 年	2013 年	2014 年	2015 年
农产品	688 050.9	712 738.5	694 664.0	716 766.0	711 199.5
谷物	3 307.4	3 150.9	2 904.9	1 200.8	3 107.3
小麦产品	1 338.1	1 316.7	1 304.7	16.3	1 488.6
玉米产品	27.8	23.8	14.5	24.6	44.2
稻谷产品	1 683.6	1 518.6	1 242.2	923.2	1 256.5
棉花	2 522.3	2 088.3	2 530.2	2 232.5	2 043.0
食用油籽	553.9	743.8	1 022.3	944.3	1 717.9
大豆	55.9	33.7	201.8	63.6	51.7
花生	7.5	7.9	12.3	6.2	121.0
油菜籽			0.9		7.8
食用植物油	5 689.6	6 417.1	3 260.2	1 046.2	2 772.4
豆油	4 746.6	4 420.8	1 900.7	896.3	559.8
菜籽油	11.1	297.4	8.0		21.0
棕榈油	2.6	1.6	4.1	1.6	7.3
食糖	29 123.5	26 290.5	20 315.8	17 309.9	15 170.2
蔬菜	32 169.6	36 746.0	32 319.4	34 197.4	34 761.1
水果	68 343.4	67 808.5	74 648.7	80 148.7	81 032.9
畜产品	20 040.3	23 821.1	37 016.2	32 357.2	26 202.4
猪肉	14.3	84.7	117.2	63.9	109.5
牛肉	1 337.8	476.5	978.8	1 986.9	2 656.5
羊肉				0.2	0.1
家禽	4 208.4	4 142.8	4 377.2	4 019.9	5 345.7
蛋产品	30.5	66.6	135.5	16.5	19.4
乳品	1 847.3	3 203.0	4 166.0	5 258.3	4 833.6
动物生皮	221.9	202.9	398.1	433.0	363.8
动物生毛皮	2.0	0.7	0.1	0.2	0.1
羊毛	36.9	6.8	1.3	5.0	24.1
水产品	218 146.7	219 891.6	195 748.6	185 085.0	168 995.4
饮品	93 454.1	99 871.5	98 955.0	104 090.0	102 146.8
酒	39 594.5	41 376.5	38 466.6	40 258.5	38 809.8
茶	958.4	1 726.2	1 925.8	643.9	1 007.3
咖啡	22 595.3	20 518.3	21 198.1	20 940.7	19 489.9

4-5-3 韩国主要农产品进口额（一）

单位：万美元

项 目	2005年	2006年	2007年	2008年	2009年	2010年
农产品	1 320 715.5	1 395 694.4	1 745 764.8	1 995 071.8	1 753 338.0	1 926 788.9
谷物	197 418.9	208 007.7	286 309.3	438 062.6	291 636.5	338 403.4
小麦产品	67 533.6	66 884.5	85 629.0	131 404.9	98 572.0	110 190.3
玉米产品	121 950.1	127 058.3	183 370.7	282 987.4	164 686.2	200 047.0
稻谷产品	5 139.6	11 848.4	13 655.9	19 493.7	25 349.5	24 949.0
棉花	36 057.1	30 214.3	30 866.6	34 479.6	29 262.9	40 809.7
食用油籽	54 518.0	21 009.7	63 660.9	108 763.8	86 127.5	78 382.4
大豆	40 004.0	1 037.0	42 959.9	81 302.8	60 440.7	58 827.9
花生	2 521.4	3 039.2	3 746.7	4 682.7	4 111.9	100.1
油菜籽	25.7	4.2	3.7	3.5	9.6	5.3
食用植物油	39 490.2	37 002.1	48 572.5	65 275.9	54 921.5	67 239.1
豆油	13 936.2	14 268.9	22 414.4	34 495.2	24 733.9	29 036.0
菜籽油	1 402.4	1 420.1	3 337.9		5 530.9	6 876.4
棕榈油	10 177.4	10 266.3	13 480.0	22 458.1	17 805.1	23 654.3
食糖	39 495.8	54 658.3	45 060.9	54 351.1	61 842.9	86 196.7
蔬菜	53 934.2	66 836.7	77 490.8	47 615.0	69 564.1	75 143.9
水果	91 022.5	97 710.3	119 812.8	123 417.8	113 196.9	67 660.9
畜产品	252 211.5	266 807.4	326 664.3	318 053.4	269 780.7	347 716.8
猪肉	59 106.2	74 135.8	86 285.1	82 346.7	67 247.2	66 431.4
牛肉	67 001.9	79 247.1	93 940.0	95 999.3	79 710.5	108 040.3
羊肉	955.9	742.1	1 251.6	1 476.0	1 350.8	1 864.3
家禽	16 057.4	10 736.9	19 191.0	17 262.9	18 874.5	27 628.6
蛋产品	640.6	589.8	670.4	516.9	405.5	604.4
乳品	26 871.8	27 766.3	36 069.9	40 036.5	32 597.4	44 868.5
动物生皮	43 389.0	38 629.0	40 327.9	40 196.0	28 786.0	40 724.1
动物生毛皮	8 305.5	10 083.6	8 605.7	5 794.7	7 051.6	12 261.3
羊毛	4 415.1	3 673.8	3 243.8	3 535.2	4 206.4	5 617.5
水产品	233 620.3	284 620.0	305 046.0	266 264.3	279 445.2	327 182.3
饮品	80 706.4	72 180.0	111 480.2	124 561.6	106 030.1	66 030.3
酒	43 102.8	47 594.7	61 161.0	66 504.8	50 538.0	2 016.9
茶	1 827.0	1 484.6	1 597.0	1 367.6	1 381.3	482.2
咖啡	16 493.3	2 504.6	23 091.8	33 135.3	31 087.4	37 161.2

韩国主要农产品进口额（二）

单位：万美元

项　目	2011 年	2012 年	2013 年	2014 年	2015 年
农产品	2 817 605.6	2 767 927.4	2 776 474.6	2 350 207.7	2 849 705.9
谷物	465 974.8	463 449.3	486 072.0	1 350.7	373 773.3
小麦产品	166 684.7	178 950.5	163 169.5	0.8	112 686.9
玉米产品	251 127.8	261 680.5	268 797.8	1 152.3	222 463.8
稻谷产品	43 649.2	16 930.5	48 658.8	50.3	33 224.4
棉花	86 016.6	68 885.8	61 066.1	56 385.8	48 545.5
食用油籽	102 881.2	110 538.8	123 013.6	132 946.3	107 107.5
大豆	69 590.3	74 125.3	75 237.1	81 568.7	65 381.6
花生	6 370.2	7 552.5	6 360.1	6 093.1	6 256.8
油菜籽	13.2	784.2	3 642.1	12.4	61.0
食用植物油	97 002.8	98 144.3	76 390.7	71 812.6	67 168.7
豆油	38 329.5	42 398.0	31 465.7	25 641.5	20 248.0
菜籽油	14 462.4	12 341.7	8 268.4		8 239.2
棕榈油	34 758.8	33 547.5	27 227.4	36 327.0	28 020.7
食糖	112 169.3	102 306.6	89 797.7	82 284.0	69 244.3
蔬菜	120 239.0	121 929.1	103 729.6	116 785.3	137 610.4
水果	193 832.0	206 588.2	219 243.9	145 993.8	252 440.5
畜产品	548 685.6	473 350.0	467 396.5	550 775.4	556 622.7
猪肉	143 844.4	113 050.6	82 211.3	115 780.8	131 963.4
牛肉	152 199.9	126 010.6	139 568.5	167 331.5	181 566.9
羊肉	2 726.7	2 797.7	2 746.9	4 294.5	5 199.4
家禽	37 986.9	41 586.0	40 339.8	42 440.1	39 297.9
蛋产品	808.9	857.1	851.3	899.4	691.2
乳品	74 844.7	62 607.5	70 326.7	83 508.3	72 845.0
动物生皮	47 465.8	49 290.2	48 007.4	48 622.8	45 207.1
动物生毛皮	16 486.5	14 833.4	11 254.1	12 476.4	12 419.5
羊毛	7 385.7	6 209.3	7 627.7	7 522.6	9 343.6
水产品	407 347.0	388 300.1	380 187.8	443 106.6	453 948.8
饮品	181 335.1	175 854.7	170 365.3	137 743.7	193 890.8
酒	67 932.8	71 955.3	71 476.5	78 179.7	79 207.6
茶	2 399.0	3 081.8	3 842.1	2 077.1	2 856.9
咖啡	71 740.3	59 739.2	50 239.0	6 683.8	61 558.8

4-5-4 韩国主要农产品出口量（一）

单位：吨

项　目	2005 年	2006 年	2007 年	2008 年	2009 年	2010 年
农产品						
谷物	13 719.0	17 815.3	18 514.4	18 070.2	24 097.7	27 066.9
小麦产品	11 214.4	10 970.5	9 814.7	9 376.1	10 697.0	12 678.2
玉米产品	132.5	225.2	493.4	420.7	91.5	96.3
稻谷产品	2 133.0	6 341.6	7 847.4	7 691.8	12 275.9	13 171.3
棉花	12 632.2	10 363.5	11 895.6	11 578.8	11 505.7	11 771.9
食用油籽	1 254.7	1 422.9	930.0	1 219.8	1 334.8	1 437.6
大豆	110.4	41.1	22.5	234.3	166.0	294.2
花生	66.1	9.9	79.7	0.2	50.1	30.5
油菜籽			1.5			
食用植物油	4 375.9	4 053.6	5 670.6	11 703.4	8 109.7	22 661.1
豆油	4 231.4	3 942.2	4 250.1	10 799.8	7 747.1	18 083.3
菜籽油	13.7	1.0	0.4		8.4	14.7
棕榈油	18.9	12.3	38.9	23.5	2.3	11.0
食糖	309 223.4	291 015.7	375 654.1	285 174.6	290 796.6	371 542.4
蔬菜	84 773.2	68 163.3	75 333.8	53 261.5	121 298.2	61 245.8
水果						
畜产品						
猪肉	3 735.7	9 701.6	10 128.0	8 249.0	6 821.4	70.8
牛肉	59.2	61.6	85.6	51.7	2 504.2	1 559.2
羊肉						
家禽	3 214.8	1 537.7	5 726.5	9 394.6	12 490.2	22 252.5
蛋产品						
乳品	7 749.9	8 586.0	7 584.5	6 817.9	12 166.0	9 429.2
动物生皮	1 494.1	827.5	1 812.3	3 416.4	3 315.6	1 190.2
动物生毛皮						
羊毛	140.1	15.9	50.3	30.3	33.1	24.9
水产品						
饮品						
酒						
茶	2 209.1	1 282.3	1 189.4	1 016.0	1 667.8	707.7
咖啡	8 878.0	9 461.4	11 818.4	14 119.0	18 108.2	3 989.6

韩国主要农产品出口量（二）

单位：吨

项　目	2011 年	2012 年	2013 年	2014 年	2015 年
农产品					
谷物	30 099.2	30 342.0	30 605.4	13 512.6	36 449.0
小麦产品	13 768.6	15 504.6	17 553.8	122.5	21 328.8
玉米产品	149.4	127.8	76.7	966.3	1 461.4
稻谷产品	14 623.7	13 394.6	11 761.4	11 481.8	12 642.2
棉花	11 762.4	14 828.3	20 685.7	19 686.1	19 877.3
食用油籽	1 464.3	1 911.5	3 667.5	3 057.6	3 204.8
大豆	310.6	181.8	1 786.0	436.4	334.4
花生	41.9	36.2	56.1	17.3	252.0
油菜籽			1.0		3.8
食用植物油	34 005.5	37 685.5	19 070.0	5 931.8	19 773.8
豆油	28 589.8	25 537.5	10 974.3	5 569.5	4 237.6
菜籽油	56.4	2 013.9	29.8		116.1
棕榈油	7.6	6.0	15.1	7.5	45.2
食糖	360 134.3	359 645.6	339 642.7	306 288.3	305 497.0
蔬菜	102 209.0	105 932.8	82 710.6	144 962.2	127 692.8
水果					
畜产品					
猪肉	147.1	886.0	1 250.4	736.9	1 013.1
牛肉	2 054.2	716.6	2 733.5	1 924.8	3 891.5
羊肉				0.2	0.1
家禽	26 256.6	28 918.6	35 398.6	25 395.1	34 897.8
蛋产品					
乳品	9 126.5	14 432.0	19 402.5	23 503.1	22 908.7
动物生皮	1 084.0	738.9	1 862.4	2 054.1	1 238.5
动物生毛皮					
羊毛	30.6	6.4	0.5	7.3	16.2
水产品					
饮品					
酒					
茶	1 496.1	2 570.3	2 309.9	1 021.0	1 111.3
咖啡	31 931.4	29 684.6	30 403.4	29 533.9	29 754.1

4-5-5 韩国主要农产品进口量（一）

单位：吨

项 目	2005年	2006年	2007年	2008年	2009年	2010年
农产品						
谷物	12 467 054.6	12 571 644.2	12 216 329.3	12 173 246.9	11 563 724.6	13 436 115.8
小麦产品	3 671 707.6	3 558 902.0	3 251 013.3	2 742 797.9	3 877 892.6	4 457 660.2
玉米产品	8 552 097.2	8 686 330.7	8 597 840.2	9 039 014.1	7 352 413.9	8 560 286.1
稻谷产品	133 492.5	255 043.7	264 752.7	308 694.7	267 282.4	345 007.1
棉花	287 780.2	220 691.0	230 679.1	211 537.1	218 166.1	221 130.2
食用油籽	1 610 998.8	326 438.6	1 492 153.8	1 592 918.0	1 365 943.5	466 014.4
大豆	1 348 403.1	20 780.9	1 210 559.2	1 346 879.2	1 105 026.1	1 242 894.9
花生	33 809.1	30 859.7	32 793.3	31 104.0	33 191.1	727.5
油菜籽	754.4	12.2	13.2	7.6	45.0	20.5
食用植物油	569 731.9	558 003.2	579 928.8	516 534.8	629 087.9	713 533.4
豆油	256 118.6	271 115.5	304 599.3	287 167.1	284 461.1	325 157.1
菜籽油	21 645.6	21 606.8	37 710.7		55 155.7	68 326.1
棕榈油	235 239.8	223 646.4	187 563.7	199 992.1	252 996.8	280 793.7
食糖	1 623 437.2	1 483 341.2	1 515 291.3	1 645 219.1	1 651 046.5	1 639 928.0
蔬菜	731 374.5	892 268.0	1 008 820.9	497 340.7	836 069.9	732 242.1
水果						
畜产品						
猪肉	261 377.9	311 237.5	338 686.1	323 598.3	294 934.7	289 210.1
牛肉	178 330.5	212 781.3	219 606.9	210 643.6	224 727.1	261 158.9
羊肉	2 983.6	2 016.5	3 606.8	4 144.2	3 814.0	4 193.7
家禽	74 465.1	36 644.4	85 804.9	74 009.6	89 099.3	129 235.2
蛋产品						
乳品	123 736.1	130 213.7	133 190.8	110 233.9	126 812.1	149 629.6
动物生皮	186 545.8	164 798.8	155 270.6	157 589.9	181 155.0	166 522.7
动物生毛皮						
羊毛	8 268.3	7 351.6	5 596.1	5 593.5	7 807.7	7 929.0
水产品						
饮品						
酒						
茶	3 676.1	2 718.2	2 256.1	1 395.8	1 164.9	782.8
咖啡	91 618.5	5 067.6	90 889.0	108 413.8	105 579.2	111 624.8

韩国主要农产品进口量（二）

单位：吨

项 目	2011年	2012年	2013年	2014年	2015年
农产品					
谷物	13 146 747.8	14 296 510.2	14 172 151.6	21 710.5	14 961 671.4
小麦产品	4 703 654.8	5 685 361.6	4 706 156.4	9.5	4 063 872.2
玉米产品	7 778 245.5	8 240 625.5	8 740 805.5	20 580.9	10 367 661.7
稻谷产品	572 946.3	245 621.1	621 616.0	324.1	404 421.9
棉花	236 323.0	270 542.6	295 491.9	268 410.3	287 184.8
食用油籽	1 471 558.8	1 482 026.0	1 519 819.4	1 651 710.4	1 683 269.3
大豆	1 167 100.6	1 149 292.1	1 132 983.9	1 278 652.2	1 329 775.2
花生	32 045.7	32 808.5	30 954.6	33 466.9	30 570.8
油菜籽	61.6	10 849.0	51 141.4	37.1	2 843.0
食用植物油	742 780.3	813 369.3	726 877.1	744 999.4	844 214.6
豆油	301 252.5	339 864.2	286 708.6	265 534.6	248 895.4
菜籽油	109 557.1	94 883.6	66 291.7		97 749.3
棕榈油	291 524.9	324 956.4	333 560.4	438 878.0	448 639.9
食糖	1 647 071.1	1 770 077.8	1 879 444.7	1 888 097.8	1 817 636.8
蔬菜	1 233 317.9	1 227 914.8	955 175.7	1 135 073.0	1 399 883.4
水果					
畜产品					
猪肉	487 169.2	380 927.3	292 768.5	362 978.4	453 119.3
牛肉	307 612.5	264 375.7	267 578.7	279 705.6	295 369.7
羊肉	4 992.1	5 248.6	5 192.7	7 189.5	9 259.9
家禽	162 330.3	160 925.6	156 238.2	166 915.7	144 789.4
蛋产品					
乳品	202 276.0	181 044.5	185 447.8	196 313.0	209 032.3
动物生皮	165 527.0	170 076.8	146 863.9	134 448.3	142 383.4
动物生毛皮					
羊毛	8 236.8	7 077.3	8 533.3	8 347.6	10 254.9
水产品					
饮品					
酒					
茶	2 147.7	2 321.1	2 648.9	1 192.3	2 144.1
咖啡	130 345.1	115 056.0	121 341.4	5 714.5	143 894.5

4-5-6 韩国农产品出口额前15位国家（地区）
（2015年）

单位：万美元，%

序号	国家（地区）	出口额	同比增长
1	日本	175 730.1	−11.0
2	中国	116 627.7	5.9
3	美国	77 488.4	10.4
4	越南	41 044.3	9.5
5	中国香港	38 285.8	1.9
6	阿拉伯联合酋长国	33 235.6	11.1
7	泰国	20 442.5	0.4
8	澳大利亚	16 004.2	41.9
9	菲律宾	14 848.3	8.4
10	俄罗斯	13 248.2	−40.1
11	印度尼西亚	12 766.8	−18.0
12	新加坡	11 355.0	19.2
13	马来西亚	9 285.6	7.0
14	新西兰	8 730.2	−0.8
15	加拿大	7 963.8	0.3
	总计	**597 056.7**	

4-5-7 韩国农产品进口额前 15 位国家（地区）
（2015 年）

单位：万美元，%

序号	国家（地区）	进口额	同比增长
1	美国	710 050.6	25.3
2	中国	361 161.9	−3.1
3	澳大利亚	247 134.5	22.4
4	巴西	198 888.5	46.5
5	越南	93 651.3	5.1
6	俄罗斯	88 351.5	25.8
7	泰国	83 252.4	14.7
8	德国	63 449.1	8.4
9	智利	62 399.6	61.7
10	阿根廷	61 792.2	136.4
11	菲律宾	60 256.7	123.7
12	加拿大	55 733.1	60.5
13	乌克兰	53 958.1	4 658.9
14	印度	52 469.4	−9.8
15	印度尼西亚	49 192.5	−15.7
	总计	**2 241 741.4**	

4-6 马来西亚主要农产品贸易情况

4-6-1 马来西亚农产品贸易综述

一、10年来马来西亚农产品贸易总体情况

2005—2015年，马来西亚农产品贸易额由2005年的157.6亿美元增至2015年的372.2亿美元，年均增长9.0%。其中，出口额由95.7亿美元增至213.3亿美元，年均增长8.3%；进口额由61.9亿美元增至158.9亿美元，年均增长9.9%；贸易顺差由33.8亿美元增至54.4亿美元，年均增长4.9%（图1）。

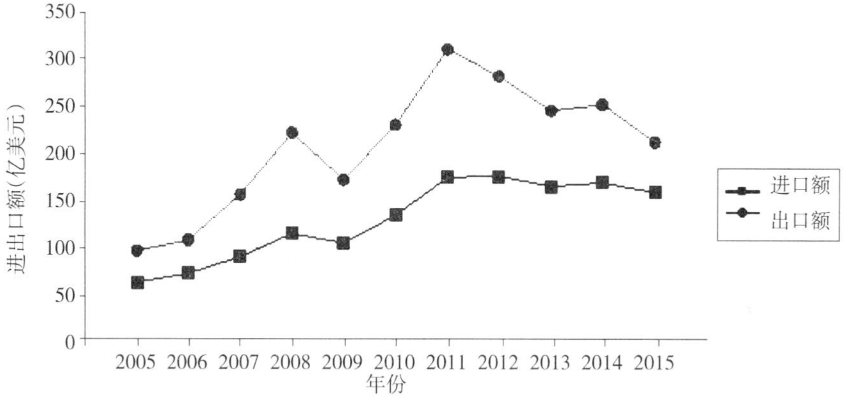

图1 2005—2015年马来西亚农产品进出口额变化

从年度变化情况看，2009年、2013年和2015年进出口额同比、出口额同比以及进口额同比均下降，2012年进出口额同比和出口额同比下降，其余年份3项数值均保持正增长。其中，2007年出口增速最快，达45.8%，2011年进口增幅最大，达30.7%。2015年进出口额同比下降12%，较上年降低14.6个百分点；进口额同比下降6.1%，较上年下降8.4个百分点；出口额同比下降16.0%，较上年降低18.7个百分点（图2）。

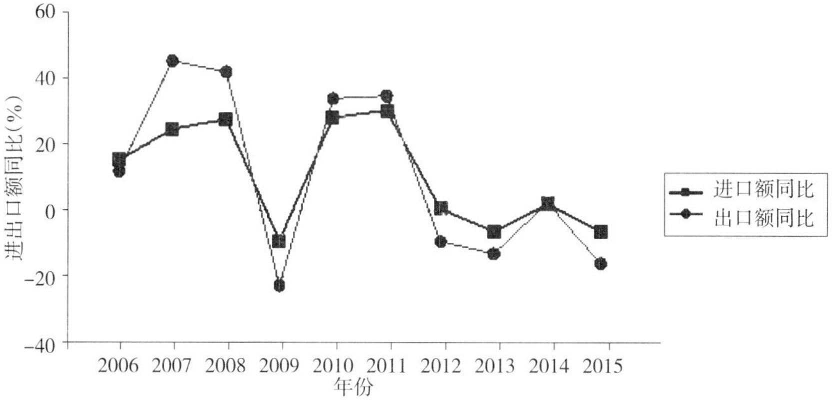

图2 2006—2015年马来西亚农产品进出口额同比变化

二、2015 年马来西亚农产品贸易情况

2015 年马来西亚农产品贸易额为 372.2 亿美元，同比下降 12.0%，在全球各大农产品贸易国中排名第 20 位。其中出口额为 213.3 亿美元，同比下降 16.0%，全球排名第 19 位；进口额为 158.9 亿美元，同比下降 6.1%，全球排名第 19 位。

（一）进出口产品结构

2015 年，马来西亚进口农产品以饮品、畜产品和谷物为主，进口额分别为 21.6 亿美元、19.6 亿美元和 18.2 亿美元，占其农产品进口额的比重分别为 13.6%、12.4%和 11.4%。此外，马来西亚还进口水果和蔬菜等，2015 年进口额分别为 13.4 亿美元和 11.7 亿美元，分别占其农产品进口额的 8.4%和 7.4%（图 3）。

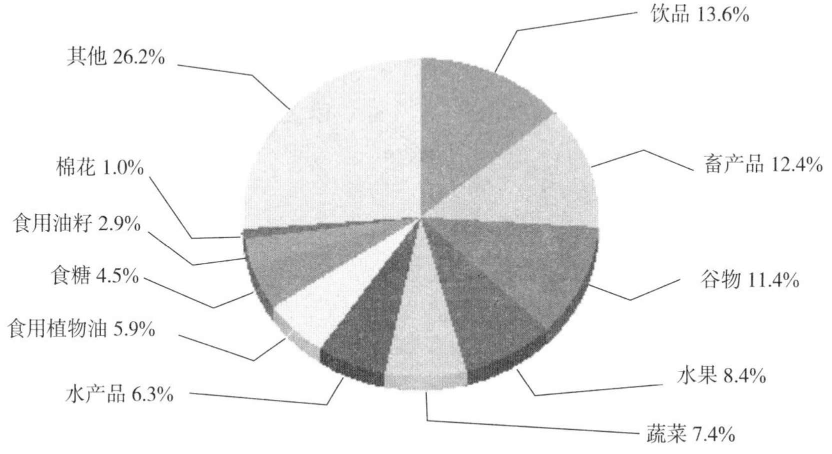

图 3 2015 年马来西亚农产品进口结构

2015 年，马来西亚进口额同比增长较快的农产品主要是食用植物油、棉花和蔬菜，增幅分别为 48.9%、18.1%和 12.4%。此外，水果和食用油籽的增幅分别为 4.8%和 3.5%。进口额同比降幅较大的农产品主要是食糖、畜产品和谷物，分别下降 28.5%、16.0%和 11.5%。饮品和水产品进口额同比降幅分别达 10.4%和 6.2%（表 1）。

表 1 2006—2015 年马来西亚主要农产品进口额同比变化情况

单位:%

	2006 年	2007 年	2008 年	2009 年	2010 年	2011 年	2012 年	2013 年	2014 年	2015 年
农产品	15.5	25.0	27.9	−9.0	28.5	30.7	0.7	−6.1	2.3	−6.1
谷物	12.2	35.8	51.6	−24.4	10.2	27.4	−3.6	−1.3	−2.6	−11.5
棉花	−41.8	17.7	66.4	65.9	−18.6	295.4	24.4	−63.2	−40.9	18.1
食用油籽	−1.9	32.2	25.8	−20.9	31.1	23.6	−2.0	−2.2	−6.1	3.5

（续）

	2006年	2007年	2008年	2009年	2010年	2011年	2012年	2013年	2014年	2015年
食用植物油	60.2	1.9	90.3	7.3	43.7	76.1	−12.9	−57.6	−22.8	48.9
食糖	32.2	13.6	−6.8	43.7	33.1	21.7	6.9	−9.7	6.2	−28.5
蔬菜	17.9	17.0	−4.8	16.9	33.9	5.4	−3.7	11.4	−5.0	12.4
水果	7.2	24.9	23.4	7.0	32.2	21.0	14.1	12.1	2.3	4.8
畜产品	3.0	38.5	10.9	−24.7	34.2	25.5	6.2	18.1	13.4	−16.0
水产品	9.3	12.2	−7.7	15.4	16.7	25.8	8.0	−0.5	−3.8	−6.2
饮品	53.8	23.8	38.9	−25.1	30.5	26.6	0.1	2.3	8.0	−10.4

2015年，马来西亚农产品中出口额靠前的是食用植物油、饮品和畜产品，出口额分别为98.0亿美元、25.5亿美元和8.6亿美元，占其农产品出口额的比重分别为45.9%、11.9%和4.0%。此外，马来西亚还出口水果、水产品、蔬菜和食糖等，出口额分别为8.3亿美元、7.0亿美元、4.1亿美元和1.0亿美元，分别占其农产品出口额的3.9%、3.3%、1.9%和0.5%（图4）。

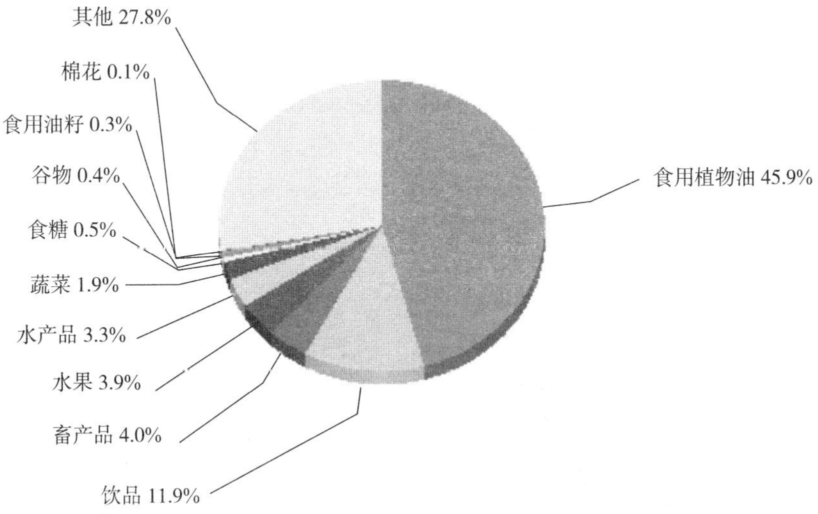

图4 2015年马来西亚农产品出口结构

2015年，马来西亚大部分农产品出口额同比下降。其中降幅最大的为棉花，达47.1%，其次为食糖和食用植物油，降幅分别为25.8%和20.6%。食用油籽、水果、畜产品、饮品和水产品的降幅在4.7%～19.0%之间。仅有谷物和蔬菜出口额同比增长，增幅分别为14.1%和9.1%（表2）。

表 2　2006—2015 年马来西亚主要农产品出口额同比变化情况

单位：%

	2006 年	2007 年	2008 年	2009 年	2010 年	2011 年	2012 年	2013 年	2014 年	2015 年
农产品	12.2	45.8	42.5	−22.8	34.4	35.2	−9.3	−13.0	2.7	−16.0
谷物	24.9	19.0	20.5	−22.9	18.8	32.9	6.0	13.8	7.8	14.1
棉花	16.1	−5.8	237.7	172.9	38.6	283.8	42.8	−60.7	−79.2	−47.1
食用油籽	−10.7	51.1	63.9	−17.7	23.7	11.6	−2.2	6.6	11.9	−4.7
食用植物油	21.2	57.5	53.8	−27.2	33.6	40.7	−11.5	−20.0	−2.2	−20.6
食糖	13.1	47.0	−45.7	−0.4	110.0	21.1	−18.6	−0.2	−16.8	−25.8
蔬菜	7.4	15.3	17.1	−7.7	24.0	20.1	−2.6	5.5	1.5	9.1
水果	6.3	17.7	23.6	−0.7	28.4	31.3	8.9	11.7	20.2	−5.9
畜产品	8.1	47.1	33.3	−25.6	15.7	26.0	5.7	6.0	15.4	−6.2
水产品	0.8	17.7	2.8	−16.5	28.0	10.7	−7.8	−5.7	6.5	−19.0
饮品	11.9	34.9	24.5	−3.6	39.5	12.9	−3.7	5.9	13.7	−8.2

（二）主要贸易伙伴

2015 年马来西亚前五大农产品进口来源地分别为印度尼西亚、中国、泰国、澳大利亚和阿根廷，进口额分别为 24.4 亿美元、16.4 亿美元、12.4 亿美元、11.2 亿美元和 10.8 亿美元，占其农产品进口额的比重分别为 15.4%、10.4%、7.8%、7.1%和 6.9%（图 5）。

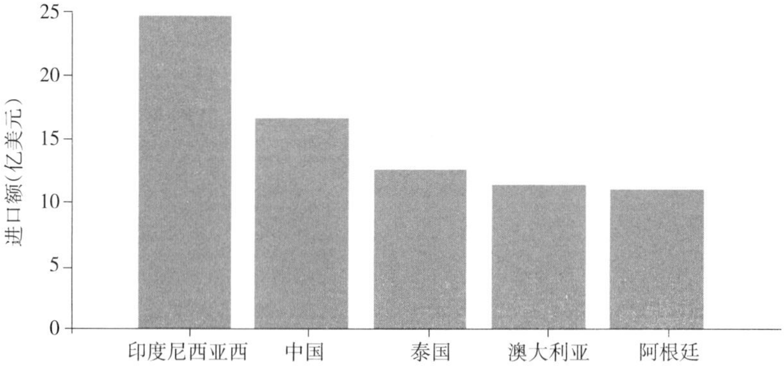

图 5　2015 年马来西亚前五大农产品进口来源地

2015 年马来西亚前五大农产品出口市场分别为中国、印度、新加坡、荷兰和美国，出口额分别为 23.7 亿美元、22.1 亿美元、21.7 亿美元、11.7 亿美元和 9.6 亿美元，占其农产品出口额的比重分别为 11.3%、10.6%、10.4%、5.6%和 4.6%（图 6）。

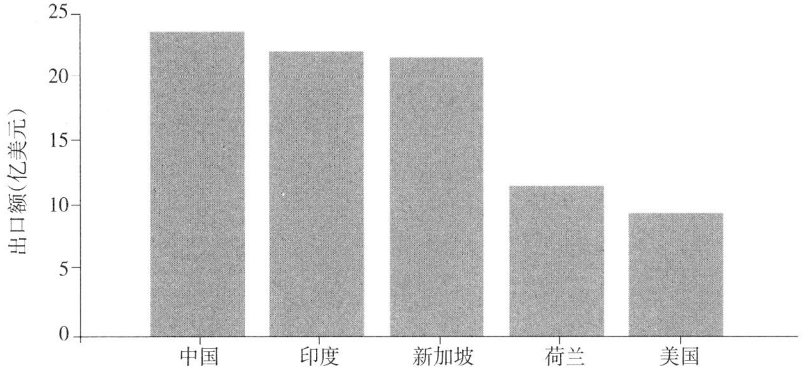

图 6　2015 年马来西亚前五大农产品出口市场

4-6-2 马来西亚主要农产品出口额（一）

单位：万美元

项 目	2005年	2006年	2007年	2008年	2009年	2010年
农产品	957 499.9	1 074 342.6	1 566 149.6	2 232 403.2	1 723 871.3	2 317 329.3
谷物	2 819.8	3 522.6	4 190.9	5 051.3	3 894.2	4 625.5
小麦产品	1 789.0	1 622.8	2 176.3	3 002.3	2 185.3	2 299.6
玉米产品	157.0	282.0	164.8	175.2	135.4	304.3
稻谷产品	236.2	263.9	165.5	305.1	238.5	258.9
棉花	591.1	686.5	647.0	2 184.7	5 961.6	8 261.7
食用油籽	2 071.1	1 850.3	2 796.5	4 582.6	3 771.9	4 667.3
大豆	804.4	877.8	1 599.3	2 028.7	1 811.8	1 674.8
花生	475.1	409.8	448.5	1 222.7	738.1	1 463.6
油菜籽						
食用植物油	442 870.7	536 817.8	845 529.3	1 300 458.2	946 785.9	1 264 526.7
豆油	7 185.0	8 377.3	12 521.2	16 609.3	12 068.3	15 100.0
菜籽油	2 058.7	2 255.4	3 201.3	4 141.8	3 185.0	3 700.4
棕榈油	429 450.1	520 326.0	824 812.5	1 274 344.4	926 283.8	1 240 540.2
食糖	9 079.7	10 273.3	15 098.5	8 202.3	8 171.7	17 158.8
蔬菜	18 282.8	19 642.5	22 657.5	26 528.4	24 495.0	30 366.0
水果	23 276.2	24 732.6	29 116.9	35 983.4	35 718.6	45 856.4
畜产品	30 890.7	33 392.4	49 121.4	65 479.4	48 730.5	56 384.5
猪肉	136.5	103.3	266.3	275.2	270.4	191.2
牛肉	414.2	361.3	434.5	859.0	962.3	1 454.8
羊肉	7.8			10.3	3.5	45.2
家禽	11 857.1	11 832.1	15 561.2	20 481.6	18 407.5	21 535.3
蛋产品	5 389.9	5 261.2	6 973.3	9 155.5	8 891.9	10 378.6
乳品	10 490.0	12 568.5	23 096.1	31 423.0	15 528.3	15 709.8
动物生皮	701.7	701.4	723.8	768.7	547.5	738.7
动物生毛皮		0.3			0.4	1.5
羊毛	343.8	97.4	142.2	109.5	47.0	492.2
水产品	64 420.8	64 919.0	76 419.6	78 586.6	65 584.5	83 923.9
饮品	83 834.5	93 787.9	126 518.6	157 545.0	151 940.8	211 911.8
酒	16 126.0	20 120.8	28 161.1	27 737.3	27 961.8	37 456.4
茶	884.1	679.0	873.5	1 419.9	1 403.4	1 503.2
咖啡	7 421.4	7 584.0	10 857.4	14 288.7	16 859.3	24 449.8

马来西亚主要农产品出口额（二）

单位：万美元

项　目	2011年	2012年	2013年	2014年	2015年
农产品	3 133 364.2	2 842 112.1	2 446 738.9	2 541 297.9	2 133 247.0
谷物	6 145.9	6 515.9	7 415.6	7 990.9	9 119.9
小麦产品	3 566.4	3 527.0	3 728.9	3 952.1	3 550.2
玉米产品	467.3	823.5	755.4	202.4	499.9
稻谷产品	285.2	347.7	988.0	2 350.9	3 425.7
棉花	31 708.0	45 280.7	17 777.0	3 702.2	1 957.8
食用油籽	5 206.9	5 091.3	5 427.7	6 073.6	5 790.1
大豆	2 232.8	2 034.2	2 041.1	2 681.9	2 388.3
花生	1 121.6	1 100.9	1 107.8	923.6	901.4
油菜籽				12.3	
食用植物油	1 779 629.2	1 575 310.6	1 260 793.5	1 232 923.8	979 532.4
豆油	19 905.5	19 815.4	16 777.3	17 861.9	15 033.5
菜籽油	6 553.5	5 861.1	5 502.0	5 209.2	5 331.3
棕榈油	1 744 690.8	1 541 093.8	1 228 894.6	1 199 481.3	950 114.7
食糖	20 781.0	16 906.5	16 880.9	14 052.4	10 426.3
蔬菜	36 459.3	35 521.3	25 739.6	38 036.4	41 494.7
水果	60 211.4	65 545.3	73 183.2	87 987.6	82 791.2
畜产品	71 062.2	75 101.3	79 434.7	91 828.1	86 168.0
猪肉	83.7	205.6	453.9	390.5	606.6
牛肉	1 509.0	1 346.2	1 462.4	2 890.5	3 076.8
羊肉	19.0	51.9	15.2	2.5	16.5
家禽	25 448.2	24 411.7	27 987.0	28 193.7	27 141.5
蛋产品	12 692.6	13 459.0	13 703.4	14 640.9	12 661.9
乳品	24 382.1	29 211.2	28 771.2	38 969.4	34 744.7
动物生皮	1 029.9	1 530.1	1 529.8	1 217.6	892.0
动物生毛皮	0.7				
羊毛	139.1	176.1	191.4	386.9	1 571.5
水产品	92 893.6	85 615.2	80 776.8	87 581.9	69 711.0
饮品	239 291.5	230 538.1	244 124.3	277 556.3	254 887.4
酒	41 181.0	38 689.8	48 048.8	47 931.1	46 341.1
茶	1 837.3	2 410.6	3 081.9	3 533.0	3 280.3
咖啡	31 407.4	38 694.9	41 077.5	40 414.0	41 022.4

4-6-3 马来西亚主要农产品进口额（一）

单位：万美元

项 目	2005年	2006年	2007年	2008年	2009年	2010年
农产品	619 464.7	715 482.6	894 665.8	1 144 246.2	1 041 673.4	1 338 141.9
谷物	90 376.7	101 369.4	137 623.1	208 599.2	157 758.5	173 804.7
小麦产品	31 165.4	28 891.7	38 725.3	51 944.2	38 986.6	39 891.5
玉米产品	38 235.9	41 523.3	63 166.3	71 012.9	59 295.2	79 498.2
稻谷产品	19 192.1	29 600.2	32 556.0	82 506.7	56 714.8	51 690.8
棉花	8 278.3	4 814.4	5 666.1	9 427.7	15 641.4	12 736.7
食用油籽	23 875.4	23 415.2	30 962.0	38 956.1	30 833.7	40 432.4
大豆	17 962.4	16 468.6	23 929.9	32 460.5	24 799.0	32 251.9
花生	2 486.8	2 554.5	2 945.2	3 806.9	3 249.0	4 426.1
油菜籽		3.2	0.6	1.3	1.8	2.9
食用植物油	26 134.3	41 856.3	42 643.5	81 145.9	87 065.7	125 136.7
豆油	3 898.2	4 769.6	5 156.5	7 584.9	6 447.1	7 024.4
菜籽油	2 019.0	1 843.6	3 438.4	4 823.0	3 378.6	3 735.2
棕榈油	15 787.2	28 604.4	29 384.6	63 424.8	70 734.2	108 444.8
食糖	29 785.2	39 379.0	44 752.8	41 697.7	59 925.9	79 759.0
蔬菜	47 280.9	55 747.1	65 248.3	62 138.2	72 619.0	97 205.9
水果	34 446.0	36 939.0	46 150.9	56 939.1	60 908.9	80 527.7
畜产品	82 030.9	84 496.0	117 005.1	129 732.1	97 626.2	131 039.6
猪肉	370.2	479.6	654.4	713.8	1 052.5	2 278.8
牛肉	18 969.9	18 647.0	21 392.8	25 574.7	28 008.4	30 958.7
羊肉	4 150.0	4 245.8	5 101.0	5 652.6	5 746.0	10 090.4
家禽	4 433.5	3 969.5	7 957.1	9 154.0	7 464.5	9 684.0
蛋产品	266.6	90.6	129.6	154.3	93.3	113.8
乳品	43 677.0	44 376.1	69 714.7	74 530.3	42 224.1	60 144.1
动物生皮	1 025.3	947.1	984.3	927.3	817.1	742.0
动物生毛皮	0.3	2.6	2.7	1.0	176.5	682.2
羊毛	2 330.9	3 402.7	3 901.6	3 583.4	1 218.9	2 081.8
水产品						
饮品						
酒	53 947.6	58 962.6	66 168.5	61 049.5	70 466.4	82 220.4
茶						
咖啡						

马来西亚主要农产品进口额（二）

单位：万美元

项　目	2011年	2012年	2013年	2014年	2015年
农产品	1 748 983.8	1 761 916.4	1 595 994.9	1 703 823.8	1 589 218.6
谷物	221 346.3	213 398.1	210 669.5	205 201.4	181 678.0
小麦产品	55 125.8	47 116.1	44 648.3	48 967.0	42 708.3
玉米产品	100 095.5	100 532.5	109 824.0	101 177.5	80 152.3
稻谷产品	62 782.9	62 675.9	52 810.1	51 556.5	55 678.6
棉花	50 358.7	62 646.5	23 084.7	13 647.5	16 123.4
食用油籽	49 988.3	48 976.8	47 903.7	44 969.5	46 541.1
大豆	38 615.7	38 726.2	37 026.1	34 722.2	32 763.8
花生	6 039.6	4 664.7	4 805.3	4 099.4	6 924.7
油菜籽	22.0	66.9	852.8	505.7	1 061.5
食用植物油	220 391.0	191 862.2	81 317.4	62 780.7	93 491.9
豆油	13 450.0	9 289.4	10 256.7	10 061.0	9 875.8
菜籽油	5 218.9	3 995.2	6 424.6	4 693.8	3 875.8
棕榈油	193 754.9	170 041.1	55 378.6	38 159.1	69 462.5
食糖	97 035.2	103 719.8	93 643.4	99 495.1	71 131.6
蔬菜	102 409.4	98 607.9	52 837.5	104 376.8	117 319.1
水果	97 447.5	111 235.6	124 650.2	127 510.5	133 657.0
畜产品	164 401.9	174 581.6	206 102.9	233 919.7	196 455.4
猪肉	2 843.1	2 856.7	3 364.3	3 598.8	4 341.1
牛肉	38 909.6	42 677.9	48 753.2	51 836.1	55 201.2
羊肉	9 704.7	9 588.3	11 399.3	15 217.2	13 408.9
家禽	12 727.4	13 299.6	13 117.0	13 872.6	13 750.8
蛋产品	57.9	81.3	99.9	151.9	158.5
乳品	80 138.8	82 559.5	100 169.3	115 561.9	84 721.8
动物生皮	678.7	601.8	953.4	1 399.5	1 127.6
动物生毛皮	1 817.9	2 188.6	2 128.0	3 153.4	1 863.1
羊毛	4 334.6	4 889.7	7 007.1	6 654.7	4 661.5
水产品	103 416.0	111 672.1	111 099.5	118 056.5	100 288.7
饮品	218 081.5	218 376.9	223 326.4	241 127.5	216 116.9
酒	51 930.8	59 626.9	66 901.8	60 953.5	60 421.9
茶	4 775.8	5 480.5	6 049.2	7 010.7	6 416.5
咖啡	25 051.6	28 158.4	30 757.7	31 105.8	31 499.4

4-6-4 马来西亚主要农产品出口量（一）

单位：吨

项目	2005年	2006年	2007年	2008年	2009年	2010年
农产品						
谷物	73 097.7	517 713.2	73 473.0	64 886.6	54 107.3	70 283.1
小麦产品	57 598.8	49 366.4	55 296.6	44 122.2	36 832.0	46 167.7
玉米产品	4 435.6	394 580.1	3 899.8	4 014.5	2 747.5	7 465.1
稻谷产品	4 704.7	18 435.0	2 038.4	3 229.4	2 608.7	2 426.8
棉花	9 204.0	9 297.6	8 554.1	15 834.0	65 565.5	53 645.8
食用油籽	36 408.3	41 078.2	45 966.5	43 913.5	49 295.2	49 091.8
大豆	25 226.8	29 106.4	38 527.2	31 809.2	41 148.3	32 984.9
花生	8 671.1	5 777.5	3 894.5	9 034.6	4 325.9	10 125.1
油菜籽						
食用植物油	10 840 384.5	13 608 972.3	11 858 948.5	13 501 869.5	14 109 193.6	14 956 627.1
豆油	110 014.1	720 837.4	146 568.8	116 711.3	113 388.6	150 394.0
菜籽油	25 470.4	29 226.7	32 622.2	26 237.5	26 391.7	28 623.5
棕榈油	10 653 421.0	12 785 984.8	11 628 977.1	13 329 194.2	13 924 402.6	14 732 713.0
食糖	286 610.8	482 158.6	381 390.1	199 448.2	179 636.3	266 102.3
蔬菜	430 551.8	399 365.7	363 661.5	373 556.7	384 238.5	392 670.9
水果						
畜产品						
猪肉	553.8	396.6	1 048.9	943.6	3 172.9	1 072.3
牛肉	1 198.3	1 209.3	1 273.7	2 299.8	2 219.0	3 564.5
羊肉	32.4			50.0	11.3	78.6
家禽	52 188.0	52 257.3	52 309.5	15 414.5	16 863.6	43 990.1
蛋产品						
乳品	41 489.2	53 813.3	75 940.4	92 496.3	66 767.2	62 541.5
动物生皮	4 587.2	4 635.3	4 801.0	4 121.9	4 689.2	5 454.7
动物生毛皮						
羊毛	717.9	560.7	700.8	548.6	282.6	924.7
水产品						
饮品						
酒						
茶	3 827.8	2 955.0	3 050.0	4 310.7	5 539.4	4 681.4
咖啡	36 604.5	27 040.9	28 225.7	36 119.0	49 273.6	69 720.2

马来西亚主要农产品出口量（二）

单位：吨

项 目	2011年	2012年	2013年	2014年	2015年
农产品					
谷物	89 822.3	99 152.1	111 180.4	127 276.0	177 278.7
小麦产品	62 840.8	60 399.8	62 089.7	73 381.6	77 692.2
玉米产品	10 256.3	21 562.3	21 576.6	4 103.0	13 921.1
稻谷产品	2 815.5	3 342.6	13 618.9	39 654.5	75 129.4
棉花	119 513.4	243 146.5	103 405.1	23 007.4	16 194.7
食用油籽	48 242.5	41 122.7	35 596.1	53 125.7	49 876.4
大豆	38 002.5	31 834.8	29 250.8	41 572.1	43 112.8
花生	5 972.3	5 300.2	3 307.9	2 557.9	3 004.8
油菜籽				21.5	
食用植物油	16 018 646.8	15 842 633.5	15 490 514.0	15 429 381.2	15 709 176.3
豆油	137 192.9	139 294.2	134 991.3	161 700.6	159 115.2
菜籽油	42 856.8	36 417.5	35 889.3	40 316.8	47 467.2
棕榈油	15 783 756.1	15 608 661.1	15 244 722.2	15 143 166.0	15 425 393.0
食糖	279 000.5	256 262.9	299 647.2	267 282.3	234 875.8
蔬菜	319 872.4	300 649.6	134 443.7	296 741.6	317 169.3
水果					
畜产品					
猪肉	345.2	552.6	1 086.5	890.9	1 643.7
牛肉	3 672.1	3 438.7	3 830.2	8 211.6	8 957.3
羊肉	90.5	72.6	19.7	3.2	59.4
家禽	47 497.0	44 291.9	150 388.6	137 576.0	141 285.6
蛋产品					
乳品	103 498.0	130 209.2	119 893.7	152 181.7	162 400.6
动物生皮	5 747.7	5 707.1	5 591.5	4 037.7	3 913.0
动物生毛皮					
羊毛	308.2	390.1	449.4	685.0	2 311.3
水产品					
饮品					
酒					
茶	5 378.1	5 851.5	8 644.2	10 156.3	8 739.0
咖啡	61 649.2	73 886.2	76 053.5	82 016.1	93 627.8

4-6-5 马来西亚主要农产品进口量（一）

单位：吨

项　目	2005年	2006年	2007年	2008年	2009年	2010年
农产品						
谷物	4 944 632.6	8 113 603.8	5 057 802.2	4 871 515.9	5 045 111.8	5 454 016.3
小麦产品	1 606 001.6	2 970 299.6	1 431 607.8	1 232 013.7	1 159 569.5	1 316 141.6
玉米产品	2 655 403.7	4 096 730.9	2 715 826.9	2 453 391.0	2 705 855.1	3 140 984.9
稻谷产品	603 882.9	860 340.0	817 144.6	1 112 638.3	1 108 161.2	949 244.4
棉花	57 625.9	34 744.6	41 198.9	59 312.8	129 359.5	74 000.8
食用油籽	710 149.9	591 380.9	757 222.8	630 676.7	586 546.0	796 549.7
大豆	558 432.3	392 299.1	612 456.6	539 819.0	493 109.6	639 345.5
花生	46 564.7	52 115.6	50 028.8	52 785.4	51 451.0	56 696.1
油菜籽		83.4	10.9	28.0	23.0	511.2
食用植物油	576 334.7	921 492.4	556 378.0	9 375 175.6	1 274 236.4	1 507 740.3
豆油	72 242.1	87 711.0	69 460.5	64 836.3	76 813.6	125 812.5
菜籽油	31 640.0	28 466.8	41 191.6	37 348.3	37 132.6	37 540.8
棕榈油	418 280.4	706 740.6	396 634.1	9 235 982.3	1 090 284.1	1 289 260.3
食糖	1 356 840.0	1 491 938.3	1 659 440.0	1 461 727.0	1 567 175.8	1 714 627.1
蔬菜	1 146 152.5	4 001 702.5	1 179 048.9	1 147 807.5	1 297 211.3	1 323 157.3
水果						
畜产品						
猪肉	1 993.0	2 852.0	2 626.7	2 307.2	4 001.4	10 309.5
牛肉	118 796.3	112 197.3	109 052.5	99 050.5	108 232.8	108 907.9
羊肉	14 777.8	16 086.0	17 805.0	18 006.8	18 553.1	22 099.8
家禽	22 250.3	19 532.6	38 523.7	37 078.6	34 697.3	42 442.4
蛋产品						
乳品	252 665.1	251 508.5	241 474.9	219 209.8	212 017.4	218 798.4
动物生皮	911.4	819.6	709.3	631.3	881.6	650.8
动物生毛皮						
羊毛	3 803.7	6 117.0	4 854.4	4 221.7	2 150.6	2 828.7
水产品						
饮品						
酒						
茶	15 649.5	15 524.8	16 416.7	14 373.8	17 433.1	19 891.0
咖啡	32 430.3	43 571.4	53 209.3	56 047.7	51 618.7	73 637.3

马来西亚主要农产品进口量（二）

单位：吨

项　目	2011 年	2012 年	2013 年	2014 年	2015 年
农产品					
谷物	5 514 444.3	5 598 571.8	5 821 649.9	6 365 442.0	6 275 555.7
小麦产品	1 375 736.3	1 291 261.7	1 165 964.2	1 396 789.2	1 503 610.7
玉米产品	3 041 054.7	3 244 476.6	3 692 206.0	3 957 404.8	3 643 861.8
稻谷产品	1 051 584.9	1 023 922.6	912 526.7	960 312.0	1 072 291.9
棉花	150 580.5	286 305.2	117 255.8	69 411.2	90 728.6
食用油籽	758 200.6	747 010.4	696 992.2	670 410.4	851 717.9
大豆	638 725.3	640 593.5	585 952.2	578 290.9	741 565.0
花生	57 861.2	33 376.5	32 225.3	28 795.0	44 485.9
油菜籽	381.9	948.4	13 257.8	9 815.7	22 679.1
食用植物油	1 934 252.8	1 869 943.5	938 644.3	755 398.8	1 440 103.6
豆油	105 700.0	72 719.0	97 164.3	109 527.1	127 728.7
菜籽油	40 043.4	30 644.5	51 733.9	45 053.2	47 274.4
棕榈油	1 729 828.9	1 700 972.9	718 501.9	514 150.8	1 167 299.3
食糖	1 797 420.9	1 780 878.2	1 834 878.1	2 138 983.3	1 934 183.1
蔬菜	1 346 614.5	1 375 074.8	413 105.6	1 421 331.4	1 603 157.8
水果					
畜产品					
猪肉	10 848.3	8 428.7	10 091.5	11 448.7	16 125.4
牛肉	118 715.4	123 662.0	138 161.6	145 718.4	168 881.8
羊肉	18 093.4	20 542.8	25 557.1	31 222.0	34 156.3
家禽	43 433.5	49 829.6	50 043.9	52 427.0	60 169.4
蛋产品					
乳品	210 839.1	255 539.1	270 400.2	310 036.1	342 489.3
动物生皮	548.1	438.1	635.0	804.0	693.7
动物生毛皮					
羊毛	3 901.8	4 141.5	5 980.7	6 938.8	6 853.7
水产品					
饮品					
酒					
茶	21 094.7	19 903.8	21 497.6	27 081.5	22 994.8
咖啡	89 061.8	95 327.9	111 459.1	103 683.3	104 291.8

4-6-6 马来西亚农产品出口额前15位国家（地区）
（2015年）

单位：万美元，%

序号	国家（地区）	出口额	同比增长
1	中　　国	236 902.1	−24.7
2	印　　度	221 391.6	−10.9
3	新 加 坡	217 127.6	−13.8
4	荷　　兰	116 566.6	−17.8
5	美　　国	96 463.4	−31.5
6	日　　本	88 307.9	−9.0
7	越　　南	84 552.6	−11.7
8	菲 律 宾	74 864.7	−8.4
9	泰　　国	66 008.3	−7.9
10	印度尼西亚	63 590.3	−22.3
11	澳大利亚	53 107.2	−18.9
12	巴基斯坦	48 091.5	−30.8
13	韩　　国	42 103.5	−22.4
14	土 耳 其	31 979.0	171.6
15	中国香港	30 157.4	−5.7
	总　　计	**1 471 213.8**	

4-6-7 马来西亚农产品进口额前15位国家（地区）
（2015年）

单位：万美元，%

序号	国家（地区）	进口额	同比增长
1	印度尼西亚	243 959.1	13.7
2	中国	163 630.6	−1.1
3	泰国	123 949.2	−15.2
4	澳大利亚	112 242.7	−11.1
5	阿根廷	108 455.8	−14.5
6	印度	102 141.5	−10.6
7	巴西	95 229.5	−19.0
8	美国	85 692.8	−11.6
9	新西兰	65 271.3	−15.0
10	新加坡	59 929.2	−4.4
11	越南	48 408.8	−6.8
12	法国	31 124.4	0.8
13	荷兰	28 981.6	−6.4
14	加纳	26 999.1	−20.2
15	加拿大	18 444.1	15.2
	总计	**1 314 459.8**	

4-7 中国香港主要农产品贸易情况

4-7-1 中国香港主要农产品出口额（一）

单位：万美元

项　目	2005 年	2006 年	2007 年	2008 年	2009 年	2010 年
农产品	397 818.7	439 352.4	519 580.1	646 508.4	663 956.5	778 918.5
谷物	1 821.8	1 951.9	2 327.1	3 784.1	3 356.6	3 244.4
小麦产品	871.2	989.2	1 226.4	1 012.2	916.4	566.6
玉米产品	73.8	76.9	22.9	4.0	7.1	6.3
稻谷产品	668.8	780.0	961.7	2 424.7	1 517.2	1 817.5
棉花	3 722.7	6 261.7	5 396.3	3 297.0	5 310.2	9 909.2
食用油籽	1 364.7	1 501.1	1 688.5	2 842.2	1 986.6	3 117.4
大豆	489.0	499.0	442.9	382.0	380.9	406.8
花生	173.1	154.8	230.7	283.5	451.9	560.3
油菜籽						
食用植物油	4 192.2	3 185.2	4 450.5	5 547.1	4 014.4	4 028.7
豆油	1 263.2	673.8	1 006.0	1 399.9	792.7	428.9
菜籽油	1 341.3	911.3	1 117.9	1 863.6	1 370.8	1 688.0
棕榈油	738.9	796.4	1 088.5	769.9	681.2	81.5
食糖	1 137.0	1 272.2	1 275.8	1 288.1	1 017.1	1 379.5
蔬菜	6 423.2	10 273.0	7 296.4	7 647.3	8 072.3	9 542.6
水果	31 119.2	28 930.1	37 891.4	47 483.7	69 068.4	71 245.7
畜产品	115 953.0	138 018.7	175 726.1	270 897.0	263 303.9	312 844.3
猪肉	2 676.3	4 082.1	5 479.1	17 765.6	13 313.2	12 836.8
牛肉	864.5	984.0	2 783.2	3 936.5	10 591.2	8 448.8
羊肉	65.3	133.9	276.1	392.2	1 049.1	1 342.3
家禽	16 697.2	27 371.9	44 166.9	53 461.6	62 366.6	88 497.5
蛋产品	43.5	36.8	78.1	94.8	113.3	127.4
乳品	7 616.6	8 344.8	5 951.2	7 438.3	7 516.1	9 721.1
动物生皮	23 127.3	17 982.2	17 406.1	22 842.7	13 425.0	20 521.9
动物生毛皮	47 286.8	51 565.3	47 086.1	58 264.5	50 847.5	67 735.8
羊毛	765.5	555.2	377.7	217.3	159.3	330.7
水产品	75 307.4	76 654.3	90 488.8	90 738.5	80 745.8	89 773.5
饮品	38 214.7	47 554.2	57 028.6	61 797.9	64 388.3	79 988.7
酒	27 354.7	35 892.4	44 133.2	48 078.9	50 313.6	64 605.9
茶	906.4	977.0	1 118.0	1 467.4	1 194.3	2 047.4
咖啡	744.4	647.9	775.3	877.5	895.0	1 103.7

中国香港主要农产品出口额（二）

单位：万美元

项 目	2011年	2012年	2013年	2014年	2015年
农产品	886 831.0	906 332.3	1 017 949.0	1 099 661.4	1 165 587.6
谷物	3 159.6	3 587.5	4 777.1	4 987.1	4 396.3
小麦产品	611.1	794.8	871.7	844.3	856.7
玉米产品	9.9	12.3	16.3	11.3	84.9
稻谷产品	1 783.3	2 196.3	3 132.8	2 997.9	2 177.8
棉花	7 181.5	9 117.2	14 268.5	5 772.6	1 273.2
食用油籽	10 573.3	4 492.1	4 359.5	3 707.8	4 267.8
大豆	379.5	487.4	619.1	624.5	783.0
花生	983.5	977.1	825.5	778.9	981.1
油菜籽					
食用植物油	3 833.4	4 566.6	3 856.4	3 309.2	2 386.6
豆油	388.9	1 020.7	1 215.2	759.3	620.4
菜籽油	1 620.7	1 748.7	1 367.3	838.5	441.5
棕榈油	305.3	20.6	41.2	36.3	39.2
食糖	1 782.7	1 967.5	1 529.9	1 388.0	1 361.6
蔬菜	10 832.1	9 879.4	12 585.8	14 806.2	14 704.8
水果	94 749.3	104 954.3	100 948.5	132 791.4	146 138.4
畜产品	305 517.5	276 853.0	316 912.8	318 199.1	342 571.6
猪肉	13 344.3	12 309.4	13 592.7	19 252.4	14 284.5
牛肉	9 027.1	10 134.7	16 087.7	14 901.2	29 411.7
羊肉	384.5	431.8	472.1	609.2	737.5
家禽	95 681.6	67 513.2	68 984.3	82 941.3	84 554.7
蛋产品	205.5	290.5	379.6	497.6	403.5
乳品	12 632.0	14 633.8	23 603.1	32 423.6	44 404.7
动物生皮	19 833.9	13 501.1	10 288.0	6 832.6	5 228.5
动物生毛皮	73 257.5	88 139.9	115 692.0	72 867.5	69 174.0
羊毛	2 681.7	275.5	956.8	161.1	0.6
水产品	101 541.9	121 803.9	173 923.6	218 623.2	221 442.5
饮品	102 923.2	104 936.1	112 944.0	127 834.1	151 430.4
酒	81 508.5	78 529.9	82 436.4	91 759.1	117 767.0
茶	2 180.8	2 210.1	2 602.9	2 546.4	2 512.5
咖啡	1 776.4	2 143.6	2 214.4	2 865.4	1 828.4

4-7-2　中国香港主要农产品进口额（一）

单位：万美元

项　目	2005年	2006年	2007年	2008年	2009年	2010年
农产品	1 061 510.2	1 138 142.4	1 301 159.2	1 613 663.0	1 693 985.1	2 030 841.3
谷物	25 719.5	26 531.4	30 616.7	40 088.4	42 426.6	45 064.8
小麦产品	6 516.5	6 647.5	7 560.0	9 864.3	9 449.8	9 110.2
玉米产品	1 714.8	1 724.0	1 278.9	962.1	753.9	1 045.5
稻谷产品	16 154.2	16 856.6	20 389.7	27 377.1	29 544.3	31 939.5
棉花	10 867.3	16 836.9	17 651.2	11 950.2	12 736.5	18 033.7
食用油籽	4 995.9	5 006.5	5 706.3	8 241.4	7 014.3	8 761.2
大豆	1 494.9	1 402.1	1 611.7	2 304.9	2 493.0	2 227.5
花生	1 382.0	1 368.7	1 317.5	1 946.4	1 699.0	2 147.0
油菜籽						
食用植物油	18 283.3	16 383.1	28 825.9	40 415.0	15 594.9	18 965.2
豆油	5 051.0	3 884.3	5 314.3	7 111.0	5 261.5	5 651.1
菜籽油	2 521.4	1 903.6	2 674.3	4 089.0	3 371.1	5 537.3
棕榈油	6 015.7	5 779.1	15 183.5	22 138.2	1 424.9	1 308.6
食糖	6 154.1	8 379.8	7 886.5	8 245.4	8 587.8	11 445.2
蔬菜	35 933.5	39 034.7	42 429.7	46 222.0	49 056.5	51 629.3
水果	97 806.1	108 037.8	116 639.6	136 710.9	162 687.0	172 554.1
畜产品	348 660.1	383 938.5	449 029.6	645 642.3	670 919.6	798 802.8
猪肉	27 599.3	27 181.0	35 908.5	63 925.8	53 741.7	54 072.6
牛肉	15 025.4	17 715.4	22 598.6	35 769.4	47 496.9	52 430.4
羊肉	2 757.9	2 990.9	3 416.0	4 002.4	5 487.3	7 937.4
家禽	64 982.2	73 133.8	98 435.2	123 190.4	131 650.2	183 201.7
蛋产品	7 665.5	7 852.0	10 415.7	12 117.1	12 556.9	13 414.8
乳品	31 929.7	35 569.9	39 962.5	50 256.4	57 882.2	73 749.9
动物生皮	24 277.0	20 735.7	22 519.9	30 086.6	18 994.5	30 547.1
动物生毛皮	68 503.8	79 621.4	59 202.5	73 931.2	61 730.5	96 462.4
羊毛	742.9	628.8	333.1	261.0	171.1	610.8
水产品	228 350.7	241 612.8	264 909.6	287 419.8	291 737.5	343 688.6
饮品	106 279.0	103 795.1	125 060.7	146 104.1	175 004.4	230 471.6
酒	40 442.1	45 422.1	58 782.1	78 577.5	92 764.5	140 108.9
茶	3 589.7	4 273.0	4 432.2	4 886.5	5 001.7	6 381.2
咖啡	2 690.4	3 347.7	3 674.3	4 413.5	4 896.4	6 254.4

中国香港主要农产品进口额（二）

单位：万美元

项　目	2011 年	2012 年	2013 年	2014 年	2015 年
农产品	2 388 041.5	2 468 947.9	2 752 667.3	2 889 431.7	2 747 038.7
谷物	49 798.4	48 772.7	51 311.8	49 880.9	47 752.1
小麦产品	11 292.5	12 773.3	12 889.1	12 436.6	12 537.0
玉米产品	1 251.2	853.0	672.8	663.3	533.2
稻谷产品	34 302.0	32 438.2	34 855.7	32 879.4	29 749.6
棉花	12 602.2	15 737.3	19 949.1	7 098.0	1 293.6
食用油籽	11 406.1	11 615.3	14 984.7	14 792.5	16 034.3
大豆	2 411.0	2 427.9	3 089.6	2 919.3	2 679.5
花生	3 143.7	3 179.5	3 038.4	3 430.3	3 312.3
油菜籽				1.4	
食用植物油	19 665.1	21 616.6	19 108.5	15 609.7	15 140.1
豆油	6 365.8	6 819.3	6 924.1	4 598.5	3 020.3
菜籽油	5 237.0	7 175.9	5 092.2	3 976.3	4 729.6
棕榈油	1 785.8	1 353.4	1 095.9	974.2	933.9
食糖	14 941.5	14 189.3	11 861.0	11 102.6	11 032.0
蔬菜	57 725.7	69 465.3	78 233.7	93 359.0	103 193.9
水果	213 727.3	236 357.0	237 735.4	296 020.7	310 918.6
畜产品	954 829.4	927 770.7	1 118 252.2	1 211 387.1	1 022 403.2
猪肉	74 636.9	72 716.0	67 738.6	69 568.5	70 635.3
牛肉	61 488.7	78 131.3	163 245.2	216 651.1	152 274.1
羊肉	8 701.5	7 552.3	9 063.8	9 806.1	5 186.0
家禽	221 463.6	160 870.9	152 333.8	193 956.7	157 471.7
蛋产品	16 297.4	17 662.4	19 992.3	21 702.6	21 434.5
乳品	98 416.3	131 616.5	157 681.6	194 879.5	174 843.4
动物生皮	32 056.4	18 453.1	17 834.0	8 968.5	6 311.0
动物生毛皮	112 263.9	136 148.6	171 881.8	84 079.2	98 441.4
羊毛	3 054.6	315.2	990.5	123.6	1.2
水产品	397 852.6	404 904.1	416 905.8	404 877.2	396 863.0
饮品	288 886.6	288 852.6	297 805.2	316 787.4	347 261.7
酒	184 075.4	171 491.5	166 430.5	175 920.1	204 043.1
茶	7 203.1	7 717.2	7 947.9	8 791.6	8 485.1
咖啡	8 672.1	9 976.3	9 910.1	10 078.5	10 430.7

4-7-3 中国香港主要农产品出口量（一）

单位：吨

项 目	2005 年	2006 年	2007 年	2008 年	2009 年	2010 年
农产品						
谷物	37 814.8	40 108.2	48 046.5	57 079.7	38 827.6	38 685.4
小麦产品	22 173.2	25 445.8	33 873.3	20 592.9	17 546.1	10 844.4
玉米产品	1 982.4	1 768.7	219.9	75.6	103.9	117.2
稻谷产品	10 691.1	12 175.7	13 327.7	34 740.7	17 764.0	24 556.9
棉花	69 481.1	115 456.2	93 182.1	62 198.3	75 994.4	105 100.0
食用油籽	17 612.6	17 669.7	16 855.2	19 232.0	17 106.2	18 431.0
大豆	12 891.3	12 513.6	10 523.5	8 566.7	11 029.1	11 608.4
花生	1 138.1	1 108.9	1 354.5	1 146.6	1 620.3	1 782.5
油菜籽						
食用植物油	64 260.7	45 941.4	50 340.2	41 374.2	42 636.7	30 605.2
豆油	23 121.2	12 130.0	12 699.2	11 397.1	9 429.2	4 464.8
菜籽油	19 800.8	12 908.7	11 663.6	12 725.7	13 845.6	15 003.0
棕榈油	17 916.7	17 457.3	19 569.2	11 637.0	14 214.8	1 012.7
食糖	34 728.2	30 368.1	31 093.4	26 699.6	17 195.5	20 479.8
蔬菜	41 400.9	56 810.0	39 478.7	36 460.2	35 300.9	39 731.9
水果						
畜产品						
猪肉	29 337.6	37 440.9	43 906.5	126 880.1	102 581.7	97 581.9
牛肉	4 200.6	4 615.2	12 919.3	13 752.6	38 674.6	35 230.7
羊肉	120.5	696.7	983.5	1 647.8	4 937.6	6 469.3
家禽	185 885.5	282 515.7	365 063.0	429 778.8	512 359.4	748 353.0
蛋产品						
乳品	19 403.2	23 137.6	18 275.9	19 982.5	18 235.5	21 325.0
动物生皮	164 750.3	131 841.9	125 705.4	166 911.9	134 319.8	172 051.9
动物生毛皮						
羊毛	1 807.9	1 391.4	956.3	580.2	558.5	934.7
水产品						
饮品						
酒						
茶	2 117.1	2 009.8	2 076.6	2 280.3	1 910.9	2 427.0
咖啡	1 592.3	1 355.5	1 386.2	1 439.8	1 520.8	2 111.3

中国香港主要农产品出口量（二）

单位：吨

项　目	2011年	2012年	2013年	2014年	2015年
农产品					
谷物	32 906.4	36 272.5	61 160.2	40 603.4	35 295.1
小麦产品	8 918.1	10 653.0	15 664.8	11 084.0	10 940.4
玉米产品	150.9	147.6	247.8	101.8	976.5
稻谷产品	21 404.1	23 714.5	38 050.3	26 204.4	19 890.1
棉花	58 606.7	77 385.2	88 746.5	42 938.4	17 395.5
食用油籽	40 590.6	22 560.2	18 815.8	16 290.2	19 220.9
大豆	10 819.8	10 669.7	10 349.6	10 389.9	12 328.0
花生	2 500.1	2 307.5	3 353.3	2 124.1	3 107.5
油菜籽					
食用植物油	22 106.3	25 910.4	22 535.3	20 001.3	14 223.8
豆油	3 262.8	7 309.7	9 072.8	6 317.1	5 866.5
菜籽油	10 503.3	13 103.3	9 406.7	7 567.4	4 411.1
棕榈油	2 378.0	176.9	315.3	331.9	328.5
食糖	21 592.3	24 977.1	20 847.5	17 765.7	18 032.5
蔬菜	36 560.4	32 556.8	36 973.8	42 529.7	39 594.0
水果					
畜产品					
猪肉	86 364.3	75 719.0	49 375.8	136 736.1	86 148.4
牛肉	53 532.7	48 298.3	33 293.5	59 868.2	110 149.9
羊肉	1 031.1	1 130.3	711.4	1 082.4	1 740.3
家禽	867 013.2	633 960.1	401 847.0	681 296.4	639 978.1
蛋产品					
乳品	24 292.7	25 363.3	66 937.0	34 147.7	41 586.4
动物生皮	145 360.5	92 359.2	51 147.3	45 171.2	27 958.4
动物生毛皮					
羊毛	4 346.3	572.6	2 193.8	193.8	1.5
水产品					
饮品					
酒					
茶	2 508.1	2 579.6	3 811.2	2 433.7	2 172.8
咖啡	3 108.6	3 014.1	2 212.7	5 338.5	2 899.2

4-7-4 中国香港主要农产品进口量（一）

单位：吨

项 目	2005年	2006年	2007年	2008年	2009年	2010年
农产品						
谷物	646 261.3	651 753.5	633 660.4	600 612.2	588 685.4	592 710.6
小麦产品	182 056.1	185 889.3	196 541.4	189 795.5	177 831.7	174 794.3
玉米产品	97 982.0	106 625.0	54 629.2	31 137.3	30 704.9	35 541.7
稻谷产品	353 124.2	347 512.4	371 602.9	369 471.0	365 032.4	365 867.9
棉花	127 983.0	197 042.1	185 932.9	107 718.7	120 927.2	134 347.1
食用油籽	56 838.0	57 580.3	58 713.6	59 117.8	56 024.8	56 048.2
大豆	36 551.5	36 621.6	37 034.8	34 565.7	35 479.8	34 192.2
花生	10 355.5	11 087.0	9 163.7	10 328.7	9 745.0	10 628.7
油菜籽						
食用植物油	305 568.9	260 403.6	325 547.7	314 389.4	138 067.2	159 555.1
豆油	86 390.5	65 347.0	66 735.9	57 714.6	60 888.0	57 789.8
菜籽油	39 458.3	27 349.0	29 158.0	29 329.4	34 646.2	54 139.7
棕榈油	140 769.6	128 294.5	191 697.8	197 959.3	16 780.9	13 715.8
食糖	191 307.4	195 351.3	202 058.8	198 269.6	178 776.0	182 996.4
蔬菜	677 689.3	672 177.3	776 532.1	786 333.9	792 702.1	786 742.6
水果						
畜产品						
猪肉	168 883.2	178 890.4	198 183.1	299 464.0	260 581.9	242 704.4
牛肉	51 723.0	56 301.6	68 054.9	90 527.2	135 311.2	128 247.1
羊肉	7 134.7	8 830.3	8 742.6	9 541.6	16 960.2	23 765.2
家禽	557 966.0	617 202.5	655 163.6	775 177.5	868 924.7	1 206 362.8
蛋产品						
乳品	162 329.5	171 174.1	174 226.2	166 551.5	171 468.4	184 457.8
动物生皮	173 814.4	147 523.9	144 204.0	182 988.6	154 644.5	181 127.4
动物生毛皮						
羊毛	1 716.1	1 272.5	825.4	786.8	585.0	1 374.9
水产品						
饮品						
酒						
茶	12 625.8	14 053.4	13 397.9	13 119.3	13 604.7	13 849.7
咖啡	7 751.9	8 416.4	8 919.7	10 207.1	10 858.8	12 903.7

中国香港主要农产品进口量（二）

单位：吨

项　目	2011年	2012年	2013年	2014年	2015年
农产品					
谷物	600 614.9	557 387.0	586 567.7	591 504.2	574 698.1
小麦产品	179 099.0	186 327.5	189 435.5	189 495.1	192 311.1
玉米产品	33 062.2	21 396.8	16 468.7	19 091.3	17 315.3
稻谷产品	374 127.2	338 487.3	369 141.2	367 986.2	348 415.5
棉花	71 375.3	105 576.1	132 037.5	51 273.7	17 546.9
食用油籽	59 689.3	56 168.4	62 432.4	63 487.2	63 242.8
大豆	35 627.0	33 234.3	36 824.1	34 787.5	35 067.2
花生	11 649.1	10 913.8	10 459.0	16 364.1	13 540.5
油菜籽				7.1	
食用植物油	129 741.8	143 245.1	134 639.9	120 548.7	130 485.0
豆油	48 822.2	53 619.7	59 463.4	45 945.8	37 289.7
菜籽油	40 378.9	54 200.2	41 764.2	39 043.9	55 918.3
棕榈油	14 386.7	11 972.8	11 940.3	10 727.8	11 381.1
食糖	196 323.2	193 642.5	185 151.9	185 752.7	194 137.0
蔬菜	857 691.9	993 599.5	998 238.7	1 004 802.6	1 030 307.6
水果					
畜产品					
猪肉	266 001.7	247 303.4	236 625.5	238 339.0	254 108.7
牛肉	129 420.2	173 850.5	328 948.3	409 000.1	289 038.7
羊肉	20 737.2	15 786.7	19 544.5	20 936.1	7 380.8
家禽	1 439 355.8	1 028 518.5	942 182.8	1 100 168.9	913 801.9
蛋产品					
乳品	203 429.6	229 338.5	241 170.4	263 896.9	264 949.8
动物生皮	176 454.9	113 495.0	107 336.6	49 232.1	24 596.1
动物生毛皮					
羊毛	4 615.5	597.6	2 294.1	192.8	1.2
水产品					
饮品					
酒					
茶	13 496.8	13 783.1	13 561.7	14 330.7	14 521.6
咖啡	15 469.4	18 222.6	17 563.5	18 025.4	19 384.7

4-8　越南主要农产品贸易情况

4-8-1　越南主要农产品出口额（一）

单位：万美元

项　目	2005 年	2006 年	2007 年	2008 年	2009 年	2010 年
农产品	675 496.6	796 058.0	985 500.4	1 282 880.9	1 220 152.8	1 415 731.1
谷物	141 849.3	128 673.8	150 246.8	292 158.2	268 547.3	328 099.6
小麦产品	722.2	817.8	895.5	1 585.6	1 625.6	2 895.0
玉米产品	142.7	84.7	123.2	639.7	168.3	114.9
稻谷产品	140 904.3	127 656.9	149 060.4	289 661.8	266 711.6	325 068.1
棉花	421.8	335.9	598.0	1 044.1	938.9	1 762.3
食用油籽	5 094.1	7 511.8	8 402.1	6 228.5	4 704.2	6 036.0
大豆	95.5	25.9	23.7	89.0	49.0	85.3
花生	4 527.9	2 325.0	4 159.7	2 640.2	2 722.2	2 960.8
油菜籽						
食用植物油	599.8	706.6	2 477.6	3 402.8	2 448.9	3 972.9
豆油	20.8	13.3	809.2	270.0	88.9	201.0
菜籽油	6.1		1.4	1.8	4.5	2.9
棕榈油	124.5	265.1	691.8	1 488.2	241.7	1 879.5
食糖	27.0	236.5	470.3	501.1	150.6	81.2
蔬菜	24 089.9	28 990.7	38 501.4	45 679.4	50 504.9	61 652.1
水果	17 296.5	17 599.4	22 736.5	33 288.9	31 335.6	32 716.7
畜产品	16 892.8	17 139.8	16 777.3	14 637.6	12 363.4	14 418.6
猪肉	3 074.4	2 080.5	4 236.6	5 304.0	3 854.1	3 235.3
牛肉		12.6	2.5	0.4	12.5	6.1
羊肉			0.2		8.4	
家禽	4.1	4.2	13.2	111.7	52.8	72.2
蛋产品	253.7	280.9	356.8	469.9	528.6	548.6
乳品	8 533.7	9 012.3	1 633.5	2 961.6	2 369.2	3 367.0
动物生皮	2 260.1	2 423.7	6 593.7	834.5	397.6	319.5
动物生毛皮		10.5				
羊毛		0.7				0.3
水产品	277 390.8	339 405.3	380 424.1	457 524.3	432 485.9	514 446.3
饮品	88 037.2	137 355.6	211 936.7	235 865.1	203 733.9	223 215.6
酒	1 668.1	1 734.7	3 176.7	3 939.1	5 094.3	8 209.2
茶	10 278.2	11 260.2	13 470.0	14 928.7	18 040.6	20 230.3
咖啡	74 983.8	122 992.1	192 729.4	213 230.9	176 294.9	189 924.2

越南主要农产品出口额（二）

单位：万美元

项目	2011年	2012年	2013年	2014年	2015年
农产品	1 881 371.5	2 060 704.5	2 001 208.6	2 329 970.5	
谷物	371 335.6	375 307.0	300 746.4	303 913.9	
小麦产品	4 869.7	6 497.4	6 779.9	6 768.0	
玉米产品	313.3	751.0	982.5	3 079.0	
稻谷产品	366 118.1	368 048.0	292 934.2	294 004.4	
棉花	2 501.9	2 127.3	2 402.5	2 463.6	
食用油籽	4 840.3	4 641.4	12 563.4	8 996.4	
大豆	4.2	9.5	66.0	38.1	
花生	1 534.4	1 369.9	2 067.4	1 415.7	
油菜籽				197.6	
食用植物油	12 629.7	20 654.5	14 335.1	17 614.1	
豆油	5 707.5	13 075.5	8 403.7	12 056.1	
菜籽油	8.0	2.1	1.7	1.8	
棕榈油	5 206.8	6 455.7	4 838.6	5 065.0	
食糖	17 380.3	4 711.7	25 170.3	11 842.3	
蔬菜	98 776.4	103 101.9	113 766.1	194 538.6	
水果	47 937.2	64 806.9	57 100.5	83 042.1	
畜产品	21 649.5	27 581.9	28 951.6	33 235.0	
猪肉	5 110.0	6 001.2	3 956.0	4 664.9	
牛肉	2.6	2.6	6.7	134.1	
羊肉					
家禽	83.6	208.7	540.0	1 009.1	
蛋产品	588.3	428.2	380.0	677.9	
乳品	6 658.3	12 275.0	11 546.6	9 282.4	
动物生皮	423.1	307.7	339.4	564.3	
动物生毛皮					
羊毛	0.6	1.5	3.4	0.4	
水产品	628 852.5	631 225.9	692 706.0	807 273.5	
饮品	328 249.1	421 428.6	344 036.3	412 357.9	
酒	17 149.2	22 695.8	23 567.0	23 802.9	
茶	20 582.2	22 589.7	23 017.9	22 812.0	
咖啡	284 600.6	367 440.2	288 313.3	355 741.1	

4-8-2 越南主要农产品进口额（一）

单位：万美元

项 目	2005年	2006年	2007年	2008年	2009年	2010年
农产品	267 623.6	314 735.7	443 069.3	626 708.9	618 157.0	788 173.1
谷物	28 623.5	36 545.4	50 898.8	52 908.1	75 009.2	111 698.2
小麦产品	20 930.8	23 502.9	36 728.4	31 849.5	35 399.4	58 263.3
玉米产品	4 449.6	9 582.7	10 495.2	14 907.7	32 714.9	45 378.3
稻谷产品	2 590.9	2 567.1	2 713.6	4 338.3	5 658.2	5 572.6
棉花	17 005.6	22 184.2	26 805.8	46 654.6	39 475.6	67 353.1
食用油籽	314.7	1 038.1	2 777.5	7 844.6	8 886.9	12 083.7
大豆	153.6	780.5	2 324.8	7 136.9	7 952.9	11 266.2
花生	41.5	119.4	121.8	125.6	152.0	200.9
油菜籽	4.5	1.6	6.8	6.9	5.7	6.1
食用植物油	16 970.4	22 848.4	43 785.4	59 962.0	45 024.0	63 579.2
豆油	4 204.0	5 785.6	10 299.9	14 257.6	9 511.8	14 835.8
菜籽油	564.3	35.1	130.3	190.3	230.5	348.6
棕榈油	11 909.0	16 717.4	32 840.3	45 023.7	34 653.5	47 767.7
食糖	2 193.0	4 865.4	1 034.6	3 591.0	6 173.7	19 394.7
蔬菜	4 384.7	5 637.4	8 301.8	11 187.4	13 272.1	19 838.0
水果	12 140.9	13 687.3	17 530.9	21 401.7	29 403.5	31 918.6
畜产品	37 613.7	41 980.8	56 708.5	90 159.9	69 526.8	92 922.9
猪肉	14.8	21.7	12.2	2 226.7	308.9	169.9
牛肉	317.8	549.7	1 151.0	2 848.6	2 045.9	2 508.3
羊肉	81.7	79.2	164.7	158.5	388.3	459.4
家禽	404.3	1 310.0	5 586.2	13 385.1	7 365.3	7 638.1
蛋产品	35.6	62.5	72.4	203.3	156.3	172.5
乳品	27 889.7	27 283.4	36 442.4	42 306.3	32 687.2	50 064.4
动物生皮	4 802.7	7 776.7	5 462.4	13 442.1	4 583.1	6 565.6
动物生毛皮		9.1	3.5	123.7	1.3	5.4
羊毛	170.4	5.4	16.6	7.8	12.1	27.0
水产品	28 223.4	30 717.3	37 962.3	46 508.8	43 498.9	53 718.2
饮品	3 721.4	4 909.3	7 241.0	12 765.5	15 696.7	13 340.4
酒	2 105.1	2 769.0	3 839.5	6 693.8	8 300.5	5 071.0
茶	389.7	399.1	410.6	465.1	658.4	670.2
咖啡	362.4	542.8	1 402.5	2 663.2	3 924.1	3 575.9

越南主要农产品进口额（二）

单位：万美元

项　目	2011年	2012年	2013年	2014年	2015年
农产品	1 061 023.6	1 089 444.0	1 264 167.8	1 495 063.0	
谷物	123 558.1	136 036.4	136 948.4	193 651.8	
小麦产品	82 509.3	78 064.0	62 784.7	65 842.4	
玉米产品	32 805.5	50 116.9	67 343.8	121 659.8	
稻谷产品	5 915.4	5 391.2	4 752.3	4 172.7	
棉花	106 146.8	88 107.5	117 000.4	143 947.0	
食用油籽	49 449.5	79 731.6	81 336.7	93 266.7	
大豆	48 105.8	78 308.2	78 805.9	87 715.4	
花生	444.3	387.6	994.4	2 205.0	
油菜籽	7.7	8.2	7.7	249.1	
食用植物油	82 850.3	65 483.2	60 846.5	66 710.1	
豆油	15 539.8	4 646.7	7 183.8	8 769.2	
菜籽油	799.0	297.3	389.1	521.6	
棕榈油	65 687.5	59 488.4	51 818.6	55 905.0	
食糖	18 257.3	7 256.7	6 904.1	5 105.6	
蔬菜	20 804.4	26 365.7	23 092.3	26 303.6	
水果	37 947.8	40 943.2	59 176.2	71 089.9	
畜产品	112 599.8	114 738.9	142 875.3	196 170.8	
猪肉	1 474.7	688.4	673.3	880.4	
牛肉	3 504.3	4 891.9	5 853.8	9 254.1	
羊肉	397.8	428.5	685.6	733.4	
家禽	10 412.7	8 512.4	9 642.9	11 608.5	
蛋产品	237.4	190.1	266.0	325.8	
乳品	56 969.2	55 064.5	61 135.9	71 899.9	
动物生皮	8 760.9	7 269.7	6 093.0	11 337.4	
动物生毛皮	43.4	4.6	74.8	1 464.1	
羊毛			50.2	31.9	
水产品	73 499.8	84 112.2	92 097.1	129 892.4	
饮品	17 570.9	18 847.1	21 162.8	28 706.5	
酒	6 755.4	5 513.2	7 029.6	8 150.7	
茶	801.5	756.4	951.4	1 208.8	
咖啡	5 763.9	7 401.2	6 520.5	8 135.6	

4-8-3 越南主要农产品出口量（一）

单位：吨

项 目	2005年	2006年	2007年	2008年	2009年	2010年
农产品						
谷物	3 070 393.5	4 674 136.3	4 607 677.1	4 815 392.1	6 003 193.8	6 980 120.2
小麦产品	23 105.4	26 436.6	21 832.1	42 568.6	28 630.5	82 016.8
玉米产品	4 878.6	2 293.3	4 908.4	24 749.0	3 813.3	2 268.4
稻谷产品	3 041 366.6	4 644 355.5	4 580 687.4	4 746 031.3	5 970 069.1	6 895 557.8
棉花	3 324.0	3 793.1	6 870.9	12 167.5	8 264.4	15 621.9
食用油籽	54 608.6	40 705.8	51 821.5	32 693.2	21 829.8	37 791.7
大豆	2 589.6	781.2	742.3	2 535.1	946.3	1 934.6
花生	43 767.7	20 307.6	42 824.2	23 712.8	17 851.3	30 539.4
油菜籽						
食用植物油	4 440.7	5 545.6	27 992.6	25 166.9	6 834.9	26 260.3
豆油	253.9	162.0	11 506.0	2 768.6	581.6	1 741.4
菜籽油	68.5		14.0	14.8	27.1	20.9
棕榈油	1 891.6	4 028.8	12 701.2	17 611.9	1 859.3	19 761.0
食糖	802.4	8 336.1	10 590.1	12 571.9	3 844.4	1 716.0
蔬菜	166 971.4	207 451.0	177 494.8	217 619.6	252 164.0	259 631.0
水果						
畜产品						
猪肉	16 586.7	11 047.5	20 474.8	27 579.3	16 044.1	14 610.0
牛肉		41.1	7.5	0.5	30.9	17.5
羊肉			0.4		23.3	
家禽	20.2	25.5	114.3	864.1	338.8	534.2
蛋产品						
乳品	38 592.4	46 280.3	7 675.6	15 005.4	12 253.5	17 766.5
动物生皮	15 660.2	18 203.2	74 994.3	470.5	56.5	352.6
动物生毛皮						
羊毛		3.0				1.4
水产品						
饮品						
酒						
茶	33 417.1	105 798.2	115 948.8	104 991.3	134 556.6	136 964.0
咖啡	504 058.0	982 529.3	1 233 321.2	1 062 740.9	1 186 661.7	1 223 040.2

越南主要农产品出口量（二）

单位：吨

项　目	2011年	2012年	2013年	2014年	2015年
农产品					
谷物	7 252 237.0	8 025 436.7	6 754 504.4	6 549 172.2	
小麦产品	128 309.9	500.1	147 927.4	133 652.1	
玉米产品	4 803.4	7 858.0	7 826.1	77 168.9	
稻谷产品	7 118 672.9	8 017 078.6	6 598 162.5	6 338 015.7	
棉花	20 191.0	20 036.0	22 114.0	1 499.8	
食用油籽	15 680.4	3 715.7	30 193.5	22 711.2	
大豆	90.4	38.8	1 104.1	604.8	
花生	10 724.5		10 724.4	8 152.5	
油菜籽				3 100.1	
食用植物油	106 361.0		107 635.5	161 069.7	
豆油	55 513.0		67 786.1	116 497.3	
菜籽油	64.0		10.8	11.8	
棕榈油	46 375.9		36 992.3	43 573.7	
食糖	275 519.1		369 128.4	189 454.7	
蔬菜	318 258.5	116 841.5	277 660.3	539 668.5	
水果					
畜产品					
猪肉	24 436.7		16 640.5	16 119.6	
牛肉	6.2		11.2	203.7	
羊肉					
家禽	311.1		1 531.0	4 350.7	
蛋产品					
乳品	25 908.3		42 456.1	32 879.3	
动物生皮	617.7		300.2	915.0	
动物生毛皮					
羊毛	3.7		15.8	2.2	
水产品					
饮品					
酒					
茶	134 573.6	146 898.8	141 168.0	132 414.0	
咖啡	1 268 058.9	1 735 544.8	1 317 011.8	1 691 122.3	

4-8-4 越南主要农产品进口量（一）

单位：吨

项 目	2005年	2006年	2007年	2008年	2009年	2010年
农产品						
谷物	1 317 469.5	1 862 162.1	1 959 892.9	1 403 708.1	2 431 179.6	4 292 249.7
小麦产品	1 041 808.6	1 285 592.7	1 299 344.9	756 960.9	1 398 689.6	2 244 080.1
玉米产品	189 135.5	476 125.4	552 698.5	516 103.3	938 694.6	1 873 088.7
稻谷产品	50 056.6	49 913.1	52 340.9	67 092.7	60 463.1	69 043.5
棉花	109 675.4	183 577.6	211 072.2	299 183.9	305 529.3	357 087.0
食用油籽	5 850.1	24 001.7	67 925.2	182 591.8	136 232.3	221 127.8
大豆	4 292.8	21 535.1	63 572.6	177 401.6	131 295.5	216 051.3
花生	417.5	1 225.9	2 047.4	1 120.1	977.4	1 687.1
油菜籽	132.0	48.4	25.2		5.8	26.0
食用植物油	299 965.3	362 768.3	805 046.1	722 854.2	240 634.8	747 514.8
豆油	65 504.2	90 136.7	172 226.1	171 323.7	72 052.4	168 374.6
菜籽油	7 959.6	403.1	1 581.8	1 996.2	1 544.0	3 072.9
棕榈油	224 990.8	270 061.5	626 849.3	546 410.4	164 536.2	572 767.7
食糖	44 986.4	114 692.7	19 746.8	71 725.6	85 512.6	294 931.3
蔬菜	40 194.7	53 285.8	71 897.0	70 174.4	88 518.5	109 435.3
水果						
畜产品						
猪肉	72.2	103.4	49.5	9 192.0	1 120.9	702.2
牛肉	932.0	1 671.9	3 461.3	8 071.1	4 381.6	5 987.6
羊肉	147.3	137.3	289.2	288.9	825.7	1 055.7
家禽	628.1	8 417.4	45 011.2	85 779.6	38 767.9	40 917.6
蛋产品						
乳品	123 750.6	121 285.0	165 313.6	134 271.5	93 760.6	207 341.7
动物生皮	25 889.2	45 869.2	32 644.7	65 094.1	26 057.1	59 940.6
动物生毛皮						
羊毛	805.5	10.8	93.5	9.6	62.5	196.8
水产品						
饮品						
酒						
茶	842.4	910.5	2 976.5	868.0	1 344.2	1 340.7
咖啡	1 093.1	1 658.3	5 505.5	5 661.8	7 419.5	5 162.0

越南主要农产品进口量（二）

单位：吨

项　目	2011年	2012年	2013年	2014年	2015年
农产品					
谷物	3 770 195.9	4 066 725.8	4 152 720.5	6 977 261.6	
小麦产品	2 452 825.8	2 423 616.0	1 831 737.3	2 092 145.4	
玉米产品	1 145 954.3	1 615 503.1	2 187 771.5	4 765 045.8	
稻谷产品	78 810.4	27 606.7	67 685.9	61 745.2	
棉花	331 388.2	418 901.7	580 462.2	752 531.4	
食用油籽	1 000 983.6	1 292 949.2	1 314 952.8	1 552 905.9	
大豆	992 562.0	1 292 949.2	1 302 521.8	1 523 880.4	
花生	3 363.5		5 030.3	13 464.4	
油菜籽				4 093.9	
食用植物油	846 434.9		471 460.1	595 778.9	
豆油	161 422.5		57 500.1	77 468.6	
菜籽油	7 258.6		2 715.5	4 017.5	
棕榈油	673 039.3		404 546.8	508 008.2	
食糖	260 514.0		78 447.4	55 482.1	
蔬菜	117 775.8	16 874.1	54 954.9	126 330.9	
水果					
畜产品					
猪肉	6 157.8		2 383.5	3 000.4	
牛肉	8 132.3		11 661.1	16 903.4	
羊肉	752.0		1 203.2	1 275.7	
家禽	61 485.5		44 192.5	59 239.6	
蛋产品					
乳品	202 990.1		202 836.6	203 945.3	
动物生皮	60 586.3		28 770.5	52 271.5	
动物生毛皮					
羊毛			58.8	89.2	
水产品					
饮品					
酒					
茶	1 616.8	3 916.8	4 388.6	1 958.5	
咖啡	11 302.4	14 008.6	23 412.2	2 050.5	

4-9 哈萨克斯坦主要农产品贸易情况

4-9-1 哈萨克斯坦主要农产品出口额（一）

单位：万美元

项　目	2005年	2006年	2007年	2008年	2009年	2010年
农产品	85 587.2	125 824.4	222 952.6	311 548.2	173 332.2	204 344.9
谷物	38 377.8	74 167.4	163 627.9	248 484.1	125 137.9	153 364.6
小麦产品	36 209.0	69 510.7	150 972.9	230 806.0	120 737.5	144 996.3
玉米产品	61.7	179.6	51.3	106.8	102.1	143.1
稻谷产品	960.5	494.4	1 228.1	1 331.7	357.7	2 807.6
棉花	16 876.6	18 479.6	18 368.6	13 176.2	8 761.4	9 323.7
食用油籽	310.6	801.6	1 567.1	2 692.3	2 459.6	3 124.4
大豆	114.0	78.8	159.5	287.9	177.7	76.5
花生	3.6	1.7	0.5		2.2	2.4
油菜籽	60.0	612.3	1 148.2	2 020.8	1 338.0	1 053.6
食用植物油	774.8	1 195.4	1 569.2	739.8	2 501.1	4 020.3
豆油	11.7	94.7	280.2	2.1	32.0	107.4
菜籽油		34.7	14.9	18.5		
棕榈油			0.1		0.6	
食糖	5 656.5	4 289.3	1 578.9	971.2	125.7	998.1
蔬菜	3 238.2	5 652.9	5 590.8	7 963.3	3 353.9	2 101.0
水果	2 709.6	4 335.9	5 728.6	6 302.0	4 255.6	1 333.0
畜产品	3 910.4	3 026.0	1 948.7	1 840.8	2 092.5	1 709.6
猪肉	22.2	16.5			8.4	
牛肉	19.2	3.9		127.0	8.7	
羊肉					5.0	176.3
家禽	222.2	134.3	374.3	276.8	269.1	281.7
蛋产品	1.1		0.5	2.6		0.2
乳品	1 950.6	1 378.7	869.9	802.8	985.3	280.7
动物生皮	899.0	916.2	132.7	142.2	180.9	336.6
动物生毛皮	1.9	0.8	1.3			10.6
羊毛	250.2	359.7	266.8	314.1	441.6	341.7
水产品	5 396.0	5 065.3	8 147.3	8 409.9	8 663.2	9 343.7
饮品	1 126.2	1 066.3	1 612.3	2 417.7	2 907.5	4 206.7
酒	315.9	371.0	694.4	592.8	764.5	434.4
茶	66.1	75.1	75.6	218.0	168.0	148.4
咖啡	50.3	25.6	8.8	5.8	88.2	338.0

哈萨克斯坦主要农产品出口额（二）

单位：万美元

项　目	2011 年	2012 年	2013 年	2014 年	2015 年
农产品	191 773.0	320 607.0	284 357.6	271 709.2	247 623.3
谷物	131 731.2	230 578.1	189 675.1	170 092.9	186 837.7
小麦产品	116 062.9	220 618.2	181 052.1	152 185.3	173 081.0
玉米产品	436.0	254.9	144.3	687.8	620.3
稻谷产品	3 670.8	1 746.8	2 253.3	2 368.0	2 568.8
棉花	7 334.9	8 856.3	13 432.8	8 092.4	3 847.6
食用油籽	8 880.5	24 146.2	16 530.2	25 589.4	19 963.3
大豆	217.2	908.5	942.7	1 080.1	680.8
花生	44.4	97.9	39.8	19.8	1.6
油菜籽	3 260.7	3 378.9	4 266.7	5 940.0	2 124.2
食用植物油	3 127.7	4 790.9	4 392.0	4 956.6	3 836.7
豆油	257.2	623.0	608.0	498.7	568.0
菜籽油	99.5	132.5	124.6	580.5	606.7
棕榈油		7.2			
食糖	646.0	154.0	998.7	189.2	40.4
蔬菜	637.2	1 027.2	898.2	1 130.3	620.2
水果	2 914.7	4 220.7	4 021.9	3 381.1	1 030.3
畜产品	2 488.0	2 849.9	4 659.3	7 719.0	1 849.2
猪肉	59.0	29.8	12.4	182.4	6.7
牛肉	13.1	0.1	130.4	904.5	0.5
羊肉	251.6	0.3	21.8	11.6	
家禽	292.1	1 138.4	886.0	1 623.3	201.9
蛋产品	3.8	3.0		344.0	177.7
乳品	403.5	548.6	2 059.6	2 685.8	470.6
动物生皮	326.1	397.6	441.7	75.2	26.4
动物生毛皮	8.1	15.2	23.6	16.9	3.4
羊毛	671.6	380.8	452.5	537.5	432.2
水产品	8 083.5	7 009.0	8 111.1	8 382.5	4 967.1
饮品	6 836.2	8 534.2	10 407.9	11 232.0	4 866.6
酒	466.0	703.6	789.5	970.1	552.5
茶	384.2	612.2	719.6	732.4	195.0
咖啡	544.6	856.9	826.7	899.1	573.6

4-9-2 哈萨克斯坦主要农产品进口额（一）

单位：万美元

项 目	2005年	2006年	2007年	2008年	2009年	2010年
农产品	131 033.7	172 822.4	234 364.8	301 703.7	247 873.6	235 263.7
谷物	1 336.6	2 285.8	3 389.4	5 778.9	6 332.6	2 119.3
小麦产品	129.0	276.5	173.0	774.7	1 428.7	130.4
玉米产品	57.4	73.9	135.0	165.5	297.4	192.8
稻谷产品	334.9	703.7	800.0	1 648.4	2 777.4	997.4
棉花	2 682.2	5 055.8	5 224.9	425.7	48.5	346.4
食用油籽	1 784.5	2 155.8	3 661.0	2 339.0	4 654.2	3 318.5
大豆	569.2	211.4	1 425.0	23.9	182.7	11.7
花生	77.5	112.8	196.5	184.1	333.3	732.9
油菜籽	158.5	331.5	77.3	138.8	144.7	235.2
食用植物油	4 836.7	4 425.6	7 026.5	18 561.4	9 458.1	7 567.7
豆油	0.2	0.2		59.2	0.1	0.7
菜籽油	16.1	23.1	19.7	157.9	52.0	6.8
棕榈油	1 398.4	615.1	987.6	2 157.5	956.5	694.8
食糖	20 024.4	23 959.8	18 368.3	27 061.2	20 865.7	28 652.0
蔬菜	4 743.7	7 219.5	10 836.3	14 770.5	12 541.4	18 150.6
水果	12 104.6	16 297.6	24 747.3	31 106.7	28 231.3	33 767.7
畜产品	24 165.4	31 960.7	45 080.4	59 712.9	47 790.9	45 220.4
猪肉	226.9	367.7	493.6	1 005.0	945.5	1 335.1
牛肉	673.2	1 575.2	2 456.7	1 969.8	1 055.5	2 228.5
羊肉	45.4	24.9	17.5	49.3	33.4	19.1
家禽	6 397.2	8 446.7	9 227.0	9 335.0	8 332.4	12 115.5
蛋产品	595.5	1 049.8	1 963.8	2 117.8	1 900.7	969.7
乳品	13 300.8	16 488.4	24 737.3	36 009.2	27 589.1	22 641.7
动物生皮	80.0	49.3	25.6	66.4	52.8	1.4
动物生毛皮	5.2	0.5	1.3	1.5		0.2
羊毛	25.2	26.3	19.6	10.3	6.2	7.9
水产品	2 441.6	3 444.3	5 669.4	7 856.6	6 814.3	5 811.2
饮品	24 255.1	33 506.4	51 557.3	57 393.9	45 678.3	40 018.1
酒	8 617.3	12 111.6	20 382.1	20 355.7	12 713.8	9 605.5
茶	4 451.7	5 792.6	7 744.2	9 840.7	9 374.0	11 611.3
咖啡	970.6	1 470.5	2 138.9	2 331.9	2 473.1	1 941.1

哈萨克斯坦主要农产品进口额（二）

单位：万美元

项　目	2011 年	2012 年	2013 年	2014 年	2015 年
农产品	402 821.6	427 993.6	460 609.5	435 874.6	198 187.9
谷物	6 766.3	4 965.1	4 090.5	4 308.2	841.3
小麦产品	851.0	547.4	290.2	461.9	21.3
玉米产品	243.4	252.0	290.0	443.1	548.6
稻谷产品	1 574.1	1 978.7	1 812.7	2 296.7	234.6
棉花	417.5	887.3	63.5	121.3	399.8
食用油籽	5 422.5	9 808.5	9 942.0	10 159.7	3 422.5
大豆	46.5	72.2	408.0	217.2	23.1
花生	1 155.5	2 099.4	1 818.4	1 527.0	1 617.2
油菜籽	111.4	282.8	434.4	597.7	370.9
食用植物油	14 350.2	11 405.9	10 983.4	10 290.0	1 222.6
豆油	8.7	240.9	1.9	42.3	2.0
菜籽油	3.0	6.3	141.5	338.4	0.3
棕榈油	1 262.0	1 886.5	1 268.8	1 679.1	885.9
食糖	34 562.5	26 301.7	24 046.9	24 839.1	16 156.7
蔬菜	34 407.8	30 730.8	39 355.8	37 450.4	28 382.7
水果	65 263.8	73 304.4	84 327.4	81 051.5	50 431.5
畜产品	79 979.7	91 168.6	89 767.4	82 154.6	25 818.7
猪肉	1 812.3	2 343.3	1 985.1	1 195.5	391.8
牛肉	3 639.0	6 480.4	6 908.2	4 318.6	2 335.7
羊肉	33.9	174.1	103.3	41.7	27.2
家禽	19 278.1	22 670.0	20 208.9	18 351.1	11 436.2
蛋产品	1 976.8	1 273.2	998.6	822.4	123.3
乳品	35 750.9	37 022.9	40 182.1	40 034.1	8 717.7
动物生皮	22.8	0.7	15.5	14.2	30.1
动物生毛皮	0.1	0.2	0.3	0.4	
羊毛	14.9	42.3	11.8	4.4	
水产品	8 973.0	9 171.1	9 185.0	8 678.2	3 971.7
饮品	64 322.7	72 618.0	79 440.4	70 874.0	30 622.6
酒	17 730.4	20 155.1	21 816.9	20 393.5	8 907.4
茶	12 686.2	14 605.6	15 486.6	13 875.6	10 236.9
咖啡	3 261.8	3 925.2	4 078.9	3 597.3	994.5

4-9-3 哈萨克斯坦主要农产品出口量（一）

单位：吨

项 目	2005年	2006年	2007年	2008年	2009年	2010年
农产品						
谷物	2 971 798.4	5 736 688.4	8 339 269.3	7 451 304.1	5 827 550.3	7 803 659.2
小麦产品	2 831 149.0	5 317 277.4	7 632 738.3	6 751 393.2	5 477 055.1	7 365 608.8
玉米产品	4 265.1	13 392.2	3 068.0	2 373.2	4 575.1	6 482.3
稻谷产品	36 931.5	25 556.1	43 520.3	28 505.3	8 212.8	50 306.8
棉花	180 519.9	201 977.0	179 981.3	99 228.8	79 502.1	66 842.5
食用油籽	10 054.8	36 862.0	50 151.5	56 468.7	75 398.5	81 239.8
大豆	2 915.0	2 339.9	4 497.8	6 842.2	4 568.0	2 461.4
花生	115.9	45.9	16.9		30.4	41.7
油菜籽	3 000.0	30 350.4	34 971.1	43 632.7	42 402.5	30 654.0
食用植物油	9 861.1	17 124.1	18 176.0	4 832.9	24 949.4	34 597.5
豆油	189.2	1 206.9	3 128.1	26.2	362.7	1 071.8
菜籽油		702.1	195.0	135.1	0.2	
棕榈油			0.5		1.9	
食糖	142 677.4	84 554.9	33 595.1	17 226.2	2 338.8	13 221.2
蔬菜	152 129.0	163 232.8	157 628.0	141 006.8	119 449.1	122 917.8
水果						
畜产品						
猪肉	108.3	75.0			22.0	
牛肉	115.8	21.0		399.9	22.0	
羊肉					15.9	324.5
家禽	255.4	148.3	3 196.1	2 661.2	262.8	1 736.3
蛋产品						
乳品	16 075.3	7 776.4	6 045.9	3 645.7	4 684.9	1 579.6
动物生皮	18 740.7	14 935.6	3 963.0	4 659.6	6 675.0	13 306.4
动物生毛皮						
羊毛	3 199.8	5 304.6	4 238.0	4 866.2	7 568.6	5 611.7
水产品						
饮品						
酒						
茶	236.9	340.3	259.4	731.9	427.6	442.1
咖啡	126.4	65.8	61.1	43.9	202.7	558.0

哈萨克斯坦主要农产品出口量（二）

单位：吨

项　目	2011 年	2012 年	2013 年	2014 年	2015 年
农产品					
谷物	5 401 234.5	10 111 739.4	7 198 279.7	6 870 589.1	5 629 219.8
小麦产品	4 793 386.3	9 704 192.4	6 883 350.2	6 053 120.4	4 923 335.6
玉米产品	11 014.8	12 475.4	6 944.3	25 869.8	29 140.4
稻谷产品	67 623.5	50 704.7	57 763.4	57 762.0	46 388.2
棉花	32 540.3	56 567.3	82 199.4	50 774.4	30 249.4
食用油籽	174 830.0	448 877.1	337 782.2	575 970.7	537 116.3
大豆	6 449.1	22 320.0	20 416.1	19 940.2	14 919.2
花生	916.1	1 660.0	1 060.6	727.0	15.4
油菜籽	52 167.7	66 371.2	96 054.6	127 557.6	56 200.2
食用植物油	21 076.9	35 924.5	34 049.2	47 552.4	39 255.3
豆油	1 964.8	5 381.8	5 128.1	5 139.2	5 968.0
菜籽油	984.3	1 094.0	2 351.7	6 840.9	6 527.3
棕榈油		86.0			
食糖	6 636.2	2 168.0	14 263.0	2 529.7	628.4
蔬菜	29 207.7	74 085.4	38 809.6	52 330.4	37 045.8
水果					
畜产品					
猪肉	260.8	152.5	59.8	1 107.9	84.0
牛肉	18.9	0.3	265.7	2 383.4	1.7
羊肉	369.4	0.4	15.5	24.8	
家禽	607.8	15 008.8	3 526.9	6 673.5	611.9
蛋产品					
乳品	2 970.7	4 672.0	23 800.7	30 063.2	3 230.4
动物生皮	11 184.9	17 841.1	23 101.8	4 230.2	1 832.5
动物生毛皮					
羊毛	9 486.6	4 858.8	5 699.3	5 989.5	4 715.3
水产品					
饮品					
酒					
茶	763.9	1 382.3	1 527.1	1 509.4	447.3
咖啡	462.3	807.0	954.8	1 107.8	897.2

4-9-4 哈萨克斯坦主要农产品进口量（一）

单位：吨

项 目	2005年	2006年	2007年	2008年	2009年	2010年
农产品						
谷物	51 250.8	89 378.8	96 915.0	136 562.7	199 208.1	45 416.7
小麦产品	4 992.7	20 298.6	4 205.1	31 728.9	86 356.0	4 193.2
玉米产品	1 063.4	960.0	3 012.0	2 372.1	8 916.7	3 310.5
稻谷产品	7 546.9	15 004.5	16 404.5	27 150.6	42 595.4	18 422.9
棉花	27 275.5	50 523.1	47 460.3	3 252.6	549.7	1 381.5
食用油籽	50 551.7	69 566.8	113 632.6	31 023.0	83 013.6	21 702.2
大豆	16 091.2	6 967.2	47 277.7	518.7	4 160.3	132.4
花生	706.1	1 063.7	1 579.1	1 139.7	2 299.1	5 678.9
油菜籽	308.0	477.0	246.7	283.5	237.4	1 705.9
食用植物油	72 454.2	64 619.3	64 632.9	120 165.7	104 025.2	72 693.1
豆油	2.8	2.1	0.4	1 181.0	0.3	4.4
菜籽油	176.4	221.5	166.7	960.0	647.3	48.3
棕榈油	22 025.4	11 075.2	10 998.3	17 451.9	9 573.6	6 600.5
食糖	593 828.7	467 873.7	468 772.0	548 621.5	361 710.4	411 008.1
蔬菜	85 369.7	146 206.9	179 718.0	215 927.3	241 433.7	402 431.9
水果						
畜产品						
猪肉	1 614.0	2 907.3	4 261.7	9 074.1	8 175.5	7 465.9
牛肉	5 485.5	13 284.3	18 842.8	11 689.3	6 032.2	10 403.5
羊肉	171.5	112.5	34.6	276.6	130.8	61.0
家禽	110 900.8	153 012.7	148 038.6	133 777.0	109 986.5	125 647.0
蛋产品						
乳品	112 084.0	130 204.0	147 249.8	177 051.6	174 689.3	125 081.5
动物生皮	940.5	593.6	347.4	1 765.7	1 413.6	34.0
动物生毛皮						
羊毛	430.7	383.3	138.5	64.0	18.7	19.4
水产品						
饮品						
酒						
茶	24 174.1	27 839.3	27 666.2	31 501.4	26 657.2	28 674.0
咖啡	4 373.4	5 784.1	7 433.1	6 719.4	7 631.1	6 194.4

哈萨克斯坦主要农产品进口量（二）

单位：吨

项　目	2011年	2012年	2013年	2014年	2015年
农产品					
谷物	119 712.7	110 123.7	62 504.8	80 822.6	22 508.7
小麦产品	25 636.3	28 217.1	4 439.9	13 153.5	220.1
玉米产品	2 556.6	2 417.2	2 450.8	9 234.7	17 849.8
稻谷产品	19 473.7	32 706.2	25 037.3	32 916.6	4 189.1
棉花	2 344.7	5 627.1	418.2	808.0	2 831.5
食用油籽	24 459.2	115 850.6	115 747.0	57 907.9	21 253.2
大豆	422.3	969.6	63 306.9	4 268.6	395.4
花生	8 075.7	14 747.3	15 990.2	12 965.1	17 375.3
油菜籽	162.4	5 295.0	2 132.3	3 517.9	336.0
食用植物油	154 286.6	90 236.9	110 065.5	111 738.4	10 472.0
豆油	53.1	2 351.9	8.1	670.2	11.2
菜籽油	20.9	43.2	1 065.6	4 641.0	1.3
棕榈油	8 613.1	14 329.0	11 115.7	15 626.5	8 693.5
食糖	409 282.3	405 619.8	470 284.8	490 960.5	374 667.9
蔬菜	559 234.7	475 369.4	731 974.6	611 368.4	578 664.9
水果					
畜产品					
猪肉	9 266.5	12 001.6	11 051.6	7 928.0	3 347.4
牛肉	12 666.0	20 637.8	23 426.3	16 830.3	11 247.7
羊肉	72.1	634.8	757.0	287.2	64.0
家禽	160 779.7	196 036.0	173 738.3	176 229.1	134 103.4
蛋产品					
乳品	163 486.5	181 799.4	171 556.1	176 229.1	41 223.3
动物生皮	226.7	1.3	54.4	917.8	882.3
动物生毛皮					
羊毛	68.1	227.0	104.2	49.0	
水产品					
饮品					
酒					
茶	29 968.3	34 535.6	34 134.9	32 610.3	27 283.5
咖啡	7 121.7	7 540.2	8 003.9	7 647.1	3 556.1

4-10 吉尔吉斯斯坦主要农产品贸易情况

4-10-1 吉尔吉斯斯坦主要农产品出口额（一）

单位：万美元

项 目	2005年	2006年	2007年	2008年	2009年	2010年
农产品	12 991.6	14 668.3	20 084.4	21 816.3	18 276.7	22 547.2
谷物	18.6	35.3	84.9	145.4	292.8	167.0
小麦产品	17.2	30.1	73.2	80.9	46.6	0.9
玉米产品		0.8		0.8		20.1
稻谷产品	0.6	4.4	6.9	63.7	246.2	146.0
棉花	4 140.1	3 637.0	2 930.8	2 377.1	2 155.7	2 779.3
食用油籽	32.6	24.1	42.4	15.6	53.5	85.1
大豆	5.2	1.0	3.4			
花生	0.7	4.7		4.5	6.4	0.7
油菜籽						
食用植物油	10.4	0.2	13.7	10.2	2.2	
豆油						
菜籽油						
棕榈油						
食糖	1 120.2	485.3	286.2	57.6	0.1	19.2
蔬菜	553.3	780.8	1 639.3	2 378.4	1 752.3	3 307.0
水果	384.3	770.9	2 417.2	4 116.6	3 103.3	3 009.9
畜产品	2 956.1	3 690.4	4 456.2	5 113.0	3 191.5	4 708.3
猪肉		5.7				
牛肉	1.0		4.4	4.7	7.6	6.1
羊肉		3.6	1.2	2.8	3.7	528.4
家禽	56.0	51.0	34.0	33.1	34.4	34.6
蛋产品	8.3	5.5	11.0	9.1		
乳品	1 391.3	2 016.8	2 535.2	3 012.7	2 197.0	3 217.5
动物生皮	867.5	1 087.0	1 150.1	1 248.9	155.1	159.0
动物生毛皮	10.6	5.5	8.5	8.1	2.7	0.2
羊毛	195.1	153.8	178.7	106.3	124.1	112.8
水产品	2.1	2.7	27.2	36.9	41.2	31.3
饮品	823.3	317.8	556.3	715.5	844.1	951.3
酒	6.6	11.3	32.6	58.3	35.2	87.5
茶	108.6	44.4	30.5	30.7	23.8	47.5
咖啡	15.0	1.3	13.1	2.2	2.3	8.9

吉尔吉斯斯坦主要农产品出口额（二）

单位：万美元

项　目	2011年	2012年	2013年	2014年	2015年
农产品	26 172.7	26 578.9	26 847.7		16 544.9
谷物	127.5	17.7	34.2		8.0
小麦产品	19.1	1.2	3.3		1.8
玉米产品	21.0	0.2	14.0		2.3
稻谷产品	83.9	16.3	16.9		3.6
棉花	3 101.9	3 387.8	1 987.9		1 589.4
食用油籽	31.8	34.1	106.1		50.8
大豆					
花生	0.4	12.8	1.5		0.4
油菜籽					
食用植物油		1.1	7.3		0.8
豆油			7.2		
菜籽油					
棕榈油					0.2
食糖	0.9	0.4	1.2		0.2
蔬菜	4 425.8	4 099.8	3 617.3		1 244.6
水果	3 471.5	5 011.5	4 479.3		831.8
畜产品	4 676.6	4 680.3	4 477.3		3 069.5
猪肉					
牛肉	10.2	12.0	9.5		0.1
羊肉	52.4	4.8	2.6		
家禽	74.1	79.0	112.3		56.0
蛋产品		1.0			1.0
乳品	2 706.9	2 367.0	1 761.1		1 770.0
动物生皮	581.3	642.6	607.9		354.7
动物生毛皮	1.1		0.1		
羊毛	89.3	50.4	92.5		70.1
水产品	55.9	6.9	8.6		10.2
饮品	1 470.1	873.8	627.5		345.0
酒	128.8	96.2	82.6		88.7
茶	107.8	142.1	147.7		52.9
咖啡	13.9	19.7	23.1		43.2

4-10-2 吉尔吉斯斯坦主要农产品进口额（一）

单位：万美元

项 目	2005年	2006年	2007年	2008年	2009年	2010年
农产品	17 187.2	25 258.7	38 117.2	54 109.6	50 714.5	54 887.0
谷物	2 836.0	4 268.9	9 546.7	14 815.0	11 256.9	8 456.2
小麦产品	2 658.4	3 301.4	8 517.4	13 342.1	8 482.6	7 016.8
玉米产品	29.3	11.7	49.1	6.0	19.1	28.3
稻谷产品	124.6	895.0	827.9	1 242.1	2 438.5	1 259.9
棉花	2.5	38.8	28.3	41.6	26.2	91.9
食用油籽	33.9	7.0	21.8	23.6	193.3	193.7
大豆	6.6	4.2	5.3	4.5	18.5	28.6
花生	0.3	0.3		1.0	3.2	7.9
油菜籽						
食用植物油	788.4	1 086.9	1 858.6	3 497.6	3 485.7	4 732.1
豆油	47.9	39.1	10.2	23.0	32.6	197.1
菜籽油		0.2	10.5	23.5		
棕榈油	104.0	140.4	195.6	295.7	193.9	230.8
食糖	2 332.9	4 604.6	3 454.8	3 744.8	4 611.4	4 648.6
蔬菜	346.6	494.5	758.4	1 059.2	920.1	722.6
水果	1 268.2	1 805.7	2 085.7	2 873.6	3 333.4	3 678.6
畜产品	1 473.7	2 413.0	4 173.3	6 074.0	6 414.5	9 637.8
猪肉	60.9	594.4	743.5	714.3	408.4	1 385.1
牛肉	6.8	33.5	105.0	77.4	9.4	56.7
羊肉				1.4		
家禽	610.9	639.1	1 338.2	2 699.9	3 960.8	5 994.2
蛋产品	5.5	12.6	32.0	67.5	227.8	294.4
乳品	371.4	802.9	1 541.4	2 008.3	1 552.7	1 414.9
动物生皮	264.7	130.6	174.6	166.7	113.6	90.6
动物生毛皮				0.8		
羊毛	122.8	120.3	148.0	177.3	28.8	29.4
水产品	269.6	397.1	567.2	724.1	806.4	929.1
饮品	3 559.4	4 674.1	7 733.8	11 151.4	10 200.9	10 941.1
酒	1 577.0	1 731.6	2 651.8	3 373.0	2 706.1	2 629.9
茶	300.2	376.7	356.5	508.8	532.9	559.8
咖啡	54.9	86.2	148.1	204.7	355.3	479.3

吉尔吉斯斯坦主要农产品进口额（二）

单位：万美元

项　目	2011年	2012年	2013年	2014年	2015年
农产品	71 461.5	79 305.3	85 573.6		57 885.6
谷物	12 623.4	13 748.6	15 100.8		8 631.8
小麦产品	11 265.8	11 881.3	13 393.8		7 448.5
玉米产品	118.4	55.0	143.3		77.0
稻谷产品	857.2	1 318.1	1 231.8		901.5
棉花	26.0	26.8	14.2		24.8
食用油籽	457.2	504.3	472.1		810.4
大豆	66.9	142.6	75.2		17.0
花生	14.7	19.5	17.8		50.6
油菜籽	0.1				0.2
食用植物油	5 707.9	5 897.3	6 598.6		5 248.9
豆油	216.3		60.7		5.7
菜籽油	9.9	112.9	53.0		2.4
棕榈油	334.6	364.3	514.6		337.0
食糖	7 790.5	6 484.6	5 696.3		3 948.9
蔬菜	1 211.2	1 161.9	1 309.9		1 487.8
水果	4 449.7	5 002.7	6 343.5		3 626.2
畜产品	9 303.6	10 287.2	11 311.5		6 563.2
猪肉	984.6	1 177.1	593.0		519.1
牛肉	237.2	431.6	63.3		13.7
羊肉	2.1				
家禽	5 761.2	5 851.9	7 597.2		4 195.6
蛋产品	404.3	213.8	214.3		119.0
乳品	1 343.6	1 591.0	1 629.3		960.6
动物生皮	197.4	436.7	469.6		206.1
动物生毛皮					
羊毛	22.6	50.5	31.8		9.2
水产品	1 194.2	1 516.5	1 638.9		1 026.4
饮品	14 314.6	16 801.7	15 925.2		10 622.0
酒	3 412.2	3 416.2	3 158.8		1 925.2
茶	707.2	1 010.3	983.2		1 042.9
咖啡	631.6	794.6	804.5		546.2

4-10-3 吉尔吉斯斯坦主要农产品出口量（一）

单位：吨

项　目	2005年	2006年	2007年	2008年	2009年	2010年
农产品						
谷物	781.4	1 347.7	2 370.1	3 147.0	6 543.2	5 052.3
小麦产品	741.9	1 246.6	2 119.6	1 733.5	1 268.2	68.0
玉米产品		17.6	0.7	12.0		1 727.9
稻谷产品	10.4	83.5	127.9	1 401.5	5 274.8	3 256.4
棉花	52 360.7	46 523.1	32 992.8	23 743.2	22 091.4	19 842.9
食用油籽	1 286.4	715.4	1 060.0	329.2	1 075.7	1 970.3
大豆	164.2	31.9	123.6			
花生	13.2	108.2		64.3	104.9	12.0
油菜籽						
食用植物油	122.6	2.8	76.7	168.8	4.6	
豆油						
菜籽油						
棕榈油						
食糖	30 997.4	11 112.5	5 829.6	1 335.7	0.4	201.4
蔬菜	32 434.7	50 064.6	66 472.4	81 709.3	71 217.2	221 373.0
水果						
畜产品						
猪肉		63.0				
牛肉	4.1		13.0	12.8	29.8	15.2
羊肉		13.9	3.1	6.4	7.9	1 020.6
家禽	25.4	30.0	63.6	66.8	385.2	21.4
蛋产品						
乳品	22 318.3	38 304.8	34 103.2	29 499.9	23 386.3	32 669.3
动物生皮	19 118.3	24 048.5	29 091.9	6 786.1	928.3	7 885.4
动物生毛皮						
羊毛	1 702.6	1 701.4	2 225.6	1 207.8	1 669.0	1 219.7
水产品						
饮品						
酒						
茶	376.5	683.0	410.5	259.8	245.5	327.3
咖啡	22.1	18.4	62.6	43.5	18.2	39.0

吉尔吉斯斯坦主要农产品出口量（二）

单位：吨

项　目	2011年	2012年	2013年	2014年	2015年
农产品					
谷物	2 975.1	278.5	817.3		137.1
小麦产品	662.0	5.3	95.0		50.1
玉米产品	599.0	0.3	509.1		45.3
稻谷产品	1 520.1	272.1	211.1		36.2
棉花	21 232.1	26 945.1	15 472.1		12 787.6
食用油籽	600.9	432.9	2 053.5		1 003.8
大豆					
花生	2.1	143.4	10.4		5.3
油菜籽					
食用植物油		1.7	50.2		15.0
豆油			50.0		
菜籽油					
棕榈油					2.0
食糖	7.3	2.5	10.9		1.4
蔬菜	224 250.9	166 984.9	177 080.2		124 029.4
水果					
畜产品					
猪肉					
牛肉	17.6	19.9	16.5		0.1
羊肉	105.8	7.5	4.4		
家禽	35.4	72.5	132.9		309.2
蛋产品					
乳品	23 608.1	23 512.1	14 061.0		23 661.7
动物生皮	29 371.0	25 079.2	27 761.7		18 843.6
动物生毛皮					
羊毛	2 296.0	820.0	1 349.7		1 343.2
水产品					
饮品					
酒					
茶	401.5	474.7	585.3		200.1
咖啡	52.7	18.0	51.8		81.6

4-10-4 吉尔吉斯斯坦主要农产品进口量（一）

单位：吨

项目	2005年	2006年	2007年	2008年	2009年	2010年
农产品						
谷物	219 385.2	310 824.6	466 318.4	468 006.9	499 946.8	404 279.5
小麦产品	210 801.2	271 201.3	424 080.9	414 982.7	410 449.3	375 041.3
玉米产品	2 965.1	1 427.5	3 086.1	308.5	992.6	310.0
稻谷产品	4 752.8	35 080.1	32 626.2	44 779.9	67 611.8	24 186.0
棉花	89.6	323.1	684.3	410.8	366.4	728.7
食用油籽	814.2	129.5	830.4	524.3	5 548.8	2 899.4
大豆	136.2	96.5	300.1	214.0	908.6	1 543.0
花生	7.7	1.0		3.1	13.2	26.9
油菜籽						
食用植物油	11 077.0	14 219.2	19 051.9	24 012.2	33 559.9	39 799.3
豆油	553.4	329.5	122.7	309.7	204.2	1 363.3
菜籽油	0.1	0.6	191.8	185.4		
棕榈油	1 703.6	2 278.1	2 373.6	3 294.7	1 816.2	2 116.7
食糖	73 666.8	101 668.3	83 841.5	71 924.4	81 692.5	61 876.1
蔬菜	5 945.7	12 582.2	18 520.6	17 161.7	14 398.3	10 106.1
水果						
畜产品						
猪肉	867.1	8 429.6	7 929.3	7 116.6	3 147.0	9 712.7
牛肉	49.0	329.7	1 190.2	685.9	66.9	356.2
羊肉				13.7		
家禽	11 823.0	11 527.1	23 372.8	41 649.8	59 357.9	87 675.5
蛋产品						
乳品	2 631.0	4 565.6	7 607.8	9 163.9	9 385.6	7 944.5
动物生皮	9 325.1	4 667.1	5 077.1	629.8	604.0	4 367.2
动物生毛皮						
羊毛	657.4	518.9	802.1	455.8	326.8	104.5
水产品						
饮品						
酒						
茶	3 930.1	4 169.3	3 880.7	4 268.7	4 109.8	3 900.5
咖啡	675.0	723.7	747.5	867.7	913.2	1 078.3

吉尔吉斯斯坦主要农产品进口量（二）

单位：吨

项　目	2011年	2012年	2013年	2014年	2015年
农产品					
谷物	454 861.5	606 658.0	536 329.0		405 807.6
小麦产品	426 475.9	553 038.2	501 636.2		374 835.8
玉米产品	608.2	1 952.5	3 966.7		4 750.0
稻谷产品	16 297.5	28 015.9	23 119.5		17 820.9
棉花	118.7	472.9	264.7		391.8
食用油籽	6 496.4	11 265.0	13 366.2		5 000.0
大豆	3 571.5	7 279.2	4 472.2		1 170.3
花生	35.7	47.3	58.6		284.0
油菜籽	20.0				27.5
食用植物油	36 737.1	41 932.6	47 809.2		58 807.8
豆油	1 336.0	0.1	390.7		65.0
菜籽油	98.3	897.8	403.3		28.8
棕榈油	2 293.3	2 472.1	3 806.6		2 900.0
食糖	86 739.1	85 036.6	82 723.4		69 928.0
蔬菜	12 854.3	9 481.7	12 439.2		20 972.8
水果					
畜产品					
猪肉	6 754.6	5 853.5	2 301.1		2 073.4
牛肉	1 659.7	2 596.9	228.4		22.3
羊肉	20.0				
家禽	73 576.7	67 526.0	55 376.1		30 460.3
蛋产品					
乳品	7 607.7	9 672.1	9 574.4		7 613.6
动物生皮	8 091.1	21 091.0	25 425.1		7 785.0
动物生毛皮					
羊毛	178.0	100.8	358.9		273.7
水产品					
饮品					
酒					
茶	4 030.8	5 181.2	4 816.2		3 998.6
咖啡	1 370.3	906.9	1 242.9		976.6

4-11 沙特阿拉伯主要农产品贸易情况

4-11-1 沙特阿拉伯主要农产品出口额（一）

单位：万美元

项　目	2005年	2006年	2007年	2008年	2009年	2010年
农产品	130 851.7	155 239.3	217 797.0	68 741.6	101 753.3	312 001.8
谷物	1 117.4	1 465.9	2 162.5			1 847.7
小麦产品	59.5	98.7	114.6			494.1
玉米产品	52.2	202.9	84.5			169.4
稻谷产品	865.6	1 083.5	1 779.8			805.6
棉花	10.6	4.7	9.9			
食用油籽	100.4	85.2	143.9			92.1
大豆	0.2	1.2				
花生	52.4	40.0	76.6			40.4
油菜籽	0.2	0.2				
食用植物油	4 970.8	4 562.5	8 396.7	5 029.3	5 508.7	16 135.8
豆油	13.1	19.0	41.6	710.0	1 066.8	3 229.0
菜籽油	26.9	9.9	17.9			
棕榈油	92.4	143.5	622.2			1 260.5
食糖	5 705.9	13 408.5	26 049.8	14 828.1	11 541.4	26 257.9
蔬菜	22 747.3	23 595.2	30 216.9	11 197.5	15 617.5	40 703.4
水果	19 543.3	22 525.4	29 678.1	11 003.8	14 165.0	44 497.1
畜产品	54 415.2	62 732.0	82 419.9	29 844.5	38 423.8	120 499.1
猪肉						
牛肉	387.1	693.2	1 261.4		20.0	4 200.6
羊肉	1 352.6	1 592.8	1 317.3	800.8	734.1	479.7
家禽	6 288.4	7 506.5	7 641.0	645.6		6 658.9
蛋产品	1 554.8	3 375.9	3 505.5			6 359.4
乳品	35 682.4	40 392.5	54 901.9	28 398.2	37 669.8	83 536.7
动物生皮	1 985.6	1 020.9	1 364.1			22.5
动物生毛皮	10.9	5.0				
羊毛	828.7	973.7	756.9			569.5
水产品	4 788.8	5 167.5	6 849.8	4 529.1	5 134.0	12 572.1
饮品	12 762.9	14 201.0	21 665.2	3 231.7	6 106.6	24 391.4
酒	3.4	0.3				16.1
茶	368.9	567.3	586.2			1 354.8
咖啡	173.8	209.7	152.8			490.5

沙特阿拉伯主要农产品出口额（二）

单位：万美元

项 目	2011年	2012年	2013年	2014年	2015年
农产品	355 796.1	363 866.3	354 419.9		374 917.1
谷物	2 266.5	2 330.1	1 942.2		1 327.3
小麦产品	428.6	722.2	350.8		74.1
玉米产品	300.4	195.4	213.9		162.3
稻谷产品	1 306.2	1 341.5	1 332.3		998.6
棉花	28.2	17.5			
食用油籽	135.2	243.8	383.0		378.4
大豆					7.6
花生	46.2	110.4	173.0		173.0
油菜籽					2.7
食用植物油	29 394.5	28 144.2	24 940.0		20 778.7
豆油	11 263.6	10 903.8	8 506.7		6 790.2
菜籽油					
棕榈油	3 163.8	4 279.9	3 662.5		2 841.9
食糖	27 821.3	27 095.2	19 580.2		15 268.5
蔬菜	47 087.5	47 938.5	45 912.4		50 389.9
水果	46 350.6	50 681.2	58 002.7		64 619.5
畜产品	142 258.1	146 512.4	145 742.9		153 592.5
猪肉					
牛肉	5 087.9	5 132.3	821.2		1 276.7
羊肉	1 097.0	613.0	176.6		314.1
家禽	7 693.6	7 771.0	12 219.3		18 641.9
蛋产品	6 656.7	7 617.2	7 899.7		6 451.1
乳品	95 580.7	96 960.9	102 855.3		110 742.8
动物生皮	41.9	35.3	26.7		202.8
动物生毛皮					
羊毛	543.9	447.1	591.8		460.5
水产品	7 591.1	6 043.4	3 506.4		9 988.0
饮品	25 171.1	22 593.2	24 266.0		26 510.1
酒	14.9		40.8		
茶	1 346.8	783.6	1 064.6		1 477.3
咖啡	692.5	724.2	811.6		839.2

4-11-2 沙特阿拉伯主要农产品进口额（一）

单位：万美元

项　目	2005年	2006年	2007年	2008年	2009年	2010年
农产品	886 444.8	956 680.5	1 203 324.2	1 257 080.2	1 080 422.5	1 697 079.2
谷物	187 523.0	202 815.0	332 419.3	528 657.5	351 020.1	419 933.9
小麦产品	1 682.2	1 713.4	2 454.8	9 385.7	40 213.7	45 503.2
玉米产品	19 451.1	21 619.8	46 888.2	57 853.0	37 795.6	47 420.0
稻谷产品	58 499.9	54 694.5	64 716.4	164 287.4	147 101.7	131 223.0
棉花	380.4	538.8	306.3	8.3	25.6	346.5
食用油籽	6 562.9	5 872.1	7 936.6	9 688.7	14 074.2	27 507.1
大豆	69.9	73.9	1 307.1		8 793.2	16 752.7
花生	1 381.1	1 508.1	1 591.9			2 346.6
油菜籽	1.7	8.3	3.5			65.2
食用植物油	30 618.2	34 506.1	45 524.2	41 547.4	38 717.8	60 102.3
豆油	482.9	653.9	784.2			952.9
菜籽油	232.6	199.8	217.5			350.1
棕榈油	11 488.0	15 597.4	21 912.2	24 798.3	29 787.0	35 781.7
食糖	24 523.1	41 538.0	39 354.2	50 512.7	51 317.7	89 912.9
蔬菜	42 693.8	48 336.0	60 482.3	30 867.5	43 310.3	91 940.5
水果	101 957.0	108 243.3	123 152.3	88 841.2	90 728.1	183 582.6
畜产品	272 972.4	264 370.2	309 548.4	316 199.4	290 604.8	409 530.8
猪肉						
牛肉	12 484.4	19 002.2	21 554.9	24 715.6	23 159.7	36 066.8
羊肉	16 524.7	15 013.1	17 765.0	16 243.9	16 795.0	26 693.0
家禽	64 838.9	58 468.7	75 780.3	105 476.0	110 168.3	135 278.2
蛋产品	1 570.8	1 598.1	1 935.3			1 370.5
乳品	98 937.1	102 037.4	125 314.4	118 782.8	87 973.8	140 933.4
动物生皮	93.6	85.2	56.5			14.6
动物生毛皮	13.5	0.3	0.7			
羊毛	23.8	10.6	22.3			
水产品	21 498.7	25 211.7	25 806.7	21 261.4	20 109.0	40 116.2
饮品	50 104.6	56 890.9	64 756.7	44 091.9	49 794.0	93 478.8
酒	188.4	252.2	275.4			1 323.4
茶	13 564.8	13 714.3	16 191.0	15 456.7	15 379.4	22 299.7
咖啡	9 939.5	11 010.2	14 440.6	12 029.9	11 498.6	19 760.2

沙特阿拉伯主要农产品进口额（二）

单位：万美元

项 目	2011年	2012年	2013年	2014年	2015年
农产品	2 012 054.1	2 181 037.0	2 412 026.0		2 295 179.2
谷物	446 771.8	511 178.5	620 575.3		405 991.8
小麦产品	71 710.5	81 963.8	82 311.0		49 111.9
玉米产品	61 417.1	63 296.1	68 916.3		53 778.8
稻谷产品	112 748.1	108 687.4	139 005.9		150 730.9
棉花	433.7	420.3	351.2		520.1
食用油籽	47 849.7	50 646.3	52 981.0		53 004.1
大豆	34 333.5	33 876.8	33 314.7		31 198.9
花生	3 013.5	3 878.8	3 871.2		4 282.9
油菜籽		33.0	19.3		39.8
食用植物油	90 848.6	87 866.1	77 595.0		61 256.1
豆油	1 350.1	2 806.0	2 396.0		1 010.3
菜籽油	327.3	354.7	509.1		498.4
棕榈油	52 646.8	52 708.7	44 662.6		35 599.7
食糖	87 340.4	56 513.6	90 400.8		32 670.1
蔬菜	105 258.7	110 743.3	114 911.9		145 361.9
水果	210 005.9	239 097.5	246 571.6		269 222.3
畜产品	515 275.6	536 108.2	583 705.5		614 772.6
猪肉					
牛肉	40 685.8	47 595.7	47 469.4		54 088.4
羊肉	26 990.1	25 941.4	24 657.8		30 935.5
家禽	188 673.5	181 599.2	213 189.3		203 204.8
蛋产品	1 782.7	3 832.2	6 488.4		8 658.7
乳品	180 498.8	186 025.3	183 592.4		192 729.1
动物生皮		41.7			
动物生毛皮					
羊毛					3.3
水产品	50 548.8	66 645.8	64 673.3		63 961.2
饮品	111 331.7	135 520.1	137 130.3		141 803.0
酒	1 602.1	1 951.9	1 916.2		4 367.3
茶	24 203.8	25 059.9	23 720.1		26 022.2
咖啡	25 206.4	28 931.3	26 102.8		31 094.7

4-11-3 沙特阿拉伯主要农产品出口量（一）

单位：吨

项 目	2005年	2006年	2007年	2008年	2009年	2010年
农产品						
谷物	25 618.5	25 793.6	41 723.3			48 506.0
小麦产品	1 926.9	1 309.7	1 766.0			16 337.0
玉米产品	331.1	2 162.3	1 493.3			4 077.0
稻谷产品	16 529.1	19 127.7	33 611.1			9 184.0
棉花	128.6	53.5	263.5			
食用油籽	944.9	597.8	1 411.5			610.0
大豆	10.8	24.7				
花生	515.5	208.2	619.6			117.0
油菜籽	0.7	3.3				
食用植物油	53 341.3	35 238.9	58 992.3	28 896.0	38 165.0	110 446.0
豆油	363.6	600.4	416.0	10 000.0	13 008.0	36 220.0
菜籽油	672.3	478.7	486.0			
棕榈油	1 279.4	1 444.4	4 990.3			9 042.0
食糖	184 731.6	237 624.6	375 324.6	302 744.6	260 192.0	399 430.1
蔬菜	520 757.1	515 964.2	611 034.7	170 777.0	314 782.0	1 078 417.6
水果						
畜产品						
猪肉						
牛肉	2 017.0	2 606.6	4 838.5		51.0	12 021.0
羊肉	3 258.4	7 113.3	4 345.3	1 216.0	1 840.0	3 514.0
家禽	30 837.9	34 936.4	36 111.1	2 924.0		24 763.0
蛋产品						
乳品	337 411.5	392 229.3	443 241.1	273 748.0	300 820.0	640 798.0
动物生皮	4 058.6	2 426.7	29 720.0			178.0
动物生毛皮						
羊毛	11 793.1	12 953.5	12 025.3			10 499.0
水产品						
饮品						
酒						
茶	1 005.4	1 200.3	1 480.2			2 232.4
咖啡	970.6	1 262.5	922.2			3 391.7

沙特阿拉伯主要农产品出口量（二）

单位：吨

项　目	2011 年	2012 年	2013 年	2014 年	2015 年
农产品					
谷物	39 985.6	35 558.3	26 995.2		19 687.0
小麦产品	9 368.0	14 400.3	10 111.7		688.0
玉米产品	5 746.0	4 178.0	4 941.4		4 628.0
稻谷产品	14 587.6	16 681.0	11 772.9		13 861.0
棉花	263.0	441.0			
食用油籽	577.1	1 137.1	1 393.9		1 097.0
大豆					80.0
花生	205.0	348.0	815.4		531.0
油菜籽					7.0
食用植物油	176 051.4	174 814.5	162 519.8		166 792.0
豆油	92 382.0	91 573.0	86 309.5		92 698.0
菜籽油					
棕榈油	14 651.0	22 521.0	16 564.1		12 218.0
食糖	356 021.1	380 912.1	315 945.5		320 960.8
蔬菜	1 136 142.5	1 118 937.2	872 171.7		955 579.0
水果					
畜产品					
猪肉					
牛肉	12 490.0	20 380.0	3 614.8		3 785.1
羊肉	4 918.1	3 325.3	837.5		2 502.8
家禽	28 225.7	22 382.6	30 319.3		42 510.0
蛋产品					
乳品	676 319.0	672 875.1	692 909.8		740 733.0
动物生皮	310.0	440.3	531.2		1 109.0
动物生毛皮					
羊毛	8 664.0	7 188.0	10 185.4		9 525.0
水产品					
饮品					
酒					
茶	2 330.0	1 788.2	1 220.9		1 716.9
咖啡	3 600.1	2 916.3	2 978.8		2 936.6

4-11-4 沙特阿拉伯主要农产品进口量（一）

单位：吨

项 目	2005年	2006年	2007年	2008年	2009年	2010年
农产品						
谷物	8 461 110.3	10 133 217.8	10 134 787.1	11 032 639.0	10 661 955.0	12 231 393.0
小麦产品	52 752.9	49 812.9	56 250.9	206 661.0	1 358 412.0	1 726 886.0
玉米产品	1 234 321.6	1 347 820.3	1 835 382.0	1 640 590.0	1 544 640.0	1 931 286.0
稻谷产品	1 117 998.5	1 065 707.4	1 072 943.0	1 618 069.0	1 798 390.0	1 305 804.0
棉花	4 771.0	4 774.4	3 480.6	79.0	128.0	2 129.5
食用油籽	110 273.3	86 050.8	116 766.5	101 487.0	242 673.0	476 740.0
大豆	1 351.5	1 421.3	27 530.3		192 179.0	370 032.0
花生	12 980.5	12 552.2	13 500.7			14 883.0
油菜籽	86.3	186.0	46.6			604.0
食用植物油	392 978.5	489 322.2	486 144.7	290 817.0	378 411.0	542 204.8
豆油	6 923.4	10 486.2	10 429.6			8 052.0
菜籽油	2 849.5	2 287.0	2 421.4			2 832.0
棕榈油	219 401.4	286 936.4	280 426.4	201 185.0	316 570.0	359 810.0
食糖	946 902.6	1 030 741.8	1 317 345.8	1 485 960.0	1 140 547.0	1 543 729.0
蔬菜	990 487.3	1 034 432.7	1 054 678.9	563 534.1	695 719.0	1 322 167.5
水果						
畜产品						
猪肉						
牛肉	65 713.8	89 103.8	93 587.7	80 018.0	85 267.0	110 136.0
羊肉	62 140.1	54 187.9	60 881.9	51 575.0	49 564.0	60 869.5
家禽	466 646.4	430 927.3	477 771.0	475 758.0	583 184.0	684 417.5
蛋产品						
乳品	378 853.9	387 657.6	407 923.4	250 871.0	255 542.0	412 074.0
动物生皮	776.3	757.5	631.0			207.0
动物生毛皮						
羊毛	128.0	495.5	341.3			
水产品						
饮品						
酒						
茶	28 452.8	25 525.2	29 810.4	23 788.0	20 331.0	32 465.0
咖啡	34 917.7	37 681.2	41 168.6	33 195.0	33 276.0	51 855.0

沙特阿拉伯主要农产品进口量（二）

单位：吨

项　目	2011年	2012年	2013年	2014年	2015年
农产品					
谷物	11 319 195.0	13 903 148.0	16 288 038.9		12 110 272.8
小麦产品	2 118 977.0	2 368 418.0	2 281 437.3		1 606 691.0
玉米产品	1 654 128.0	1 918 996.0	2 113 325.8		2 329 316.5
稻谷产品	1 127 148.0	1 228 851.0	1 276 385.8		1 606 868.3
棉花	2 695.0	1 780.0	1 942.1		2 044.0
食用油籽	747 246.0	717 369.0	712 501.7		917 957.4
大豆	614 121.0	564 267.0	557 835.4		728 729.0
花生	16 877.0	17 351.0	16 997.3		19 725.0
油菜籽		274.0	41.9		197.6
食用植物油	614 964.2	642 770.5	655 420.5		610 129.0
豆油	8 531.0	17 986.0	17 684.6		10 511.0
菜籽油	2 278.0	2 337.0	2 686.7		3 179.0
棕榈油	393 343.2	423 029.0	430 467.6		412 034.0
食糖	1 246 433.0	874 866.0	1 680 400.8		701 156.0
蔬菜	1 376 356.3	1 434 862.6	1 282 646.7		1 655 980.4
水果					
畜产品					
猪肉					
牛肉	108 290.0	124 352.0	114 147.8		122 519.0
羊肉	52 629.0	52 778.4	51 272.2		61 229.0
家禽	783 407.0	799 417.0	871 741.9		956 319.0
蛋产品					
乳品	489 570.4	517 326.0	478 422.1		585 117.9
动物生皮		839.0			
动物生毛皮					
羊毛					7.0
水产品					
饮品					
酒					
茶	34 419.0	34 743.0	35 955.4		37 607.8
咖啡	51 697.0	61 021.0	60 813.8		77 255.2

4-12 以色列主要农产品贸易情况

4-12-1 以色列主要农产品出口额（一）

单位：万美元

项 目	2005年	2006年	2007年	2008年	2009年	2010年
农产品	139 076.1	144 988.9	185 489.8	213 076.5	204 080.8	229 943.6
谷物	46.3	178.0	466.1	1 799.2	1 116.6	1 538.7
小麦产品	11.3	0.5	10.3	430.1	358.7	27.2
玉米产品		0.1	32.6	462.2	465.4	1 109.6
稻谷产品	28.8	110.2	134.3	146.8	29.8	23.4
棉花	4 279.6	4 278.7	2 843.6	2 845.4	2 576.0	3 468.0
食用油籽	3 174.0	3 389.5	3 795.4	4 904.4	5 579.5	6 116.1
大豆	25.8	2.7		14.8	0.5	
花生	1 665.0	1 644.9	1 957.6	2 356.7	2 488.4	2 666.2
油菜籽				0.4		
食用植物油	349.8	154.9	217.3	137.7	113.8	124.8
豆油	11.2	1.2	1.3		0.4	0.9
菜籽油				0.3	2.8	0.8
棕榈油	0.6	6.8	7.9	1.1	9.7	4.1
食糖	77.5	2.0	1.2	43.5	4.1	289.9
蔬菜	44 409.7	50 929.9	73 263.9	71 335.6	69 843.5	76 650.6
水果	38 866.6	39 923.2	52 703.7	65 342.5	64 099.8	76 020.6
畜产品	4 974.2	3 452.9	4 191.2	10 676.7	7 559.5	7 538.5
猪肉		0.4	0.4	15.4		
牛肉		67.3	25.6	9.7		1.2
羊肉		0.3	0.1			
家禽	3 053.0	1 815.2	2 691.2	6 942.7	3 015.8	3 545.0
蛋产品	138.3	82.6	99.6	203.7	131.0	130.2
乳品	1 549.1	1 260.8	1 125.7	1 495.3	2 002.2	1 256.4
动物生皮	115.4	126.8	39.1	514.7	255.7	506.2
动物生毛皮	0.2		0.1		0.5	
羊毛	17.6	12.3	22.7	24.9	12.5	40.9
水产品	1 609.9	1 835.7	2 150.9	2 923.8	3 243.2	3 756.8
饮品	2 979.8	2 681.7	3 655.0	6 282.8	5 028.8	6 325.3
酒	1 462.4	1 507.2	2 150.2	2 681.8	1 905.1	2 468.6
茶	167.0	206.9	210.2	262.6	208.7	314.2
咖啡	113.4	110.8	33.2	1 493.6	1 230.4	1 240.3

以色列主要农产品出口额（二）

单位：万美元

项　目	2011年	2012年	2013年	2014年	2015年
农产品	244 318.2	243 374.2	258 820.7	250 885.9	219 395.9
谷物	1 661.4	2 622.9	2 527.3	1 800.5	1 687.0
小麦产品	32.4	23.8	132.5	93.5	124.6
玉米产品	1 592.0	2 544.0	2 173.3	1 195.1	1 002.6
稻谷产品	19.9	27.5	14.0	15.5	15.6
棉花	3 466.8	3 896.1	5 568.0	3 668.1	3 185.4
食用油籽	5 810.2	5 689.4	7 399.5	8 022.5	7 369.5
大豆	1.3		0.5	18.3	15.0
花生	2 325.4	2 060.3	2 491.4	2 301.7	2 096.5
油菜籽		1.9		3.1	5.9
食用植物油	157.2	212.3	215.0	205.5	342.2
豆油	6.1	13.4	0.4	0.8	0.2
菜籽油	1.1	0.9	0.6	2.0	3.6
棕榈油	1.5	4.7	0.1	3.4	1.3
食糖	1 370.6	247.3	1 669.9	647.3	32.4
蔬菜	81 072.0	74 561.0	79 911.4	77 589.7	64 844.5
水果	87 860.2	92 016.4	98 485.9	96 939.9	83 740.7
畜产品	10 374.6	9 442.3	9 221.4	9 328.9	8 591.6
猪肉					
牛肉	6.9	0.5	2.0		
羊肉					
家禽	5 485.9	5 248.6	5 039.3	3 442.0	3 238.7
蛋产品	81.4	189.7	63.0	26.1	0.7
乳品	1 651.6	1 766.0	1 587.7	2 265.8	1 540.3
动物生皮	864.4	858.4	919.0	1 722.6	1 478.5
动物生毛皮	7.0				
羊毛	32.8	49.2	51.8	60.3	46.0
水产品	4 015.1	3 713.3	4 748.3	4 587.9	3 106.3
饮品	6 786.1	7 184.4	7 693.9	7 008.8	7 522.0
酒	2 734.1	2 881.8	3 581.7	4 010.1	4 066.0
茶	243.2	181.2	299.6	336.1	259.1
咖啡	1 671.6	1 765.8	1 773.2	462.8	713.1

4-12-2 以色列主要农产品进口额（一）

单位：万美元

项　目	2005年	2006年	2007年	2008年	2009年	2010年
农产品	257 343.5	285 806.0	346 283.2	447 279.5	372 978.5	446 291.5
谷物	47 402.6	53 818.3	74 377.1	103 341.5	73 472.2	84 695.5
小麦产品	21 790.7	22 669.7	33 232.8	55 356.1	38 252.6	39 593.4
玉米产品	16 464.0	19 205.8	26 187.4	28 418.9	18 734.7	25 805.4
稻谷产品	3 734.3	4 746.8	5 992.8	8 690.9	8 086.8	8 485.3
棉花	1 178.6	872.5	997.6	1 184.7	808.0	646.3
食用油籽	24 087.7	22 466.6	28 155.1	30 709.5	25 744.3	35 367.5
大豆	17 567.3	15 785.8	20 316.9	18 084.2	16 202.6	22 786.4
花生	945.6	946.7	878.4	1 468.9	1 192.2	983.6
油菜籽	735.9	1 310.2	1 603.3	2 454.1	1 572.0	3 447.2
食用植物油	4 909.7	5 281.7	7 136.5	10 229.3	10 527.7	10 235.9
豆油	999.8	572.2	1 061.2	1 066.4	723.9	407.0
菜籽油	873.6	942.3	1 441.2	2 564.2	3 670.2	2 187.2
棕榈油	1 264.7	1 964.5	1 904.8	3 738.2	2 673.8	2 636.9
食糖	14 114.3	21 589.9	21 339.6	24 246.2	24 552.8	24 233.0
蔬菜	10 351.4	11 423.6	15 140.1	21 368.3	16 738.5	17 622.2
水果	27 515.5	29 204.4	34 858.3	42 195.5	35 264.1	40 929.9
畜产品	22 910.2	33 175.5	33 237.8	49 265.6	41 292.9	57 551.2
猪肉						
牛肉	14 064.0	21 110.9	20 359.5	30 989.9	25 395.4	36 126.6
羊肉	107.3	131.8	201.1	367.0	377.1	635.9
家禽	583.3	633.1	1 096.2	1 294.5	1 146.8	1 532.9
蛋产品	325.0	447.7	812.8	839.4	1 004.3	1 153.2
乳品	3 177.5	3 261.6	5 195.7	5 996.0	3 526.0	5 684.4
动物生皮	111.3	144.9	217.9	227.2	137.7	100.7
动物生毛皮	0.9	0.2				
羊毛		0.6	0.3	2.5	1.2	2.5
水产品	17 664.9	17 718.7	20 804.5	26 324.4	23 973.1	31 983.8
饮品	25 527.2	27 345.5	33 337.7	41 626.1	38 676.0	45 327.5
酒	6 188.1	7 148.7	8 636.2	10 147.9	10 439.3	11 879.1
茶	662.5	554.4	645.5	931.3	826.5	1 008.2
咖啡	6 387.4	7 302.8	8 864.3	11 495.2	9 627.0	11 548.0

以色列主要农产品进口额（二）

单位：万美元

项　目	2011年	2012年	2013年	2014年	2015年
农产品	547 935.5	536 709.9	556 020.1	576 776.6	540 148.0
谷物	116 166.2	114 044.1	108 076.8	110 624.3	83 828.6
小麦产品	51 095.0	54 733.9	45 857.0	44 732.5	35 082.5
玉米产品	39 095.4	38 404.9	39 896.1	42 016.8	30 640.2
稻谷产品	8 557.1	9 833.2	8 838.5	11 053.4	9 976.8
棉花	567.4	613.3	285.5	222.1	255.8
食用油籽	37 878.1	37 920.5	39 231.3	39 803.3	35 336.4
大豆	22 809.4	22 496.2	20 533.8	19 410.8	17 351.2
花生	1 239.5	2 144.7	1 858.9	1 691.4	1 898.7
油菜籽	5 023.4	3 998.2	3 397.9	3 165.7	2 981.5
食用植物油	13 208.7	14 142.2	14 568.6	13 728.0	10 772.0
豆油	577.8	1 198.4	1 475.6	744.0	341.6
菜籽油	4 038.7	5 007.3	5 232.0	4 962.1	3 649.8
棕榈油	3 313.6	2 908.0	2 750.4	2 998.5	2 293.5
食糖	32 924.5	30 365.2	24 622.3	22 888.5	18 289.2
蔬菜	20 426.6	19 878.6	21 552.6	22 894.5	27 115.8
水果	46 748.8	37 742.3	38 646.8	43 537.7	40 767.0
畜产品	73 478.0	68 733.6	78 096.3	69 269.1	79 897.2
猪肉	0.2	0.1	1.8		
牛肉	45 354.6	41 868.5	47 735.5	39 721.6	42 081.5
羊肉	789.8	903.3	321.1	835.7	715.2
家禽	2 164.1	2 011.7	2 156.3	2 359.3	2 400.4
蛋产品	1 058.8	1 001.1	1 419.0	2 415.7	3 266.2
乳品	7 049.1	5 674.5	6 137.9	7 601.4	7 108.8
动物生皮	88.6	126.7	147.9	222.4	179.3
动物生毛皮		1.6			0.1
羊毛	1.4	0.8	0.2		
水产品	39 981.0	39 733.7	46 437.0	49 830.9	45 837.5
饮品	52 915.3	52 101.5	56 908.6	60 859.2	63 406.8
酒	13 156.8	13 046.2	15 619.4	17 417.2	18 974.5
茶	1 000.2	1 119.0	980.1	990.2	1 294.7
咖啡	15 381.4	16 823.9	17 025.0	16 357.5	16 219.1

4-12-3　以色列主要农产品出口量（一）

单位：吨

项　目	2005 年	2006 年	2007 年	2008 年	2009 年	2010 年
农产品						
谷物	1 231.0	3 819.3	12 496.4	45 036.0	37 270.3	58 244.2
小麦产品	425.4	16.0	281.3	12 003.5	10 942.6	1 196.5
玉米产品		2.9	1 538.4	13 506.6	17 618.3	39 551.2
稻谷产品	677.8	2 560.3	2 549.4	1 045.9	356.0	236.9
棉花	30 084.4	30 082.5	13 992.0	22 360.5	12 013.0	14 015.7
食用油籽	42 996.0	49 517.3	29 326.2	17 729.5	21 434.5	28 026.0
大豆	586.0	61.3		373.8	2.3	
花生	18 366.1	18 085.6	9 349.2	8 457.2	8 483.0	8 003.3
油菜籽				10.4		
食用植物油	1 058.0	561.9	391.0	279.3	273.4	398.0
豆油	136.9	14.7	8.9		2.6	1.6
菜籽油				0.6	20.0	5.3
棕榈油	9.1	103.3	56.4	5.0	70.6	42.4
食糖	1 242.4	58.4	12.5	1 066.8	87.5	5 233.7
蔬菜	382 276.2	473 975.8	785 602.8	732 487.3	724 963.5	727 212.6
水果						
畜产品						
猪肉		1.9	0.4	8.5		
牛肉		354.8	69.2	15.8		4.0
羊肉		0.5	0.1			
家禽	7 232.8	4 566.7	14 012.4	23 105.7	8 716.0	15 797.7
蛋产品						
乳品	15 339.2	9 948.3	2 915.3	3 851.5	7 966.1	2 963.5
动物生皮	380.6	414.9	156.5	2 527.4	1 447.5	2 692.3
动物生毛皮						
羊毛	74.9	57.2	215.6	296.5	51.6	433.3
水产品						
饮品						
酒						
茶	290.8	421.1	474.4	480.3	328.1	242.4
咖啡	369.1	456.8	100.4	2 169.4	1 499.4	1 990.2

以色列主要农产品出口量（二）

单位：吨

项　目	2011 年	2012 年	2013 年	2014 年	2015 年
农产品					
谷物	61 621.5	90 403.0	65 902.6	54 014.7	61 273.5
小麦产品	1 098.0	442.5	2 838.3	2 282.5	3 407.3
玉米产品	60 299.9	89 538.7	56 249.9	40 106.5	40 568.4
稻谷产品	99.4	296.5	159.7	159.7	173.6
棉花	10 086.6	20 303.9	18 758.1	10 592.5	9 870.4
食用油籽	22 312.9	20 505.1	23 415.2	14 726.0	19 548.2
大豆	24.2		4.4	232.7	201.5
花生	5 310.9	5 121.0	6 346.7	6 288.1	6 091.9
油菜籽		30.8		8.8	23.8
食用植物油	434.6	686.3	442.2	660.9	708.4
豆油	49.7	88.0	2.6	5.6	1.6
菜籽油	8.7	3.9	3.7	14.0	27.2
棕榈油	10.8	19.1	0.8	29.6	11.8
食糖	16 878.9	3 607.5	28 139.0	10 315.0	580.5
蔬菜	741 715.8	620 893.9	680 941.3	620 189.5	574 278.1
水果					
畜产品					
猪肉					
牛肉	13.5	1.2	2.0		
羊肉					
家禽	10 723.0	13 301.9	11 869.6	4 645.6	6 691.5
蛋产品					
乳品	3 138.2	4 225.2	4 107.4	4 507.8	4 760.5
动物生皮	4 402.3	4 704.8	4 591.8	7 436.7	7 983.4
动物生毛皮					
羊毛	227.6	517.0	444.1	513.2	407.6
水产品					
饮品					
酒					
茶	512.6	303.7	421.5	291.5	272.4
咖啡	1 524.6	2 242.6	1 425.9	636.3	977.5

4-12-4 以色列主要农产品进口量（一）

单位：吨

项　目	2005年	2006年	2007年	2008年	2009年	2010年
农产品						
谷物	2 281 263.5	2 593 702.2	2 881 966.7	2 998 839.6	3 436 727.6	3 500 463.1
小麦产品	1 100 714.1	1 143 573.7	1 228 767.0	1 620 631.6	1 825 525.4	1 723 590.9
玉米产品	835 601.1	986 715.7	1 186 668.8	949 744.3	1 004 794.6	1 153 822.5
稻谷产品	69 937.3	88 805.4	109 291.6	98 174.6	110 285.8	96 600.1
棉花	20 022.2	12 889.1	17 595.2	13 922.9	6 356.4	2 158.3
食用油籽	565 165.7	528 153.5	613 652.6	413 061.2	440 092.5	613 586.2
大豆	501 032.7	450 030.1	516 144.3	320 307.9	352 212.5	485 278.8
花生	5 352.1	5 343.9	6 757.4	8 316.2	7 258.6	5 807.6
油菜籽	21 807.0	38 824.1	38 130.6	37 675.7	38 285.3	71 114.9
食用植物油	55 959.2	61 445.7	71 901.2	75 411.4	100 576.2	73 647.2
豆油	12 228.9	7 104.3	14 513.8	7 821.4	4 971.9	3 280.0
菜籽油	9 764.5	10 538.2	11 388.3	14 854.4	44 614.2	16 370.7
棕榈油	20 237.6	30 059.0	24 563.3	39 715.4	31 804.3	26 810.0
食糖	330 972.5	533 130.6	498 950.2	554 857.5	493 489.2	402 586.0
蔬菜	68 841.5	81 456.5	97 596.0	165 348.9	111 509.3	120 306.5
水果						
畜产品						
猪肉						
牛肉	53 465.2	80 440.3	66 493.5	93 738.0	62 832.5	71 217.0
羊肉	215.8	265.0	413.2	1 036.4	1 148.2	1 618.2
家禽	403.9	403.3	1 146.6	1 110.6	655.5	971.4
蛋产品						
乳品	13 185.1	13 403.4	12 803.6	13 351.5	9 360.2	12 958.5
动物生皮	470.9	515.7	1 216.1	1 202.8	708.2	814.8
动物生毛皮						
羊毛		2.2	1.7	5.7	1.0	9.6
水产品						
饮品						
酒						
茶	1 457.6	1 277.4	1 273.7	1 746.1	1 632.2	1 930.9
咖啡	26 323.8	30 914.3	31 055.6	31 324.6	27 026.0	33 517.2

以色列主要农产品进口量（二）

单位：吨

项　目	2011 年	2012 年	2013 年	2014 年	2015 年
农产品					
谷物	3 499 464.8	3 504 845.8	3 469 883.8	3 856 396.5	3 463 181.4
小麦产品	1 575 389.9	1 737 034.3	1 461 486.8	568 014.0	1 485 928.7
玉米产品	1 257 473.4	1 290 671.9	1 400 854.9	1 807 573.6	1 549 277.5
稻谷产品	92 220.9	130 530.9	196 269.2	1 040 930.4	110 547.8
棉花	2 400.6	1 660.2	906.2	725.2	839.9
食用油籽	542 519.3	490 910.5	459 013.8	476 127.1	549 049.6
大豆	423 782.8	364 181.2	332 837.7	342 293.2	404 832.3
花生	6 357.1	8 871.7	8 556.9	7 991.2	7 708.8
油菜籽	55 241.0	61 463.1	54 404.9	61 381.5	65 463.3
食用植物油	76 807.6	148 233.9	106 368.9	104 468.1	89 142.9
豆油	3 437.1	8 604.3	11 308.0	6 902.3	3 623.8
菜籽油	22 658.4	37 593.6	35 890.5	40 539.7	34 382.5
棕榈油	25 232.1	24 046.8	27 472.2	30 686.6	26 864.0
食糖	474 004.2	477 618.0	458 681.5	486 223.5	464 371.4
蔬菜	101 770.3	111 449.2	140 878.1	107 258.2	221 267.7
水果					
畜产品					
猪肉	0.8	0.1	2.9		
牛肉	73 971.5	64 431.1	99 711.2	69 774.8	65 758.0
羊肉	1 728.4	1 733.1	539.4	979.0	783.7
家禽	901.0	1 157.9	1 170.7	1 571.4	1 603.5
蛋产品					
乳品	14 122.6	12 840.2	12 225.5	14 133.3	17 925.7
动物生皮	383.1	1 007.1	1 162.2	1 456.3	1 571.5
动物生毛皮					
羊毛	0.8	0.2	0.1		
水产品					
饮品					
酒					
茶	2 121.4	2 807.2	2 274.7	1 574.3	2 744.5
咖啡	31 182.7	96 786.3	32 065.1	27 508.5	30 977.1

4-13 土耳其主要农产品贸易情况

4-13-1 土耳其主要农产品出口额（一）

单位：万美元

项 目	2005年	2006年	2007年	2008年	2009年	2010年
农产品	798 682.9	824 886.5	937 715.9	1 108 429.5	1 086 506.8	1 224 395.5
谷物	57 767.3	51 116.3	56 037.2	76 179.8	89 456.4	110 222.2
小麦产品	50 838.9	40 220.5	48 647.3	70 322.1	72 045.2	90 292.6
玉米产品	2 579.8	4 123.7	2 360.8	4 010.6	9 325.2	5 513.2
稻谷产品	174.2	291.1	222.4	1 008.9	2 503.4	5 265.7
棉花	10 467.0	14 807.4	17 716.3	18 601.3	12 172.8	15 678.3
食用油籽	62 238.9	51 596.9	58 231.9	61 134.0	51 177.2	67 119.1
大豆	6.6	5.2	10.6	15.4	21.2	13.6
花生	174.5	197.8	219.6	205.6	302.8	454.3
油菜籽		2.7	48.7			
食用植物油	35 654.4	30 481.0	20 254.7	26 623.7	23 588.0	20 139.5
豆油	227.0	228.7	971.1	874.9	327.9	394.8
菜籽油		14.4	291.5	272.0	148.5	194.7
棕榈油	5.3		0.8	9.6		10.7
食糖	466.2	5 835.9	1 639.3	336.3	350.2	4 516.5
蔬菜	85 224.1	92 475.9	124 206.0	145 242.7	145 786.8	154 045.9
水果	163 665.5	188 044.9	229 100.8	261 643.0	269 194.1	310 409.0
畜产品	20 569.6	21 352.6	30 371.4	41 887.3	49 061.7	60 307.3
猪肉	0.2					
牛肉	30.4	16.7	96.9	126.9	60.5	84.1
羊肉	19.5	12.8	36.9	15.2	5.0	3.5
家禽	7 577.2	6 052.0	7 725.2	12 608.8	19 221.3	24 395.0
蛋产品	1 850.6	1 834.4	6 743.1	11 892.6	12 661.8	15 620.3
乳品	5 453.9	7 803.9	9 923.2	11 466.9	11 871.4	14 147.0
动物生皮	2 268.6	1 685.9	1 554.7	965.8	530.8	472.8
动物生毛皮	1.0	25.7	10.2	9.8	3.5	23.0
羊毛	1 931.3	1 831.7	2 783.9	2 637.2	1 229.7	2 126.0
水产品	25 678.3	27 330.3	32 055.3	45 623.7	35 720.3	37 017.7
饮品	40 200.6	42 908.3	55 245.3	60 307.2	56 697.3	67 879.6
酒	7 207.3	7 906.0	8 867.7	10 066.4	9 640.7	12 499.5
茶	705.3	571.0	763.8	1 137.7	786.7	998.6
咖啡	267.3	447.5	595.9	674.9	668.0	821.0

土耳其主要农产品出口额（二）

单位：万美元

项　目	2011年	2012年	2013年	2014年	2015年
农产品	1 476 984.2	1 553 480.9	1 726 215.0	1 829 431.8	1 704 379.7
谷物	122 865.5	121 063.7	130 837.8	129 382.9	128 593.3
小麦产品	100 641.1	97 487.0	113 863.1	110 892.5	113 610.3
玉米产品	8 635.8	9 630.8	13 712.9	14 182.3	10 374.7
稻谷产品	8 404.9	7 497.1	814.3	2 202.2	2 599.4
棉花	29 673.1	22 083.3	20 008.7	17 863.9	15 274.3
食用油籽	80 139.7	84 513.6	89 352.3	101 984.8	109 368.2
大豆	5.5	1 086.1	1 269.0	207.8	719.8
花生	446.5	490.1	678.8	611.2	487.8
油菜籽	2.5	231.8	9.3	1.9	63.6
食用植物油	45 612.2	55 404.6	86 598.2	92 437.2	80 386.1
豆油	809.2	461.9	1 312.2	311.9	692.8
菜籽油	448.7	172.2	102.7	165.9	88.3
棕榈油	197.1	244.3	129.1	134.6	110.5
食糖	5 817.1	2 543.3	4 437.5	1 092.2	600.4
蔬菜	152 325.6	150 248.6	163 296.2	170 673.9	149 140.2
水果	360 252.5	342 716.1	355 917.1	372 772.1	343 665.9
畜产品	99 228.9	121 533.4	144 876.9	160 168.2	114 784.2
猪肉					
牛肉	63.8	84.5	62.0	44.5	45.8
羊肉	9.7	20.9	21.8	5.3	39.9
家禽	43 792.2	59 616.2	68 740.1	75 357.7	52 981.4
蛋产品	28 405.6	35 054.4	40 616.0	40 214.0	27 346.8
乳品	19 477.1	18 903.6	24 331.6	31 179.3	23 416.6
动物生皮	352.4	287.2	543.2	321.6	170.1
动物生毛皮	1.4	5.4	26.9	38.0	16.5
羊毛	3 133.7	3 045.0	4 377.2	5 398.1	4 381.6
水产品	44 860.9	46 654.1	59 978.4	71 961.3	71 957.7
饮品	79 227.6	87 695.4	95 781.5	101 972.3	92 470.5
酒	12 509.1	13 736.2	12 077.5	11 446.3	10 410.2
茶	1 117.9	1 276.5	1 839.9	2 080.0	2 377.7
咖啡	1 246.6	2 768.5	3 163.3	3 402.5	3 009.0

4-13-2 土耳其主要农产品进口额（一）

单位：万美元

项　目	2005年	2006年	2007年	2008年	2009年	2010年
农产品	483 848.4	517 934.1	723 266.2	1 024 414.8	768 968.7	989 650.5
谷物	19 035.5	16 832.8	97 459.2	214 031.7	121 301.6	107 783.4
小麦产品	2 506.7	5 273.9	57 051.8	148 402.3	90 359.5	65 559.4
玉米产品	4 755.7	1 273.6	26 961.7	38 201.8	13 571.2	12 511.4
稻谷产品	9 720.3	8 912.6	11 280.7	17 283.8	13 527.2	26 462.0
棉花	91 112.6	97 494.1	128 279.9	100 591.2	100 829.0	172 641.9
食用油籽	63 336.0	53 529.2	91 219.7	132 481.7	88 108.0	141 008.0
大豆	32 854.2	26 483.8	40 968.1	64 797.6	42 944.8	74 254.8
花生	2 533.5	268.3	2 081.3	2 252.4	514.6	1 200.4
油菜籽	1 819.7	5 836.4	10 384.9	14 813.2	6 621.5	15 037.9
食用植物油	54 802.9	71 368.7	54 316.8	129 729.5	82 208.3	65 995.8
豆油	10 548.4	12 414.6	3 737.2	2 573.8	1 048.4	733.9
菜籽油	601.1	249.0	41.6	1 537.7	42.3	75.7
棕榈油	20 501.4	25 535.0	26 303.9	46 233.7	26 440.8	31 841.2
食糖	276.2	543.6	399.6	440.8	477.0	491.9
蔬菜	9 608.8	11 474.3	15 607.7	20 214.2	17 879.9	19 849.1
水果	32 697.0	38 036.5	46 474.2	47 684.9	40 567.1	46 499.1
畜产品	52 960.7	57 984.3	64 588.7	61 043.2	41 282.4	111 777.8
猪肉		1.5				
牛肉						24 925.7
羊肉						
家禽	2 662.6	2 408.2	2 113.4	2 693.7	2 714.2	3 515.5
蛋产品	1 502.4	793.7	1 091.4	995.6	896.0	1 243.5
乳品	6 005.4	6 977.1	9 946.8	11 281.4	10 756.4	11 541.0
动物生皮	29 308.0	33 648.5	32 723.2	23 545.5	12 219.4	22 523.0
动物生毛皮	16.0	28.5	9.7	74.3	41.4	64.0
羊毛	4 811.9	5 184.5	5 814.2	4 531.0	2 290.7	3 163.7
水产品	12 071.5	16 696.3	19 911.2	22 594.5	20 590.1	26 100.3
饮品	31 709.1	36 121.6	44 955.8	54 169.2	55 700.9	69 608.7
酒	3 965.5	5 204.7	6 083.2	7 318.1	9 692.8	10 491.7
茶	760.2	900.7	990.1	1 382.5	1 522.2	2 404.0
咖啡	7 421.6	9 170.5	11 098.8	13 191.5	10 741.7	12 629.7

土耳其主要农产品进口额（二）

单位：万美元

项　目	2011年	2012年	2013年	2014年	2015年
农产品	1 353 386.5	1 270 940.2	1 356 702.2	1 473 188.8	1 284 397.5
谷物	195 883.2	155 226.6	203 951.6	237 813.3	170 956.3
小麦产品	162 321.4	112 617.1	128 951.5	154 755.2	110 559.2
玉米产品	13 687.5	24 629.5	47 346.8	34 959.2	34 548.9
稻谷产品	15 260.6	11 147.8	15 063.8	27 750.9	16 625.8
棉花	186 439.1	127 952.9	168 917.6	175 793.7	124 349.9
食用油籽	154 628.4	147 612.2	146 370.1	206 885.6	168 627.1
大豆	68 755.6	68 490.9	64 298.2	111 975.6	96 817.6
花生	2 089.0	2 283.2	1 462.7	2 045.3	6 507.0
油菜籽	7 222.2	9 943.9	7 874.3	21 381.9	11 531.6
食用植物油	114 951.1	147 331.2	147 329.7	172 696.6	155 952.4
豆油	334.9	109.7	705.3	616.5	10.6
菜籽油	327.0	36.9	15.1	269.1	255.8
棕榈油	45 371.8	43 948.0	49 924.0	49 154.0	41 836.8
食糖	552.4	607.5	939.0	453.6	7 660.6
蔬菜	24 914.0	24 721.5	24 995.5	26 304.9	26 854.2
水果	60 201.1	58 171.9	65 733.8	69 883.5	70 680.5
畜产品	227 058.0	168 583.3	109 153.2	76 538.4	80 061.5
猪肉					0.1
牛肉	51 186.8	9 599.2	2 427.2	525.8	10 491.6
羊肉					
家禽	5 590.4	5 319.7	4 712.7	5 194.6	4 258.1
蛋产品	1 447.9	1 411.1	2 473.0	3 745.9	2 617.9
乳品	9 025.8	10 223.0	13 492.9	15 471.5	12 140.1
动物生皮	40 594.9	40 243.7	37 533.7	23 656.6	9 838.1
动物生毛皮	309.4	446.0	509.6	564.7	156.6
羊毛	3 550.0	3 291.5	3 052.8	3 444.5	2 682.3
水产品	29 987.6	34 417.4	40 836.6	41 317.1	46 409.2
饮品	90 245.8	87 649.9	98 841.6	109 108.0	111 978.9
酒	16 159.3	16 458.8	19 305.1	23 078.1	21 074.5
茶	2 055.3	1 653.1	2 165.0	2 117.1	2 281.2
咖啡	17 939.0	18 106.8	18 923.9	20 726.6	25 495.9

4-13-3 土耳其主要农产品出口量（一）

单位：吨

项　目	2005年	2006年	2007年	2008年	2009年	2010年
农产品						
谷物	2 835 415.9	2 652 514.3	1 616 873.8	1 386 380.4	2 968 739.4	3 932 735.1
小麦产品	2 395 992.2	2 013 833.0	1 353 315.7	1 318 128.9	2 254 448.7	3 235 166.7
玉米产品	140 619.5	213 497.1	36 713.4	47 248.6	354 216.6	90 548.6
稻谷产品	2 730.0	6 796.1	2 072.3	10 468.6	27 108.0	62 512.8
棉花	140 253.9	165 381.0	185 399.4	139 124.6	107 675.6	103 972.0
食用油籽	108 429.9	127 228.5	121 619.1	107 704.3	126 262.8	144 918.9
大豆	97.9	90.3	141.3	192.4	209.9	138.2
花生	651.9	828.2	638.0	502.5	983.1	1 284.6
油菜籽	0.2	10.0	158.0	0.2		
食用植物油	147 055.7	180 392.9	98 951.9	132 907.0	153 534.8	121 137.0
豆油	2 828.9	2 833.9	9 959.1	5 545.7	3 042.9	3 447.5
菜籽油		146.6	2 547.5	2 141.4	1 270.8	1 532.1
棕榈油	100.5		6.0	54.9		80.7
食糖	8 101.4	125 924.8	38 529.4	5 355.3	5 119.6	77 310.6
蔬菜	1 160 007.2	1 228 822.8	1 569 095.7	1 521 586.6	1 596 901.5	1 608 990.7
水果						
畜产品						
猪肉	0.1					
牛肉	33.5	21.6	183.8	266.3	61.4	66.1
羊肉	25.5	15.7	192.3	17.7	5.3	3.1
家禽	49 465.3	41 796.2	54 403.6	82 622.4	118 884.4	143 438.4
蛋产品						
乳品	32 923.6	45 688.8	49 449.5	47 930.7	47 369.6	55 947.3
动物生皮	9 679.1	8 295.5	6 635.0	5 053.9	4 204.0	3 749.8
动物生毛皮						
羊毛	13 616.4	13 478.2	17 037.9	14 573.2	8 886.9	13 763.8
水产品						
饮品						
酒						
茶	5 786.6	2 688.5	3 384.3	3 206.9	2 158.9	2 351.3
咖啡	367.8	675.1	835.1	1 004.0	947.6	1 032.4

土耳其主要农产品出口量（二）

单位：吨

项　目	2011年	2012年	2013年	2014年	2015年
农产品					
谷物	2 554 870.0	2 735 451.6	2 974 017.0	2 837 720.0	3 394 778.4
小麦产品	2 190 405.1	2 290 633.8	2 605 850.1	2 519 347.4	3 104 255.6
玉米产品	143 646.5	166 759.7	313 748.0	253 827.2	220 806.2
稻谷产品	103 095.1	99 587.8	8 868.8	23 053.6	28 402.4
棉花	137 619.7	168 673.7	149 259.1	140 239.7	161 475.8
食用油籽	172 226.6	192 291.5	188 780.5	167 533.1	166 603.5
大豆	44.9	13 226.9	16 829.9	2 981.2	12 086.8
花生	1 083.0	1 248.1	2 007.2	1 708.7	1 323.8
油菜籽	22.4	2 953.8	37.5	17.1	1 049.0
食用植物油	256 376.2	330 272.4	484 392.6	720 352.7	680 564.2
豆油	5 216.2	3 347.0	9 827.3	2 903.1	8 374.9
菜籽油	2 427.5	955.7	531.0	1 150.6	589.2
棕榈油	1 340.1	1 648.8	938.9	1 004.3	999.3
食糖	74 190.6	33 448.0	63 839.6	15 879.7	9 878.1
蔬菜	1 581 223.7	1 590 019.2	1 806 518.9	1 758 702.5	1 536 494.6
水果					
畜产品					
猪肉					
牛肉	59.1	80.0	59.1	38.5	40.0
羊肉	5.1	13.7	11.3	3.5	17.7
家禽	241 689.8	311 084.8	372 072.7	416 202.3	362 039.7
蛋产品					
乳品	83 349.1	82 920.5	104 647.6	122 568.1	96 603.0
动物生皮	1 829.8	1 637.9	3 342.8	2 232.9	1 853.8
动物生毛皮					
羊毛	13 013.7	12 300.8	16 767.9	18 585.4	14 612.8
水产品					
饮品					
酒					
茶	2 426.4	3 480.9	5 356.7	4 884.4	5 681.6
咖啡	2 110.7	5 806.6	7 029.9	8 124.9	8 256.8

4-13-4 土耳其主要农产品进口量（一）

单位：吨

项 目	2005年	2006年	2007年	2008年	2009年	2010年
农产品						
谷物	789 903.8	611 972.9	3 554 667.2	5 379 867.1	4 236 403.3	3 653 268.7
小麦产品	135 716.4	240 130.1	2 147 310.7	3 709 490.0	3 395 744.9	2 554 954.0
玉米产品	218 710.0	30 623.6	1 128 977.1	1 151 467.6	489 122.2	457 649.2
稻谷产品	302 819.5	272 618.3	195 794.1	240 021.7	226 658.1	535 142.4
棉花	781 131.8	761 454.6	955 741.9	618 964.5	760 168.0	895 507.6
食用油籽	1 956 507.8	1 751 452.8	2 229 502.5	2 030 837.0	1 702 411.2	2 839 676.7
大豆	1 154 517.2	1 016 936.3	1 230 935.6	1 239 130.8	973 695.5	1 756 188.5
花生	31 054.8	1 924.4	14 773.7	15 573.1	3 506.0	8 279.1
油菜籽	55 126.1	184 894.9	245 261.7	216 326.7	157 508.1	307 076.9
食用植物油	984 241.7	1 294 672.6	701 946.0	969 505.6	814 258.3	706 200.1
豆油	191 006.2	218 630.7	50 800.0	20 094.8	10 178.4	9 696.8
菜籽油	8 863.2	3 548.3	458.6	10 359.8	364.3	650.1
棕榈油	458 868.2	533 800.2	365 629.1	439 568.5	386 088.8	409 732.8
食糖	3 938.6	7 445.9	4 188.1	4 342.5	4 343.6	4 213.6
蔬菜	51 413.0	54 918.1	62 921.3	66 198.4	56 018.8	79 237.4
水果						
畜产品						
猪肉		4.0				
牛肉						50 657.5
羊肉						
家禽	2 658.9	1 993.5	1 885.1	2 326.5	2 596.8	4 575.9
蛋产品						
乳品	21 970.6	28 347.1	25 137.3	28 608.9	38 595.7	30 134.1
动物生皮	168 438.9	169 255.0	160 349.8	126 244.9	96 337.4	117 064.5
动物生毛皮						
羊毛	27 283.8	29 460.2	34 201.2	27 498.3	20 316.8	23 471.2
水产品						
饮品						
酒						
茶	3 492.5	4 045.4	3 728.5	4 544.5	5 577.5	8 957.9
咖啡	30 102.9	34 675.8	36 696.1	30 903.6	24 105.8	27 563.0

土耳其主要农产品进口量（二）

单位：吨

项　目	2011年	2012年	2013年	2014年	2015年
农产品					
谷物	5 589 541.9	4 942 866.2	6 211 674.4	7 962 808.6	6 461 578.7
小麦产品	4 754 844.0	3 719 387.0	4 053 300.5	5 289 617.4	4 354 665.5
玉米产品	384 615.4	808 977.8	1 549 117.0	1 422 192.2	1 493 016.4
稻谷产品	349 596.0	263 640.5	283 762.5	493 707.8	312 349.1
棉花	611 940.5	618 293.2	876 652.0	920 769.3	816 012.3
食用油籽	2 463 496.6	2 331 289.5	2 170 549.3	3 303 564.7	3 170 618.3
大豆	1 297 833.3	1 195 035.0	1 073 757.0	2 008 268.8	2 254 995.7
花生	11 194.2	11 036.0	6 932.4	8 550.4	28 059.0
油菜籽	107 264.3	149 562.2	137 010.5	437 007.9	249 213.1
食用植物油	946 208.9	1 211 838.6	1 268 114.2	1 456 321.3	1 446 769.7
豆油	2 456.4	271.4	5 656.9	4 956.5	42.8
菜籽油	2 209.2	179.9	73.8	2 722.6	2 617.1
棕榈油	429 247.8	436 938.1	592 055.9	595 726.1	616 753.7
食糖	4 677.1	5 513.3	9 043.8	4 593.0	169 692.6
蔬菜	115 425.2	87 608.8	79 841.7	103 667.5	139 150.5
水果					
畜产品					
猪肉					
牛肉	110 731.4	25 436.8	6 140.6	640.0	17 573.8
羊肉					
家禽	5 008.5	4 816.2	4 643.9	4 778.0	5 816.3
蛋产品					
乳品	19 746.1	23 612.7	29 162.3	35 434.1	33 280.8
动物生皮	126 725.7	121 060.0	103 713.7	88 808.6	59 931.0
动物生毛皮					
羊毛	25 015.3	20 150.7	20 699.3	22 607.4	19 179.3
水产品					
饮品					
酒					
茶	8 380.1	5 590.7	6 492.5	6 319.1	7 304.3
咖啡	27 582.2	31 011.1	36 983.5	44 022.4	58 188.7

欧 洲

4-14 欧盟28国主要农产品贸易情况

4-14-1 欧盟28国主要农产品出口额（一）

单位：万美元

项 目	2005年	2006年	2007年	2008年	2009年	2010年
农产品	7 581 519.7	8 248 369.5	9 438 130.8	11 743 966.5	10 284 156.2	11 771 431.6
谷物	310 470.3	328 420.9	465 248.4	898 568.3	606 137.6	735 676.3
小麦产品	197 575.1	260 700.2	275 849.2	685 651.4	511 568.0	545 694.5
玉米产品	19 975.2	12 155.1	34 273.5	59 362.6	44 901.7	62 574.9
稻谷产品	12 140.6	10 232.0	12 254.7	20 206.0	17 272.7	24 032.5
棉花	579.0	41 194.4	24 870.8	36 295.2	42 217.4	55 009.2
食用油籽	45 475.8	49 477.2	71 458.1	89 235.3	62 359.2	68 687.3
大豆	2 821.7	2 798.5	2 226.0	3 200.1	3 755.4	1 997.5
花生	3 755.9	3 872.6	4 193.9	5 756.0	4 119.5	5 958.2
油菜籽	7 879.6	5 167.9	18 854.2	14 581.7	9 590.9	14 679.3
食用植物油	221 801.5	231 539.4	257 064.1	328 485.0	264 562.3	303 610.6
豆油	28 890.5	15 186.3	20 604.0	45 144.5	36 830.1	39 977.0
菜籽油	7 707.2	5 578.3	9 095.1	21 998.2	13 957.9	17 334.0
棕榈油	6 972.0	10 359.1	17 782.0	19 495.8	13 822.0	16 629.2
食糖	165 260.5	231 250.9	70 128.7	65 945.8	80 486.5	133 797.3
蔬菜	435 629.9	500 580.7	603 618.5	711 785.6	646 273.5	735 526.5
水果	611 212.3	731 339.5	857 859.2	955 948.0	885 150.1	954 305.5
畜产品	1 435 325.8	1 248 970.7	1 784 455.2	2 272 847.1	1 893 749.4	2 439 402.9
猪肉	212 865.7		265 136.7	369 664.3	279 950.8	346 122.8
牛肉	33 137.6		24 661.7	42 727.8	30 234.0	83 346.0
羊肉	2 429.6	710.2	2 328.7	3 280.0	2 854.4	6 403.3
家禽	129 513.8	135 696.5	147 948.8	231 891.9	222 783.5	256 409.2
蛋产品	21 226.6	22 622.9	26 278.1	33 292.7	33 450.8	37 399.9
乳品	616 214.1	602 958.4	817 740.4	922 793.5	725 081.5	945 678.0
动物生皮	45 561.5	54 350.3	55 261.0	61 407.3	57 008.4	83 302.7
动物生毛皮	88 784.4	123 783.2	89 240.6	121 767.2	104 536.6	188 838.7
羊毛		10 768.4	14 751.6	13 343.8	11 896.6	13 918.4
水产品	337 518.7	361 379.0	312 527.2	481 093.9	427 775.4	483 398.0
饮品	2 144 274.2	2 518 491.8	2 657 430.5	3 086 727.1	2 751 104.1	3 128 834.1
酒	1 551 755.9	1 805 845.3	1 818 956.5	2 171 676.4	1 896 903.4	2 147 045.8
茶	32 778.2	38 987.0	44 061.5	48 877.4	43 789.2	52 753.5
咖啡	119 116.2	126 222.5	154 673.1	165 874.0	159 536.0	158 621.5

欧盟28国主要农产品出口额（二）

单位：万美元

项　目	2011年	2012年	2013年	2014年	2015年
农产品	14 490 818.5	15 030 293.6	15 863 207.9	16 652 521.3	
谷物	918 698.4	813 267.9	1 194 633.9	1 163 516.3	
小麦产品	650 412.8	562 594.7	806 453.0	877 845.0	
玉米产品	106 514.2	101 446.4	141 129.7	103 903.2	
稻谷产品	24 348.9	20 038.9	21 541.9	30 410.4	
棉花	44 035.6	64 952.7	57 746.3	52 052.7	
食用油籽	108 099.2	91 198.4	126 535.0	123 513.3	
大豆	4 703.8	8 332.2	4 048.2	5 308.3	
花生	5 855.8	6 711.4	6 957.8	7 027.8	
油菜籽	11 712.3	13 788.0	20 772.7	30 624.1	
食用植物油	399 238.1	458 261.8	490 046.4	452 930.7	
豆油	66 124.0	111 692.6	96 077.9	71 091.6	
菜籽油	38 929.6	33 634.4	69 430.4	28 987.2	
棕榈油	26 876.6	30 894.4	15 063.4	16 998.0	
食糖	105 363.1	128 607.0	85 902.5	80 126.9	
蔬菜	835 462.2	842 890.3	940 004.8	951 712.9	
水果	1 140 098.1	1 196 876.5	1 300 633.7	1 324 514.0	
畜产品	3 137 333.8	3 174 683.6	3 285 168.4	3 391 529.6	
猪肉	470 017.8	485 337.8	507 245.7	489 333.9	
牛肉	127 892.4	80 850.0	66 259.4	74 222.8	
羊肉	8 182.1	9 702.3	13 684.8	13 741.1	
家禽	314 880.4	323 974.3	274 874.0	334 165.1	
蛋产品	42 098.2	46 689.2	54 485.5	65 935.8	
乳品	1 130 117.5	1 128 337.4	1 240 900.9	1 361 962.8	
动物生皮	113 936.1	108 604.4	110 888.5	88 021.7	
动物生毛皮	230 872.7	270 474.0	347 493.1	217 116.4	
羊毛	19 514.8	17 152.6	19 707.3	20 695.4	
水产品	576 348.2	613 930.8	640 324.4	669 566.6	
饮品	3 863 850.0	4 067 192.8	4 206 407.3	4 255 173.1	
酒	2 664 957.2	2 829 940.4	2 933 759.1	2 924 000.2	
茶	56 609.9	57 049.5	61 385.8	51 397.5	
咖啡	246 016.2	247 978.7	231 526.8	241 931.5	

4-14-2 欧盟28国主要农产品进口额（一）

单位：万美元

项 目	2005年	2006年	2007年	2008年	2009年	2010年
农产品	9 569 977.0	10 329 281.0	11 346 300.9	15 221 076.3	12 935 153.5	13 543 358.7
谷物	241 330.6	256 198.6	635 682.6	843 957.3	386 298.0	356 359.5
小麦产品	129 803.4	114 513.0	200 528.3	266 426.8	173 735.0	126 889.6
玉米产品	46 188.4	67 268.1	269 100.3	299 901.4	82 722.7	104 570.2
稻谷产品	53 345.1	58 957.1	78 059.4	142 950.9	115 305.0	102 976.7
棉花	5 747.5	67 593.0	66 435.5	62 041.5	38 515.3	52 672.9
食用油籽	600 725.3	584 068.4	770 645.7	1 174 714.1	900 317.9	924 019.4
大豆	381 491.5	365 298.5	523 233.1	753 651.7	554 943.3	595 477.9
花生	57 189.1	53 729.8	64 841.1	94 154.8	71 428.8	73 493.0
油菜籽	2 512.4	20 118.1	23 550.1	133 612.9	113 632.7	88 861.7
食用植物油	342 263.4	489 160.1	579 452.9	844 266.1	602 169.9	652 592.0
豆油	14 651.0	53 229.5	76 303.1	129 892.9	48 047.3	65 517.3
菜籽油	3 861.7	46 117.4	40 243.4	53 688.6	42 511.1	39 014.0
棕榈油	180 587.7	202 639.1	285 106.3	438 948.4	382 836.4	420 583.5
食糖	161 187.1	172 755.6	177 136.7	211 178.5	173 586.4	169 876.5
蔬菜	472 403.2	521 203.0	690 534.5	731 055.8	675 141.0	705 055.3
水果	1 440 981.7	1 558 976.2	1 680 365.5	2 062 659.2	1 846 833.6	1 847 716.0
畜产品	884 213.4	758 687.1	1 179 414.0	1 272 970.4	1 075 318.7	1 104 159.5
猪肉	17 958.8		10 267.3	16 925.9	11 818.0	7 453.9
牛肉	156 878.9		215 723.6	189 737.1	168 645.2	173 098.1
羊肉	130 980.0	28 603.5	133 369.5	145 755.1	138 447.0	132 189.2
家禽	227 843.9	219 834.2	243 831.8	335 245.2	307 781.6	298 351.5
蛋产品	8 153.3	6 762.2	8 812.0	6 809.7	8 849.9	8 786.0
乳品	75 497.4	81 413.1	91 327.1	97 560.1	77 946.8	76 341.4
动物生皮	56 918.2	59 639.3	65 380.2	58 082.1	38 210.7	56 162.6
动物生毛皮	13 335.6	20 933.9	19 486.5	20 149.4	10 678.1	14 057.6
羊毛		80 166.2	82 854.8	73 615.3	30 908.9	48 144.2
水产品	1 850 683.5	2 148 598.8	2 006 189.4	2 572 865.5	2 303 922.5	2 466 497.0
饮品	1 441 942.7	1 591 129.2	1 937 860.8	2 293 703.5	2 183 743.6	2 334 659.7
酒	462 106.1	486 220.7	581 745.8	641 625.4	569 038.9	527 352.8
茶	62 760.5	73 225.3	75 790.9	91 385.7	81 070.1	88 476.5
咖啡	494 950.1	585 094.8	713 996.1	873 370.4	784 478.4	914 029.1

欧盟 28 国主要农产品进口额（二）

单位：万美元

项　目	2011 年	2012 年	2013 年	2014 年	2015 年
农产品	16 325 796.5	15 538 824.0	15 624 755.1	16 553 337.2	
谷物	618 048.8	604 649.3	638 440.1	706 112.5	
小麦产品	215 305.6	206 639.5	145 559.3	177 352.6	
玉米产品	228 696.4	254 393.3	340 645.3	355 786.2	
稻谷产品	127 025.4	109 110.2	122 354.6	142 450.6	
棉花	93 596.7	50 782.4	51 654.8	46 413.6	
食用油籽	1 131 065.8	1 211 544.5	1 293 439.6	1 189 556.0	
大豆	657 552.5	697 399.7	743 127.5	700 426.5	
花生	97 860.3	113 403.7	111 365.0	99 530.5	
油菜籽	181 827.3	217 035.6	229 979.9	152 976.2	
食用植物油	860 261.3	873 777.7	851 671.1	793 801.2	
豆油	94 678.1	44 861.2	34 528.2	27 922.3	
菜籽油	82 926.7	40 918.0	30 695.0	22 927.6	
棕榈油	537 239.2	600 408.8	600 977.7	606 152.5	
食糖	324 858.6	263 851.0	299 455.5	215 548.0	
蔬菜	782 213.3	703 185.4	756 358.6	789 588.4	
水果	2 071 641.3	1 948 037.3	2 126 355.0	2 217 842.2	
畜产品	1 317 546.5	1 215 230.1	1 021 510.3	1 261 073.9	
猪肉	7 795.5	6 819.3	5 045.3	5 143.3	
牛肉	202 350.0	185 081.6	198 975.5	215 968.1	
羊肉	166 683.6	129 384.3	122 605.4	130 960.1	
家禽	366 331.0	349 922.1	209 327.7	319 608.7	
蛋产品	7 869.2	9 493.3	5 059.1	4 927.0	
乳品	87 816.9	86 132.3	86 713.8	93 708.8	
动物生皮	72 139.6	66 448.0	77 896.1	80 101.9	
动物生毛皮	20 375.4	26 440.4	36 337.1	33 260.5	
羊毛	80 812.6	63 555.2	60 505.5	59 262.5	
水产品	2 791 861.6	2 618 881.4	2 763 919.0	2 960 002.7	
饮品	2 961 841.8	2 647 598.9	2 476 691.8	2 631 838.5	
酒	578 001.2	570 174.2	608 753.2	592 257.4	
茶	99 846.7	96 531.1	101 713.7	92 624.0	
咖啡	1 371 709.2	1 231 160.4	1 037 644.2	1 091 447.9	

4-14-3 欧盟 28 国主要农产品出口量（一）

单位：吨

项 目	2005 年	2006 年	2007 年	2008 年	2009 年	2010 年
农产品						
谷物	19 045 402.6	19 042 613.0	16 130 702.1	25 341 152.7	24 827 671.6	29 862 278.7
小麦产品	12 223 513.1	15 498 354.1	9 980 377.2	19 429 544.4	21 951 121.5	23 351 686.2
玉米产品	936 307.2	269 218.3	815 612.5	1 408 967.4	1 474 846.3	1 915 524.3
稻谷产品	205 127.5	141 201.6	144 134.2	167 845.6	161 584.4	320 630.3
棉花	1 933.5	334 652.0	180 015.8	230 356.7	313 450.3	258 217.1
食用油籽	999 073.1	951 774.9	1 096 395.4	770 211.1	1 007 206.8	794 855.8
大豆	84 786.4	78 015.4	42 937.4	45 391.8	72 784.7	32 656.2
花生	18 915.2	20 254.7	18 984.9	22 050.8	16 606.3	24 944.3
油菜籽	252 114.5	96 459.4	387 582.3	112 587.0	154 212.9	248 679.1
食用植物油	1 292 711.0	958 142.5	1 099 069.5	1 217 437.5	1 261 261.6	1 450 612.5
豆油	486 081.2	245 612.3	246 754.5	330 920.7	410 218.8	423 931.4
菜籽油	91 647.0	57 328.7	70 183.0	160 763.2	118 756.9	152 895.8
棕榈油	104 432.1	124 494.5	173 348.1	138 375.6	130 792.8	151 496.4
食糖	5 823 015.0	5 719 779.4	1 482 609.8	1 373 460.2	1 501 424.9	2 166 455.0
蔬菜	4 417 168.0	4 493 730.5	4 552 967.1	5 181 744.6	5 031 242.8	6 042 949.9
水果						
畜产品						
猪肉	755 514.5		874 985.9	1 229 994.6	973 233.5	1 260 420.5
牛肉	140 291.4		72 243.4	105 716.2	70 859.3	216 084.5
羊肉	3 757.1	1 078.8	4 074.0	4 995.1	5 571.6	11 704.8
家禽	844 447.3	945 353.7	770 523.2	1 017 869.4	1 055 708.6	1 306 296.7
蛋产品						
乳品	2 408 481.2	2 236 204.4	2 370 075.9	2 302 211.9	2 457 050.1	2 770 003.1
动物生皮	282 942.6	295 718.3	288 328.4	343 267.2	431 542.3	405 149.2
动物生毛皮						
羊毛		60 140.2	79 808.5	63 599.1	77 022.5	84 163.9
水产品						
饮品						
酒						
茶	35 352.4	40 412.3	36 797.2	40 993.9	37 834.5	40 321.4
咖啡	218 004.0	229 274.4	233 212.3	233 859.9	232 363.0	236 386.9

欧盟28国主要农产品出口量（二）

单位：吨

项　目	2011年	2012年	2013年	2014年	2015年
农产品					
谷物	25 657 120.4	23 615 076.0	37 435 667.8	40 389 571.5	
小麦产品	18 675 205.1	17 136 513.3	25 983 658.4	31 740 929.4	
玉米产品	2 431 275.9	2 243 370.5	3 475 812.8	2 215 058.6	
稻谷产品	266 383.6	220 538.2	233 463.5	331 643.2	
棉花	179 071.0	356 920.1	303 319.9	296 178.7	
食用油籽	1 117 991.2	710 586.0	1 277 478.2	1 432 954.4	
大豆	77 492.9	116 639.7	51 866.3	79 649.1	
花生	21 730.9	22 056.7	25 088.2	25 651.0	
油菜籽	108 782.6	108 915.2	265 415.3	555 028.9	
食用植物油	1 726 660.5	2 315 856.4	2 478 770.3	2 338 063.2	
豆油	474 334.1	894 934.5	885 841.3	780 329.5	
菜籽油	262 030.6	238 649.4	539 453.9	260 934.3	
棕榈油	199 574.6	245 311.6	139 139.7	162 182.6	
食糖	1 368 420.4	1 933 556.5	1 416 882.0	1 525 008.2	
蔬菜	6 343 832.2	6 448 661.1	6 647 416.9	7 180 775.9	
水果					
畜产品					
猪肉	1 548 781.0	1 557 118.1	1 608 591.9	1 565 162.0	
牛肉	289 604.9	183 453.8	140 176.4	175 799.4	
羊肉	12 951.1	21 173.5	31 486.9	28 584.9	
家禽	1 471 586.2	1 505 919.5	1 344 023.4	1 589 690.4	
蛋产品					
乳品	3 000 494.9	3 304 035.8	3 235 460.3	3 646 797.0	
动物生皮	402 138.0	402 389.9	378 164.0	370 212.0	
动物生毛皮					
羊毛	79 593.0	81 062.0	93 897.4	93 458.7	
水产品					
饮品					
酒					
茶	39 839.1	37 724.6	38 460.6	37 968.5	
咖啡	285 442.5	301 928.0	295 371.5	303 799.9	

4-14-4　欧盟 28 国主要农产品进口量（一）

单位：吨

项　目	2005 年	2006 年	2007 年	2008 年	2009 年	2010 年
农产品						
谷物	11 487 227.9	11 288 188.5	22 074 954.1	22 550 974.5	10 668 257.8	10 144 335.1
小麦产品	7 122 934.5	5 717 027.6	6 206 532.5	6 873 315.1	6 325 246.9	4 353 640.9
玉米产品	2 578 081.9	3 553 703.9	10 922 352.9	9 760 053.4	2 531 172.2	3 890 582.8
稻谷产品	1 204 458.5	1 325 752.1	1 473 436.9	1 647 213.3	1 494 069.1	1 320 381.0
棉花	80 317.9	532 480.2	494 116.1	398 438.9	277 254.9	303 336.4
食用油籽	16 754 584.8	16 895 627.3	18 053 468.2	18 547 494.3	17 429 633.2	17 288 793.6
大豆	14 505 222.2	14 076 779.8	15 172 503.5	14 430 906.3	12 590 497.8	13 483 257.9
花生	618 515.8	603 045.1	598 842.6	624 614.1	560 185.3	583 507.4
油菜籽	89 724.1	654 924.1	521 137.2	2 201 417.6	2 787 546.7	1 944 282.8
食用植物油	5 685 264.5	7 502 483.7	7 373 698.5	7 340 030.1	7 715 063.8	7 669 034.8
豆油	255 670.7	893 032.7	984 521.2	1 099 772.6	535 342.7	695 203.3
菜籽油	58 144.2	636 139.4	491 374.4	402 931.4	463 366.3	405 547.6
棕榈油	4 067 884.0	4 275 693.6	4 338 997.0	4 555 436.6	5 508 998.9	5 438 424.9
食糖	3 032 258.3	3 087 874.9	3 027 708.3	3 305 779.3	3 060 633.4	3 104 659.3
蔬菜	4 092 856.1	4 169 963.6	4 611 161.4	4 744 029.3	4 597 299.3	4 555 749.3
水果						
畜产品						
猪肉	74 845.7		27 045.1	42 883.4	35 835.1	18 626.1
牛肉	369 514.7		305 464.8	188 279.0	229 096.8	203 424.9
羊肉	221 917.9	52 445.4	225 743.2	222 113.4	222 183.2	196 125.9
家禽	847 851.9	768 586.4	672 152.2	723 424.3	749 710.7	704 529.0
蛋产品						
乳品	267 193.8	300 611.2	301 812.3	260 888.3	278 779.1	217 622.5
动物生皮	196 788.4	195 308.4	174 359.5	142 481.3	140 879.5	177 114.7
动物生毛皮						
羊毛		229 317.5	201 588.5	166 631.5	95 297.3	124 140.5
水产品						
饮品						
酒						
茶	355 286.1	367 014.1	362 847.3	413 606.3	317 746.1	275 613.3
咖啡	2 594 068.4	2 750 202.9	2 824 388.0	2 814 339.4	2 782 176.6	2 835 343.6

欧盟28国主要农产品进口量（二）

单位：吨

项　目	2011年	2012年	2013年	2014年	2015年
农产品					
谷物	15 925 575.7	16 731 144.5	17 134 074.6	21 603 034.0	
小麦产品	6 005 893.9	6 042 276.6	3 942 980.9	5 122 086.6	
玉米产品	7 101 601.4	8 399 854.5	11 135 503.4	14 291 148.3	
稻谷产品	1 625 309.7	1 404 331.3	1 459 559.5	1 656 084.7	
棉花	322 194.0	259 570.2	295 891.5	280 423.3	
食用油籽	16 820 299.7	17 431 815.2	18 756 964.9	18 187 615.7	
大豆	12 126 088.2	12 138 678.8	12 950 148.2	13 087 862.1	
花生	604 968.5	561 035.7	657 699.6	648 362.1	
油菜籽	2 754 388.0	3 531 777.7	3 845 658.3	3 071 902.1	
食用植物油	7 285 296.1	7 772 485.4	8 652 049.2	8 762 570.6	
豆油	740 015.5	373 475.6	316 717.8	304 432.7	
菜籽油	629 886.0	346 571.7	302 758.2	267 662.7	
棕榈油	4 944 100.5	5 707 109.9	6 787 661.6	6 943 255.1	
食糖	4 401 263.4	3 622 039.8	4 123 302.7	3 622 697.4	
蔬菜	4 554 846.4	4 126 696.9	4 288 144.7	4 212 233.6	
水果					
畜产品					
猪肉	14 922.6	15 445.7	11 104.4	9 867.9	
牛肉	184 525.8	176 378.1	201 248.1	203 626.9	
羊肉	182 242.2	154 488.0	164 210.3	157 262.2	
家禽	739 508.4	748 461.9	547 532.8	637 742.7	
蛋产品					
乳品	236 141.7	258 990.4	237 623.8	244 155.5	
动物生皮	160 036.1	137 239.8	146 324.3	148 947.2	
动物生毛皮					
羊毛	135 203.8	109 427.2	108 717.2	114 960.4	
水产品					
饮品					
酒					
茶	283 541.6	291 414.1	306 976.8	275 449.4	
咖啡	2 844 144.2	2 891 353.9	2 910 484.9	2 932 467.3	

4-15 英国主要农产品贸易情况

4-15-1 英国主要农产品出口额（一）

单位：万美元

项 目	2005年	2006年	2007年	2008年	2009年	2010年
农产品	2 132 653.7	2 259 963.6	2 634 630.4	2 793 568.3	2 443 263.9	2 730 316.2
谷物	66 642.5	62 932.0	83 480.2	122 777.5	92 636.2	120 539.4
小麦产品	41 689.0	40 080.3	53 963.2	85 971.6	58 700.5	82 238.8
玉米产品	1 238.3	1 260.3	881.0	1 140.2	1 108.2	2 668.9
稻谷产品	4 960.2	4 725.6	7 020.1	7 546.8	6 568.7	6 129.2
棉花	307.2	952.4	1 138.6	841.8	426.6	188.7
食用油籽	10 718.8	12 137.5	17 103.3	19 256.4	11 478.4	22 475.9
大豆	468.8	1 278.8	1 154.1	713.8	916.3	827.3
花生	2 328.1	2 305.5	2 541.7	2 349.6	2 043.1	2 263.2
油菜籽	3 540.5	5 949.0	10 435.9	12 756.9	4 854.9	14 689.5
食用植物油	20 052.7	27 673.7	42 651.9	39 459.4	36 486.5	37 035.2
豆油	1 609.1	1 426.1	1 598.3	2 017.0	1 711.0	1 730.0
菜籽油	11 164.6	18 921.8	31 410.3	25 130.2	25 557.3	29 700.1
棕榈油	2 885.1	2 297.1	2 343.9	3 103.1	2 248.1	2 079.7
食糖	32 272.6	42 327.9	44 122.1	49 270.6	40 960.6	38 059.5
蔬菜	57 327.3	64 116.9	75 682.4	80 931.3	73 012.8	76 162.3
水果	91 404.8	104 322.1	118 493.5	118 533.4	110 794.3	121 991.4
畜产品	378 561.4	385 545.1	477 812.9	510 890.1	424 733.4	486 801.4
猪肉	19 102.6	18 782.1	25 669.8	26 778.5	19 168.6	24 287.5
牛肉	4 580.9	19 077.7	25 068.1	39 687.4	40 531.4	49 698.2
羊肉	40 499.0	43 218.9	37 109.0	48 719.0	49 146.4	50 861.6
家禽	71 804.5	62 017.4	82 004.9	82 816.3	72 757.5	78 390.2
蛋产品	4 912.8	4 437.5	5 058.1	7 033.9	7 115.5	7 269.0
乳品	118 460.4	119 562.0	149 327.1	149 743.5	114 156.5	143 642.4
动物生皮	20 022.0	21 612.4	22 959.3	21 212.4	13 992.7	24 437.0
动物生毛皮	574.8	696.8	615.6	181.0	192.5	180.8
羊毛	9 391.3	9 757.8	5 982.8	5 392.1	4 159.1	5 025.7
水产品	183 712.0	187 220.8	215 570.3	205 199.1	177 710.6	224 079.4
饮品	772 340.1	824 846.9	987 035.9	1 028 696.5	932 931.6	1 036 756.1
酒	623 702.3	659 815.5	799 855.7	820 367.5	746 147.5	827 958.5
茶	24 820.6	29 056.9	31 865.7	33 399.1	29 381.2	33 696.8
咖啡	23 616.2	27 108.2	36 191.6	45 521.8	37 576.6	47 338.4

英国主要农产品出口额（二）

单位：万美元

项　目	2011年	2012年	2013年	2014年	2015年
农产品	3 236 950.2	3 112 573.4	3 243 978.6	3 425 324.9	3 060 385.4
谷物	125 538.6	96 833.5	78 412.3	97 398.5	111 306.4
小麦产品	83 353.5	58 754.1	31 119.1	41 498.4	52 405.0
玉米产品	1 702.6	2 733.7	4 330.5	4 710.0	4 423.1
稻谷产品	6 364.2	6 262.4	8 803.2	10 317.4	8 954.0
棉花	385.0	175.0	254.7	222.6	233.0
食用油籽	53 634.2	73 299.6	36 160.8	31 909.3	22 810.0
大豆	250.2	1 543.4	215.4	4 149.2	420.6
花生	2 823.7	3 186.1	3 438.0	3 678.4	3 399.2
油菜籽	44 529.8	62 936.8	26 928.0	18 452.7	13 727.9
食用植物油	33 271.4	32 703.5	36 231.8	36 703.4	28 888.6
豆油	2 214.7	1 968.8	2 370.3	2 364.2	2 289.8
菜籽油	22 529.6	23 741.4	25 307.1	26 855.9	18 828.4
棕榈油	3 835.9	2 896.1	4 759.3	3 632.5	3 806.4
食糖	26 348.2	22 914.9	19 914.2	23 796.0	17 584.2
蔬菜	85 134.5	77 736.4	86 184.6	88 388.2	87 856.4
水果	135 086.0	120 150.3	139 370.4	161 607.0	163 751.1
畜产品	615 316.3	557 790.1	615 759.5	671 436.1	549 592.0
猪肉	27 507.7	29 672.0	34 085.0	35 277.9	30 137.2
牛肉	72 087.6	61 095.9	58 280.5	61 677.7	52 269.3
羊肉	63 497.6	55 719.4	60 177.6	62 692.8	46 337.9
家禽	95 224.6	90 471.0	95 710.3	94 173.8	73 762.9
蛋产品	7 657.8	8 978.3	13 979.3	15 848.1	14 654.7
乳品	178 620.0	161 040.8	187 039.0	214 819.0	167 144.8
动物生皮	37 268.5	31 008.1	34 417.3	33 308.6	28 701.2
动物生毛皮	52.1	207.4	199.6	185.9	139.7
羊毛	6 177.1	5 112.9	9 514.9	13 804.8	12 027.2
水产品	259 953.8	229 120.2	249 805.1	284 399.9	226 423.3
饮品	1 278 580.0	1 264 619.7	1 284 679.3	1 293 715.2	1 171 359.3
酒	1 046 576.7	1 032 244.5	1 033 580.1	1 027 160.1	927 037.8
茶	27 187.7	20 868.3	21 842.3	19 061.8	19 833.9
咖啡	60 318.8	63 359.9	66 695.9	72 939.9	64 311.8

4-15-2 英国主要农产品进口额（一）

单位：万美元

项 目	2005年	2006年	2007年	2008年	2009年	2010年
农产品	4 950 821.0	5 348 860.7	6 155 672.4	6 656 079.6	5 562 663.3	6 016 855.7
谷物	102 252.9	103 709.8	153 897.7	188 750.6	145 356.5	130 970.9
小麦产品	29 025.4	28 749.6	48 730.0	66 010.5	47 916.6	37 086.4
玉米产品	29 068.9	27 720.9	43 966.7	36 856.2	25 939.6	27 333.5
稻谷产品	38 598.7	40 374.1	48 803.9	72 685.7	63 686.8	59 551.2
棉花	5 300.9	4 344.7	3 388.9	3 896.8	2 918.2	3 231.0
食用油籽	54 893.7	54 313.0	65 528.9	94 084.7	92 681.3	87 701.3
大豆	23 461.3	23 514.9	31 551.0	45 575.7	43 251.7	42 777.0
花生	15 495.0	11 947.8	16 339.8	19 177.5	15 496.4	18 522.9
油菜籽	1 841.7	5 408.2	2 587.9	8 143.9	17 925.7	8 209.2
食用植物油	83 326.4	106 337.4	127 040.2	179 727.7	113 729.2	114 181.8
豆油	10 435.7	17 217.8	21 408.2	25 293.5	10 178.5	11 814.2
菜籽油	6 328.5	8 419.3	8 004.2	18 756.0	10 385.2	10 662.0
棕榈油	30 927.6	33 864.3	35 783.4	50 023.6	32 287.4	36 333.7
食糖	101 467.5	100 630.7	104 320.4	114 853.3	97 407.4	97 649.4
蔬菜	504 476.2	535 366.9	625 844.6	661 948.1	542 456.2	596 247.1
水果	592 412.5	664 119.0	807 007.5	846 641.2	709 926.1	724 861.7
畜产品	1 137 134.7	1 235 839.8	1 351 687.6	1 440 473.1	1 261 390.0	1 327 571.8
猪肉	106 002.1	126 738.2	139 219.5	127 514.0	100 746.2	103 584.2
牛肉	111 232.6	123 774.7	132 648.1	148 108.5	121 743.0	127 360.8
羊肉	53 144.2	52 469.5	56 221.6	58 608.9	60 051.2	60 031.9
家禽	217 217.6	221 217.5	260 666.3	272 106.6	249 543.1	286 507.8
蛋产品	11 692.3	13 686.0	18 103.5	20 941.8	20 303.6	21 405.8
乳品	293 878.5	306 269.5	336 560.7	383 644.9	326 473.5	345 619.1
动物生皮	7 905.5	8 080.8	9 044.8	5 125.4	2 100.7	4 345.7
动物生毛皮	858.2	1 115.9	953.3	1 025.9	631.7	901.8
羊毛	12 322.6	11 218.0	2 423.3	1 995.5	1 667.7	3 400.7
水产品	350 471.9	405 477.8	451 876.8	463 915.4	286 758.5	406 965.5
饮品	1 049 658.5	1 098 703.6	1 258 667.6	1 296 515.6	1 171 063.8	1 205 349.7
酒	700 730.4	719 801.6	816 905.6	818 506.7	692 661.4	702 929.3
茶	28 845.4	34 406.9	32 185.8	38 748.6	37 973.3	43 335.2
咖啡	56 484.5	63 911.9	78 645.6	91 744.0	90 159.6	102 864.4

英国主要农产品进口额（二）

单位：万美元

项　目	2011年	2012年	2013年	2014年	2015年
农产品	6 851 248.7	6 407 606.0	6 889 563.2	7 096 061.4	6 567 621.8
谷物	153 664.8	181 030.2	253 084.8	204 723.4	167 201.0
小麦产品	41 523.9	67 426.9	109 805.8	63 541.5	47 952.5
玉米产品	38 105.1	43 699.7	67 302.3	60 879.1	45 783.9
稻谷产品	63 195.1	54 691.7	57 761.6	67 846.8	58 967.4
棉花	4 780.9	4 191.6	4 006.7	3 126.2	2 634.0
食用油籽	93 982.0	99 193.5	101 306.5	101 583.7	87 975.1
大豆	44 576.0	48 840.2	38 298.6	44 300.3	32 996.8
花生	24 368.9	26 565.2	25 933.5	22 342.4	18 715.4
油菜籽	3 443.9	1 817.6	10 507.2	5 650.1	4 238.3
食用植物油	151 629.1	147 828.6	139 326.6	129 247.6	113 062.1
豆油	17 974.1	20 033.1	15 740.4	15 193.5	12 300.0
菜籽油	14 830.7	9 650.2	14 282.6	11 479.1	8 346.5
棕榈油	47 256.5	48 606.5	39 424.4	37 987.7	30 227.0
食糖	106 230.2	87 265.2	94 478.9	85 927.0	60 767.6
蔬菜	636 707.4	589 939.9	681 299.4	687 178.9	655 648.6
水果	830 201.8	805 669.7	856 825.6	898 012.3	887 391.0
畜产品	1 475 297.1	1 384 034.9	1 471 051.6	1 555 058.5	1 402 980.3
猪肉	115 984.2	106 783.3	115 701.8	115 155.0	93 624.5
牛肉	145 016.3	133 186.8	149 051.8	161 601.3	157 731.2
羊肉	66 569.3	58 234.8	60 130.6	67 199.4	60 181.3
家禽	338 875.7	280 736.2	295 590.4	329 050.7	311 789.5
蛋产品	17 566.1	24 027.0	25 157.5	25 361.7	24 391.2
乳品	363 365.2	353 683.5	399 666.6	411 648.7	344 011.7
动物生皮	4 934.8	5 197.9	7 148.3	7 942.4	5 290.9
动物生毛皮	378.2	489.0	1 261.2	1 438.9	511.6
羊毛	4 081.7	3 016.4	3 106.7	12 754.9	11 817.3
水产品	469 583.3	444 087.5	471 232.0	493 734.4	446 946.5
饮品	1 363 091.0	1 239 750.7	1 290 506.3	1 340 199.7	1 276 156.0
酒	770 446.9	728 492.1	768 152.4	752 948.2	701 006.7
茶	47 375.9	45 129.5	43 731.9	39 047.0	42 120.1
咖啡	139 712.9	126 598.9	108 457.0	123 793.9	134 638.9

4-15-3 英国主要农产品出口量（一）

单位：吨

项 目	2005年	2006年	2007年	2008年	2009年	2010年
农产品						
谷物	3 681 320.4	3 061 702.6	2 753 456.7	3 798 074.6	3 886 487.4	4 972 247.9
小麦产品	2 656 551.3	2 260 261.4	2 064 697.3	2 912 453.8	2 728 312.8	3 596 065.0
玉米产品	19 050.0	29 125.6	18 619.6	20 057.2	17 309.6	73 869.8
稻谷产品	52 916.3	51 902.8	65 190.8	53 711.9	52 160.9	52 433.3
棉花	562.3	6 041.8	6 998.1	4 540.0	1 871.7	403.5
食用油籽	265 368.0	263 730.1	317 760.0	252 341.8	232 538.1	334 138.9
大豆	9 715.4	24 637.1	21 044.8	7 689.3	11 308.0	13 039.4
花生	9 138.8	6 425.5	6 179.6	5 613.3	5 438.4	6 574.7
油菜籽	173 783.2	203 513.4	264 217.4	218 535.7	175 418.6	260 983.1
食用植物油	220 214.7	295 991.1	463 385.9	337 823.0	358 738.5	403 550.4
豆油	22 504.9	18 791.3	15 886.3	14 167.3	16 506.3	14 956.1
菜籽油	131 319.0	219 638.6	375 933.7	263 038.5	280 549.8	359 464.9
棕榈油	35 267.5	25 928.0	21 384.7	20 882.6	19 131.2	16 265.8
食糖	863 573.5	906 011.9	569 258.7	608 768.6	546 342.1	515 838.1
蔬菜	552 791.7	581 012.9	563 967.2	583 264.9	622 409.4	655 523.7
水果						
畜产品						
猪肉	94 275.5	101 980.6	125 278.3	128 217.9	108 362.9	138 014.6
牛肉	8 858.3	51 011.0	59 245.5	81 751.3	83 671.0	106 270.2
羊肉	89 755.9	87 949.9	69 883.3	87 181.1	95 284.9	92 366.6
家禽	351 123.5	328 129.2	362 624.5	347 074.5	315 744.1	323 960.3
蛋产品						
乳品	957 656.2	1 131 209.4	867 653.8	883 745.5	833 900.8	886 441.9
动物生皮	127 205.9	115 374.4	108 875.1	113 901.6	114 470.7	120 097.0
动物生毛皮						
羊毛	36 756.0	37 827.7	22 505.0	21 787.9	20 097.7	19 620.2
水产品						
饮品						
酒						
茶	28 070.9	28 477.6	26 756.1	28 235.3	30 922.0	33 481.2
咖啡	31 343.7	58 180.6	36 033.4	60 323.6	42 404.0	54 749.7

英国主要农产品出口量（二）

单位：吨

项　目	2011年	2012年	2013年	2014年	2015年
农产品					
谷物	3 676 183.8	2 628 277.8	1 945 282.0	2 904 625.5	4 312 370.6
小麦产品	2 610 460.2	1 805 266.1	745 921.8	1 368 458.5	2 213 120.2
玉米产品	39 821.8	63 068.8	144 499.5	153 728.0	167 989.7
稻谷产品	52 182.3	48 629.0	58 298.6	62 752.3	71 276.0
棉花	1 010.4	1 142.2	708.0	401.0	664.5
食用油籽	796 852.6	1 131 217.7	494 065.9	494 438.7	346 998.7
大豆	2 384.7	23 495.7	1 842.3	75 705.0	7 794.2
花生	7 462.4	7 849.0	9 386.7	9 578.4	9 541.1
油菜籽	731 859.5	1 042 762.6	439 039.4	370 719.3	307 613.1
食用植物油	254 614.8	267 499.2	273 207.1	320 396.8	283 935.5
豆油	14 560.7	13 597.7	15 339.5	19 307.5	21 656.9
菜籽油	195 210.1	223 956.1	219 905.2	267 932.0	220 437.4
棕榈油	28 053.5	16 873.6	26 800.0	21 211.5	27 787.2
食糖	312 413.9	255 732.0	240 156.9	337 227.8	341 014.8
蔬菜	768 958.9	544 723.3	750 504.0	646 244.0	722 204.0
水果					
畜产品					
猪肉	144 539.3	152 670.1	180 585.2	181 712.5	186 135.8
牛肉	147 051.3	118 492.1	105 222.3	112 260.4	100 363.9
羊肉	102 965.6	94 409.3	103 963.2	102 281.3	79 639.0
家禽	359 733.6	365 909.0	427 946.4	444 529.7	373 217.5
蛋产品					
乳品	1 001 508.1	956 694.3	926 047.1	1 100 721.3	1 125 424.0
动物生皮	118 431.2	122 348.2	136 043.7	149 428.4	158 025.1
动物生毛皮					
羊毛	16 500.3	13 517.2	31 813.0	38 750.2	36 043.7
水产品					
饮品					
酒					
茶	63 335.9	21 877.8	23 596.5	23 700.1	23 579.5
咖啡	53 662.6	54 787.3	60 498.8	63743.0	62 324.0

4-15-4 英国主要农产品进口量（一）

单位：吨

项　目	2005年	2006年	2007年	2008年	2009年	2010年
农产品						
谷物	3 550 391.4	3 291 488.7	3 957 262.8	3 500 290.0	3 474 104.6	3 204 532.1
小麦产品	1 320 021.4	1 114 198.3	1 381 491.3	1 358 223.5	1 599 067.2	1 267 360.8
玉米产品	1 319 209.6	1 232 855.1	1 505 499.3	1 086 275.6	928 361.1	989 788.5
稻谷产品	712 355.9	699 245.5	711 477.5	717 571.0	696 258.4	728 220.5
棉花	42 674.6	32 506.7	24 438.1	22 984.9	20 709.1	20 286.6
食用油籽	1 130 049.4	1 099 042.5	1 196 559.1	1 331 086.9	1 625 680.6	1 426 188.8
大豆	801 278.5	736 433.0	826 318.1	837 438.4	916 668.8	890 125.0
花生	136 265.8	113 701.7	122 248.1	112 542.6	110 979.4	116 631.4
油菜籽	51 175.4	135 441.4	63 253.2	174 488.1	451 181.2	209 574.1
食用植物油	1 118 748.9	1 322 417.2	1 241 038.3	1 183 230.9	1 030 618.8	1 000 350.8
豆油	146 448.9	250 224.9	253 960.3	192 382.9	104 418.4	111 517.9
菜籽油	80 497.2	95 503.7	94 933.2	126 799.1	95 103.4	99 780.5
棕榈油	674 611.3	692 633.1	489 011.5	462 575.8	448 340.5	423 096.1
食糖	1 446 020.3	1 480 849.2	1 516 330.9	1 617 802.2	1 574 945.2	1 715 602.0
蔬菜	9 841 086.8	4 607 790.0	4 713 880.9	4 906 737.2	4 163 287.9	4 427 834.5
水果						
畜产品						
猪肉	427 903.0	463 099.6	478 971.9	402 008.1	363 459.9	370 553.2
牛肉	259 513.1	258 802.6	263 637.2	267 772.8	251 163.7	255 571.2
羊肉	110 733.7	115 081.2	115 052.8	112 955.7	116 376.9	102 845.4
家禽	703 462.9	652 523.3	638 357.2	619 217.0	631 399.8	717 727.1
蛋产品						
乳品	995 321.1	1 064 178.1	1 078 273.4	1 127 257.0	1 175 735.7	1 219 690.7
动物生皮	44 122.8	45 424.1	40 855.1	31 209.2	13 046.1	20 882.8
动物生毛皮						
羊毛	55 671.8	49 860.9	16 042.1	13 555.6	14 285.0	22 945.1
水产品						
饮品						
酒						
茶	157 634.3	168 045.4	165 298.0	165 453.0	150 831.3	152 713.9
咖啡	181 529.3	196 234.0	207 754.7	196 770.8	204 505.2	215 110.3

英国主要农产品进口量（二）

单位：吨

项　目	2011 年	2012 年	2013 年	2014 年	2015 年
农产品					
谷物	3 025 540.8	4 142 206.2	6 194 737.3	5 110 891.9	4 871 814.6
小麦产品	990 134.3	1 821 637.9	3 054 022.2	1 934 504.4	1 764 832.6
玉米产品	1 055 077.5	1 275 650.1	2 105 678.9	2 249 414.7	2 042 192.6
稻谷产品	718 776.5	664 199.0	630 460.6	701 025.1	734 250.7
棉花	17 366.9	20 608.9	21 731.7	19 625.4	21 095.2
食用油籽	1 115 140.2	1 035 146.8	1 064 092.9	1 137 596.9	1 126 743.6
大豆	782 713.8	810 823.2	663 704.4	829 807.0	787 827.3
花生	125 199.7	113 717.0	122 573.2	111 442.2	110 933.2
油菜籽	64 447.1	18 528.0	177 415.8	87 036.2	87 368.3
食用植物油	1 007 509.8	1 068 232.7	1 077 001.4	1 057 948.5	1 035 378.0
豆油	133 957.5	155 969.4	138 826.8	156 533.4	152 998.0
菜籽油	97 744.2	77 569.2	125 026.0	107 224.5	96 915.1
棕榈油	396 622.3	425 079.5	423 718.6	393 654.9	399 351.6
食糖	1 480 729.8	1 118 233.5	1 187 598.3	1 251 571.3	1 149 337.8
蔬菜	4 682 752.8	4 556 904.3	5 327 066.7	4 879 913.1	5 085 216.5
水果					
畜产品					
猪肉	372 900.5	340 797.1	351 712.2	358 138.2	371 397.4
牛肉	246 793.5	228 401.4	241 284.3	254 830.3	269 350.2
羊肉	89 270.2	85 657.9	98 917.3	92 937.0	93 507.1
家禽	771 367.7	684 027.2	705 674.5	748 063.8	805 460.4
蛋产品					
乳品	1 191 895.0	1 178 966.2	1 306 175.3	1 247 044.0	1 285 177.4
动物生皮	17 478.4	20 585.8	30 434.1	31 793.5	20 510.6
动物生毛皮					
羊毛	17 921.8	11 527.5	14 653.1	43 117.0	44 748.9
水产品					
饮品					
酒					
茶	156 843.2	146 989.9	139 949.2	130 638.4	138 478.1
咖啡	210 979.0	205 069.6	213 424.4	224 228.3	254 497.3

4-16 法国主要农产品贸易情况

4-16-1 法国主要农产品出口额（一）

单位：万美元

项目	2005年	2006年	2007年	2008年	2009年	2010年
农产品	4 959 235.0	5 334 728.3	6 271 658.3	7 302 333.0	6 136 220.2	6 551 132.2
谷物	513 322.7	514 601.4	680 890.4	1 027 389.4	726 328.2	807 296.4
小麦产品	261 242.5	292 521.8	383 764.5	608 042.9	408 348.1	493 515.4
玉米产品	155 492.5	138 246.0	159 634.1	241 509.4	193 289.4	191 169.6
稻谷产品	6 470.2	6 497.6	6 789.5	9 716.6	8 124.6	8 242.1
棉花	2 718.7	2 762.6	2 987.3	2 961.4	2 386.9	2 071.1
食用油籽	65 266.1	79 396.5	97 865.0	163 980.6	92 536.7	106 482.4
大豆	1 170.8	1 399.7	1 181.6	907.3	1 124.9	1 913.8
花生	761.2	800.3	1 273.1	1 771.2	2 075.0	1 155.5
油菜籽	39 072.6	56 013.9	69 754.8	128 715.3	64 933.3	70 914.6
食用植物油	60 149.9	71 088.9	79 758.1	112 854.5	90 050.9	87 757.2
豆油	2 463.8	2 639.5	2 757.8	4 659.0	2 040.9	2 450.0
菜籽油	28 800.5	33 871.1	32 297.6	47 768.5	33 687.9	30 867.5
棕榈油	165.1	260.2	858.6	376.9	318.7	320.3
食糖	138 804.8	159 044.1	150 876.7	156 014.5	155 767.1	146 110.9
蔬菜	279 944.3	311 313.3	375 478.1	381 673.1	355 051.7	384 252.9
水果	303 436.6	326 825.9	378 781.7	416 567.1	370 649.8	394 848.5
畜产品	1 210 187.6	1 250 347.3	1 449 413.2	1 640 745.8	1 441 747.5	1 516 028.8
猪肉	96 172.2	102 134.6	104 435.7	128 782.7	109 273.6	107 388.7
牛肉	99 212.8	112 722.8	124 149.3	145 464.8	134 719.7	131 086.7
羊肉	7 320.4	7 583.3	7 628.1	7 789.5	7 347.3	8 230.0
家禽	157 448.5	136 927.7	172 793.2	198 639.9	180 454.4	177 516.3
蛋产品	17 670.7	19 576.8	24 098.1	28 589.2	27 123.5	27 435.1
乳品	497 638.7	516 679.6	640 749.8	737 910.7	622 264.4	677 776.3
动物生皮	34 700.9	38 995.8	41 485.6	31 857.3	22 675.0	37 512.8
动物生毛皮	818.3	870.2	924.3	951.3	1 079.5	3 405.5
羊毛	3 666.4	3 095.7	2 610.7	1 874.0	1 490.7	2 053.4
水产品	167 005.4	176 789.4	206 883.4	219 609.0	174 564.4	176 981.6
饮品	1 321 969.6	1 505 998.3	1 752 338.1	1 923 034.1	1 602 833.4	1 766 515.3
酒	1 025 336.4	1 162 727.7	1 368 840.3	1 492 065.8	1 199 710.5	1 350 739.2
茶	4 216.0	4 515.5	5 000.6	5 780.8	5 554.4	5 466.1
咖啡	24 350.4	25 698.7	30 056.8	41 593.0	47 316.9	53 252.8

法国主要农产品出口额（二）

单位：万美元

项　目	2011年	2012年	2013年	2014年	2015年
农产品	7 900 957.5	7 489 790.0	7 976 003.3	7 724 302.6	6 954 904.0
谷物	1 136 238.9	941 168.1	1 136 797.7	940 278.1	829 322.5
小麦产品	711 839.4	539 132.7	653 153.6	573 719.2	448 460.2
玉米产品	264 048.1	248 475.3	273 835.0	220 754.5	202 329.4
稻谷产品	8 087.0	6 382.4	8 775.1	8 455.9	8 157.3
棉花	3 403.1	2 000.9	2 741.8	2 479.1	2 326.4
食用油籽	156 307.0	143 333.8	136 608.0	124 538.9	111 373.0
大豆	3 228.8	2 874.4	1 999.2	2 351.6	3 557.4
花生	1 098.4	912.1	1 197.2	1 969.0	1 610.0
油菜籽	108 201.4	93 624.5	78 366.3	70 100.5	62 536.5
食用植物油	174 383.5	122 449.2	101 103.1	87 189.9	80 342.1
豆油	11 207.4	10 031.3	4 738.7	4 079.6	6 408.4
菜籽油	83 757.7	37 937.0	35 944.2	24 055.4	22 976.8
棕榈油	398.1	268.7	216.2	241.0	192.5
食糖	177 957.0	178 757.4	151 821.3	131 677.7	112 420.3
蔬菜	428 286.8	388 736.8	444 661.0	416 636.3	354 041.4
水果	423 549.6	414 971.5	439 260.5	461 824.4	406 971.6
畜产品	1 774 289.2	1 667 905.7	1 743 060.8	1 749 026.9	1 436 306.2
猪肉	122 740.4	120 610.6	124 750.3	111 588.7	82 889.5
牛肉	158 039.2	136 738.9	129 633.7	118 755.0	101 610.2
羊肉	8 738.4	7 402.3	7 020.9	7 601.8	6 779.5
家禽	213 491.9	210 225.0	220 067.3	205 647.1	183 867.3
蛋产品	23 367.5	25 973.3	26 052.3	27 218.5	24 930.2
乳品	788 982.8	747 700.0	804 246.8	853 363.1	664 976.4
动物生皮	49 080.9	44 004.3	53 059.8	51 614.1	40 934.2
动物生毛皮	5 427.8	4 293.0	6 069.3	3 495.8	1 339.8
羊毛	2 424.5	1 701.2	2 263.0	2 358.3	2 003.4
水产品	192 720.8	193 761.0	205 204.6	198 566.3	190 039.0
饮品	2 072 584.3	2 085 263.1	2 164 543.6	2 153 905.4	1 977 279.4
酒	1 589 643.9	1 627 324.7	1 663 305.3	1 623 208.2	1 490 169.8
茶	5 509.3	5 932.6	7 087.7	7 390.5	6 747.8
咖啡	69 663.6	67 026.6	90 095.0	100 146.0	90 237.2

4-16-2 法国主要农产品进口额（一）

单位：万美元

项 目	2005年	2006年	2007年	2008年	2009年	2010年
农产品	4 071 170.2	4 319 410.4	5 132 197.0	6 032 435.9	5 473 915.8	5 590 258.3
谷物	59 351.2	60 161.7	106 939.6	136 932.2	117 666.7	109 516.3
小麦产品	11 237.4	11 316.1	20 441.7	30 834.8	24 142.1	29 451.7
玉米产品	15 346.5	15 055.4	35 398.9	28 402.7	34 441.6	26 629.5
稻谷产品	28 375.5	29 269.0	38 337.8	55 977.0	51 916.2	44 718.8
棉花	8 788.7	7 349.0	8 436.5	8 094.5	7 075.5	7 623.6
食用油籽	46 771.6	47 885.1	65 685.2	108 016.4	110 726.2	116 253.7
大豆	15 242.0	11 027.0	19 436.6	25 985.4	29 040.1	25 366.0
花生	7 829.0	8 350.0	10 138.6	13 089.3	11 848.7	11 672.9
油菜籽	1 039.7	2 556.8	13 030.2	36 004.3	31 720.4	43 640.8
食用植物油	96 657.4	127 926.8	147 167.1	268 772.8	180 670.3	149 482.1
豆油	6 091.8	10 764.4	19 920.4	65 125.3	25 981.9	30 918.1
菜籽油	11 515.2	15 957.3	20 689.3	56 320.3	48 096.7	23 191.3
棕榈油	16 613.8	20 079.0	25 430.1	43 151.9	31 725.5	28 873.1
食糖	29 346.6	30 525.3	41 013.2	41 621.5	34 704.1	31 499.0
蔬菜	387 806.5	414 421.0	512 393.9	563 635.6	526 877.7	543 990.9
水果	499 325.3	519 075.8	620 036.2	724 324.0	643 101.2	646 754.2
畜产品	766 159.0	824 279.4	978 027.3	1 094 379.4	1 007 379.7	1 028 466.9
猪肉	73 009.0	84 928.6	93 264.3	110 068.8	103 130.3	105 942.7
牛肉	126 128.7	145 605.9	163 316.0	180 396.6	163 356.3	158 928.7
羊肉	66 887.1	68 070.7	69 101.3	79 357.9	75 536.4	70 756.3
家禽	85 267.2	80 691.9	113 209.3	137 828.9	138 856.8	145 217.3
蛋产品	10 204.4	11 984.1	15 315.7	16 406.7	17 949.3	15 750.6
乳品	228 277.2	249 671.3	323 822.6	335 235.8	299 465.1	325 548.4
动物生皮	9 344.5	10 724.3	11 109.1	11 666.9	7 604.9	10 023.8
动物生毛皮	2 587.0	3 255.4	3 183.8	2 486.7	908.6	1 365.6
羊毛	6 715.1	2 358.8	1 576.5	1 743.7	1 262.6	1 257.2
水产品	480 787.2	532 406.5	567 199.7	617 208.0	583 884.3	622 080.0
饮品	557 615.2	605 325.2	737 828.8	857 967.5	816 287.7	847 094.7
酒	202 032.7	214 336.3	252 881.7	283 892.8	266 408.5	265 790.1
茶	13 471.6	14 749.5	16 465.2	17 782.1	16 686.3	18 768.7
咖啡	92 910.7	111 030.0	134 075.4	162 681.6	164 608.8	189 642.3

法国主要农产品进口额（二）

单位：万美元

项　目	2011年	2012年	2013年	2014年	2015年
农产品	6 301 149.3	6 023 455.7	6 484 255.9	6 535 608.5	5 988 645.6
谷物	129 069.9	113 125.7	127 925.0	144 491.7	127 599.8
小麦产品	32 573.1	25 293.0	29 421.8	36 144.2	40 956.2
玉米产品	28 789.2	28 649.0	35 170.8	41 841.2	26 169.8
稻谷产品	52 249.8	48 476.7	53 591.3	55 364.5	49 452.6
棉花	13 099.7	7 639.4	7 953.8	7 419.7	5 215.4
食用油籽	148 676.9	129 108.5	177 156.0	164 628.6	169 754.1
大豆	37 688.7	41 277.5	33 017.8	38 687.9	31 131.2
花生	14 896.3	18 191.5	18 448.1	18 060.7	15 505.3
油菜籽	40 721.3	30 092.9	66 132.2	47 407.5	48 446.4
食用植物油	204 677.2	180 198.7	170 000.8	134 297.7	129 141.2
豆油	51 439.6	26 613.9	10 569.9	6 783.1	5 285.1
菜籽油	49 154.3	27 483.1	32 731.2	16 677.2	12 395.9
棕榈油	33 449.6	48 382.5	50 353.1	41 252.2	34 991.1
食糖	39 951.2	32 794.7	35 875.2	35 549.1	23 785.5
蔬菜	573 465.9	556 119.7	609 685.3	622 073.9	558 485.6
水果	699 220.6	702 823.1	769 607.7	753 700.4	696 508.3
畜产品	1 169 625.5	1 137 536.2	1 239 315.7	1 263 011.4	1 067 450.6
猪肉	110 737.3	115 438.2	125 106.8	123 994.1	94 402.8
牛肉	173 479.2	176 977.5	186 438.5	174 138.2	148 782.0
羊肉	77 078.2	68 130.1	66 838.4	71 475.3	57 540.2
家禽	179 683.0	180 159.5	190 082.4	191 223.9	175 913.0
蛋产品	15 399.0	26 778.3	16 844.0	15 735.7	17 580.2
乳品	386 042.8	344 114.4	405 219.5	433 048.6	347 861.4
动物生皮	14 259.9	15 438.1	18 900.4	20 174.4	16 988.5
动物生毛皮	1 060.8	1 213.6	1 692.6	1 174.9	598.4
羊毛	1 366.4	1 020.3	919.4	1 021.8	751.5
水产品	692 155.5	640 981.3	691 664.5	697 451.1	642 823.1
饮品	1 037 807.0	967 632.5	1 012 416.8	1 073 500.9	1 036 131.4
酒	326 312.1	299 440.5	315 719.3	319 966.0	303 908.7
茶	21 190.4	21 209.5	23 823.9	23 308.8	22 324.4
咖啡	265 909.5	261 670.3	266 270.8	290 168.7	283 572.4

4-16-3 法国主要农产品出口量（一）

单位：吨

项 目	2005 年	2006 年	2007 年	2008 年	2009 年	2010 年
农产品						
谷物	30 466 037.1	28 502 266.3	25 597 488.8	28 927 690.9	29 783 213.1	34 778 097.9
小麦产品	16 871 609.1	17 433 092.5	15 148 838.7	17 121 469.4	17 691 494.0	21 798 198.7
玉米产品	7 633 870.0	6 219 296.9	4 922 876.0	6 331 251.0	6 926 200.9	6 766 420.9
稻谷产品	113 977.4	110 905.7	87 697.0	97 899.5	82 063.7	100 954.3
棉花	23 946.6	24 697.4	23 385.8	19 567.3	16 511.5	19 699.9
食用油籽	2 068 219.8	2 279 275.2	2 199 311.8	2 425 070.1	1 858 195.4	2 023 604.8
大豆	32 510.1	36 015.2	20 195.7	6 786.2	19 977.2	25 682.6
花生	3 274.1	2 637.3	3 155.0	5 131.8	5 473.4	3 545.8
油菜籽	1 382 255.1	1 730 136.0	1 719 461.3	2 104 951.6	1 460 680.6	1 527 357.2
食用植物油	769 872.9	854 052.3	761 915.6	727 071.7	802 729.2	765 447.5
豆油	42 025.2	39 671.4	33 303.8	40 297.9	21 015.0	21 039.0
菜籽油	424 341.0	443 690.6	337 750.5	361 866.0	371 602.4	306 572.0
棕榈油	1 479.8	2 813.0	11 461.7	2 339.3	2 423.4	2 595.0
食糖	2 391 958.1	2 441 292.5	1 963 446.2	1 983 565.9	2 249 800.4	2 339 178.1
蔬菜	3 364 433.3	3 733 939.8	3 907 858.7	3 880 436.6	3 935 771.4	4 301 375.2
水果						
畜产品						
猪肉	444 247.7	438 840.3	445 666.8	495 986.8	469 419.2	484 211.4
牛肉	218 395.3	226 123.0	241 998.8	246 597.4	244 664.0	256 851.5
羊肉	10 331.0	11 378.6	10 034.5	9 356.1	8 956.5	10 836.5
家禽	697 397.6	535 762.6	577 292.0	553 357.2	567 839.0	591 270.9
蛋产品						
乳品	2 595 205.7	2 591 566.2	2 811 857.1	2 895 858.0	2 833 371.5	2 982 254.9
动物生皮	159 804.5	217 216.7	233 038.6	146 739.7	124 231.8	279 312.3
动物生毛皮						
羊毛	12 982.4	12 928.3	12 357.4	8 256.1	8 677.0	10 723.5
水产品						
饮品						
酒						
茶	4 199.4	3 606.8	3 856.5	4 788.6	4 970.4	5 376.8
咖啡	42 604.3	36 592.4	33 007.7	37 054.4	38 564.4	40 350.8

法国主要农产品出口量（二）

单位：吨

项　目	2011年	2012年	2013年	2014年	2015年
农产品					
谷物	32 866 798.1	28 701 364.5	33 669 811.5	32 746 505.2	35 835 265.5
小麦产品	21 042 545.5	17 194 209.0	20 356 120.4	21 130 291.1	20 370 944.7
玉米产品	6 395 874.8	6 457 358.0	6 453 085.0	6 008 090.0	7 337 074.0
稻谷产品	96 810.8	75 725.5	89 496.1	87 027.6	103 884.6
棉花	20 575.8	16 972.6	20 983.9	17 945.0	24 703.9
食用油籽	2 120 165.3	2 021 265.8	1 807 534.2	1 883 872.5	1 971 222.8
大豆	35 415.1	39 052.7	20 470.2	29 016.7	66 989.9
花生	3 018.9	2 715.8	3 320.0	5 169.9	4 880.6
油菜籽	1 664 700.3	1 503 745.7	1 320 523.5	1 375 541.6	1 460 900.9
食用植物油	1 187 264.9	851 778.7	717 823.9	703 068.8	745 502.2
豆油	86 579.3	82 753.3	42 333.3	40 822.5	81 196.9
菜籽油	610 300.9	292 352.2	298 970.2	238 079.8	269 336.5
棕榈油	1 873.9	1 185.4	965.4	1 036.1	1 068.4
食糖	2 334 384.7	2 181 741.2	1 837 212.3	1 998 696.2	2 332 490.6
蔬菜	4 164 676.4	4 088 998.6	4 030 651.8	4 012 192.9	4 061 057.1
水果					
畜产品					
猪肉	490 483.9	478 103.2	483 340.4	455 479.1	436 479.0
牛肉	282 207.7	239 050.6	216 935.2	202 918.8	204 657.7
羊肉	10 392.3	10 336.2	9 462.5	9 928.4	10 090.0
家禽	639 119.6	658 464.0	741 437.1	689 179.0	724 318.1
蛋产品					
乳品	3 294 978.7	3 275 208.3	3 132 714.1	3 250 584.9	3 300 796.7
动物生皮	245 340.3	7 775.5	144 054.6	138 253.1	144 791.2
动物生毛皮					
羊毛	9 658.4	7 684.9	10 320.6	10 832.9	9 617.7
水产品					
饮品					
酒					
茶	4 625.4	4 993.0	4 996.5	5 335.6	6 236.6
咖啡	41 772.1	42 716.2	38 393.2	42 705.4	47 140.3

4-16-4 法国主要农产品进口量（一）

单位：吨

项　目	2005 年	2006 年	2007 年	2008 年	2009 年	2010 年
农产品						
谷物	1 309 320.3	1 259 293.4	2 417 878.6	2 139 351.1	1 645 860.6	1 981 257.9
小麦产品	415 770.4	396 815.1	505 900.0	614 048.9	634 355.6	943 885.0
玉米产品	269 844.6	260 847.9	1 022 503.8	429 834.1	373 017.1	369 833.0
稻谷产品	491 885.3	490 330.9	542 065.6	529 605.3	526 218.0	485 671.8
棉花	82 478.6	67 121.9	68 484.3	52 354.8	48 989.2	45 359.5
食用油籽	748 582.6	817 603.0	1 036 486.5	1 308 279.9	1 939 897.3	1 817 234.3
大豆	529 846.3	384 427.2	531 308.7	474 509.9	660 899.9	562 685.4
花生	56 325.6	59 468.9	63 758.9	64 934.1	61 192.8	67 775.2
油菜籽	32 744.5	80 127.0	297 821.7	593 139.7	795 677.0	939 964.5
食用植物油	972 850.6	1 259 606.3	1 232 652.8	1 789 205.2	1 434 135.1	1 246 502.1
豆油	99 312.1	175 427.6	244 795.1	539 906.3	268 970.3	348 568.9
菜籽油	143 457.8	175 734.5	196 342.7	398 380.1	423 369.3	231 069.2
棕榈油	306 335.6	339 039.4	313 449.2	378 345.4	337 901.0	318 871.8
食糖	330 110.1	365 706.4	461 450.1	432 556.5	414 375.7	429 164.4
蔬菜	3 627 518.6	3 828 963.1	4 468 204.9	4 335 977.9	4 222 921.3	4 359 609.3
水果						
畜产品						
猪肉	302 049.3	319 504.1	341 577.3	344 596.2	346 244.6	363 468.2
牛肉	306 074.9	319 056.5	330 982.0	322 011.2	321 484.9	317 585.0
羊肉	136 447.6	138 065.9	128 855.9	129 368.3	127 637.4	116 024.4
家禽	298 239.9	292 174.2	342 311.4	367 652.1	400 719.0	432 572.6
蛋产品						
乳品	1 275 428.8	1 390 924.8	1 522 590.3	1 402 522.3	1 488 385.5	1 521 045.2
动物生皮	26 128.5	31 608.5	36 901.5	33 781.8	28 406.7	45 159.1
动物生毛皮						
羊毛	22 010.4	9 085.2	6 656.1	6 656.8	7 255.3	7 510.2
水产品						
饮品						
酒						
茶	21 791.5	27 993.9	33 786.1	29 382.6	24 574.2	22 476.2
咖啡	314 000.0	336 624.3	355 181.4	340 729.4	361 894.9	380 404.4

法国主要农产品进口量（二）

单位：吨

项　目	2011 年	2012 年	2013 年	2014 年	2015 年
农产品					
谷物	2 108 305.4	1 764 947.1	1 819 741.4	2 240 603.7	2 535 484.7
小麦产品	765 881.7	588 983.3	630 325.0	903 724.6	1 229 094.6
玉米产品	476 090.5	451 925.6	518 169.1	627 675.9	522 657.3
稻谷产品	542 763.9	539 454.5	552 865.5	569 081.8	616 566.4
棉花	48 350.0	42 346.8	44 893.7	46 039.9	43 695.1
食用油籽	1 908 011.1	1 458 714.7	2 264 913.9	2 225 303.8	2 282 031.3
大豆	692 997.7	671 432.4	557 189.9	729 662.6	731 543.8
花生	70 617.2	70 144.0	72 608.3	80 142.1	79 894.6
油菜籽	610 706.0	474 363.0	1 105 211.8	939 872.8	1 094 258.8
食用植物油	1 305 203.9	1 241 063.7	1 157 764.7	961 725.9	1 012 844.1
豆油	404 048.2	222 034.5	98 055.3	74 225.5	73 185.0
菜籽油	349 877.9	210 769.7	268 877.7	143 364.5	130 799.2
棕榈油	269 695.5	421 818.2	488 862.0	418 478.5	457 829.1
食糖	458 190.1	339 630.4	407 953.2	396 056.6	338 897.2
蔬菜	4 426 931.4	4 558 568.7	4 730 400.8	4 723 972.2	4 781 145.0
水果					
畜产品					
猪肉	345 108.3	357 692.3	364 445.9	365 914.5	362 155.9
牛肉	288 096.5	298 405.6	296 654.5	280 285.0	276 920.1
羊肉	108 662.1	106 565.1	103 521.5	102 164.3	96 689.5
家禽	464 312.6	479 696.0	492 528.0	510 652.0	577 560.3
蛋产品					
乳品	1 538 029.0	1 533 559.3	1 602 306.3	1 715 835.4	1 802 347.2
动物生皮	45 094.7	7 248.1	20 687.5	19 496.9	16 824.8
动物生毛皮					
羊毛	4 607.8	3 752.2	3 453.8	3 727.0	3 548.2
水产品					
饮品					
酒					
茶	21 738.1	21 969.4	22 496.9	20 957.9	26 538.6
咖啡	379 796.1	374 079.8	355 920.1	381 857.6	452 723.4

4-17　德国主要农产品贸易情况

4-17-1　德国主要农产品出口额（一）

单位：万美元

项　目	2005年	2006年	2007年	2008年	2009年	2010年
农产品	4 807 857.2	5 314 064.6	6 186 563.4	7 542 488.9	6 779 362.5	7 097 454.4
谷物	185 510.6	206 723.6	256 440.7	395 760.0	317 033.3	302 005.6
小麦产品	92 632.1	122 094.4	138 820.1	283 906.3	244 315.0	220 003.8
玉米产品	19 483.4	21 093.3	23 496.0	27 732.6	21 547.9	21 201.1
稻谷产品	5 923.9	5 657.6	5 865.3	10 087.4	9 800.9	8 600.2
棉花	7 217.3	5 433.6	4 274.4	5 603.6	4 543.7	6 007.6
食用油籽	36 768.0	42 402.5	54 243.7	76 645.2	59 378.3	61 146.3
大豆	1 108.0	993.5	1 262.4	2 416.7	1 875.5	1 813.0
花生	6 102.0	6 528.7	8 234.1	10 016.8	10 041.0	8 780.4
油菜籽	8 955.0	14 120.7	20 722.4	32 805.1	16 646.2	19 680.3
食用植物油	84 586.4	80 527.6	79 543.7	157 967.3	106 149.7	115 331.0
豆油	25 021.7	20 584.3	17 523.4	39 612.0	28 894.4	25 923.4
菜籽油	35 164.0	38 118.7	30 758.2	72 605.9	43 894.8	50 677.9
棕榈油	14 177.2	11 737.8	15 121.7	24 116.3	18 120.6	22 359.8
食糖	75 011.2	71 312.2	50 589.7	60 452.3	75 127.9	72 094.6
蔬菜	177 868.5	210 533.7	232 639.0	272 421.5	246 325.9	251 345.7
水果	360 241.6	416 215.5	475 872.4	565 762.6	494 304.8	487 721.8
畜产品	1 487 713.9	1 629 997.0	1 916 479.7	2 295 473.2	2 051 570.8	2 206 284.6
猪肉	201 981.3	238 219.4	285 956.8	393 432.8	399 096.0	405 175.8
牛肉	147 171.9	176 966.2	166 123.4	213 992.7	196 039.5	193 539.0
羊肉	5 178.3	5 825.2	5 700.2	7 504.7	6 560.5	6 981.1
家禽	154 957.2	163 111.0	191 217.5	231 868.8	237 216.1	259 193.9
蛋产品	20 248.2	21 046.3	21 507.7	28 075.0	28 795.0	28 721.9
乳品	646 053.9	669 498.5	870 181.3	947 829.0	754 608.5	864 198.6
动物生皮	25 743.1	29 920.5	27 052.4	25 845.0	16 343.2	32 492.5
动物生毛皮	3 137.9	4 149.1	4 014.4	2 848.6	1 766.1	2 082.8
羊毛	12 404.7	14 470.3	17 381.0	16 074.5	8 062.3	16 827.2
水产品	178 049.2	208 754.5	228 001.8	249 585.8	241 643.3	250 236.4
饮品	764 255.0	893 601.7	1 068 032.0	1 225 916.1	1 168 911.2	1 274 868.7
酒	264 923.1	295 480.4	355 196.7	391 167.7	367 265.5	405 866.5
茶	17 591.6	20 686.0	24 580.1	29 020.9	25 115.9	24 740.6
咖啡	165 952.6	191 760.4	233 712.6	262 738.7	249 700.7	275 240.0

德国主要农产品出口额（二）

单位：万美元

项　目	2011年	2012年	2013年	2014年	2015年
农产品	8 639 608.5	8 335 057.3	9 008 036.2	9 159 355.9	7 764 417.4
谷物	360 650.2	366 499.6	474 952.1	434 972.6	382 815.5
小麦产品	227 505.3	251 045.1	311 195.9	346 324.6	274 335.8
玉米产品	31 153.8	39 607.8	39 056.6	24 534.1	17 215.0
稻谷产品	13 186.1	11 693.7	12 842.7	14 813.4	13 998.5
棉花	11 801.6	7 935.5	7 901.9	7 591.8	5 724.8
食用油籽	71 314.6	65 488.6	73 374.7	89 237.4	79 939.2
大豆	2 478.4	1 960.5	1 411.0	3 863.2	4 228.3
花生	10 027.0	11 027.6	11 386.8	11 458.7	10 024.5
油菜籽	24 376.3	18 357.9	17 241.7	20 442.6	13 655.1
食用植物油	170 938.9	211 702.3	235 658.1	185 253.3	178 491.7
豆油	45 053.3	51 286.2	33 083.2	32 848.1	35 983.1
菜籽油	67 262.6	101 234.6	137 149.7	86 633.0	80 913.0
棕榈油	30 243.4	29 717.3	38 567.5	38 407.2	36 902.9
食糖	82 783.7	84 450.6	74 130.4	75 477.0	46 885.0
蔬菜	287 889.1	264 628.3	316 220.8	296 442.1	261 813.5
水果	567 944.5	546 094.1	602 639.7	618 889.2	540 430.8
畜产品	2 675 143.2	2 557 604.7	2 793 169.1	2 797 954.5	2 172 994.5
猪肉	492 199.1	494 660.5	528 975.3	503 819.7	397 107.0
牛肉	223 795.3	193 779.0	188 821.4	181 448.8	146 544.5
羊肉	7 839.3	5 963.9	6 494.8	5 984.7	5 894.5
家禽	321 101.1	326 878.1	342 136.0	343 148.6	283 138.8
蛋产品	31 120.2	34 586.4	33 835.9	35 749.0	31 529.2
乳品	1 035 756.6	953 901.5	1 121 651.5	1 156 389.6	840 999.4
动物生皮	40 736.6	36 612.0	36 448.2	46 093.7	35 658.4
动物生毛皮	2 756.5	3 567.8	3 864.2	4 609.7	2 547.4
羊毛	24 685.9	18 515.2	11 379.7	6 917.5	10 408.6
水产品	299 470.9	274 935.7	305 095.1	328 162.2	276 915.4
饮品	1 559 517.2	1 476 162.6	1 545 064.9	1 651 441.0	1 449 372.7
酒	461 322.3	446 309.4	466 363.0	471 298.2	405 974.3
茶	28 628.5	27 962.1	32 490.9	33 370.8	28 748.7
咖啡	392 084.0	366 699.8	341 234.1	347 308.9	310 876.5

4-17-2 德国主要农产品进口额（一）

单位：万美元

项 目	2005 年	2006 年	2007 年	2008 年	2009 年	2010 年
农产品	6 058 634.1	6 699 080.6	7 588 729.2	8 892 921.7	8 026 363.5	8 294 380.5
谷物	112 010.5	134 493.5	213 444.3	285 239.2	246 595.9	232 144.7
小麦产品	29 578.3	40 380.0	66 283.1	99 969.7	92 962.5	95 051.6
玉米产品	44 496.7	46 541.4	70 738.5	79 225.7	65 290.9	62 339.9
稻谷产品	19 358.7	21 370.6	26 251.2	38 858.1	37 807.5	30 517.4
棉花	14 733.2	12 875.7	13 462.6	15 060.4	9 904.3	14 280.9
食用油籽	240 497.8	243 278.3	300 071.8	473 163.6	387 751.6	357 816.6
大豆	104 630.7	95 422.6	123 946.2	186 597.4	145 608.8	149 536.0
花生	12 652.4	13 203.1	16 079.9	20 143.9	20 698.1	18 354.2
油菜籽	40 474.8	56 922.4	85 461.0	158 149.2	135 529.8	97 887.2
食用植物油	133 006.3	239 768.9	275 295.6	298 577.6	202 414.0	224 942.9
豆油	6 549.0	21 630.7	32 134.8	28 424.8	7 048.7	6 877.0
菜籽油	35 072.2	106 578.3	99 261.5	68 522.3	27 799.3	39 178.5
棕榈油	42 629.6	49 878.6	76 680.0	113 326.1	99 385.6	116 959.2
食糖	46 446.2	45 915.7	46 995.1	63 541.1	44 471.1	37 811.7
蔬菜	637 662.1	708 968.2	776 493.6	854 875.3	799 875.5	841 012.7
水果	846 912.1	931 089.7	1 026 864.2	1 166 386.6	1 040 710.2	1 006 923.3
畜产品	1 324 084.3	1 467 362.9	1 652 303.3	1 919 113.7	1 701 088.2	1 776 265.3
猪肉	204 535.0	214 241.0	206 504.8	245 694.5	225 001.6	205 297.2
牛肉	99 694.3	123 352.1	140 773.6	166 071.8	156 962.3	171 029.2
羊肉	30 828.6	29 202.8	30 077.4	34 417.3	28 873.9	29 054.2
家禽	228 369.4	212 159.5	245 740.1	303 983.8	272 878.5	276 501.4
蛋产品	53 037.1	57 409.9	60 802.2	76 490.5	96 423.7	99 851.4
乳品	437 123.2	510 935.0	623 932.5	678 074.2	539 967.7	591 978.0
动物生皮	14 988.9	18 122.1	19 063.1	16 906.8	9 412.7	18 202.9
动物生毛皮	2 185.3	2 781.1	2 462.0	1 720.3	828.6	2 124.8
羊毛	17 441.1	21 025.7	22 965.7	21 293.0	7 677.2	17 700.3
水产品	362 624.5	421 138.6	458 950.0	485 150.9	491 276.3	502 573.0
饮品	928 704.9	1 033 070.8	1 194 346.9	1 399 749.2	1 328 126.3	1 483 170.3
酒	405 338.4	445 604.2	491 777.3	575 558.4	550 961.0	571 016.6
茶	16 374.7	20 416.2	22 560.0	25 714.8	19 745.0	18 949.7
咖啡	219 419.6	262 294.8	309 713.1	374 251.3	326 076.5	396 539.9

德国主要农产品进口额（二）

单位：万美元

项　目	2011年	2012年	2013年	2014年	2015年
农产品	10 174 257.4	9 521 395.3	10 147 189.4	10 330 406.7	8 949 180.3
谷物	341 535.8	306 199.8	330 208.4	339 896.1	283 444.1
小麦产品	145 260.1	115 228.3	133 705.4	129 664.5	114 230.7
玉米产品	90 055.6	88 754.2	93 428.8	104 235.3	74 036.0
稻谷产品	39 464.7	36 097.0	39 655.2	42 239.7	39 732.4
棉花	27 639.8	16 205.1	17 216.8	15 019.0	11 975.9
食用油籽	504 719.1	573 573.6	618 942.2	573 420.3	517 155.5
大豆	172 861.2	188 692.8	211 333.1	200 460.3	159 783.7
花生	24 281.4	27 523.9	29 627.2	29 151.1	24 735.6
油菜籽	201 106.2	251 194.7	264 020.9	215 410.1	200 214.0
食用植物油	305 778.1	237 995.7	252 134.4	231 043.7	202 485.3
豆油	9 294.5	8 606.5	12 040.8	10 206.9	7 982.4
菜籽油	73 165.6	28 481.2	24 019.6	28 802.2	26 934.3
棕榈油	135 751.8	132 813.9	140 218.6	112 337.7	97 242.4
食糖	53 308.5	62 789.9	63 598.8	56 026.9	43 215.5
蔬菜	899 374.0	841 804.7	951 575.2	945 579.4	863 896.5
水果	1 132 483.3	1 054 698.3	1 176 501.1	1 156 443.0	1 047 606.3
畜产品	2 137 950.9	1 992 206.2	2 135 247.4	2 155 762.8	1 734 075.8
猪肉	232 859.0	232 078.8	237 466.7	227 125.7	153 915.7
牛肉	235 118.8	207 489.6	216 140.6	222 305.1	201 775.5
羊肉	46 170.0	32 677.3	32 858.2	33 565.7	31 669.3
家禽	353 825.1	336 236.3	341 943.1	346 833.2	286 942.6
蛋产品	85 748.8	89 623.7	84 185.2	82 322.1	72 958.2
乳品	721 290.7	641 603.8	724 794.5	755 633.8	606 513.6
动物生皮	23 802.9	18 137.3	24 184.3	29 130.6	21 409.0
动物生毛皮	2 880.2	3 875.9	4 564.5	4 400.0	1 419.1
羊毛	25 208.1	21 687.0	11 805.5	6 460.7	4 661.3
水产品	594 232.0	555 760.6	598 125.4	648 048.4	554 088.0
饮品	1 881 878.3	1 717 443.6	1 671 544.8	1 775 674.5	1 521 227.8
酒	700 056.9	670 172.5	706 576.7	673 743.8	556 142.8
茶	24 541.9	24 990.3	28 410.0	28 144.0	25 844.9
咖啡	570 278.4	508 897.7	401 336.8	443 565.6	381 256.5

4-17-3 德国主要农产品出口量（一）

单位：吨

项 目	2005年	2006年	2007年	2008年	2009年	2010年
农产品						
谷物	11 701 385.3	11 924 923.8	9 621 260.5	10 701 098.1	13 012 036.4	12 725 881.6
小麦产品	5 549 361.9	6 962 643.8	5 212 527.7	7 605 984.6	10 283 503.5	9 576 556.6
玉米产品	1 016 696.3	964 363.7	756 772.6	720 289.6	725 433.9	697 870.8
稻谷产品	75 476.5	67 661.2	60 840.0	80 703.1	77 602.2	81 034.3
棉花	54 998.2	43 574.1	36 341.9	38 341.0	32 274.8	38 896.1
食用油籽	433 169.4	500 904.8	551 731.4	610 583.3	391 832.6	503 670.9
大豆	41 451.7	35 099.4	34 628.7	47 161.3	35 624.1	39 936.0
花生	29 760.7	31 674.0	36 746.2	37 626.6	35 479.4	38 389.4
油菜籽	266 976.4	361 571.3	405 074.7	430 292.9	237 116.8	278 747.7
食用植物油	1 277 958.3	1 060 257.8	829 505.1	1 134 579.9	1 033 365.8	1 133 284.5
豆油	434 118.9	323 229.6	198 358.2	299 189.4	328 432.2	270 917.2
菜籽油	506 521.7	462 270.2	318 562.5	522 995.6	426 305.2	518 095.2
棕榈油	245 149.2	186 477.3	185 087.9	203 411.3	188 108.8	232 225.4
食糖	1 811 563.6	1 312 380.6	617 946.6	785 444.2	1 059 831.4	1 103 454.5
蔬菜	2 784 443.8	3 072 383.9	2 870 150.5	2 829 666.9	3 085 581.6	3 077 607.6
水果						
畜产品						
猪肉	833 808.4	900 553.8	1 054 879.1	1 281 901.5	1 440 108.0	1 544 527.2
牛肉	347 384.8	388 004.8	335 042.4	375 819.0	398 421.6	403 224.7
羊肉	7 176.7	9 149.7	7 970.8	9 460.3	8 749.6	8 035.3
家禽	747 691.5	772 297.3	751 901.2	755 075.8	875 998.9	1 025 004.7
蛋产品						
乳品	5 216 528.0	5 109 802.0	4 922 460.8	5 123 802.7	5 203 320.6	5 480 291.8
动物生皮	151 156.0	157 076.6	131 596.3	138 781.2	134 855.2	178 045.8
动物生毛皮						
羊毛	38 177.5	46 431.7	45 947.1	40 102.5	29 069.5	40 106.2
水产品						
饮品						
酒						
茶	33 119.9	46 897.5	53 175.0	56 627.4	40 898.9	35 923.8
咖啡	471 034.8	492 732.8	523 571.0	513 777.0	537 617.4	575 264.6

德国主要农产品出口量（二）

单位：吨

项　目	2011年	2012年	2013年	2014年	2015年
农产品					
谷物	10 500 500.6	10 717 150.5	13 728 294.8	14 147 250.7	15 661 621.3
小麦产品	6 785 708.1	7 594 316.3	9 165 033.7	11 903 484.3	11 714 458.9
玉米产品	798 188.2	1 083 161.8	923 033.3	620 085.4	530 269.3
稻谷产品	129 644.9	126 081.6	130 217.0	153 418.6	185 693.8
棉花	45 579.9	43 604.2	43 338.5	43 931.1	41 000.3
食用油籽	442 377.4	328 415.5	297 547.8	409 099.7	392 282.2
大豆	49 852.6	38 721.1	20 389.5	59 087.1	90 542.2
花生	37 372.9	36 572.1	39 623.0	40 198.2	41 283.7
油菜籽	227 860.2	148 254.9	119 003.1	187 153.6	133 453.1
食用植物油	1 212 689.7	1 650 620.4	1 989 633.4	1 801 528.2	2 094 489.9
豆油	339 219.7	428 915.1	322 231.2	382 333.0	476 509.7
菜籽油	476 204.7	792 458.1	1 157 980.2	869 230.3	986 423.5
棕榈油	235 923.7	243 159.5	347 164.3	365 027.3	444 136.3
食糖	1 003 653.6	978 630.8	871 479.5	1 087 554.5	892 077.6
蔬菜	3 055 980.4	3 262 162.2	3 772 327.4	3 135 636.8	3 264 657.8
水果					
畜产品					
猪肉	1 700 167.7	1 673 691.1	1 726 527.2	1 753 182.7	1 771 764.1
牛肉	378 141.6	326 802.7	310 638.5	329 664.4	307 070.4
羊肉	7 040.7	6 409.0	7 410.8	6 327.7	6 463.4
家禽	1 179 841.5	1 284 603.8	1 322 503.3	1 378 072.5	1 343 089.7
蛋产品					
乳品	5 605 262.0	5 525 480.7	5 542 242.0	5 866 929.4	5 843 886.0
动物生皮	175 801.6	166 928.9	144 252.6	166 237.0	169 100.1
动物生毛皮					
羊毛	41 020.8	32 366.1	23 954.8	16 170.3	22 335.7
水产品					
饮品					
酒					
茶	39 091.2	37 048.1	39 665.0	40 232.6	38 545.7
咖啡	605 475.7	625 195.6	622 152.2	627 228.5	606 264.2

4-17-4 德国主要农产品进口量（一）

单位：吨

项 目	2005年	2006年	2007年	2008年	2009年	2010年
农产品						
谷物	5 173 182.8	6 049 866.5	6 864 430.2	7 062 565.0	8 674 566.6	8 529 616.9
小麦产品	1 824 139.3	2 297 590.5	2 181 018.9	2 727 861.2	4 227 115.7	4 113 906.7
玉米产品	1 894 916.5	1 962 665.9	2 528 101.7	1 970 352.8	2 043 526.8	1 953 938.1
稻谷产品	327 101.1	350 939.7	366 418.8	385 224.4	387 845.5	363 466.0
棉花	163 337.5	108 292.7	108 941.9	104 745.1	77 064.3	89 056.3
食用油籽	5 985 890.6	6 001 982.9	6 584 560.2	7 093 855.2	7 318 976.5	6 595 044.8
大豆	3 935 323.7	3 558 767.8	3 707 394.8	3 497 885.5	3 173 754.5	3 394 230.6
花生	107 211.3	113 400.2	121 951.1	119 286.1	123 199.2	129 726.7
油菜籽	1 528 908.9	1 830 966.9	2 199 127.4	2 746 808.4	3 293 730.3	2 313 568.6
食用植物油	1 866 795.9	3 142 317.6	3 031 247.7	2 267 181.3	2 075 867.1	2 278 863.3
豆油	108 942.8	344 468.3	413 748.8	229 101.6	66 979.1	69 220.7
菜籽油	484 133.3	1 373 682.3	1 086 488.6	488 691.8	271 303.5	376 401.3
棕榈油	897 805.1	970 573.4	1 076 391.5	1 127 536.8	1 339 329.6	1 434 091.3
食糖	550 180.8	550 365.1	524 779.6	678 412.6	515 779.0	513 913.9
蔬菜	5 810 549.5	6 257 213.2	5 695 247.4	5 786 962.8	5 916 546.1	6 008 011.5
水果						
畜产品						
猪肉	946 466.1	941 341.9	925 662.2	931 964.4	967 599.2	955 893.1
牛肉	206 493.2	217 456.6	226 166.7	228 572.3	258 747.5	266 715.0
羊肉	38 406.2	40 378.5	39 178.9	38 486.5	35 275.3	33 470.3
家禽	776 950.7	726 644.3	689 304.6	711 287.2	782 241.0	818 522.6
蛋产品						
乳品	2 632 995.3	3 046 640.0	3 191 016.6	3 461 962.9	3 382 526.2	3 501 270.9
动物生皮	91 693.6	98 348.8	98 501.5	92 721.5	87 379.8	104 561.7
动物生毛皮						
羊毛	54 686.6	64 370.7	58 558.3	50 899.5	24 865.7	40 821.8
水产品						
饮品						
酒						
茶	97 394.3	130 238.2	139 505.0	144 717.2	97 350.3	57 394.1
咖啡	990 079.2	1 082 464.8	1 118 458.8	1 147 911.2	1 131 987.7	1 195 940.5

德国主要农产品进口量（二）

单位：吨

项 目	2011年	2012年	2013年	2014年	2015年
农产品					
谷物	9 048 305.3	8 376 154.9	8 839 748.9	10 589 684.4	10 491 606.7
小麦产品	4 486 946.8	3 681 976.1	4 163 994.5	4 751 053.4	5 074 050.4
玉米产品	1 982 147.9	2 155 269.8	2 175 872.8	3 139 200.6	2 580 049.3
稻谷产品	430 892.1	412 880.3	420 880.3	427 113.2	480 405.5
棉花	104 968.3	86 853.0	104 598.2	96 190.1	91 345.2
食用油籽	7 151 601.0	8 262 387.0	9 188 968.0	9 163 148.3	9 556 316.8
大豆	3 198 773.8	3 278 714.8	3 633 152.8	3 725 809.8	3 792 333.3
花生	132 776.7	126 087.3	150 366.8	157 148.6	154 605.2
油菜籽	3 147 450.9	4 048 082.6	4 594 358.6	4 463 795.7	4 796 881.2
食用植物油	2 170 879.9	1 849 502.0	2 128 683.7	2 039 297.2	2 146 718.2
豆油	67 852.7	66 099.9	104 733.7	101 421.7	93 257.7
菜籽油	523 799.0	207 424.0	185 945.3	271 250.1	302 030.3
棕榈油	1 134 335.2	1 223 609.6	1 467 449.5	1 199 770.3	1 323 238.9
食糖	587 861.5	656 697.9	619 945.4	646 781.2	751 433.2
蔬菜	6 306 121.7	6 132 743.8	6 688 732.4	6 308 187.2	6 308 579.2
水果					
畜产品					
猪肉	968 049.5	958 503.8	952 700.6	982 204.1	912 961.3
牛肉	321 248.2	288 530.1	297 209.6	304 031.5	328 208.5
羊肉	39 889.8	30 282.0	34 019.4	33 089.9	35 824.9
家禽	911 836.6	957 376.8	982 249.7	3 900 397.6	983 265.7
蛋产品					
乳品	3 823 598.9	3 774 774.3	3 688 991.7	104 660.3	4 268 395.7
动物生皮	114 667.8	87 293.8	94 999.5	105 534.7	97 360.2
动物生毛皮					
羊毛	40 809.8	35 750.1	16 240.5	13 503.3	11 144.2
水产品					
饮品					
酒					
茶	63 584.7	86 377.0	98 069.4	83 755.7	66 339.8
咖啡	1 254 564.6	1 279 533.2	1 166 894.0	1 213 323.5	1 167 404.4

4-18 荷兰主要农产品贸易情况

4-18-1 荷兰主要农产品出口额（一）

单位：万美元

项 目	2005年	2006年	2007年	2008年	2009年	2010年
农产品	5 314 303.1	5 835 988.7	7 116 537.7	8 357 776.3	7 522 058.4	7 834 336.6
谷物	39 190.2	38 562.0	58 773.9	90 923.3	61 885.0	49 799.4
小麦产品	10 629.9	12 396.4	17 127.6	31 804.9	22 634.1	16 730.3
玉米产品	7 823.5	8 569.3	11 108.8	17 302.8	9 778.8	6 361.4
稻谷产品	8 603.2	9 044.4	12 194.3	21 077.5	17 154.9	14 112.9
棉花	313.7	201.6	225.3	440.6	416.2	173.3
食用油籽	67 949.9	73 850.3	106 165.8	147 293.5	131 247.9	136 122.0
大豆	31 902.4	35 114.7	51 234.4	82 077.2	66 443.2	70 225.4
花生	21 370.8	22 623.3	29 684.6	32 484.6	28 772.0	31 268.5
油菜籽	562.4	574.0	3 119.9	7 350.5	14 868.5	12 553.2
食用植物油	118 880.9	163 303.9	232 791.2	427 388.0	284 161.3	265 877.8
豆油	26 519.7	35 789.3	42 115.9	78 970.0	44 176.9	41 483.1
菜籽油	22 892.6	29 854.6	45 881.9	86 898.3	69 705.2	61 289.8
棕榈油	38 153.1	64 211.7	102 018.2	166 789.2	115 619.9	116 011.1
食糖	22 906.5	28 129.2	24 865.4	23 808.2	21 720.8	18 632.6
蔬菜	689 195.4	795 633.6	1 003 792.5	1 080 740.2	1 021 662.1	1 094 801.4
水果	415 754.5	470 784.5	603 744.3	726 673.6	667 169.8	687 754.7
畜产品	1 284 054.4	1 389 992.8	1 700 746.5	2 005 637.2	1 767 432.2	1 868 841.4
猪肉	146 673.7	157 818.2	183 334.7	217 097.7	184 783.0	182 582.9
牛肉	192 363.5	213 022.6	252 205.3	279 888.5	261 234.4	238 589.6
羊肉	4 794.2	6 883.5	8 507.3	8 229.8	7 353.8	9 829.7
家禽	190 034.8	209 852.6	283 800.3	330 072.6	305 494.0	319 280.4
蛋产品	48 096.2	54 960.9	74 472.9	90 898.5	102 786.1	106 438.0
乳品	457 507.1	478 391.4	583 988.5	690 773.9	541 668.0	649 451.8
动物生皮	17 379.3	19 807.9	20 219.5	20 347.0	17 285.7	22 960.6
动物生毛皮	8 367.3	8 757.0	8 211.7	8 103.7	9 392.3	6 115.5
羊毛	288.8	297.6	496.6	340.1	250.0	417.3
水产品	237 609.7	257 116.6	299 366.2	324 532.9	300 515.9	308 714.9
饮品	567 645.8	632 256.4	768 139.9	919 919.4	870 407.9	956 022.0
酒	209 371.1	241 955.2	269 121.9	348 738.6	303 601.0	316 367.5
茶	7 231.8	9 314.3	9 693.4	19 723.6	23 973.0	27 710.3
咖啡	26 306.3	29 413.8	34 703.1	31 493.5	28 872.0	30 821.4

荷兰主要农产品出口额（二）

单位：万美元

项　目	2011年	2012年	2013年	2014年	2015年
农产品	9 908 676.8	9 579 376.3	10 456 458.4	10 590 004.6	8 845 093.9
谷物	79 841.2	73 569.6	90 478.9	90 674.0	65 502.5
小麦产品	26 289.2	21 931.9	28 053.8	27 727.2	16 922.6
玉米产品	15 960.5	18 975.3	23 202.8	27 957.3	19 215.3
稻谷产品	19 618.2	19 693.6	21 221.6	24 737.3	20 619.6
棉花	595.2	323.7	219.3	222.4	354.8
食用油籽	143 462.6	238 175.7	220 532.5	189 783.9	153 909.6
大豆	63 882.6	123 113.1	84 929.9	64 294.9	52 989.9
花生	42 213.2	49 143.4	47 416.8	44 105.3	37 974.7
油菜籽	11 520.7	39 837.7	53 730.3	45 680.8	33 696.2
食用植物油	370 724.6	317 158.4	352 620.0	289 545.1	224 928.9
豆油	47 269.1	49 124.4	57 826.7	37 587.0	39 019.5
菜籽油	80 219.7	54 602.8	65 238.6	48 330.7	30 628.4
棕榈油	173 220.3	151 038.6	152 969.3	146 040.5	109 084.8
食糖	24 513.6	25 374.9	35 968.0	39 043.1	26 958.6
蔬菜	1 244 053.0	1 168 848.4	1 287 991.7	1 302 305.1	1 162 944.5
水果	906 817.4	864 921.4	983 784.3	1 011 594.1	882 466.2
畜产品	2 407 271.8	2 337 471.8	2 596 855.8	2 607 166.1	2 069 461.7
猪肉	222 932.4	222 033.6	228 980.6	242 625.2	193 935.6
牛肉	307 575.8	297 865.4	301 004.8	296 563.1	246 942.5
羊肉	15 979.3	13 126.6	14 898.6	15 618.7	13 553.8
家禽	435 258.5	435 242.0	462 356.9	469 805.2	386 568.1
蛋产品	113 090.0	127 750.5	135 058.9	126 420.3	104 332.3
乳品	825 390.4	741 706.8	894 206.8	908 426.2	690 958.0
动物生皮	34 134.5	36 942.2	34 602.2	42 714.9	35 539.4
动物生毛皮	13 465.4	15 120.8	21 519.5	19 114.7	10 539.7
羊毛	585.6	738.4	655.9	613.4	354.9
水产品	393 532.6	374 440.1	381 012.5	419 432.1	365 822.8
饮品	1 129 059.4	1 062 198.1	1 122 015.7	1 244 545.4	1 143 099.4
酒	379 135.6	372 192.2	382 553.0	399 255.6	377 081.7
茶	24 546.9	26 136.2	29 921.9	30 776.4	27 095.0
咖啡	69 032.6	60 897.0	64 665.9	87 585.9	87 507.7

4-18-2 荷兰主要农产品进口额（一）

单位：万美元

项　目	2005年	2006年	2007年	2008年	2009年	2010年
农产品	2 979 319.0	3 298 397.8	4 197 639.4	5 324 743.3	4 571 736.5	4 764 205.5
谷物	133 768.9	170 619.5	279 555.0	389 681.5	250 749.4	259 395.4
小麦产品	58 400.8	77 480.2	123 171.6	175 142.0	111 157.7	122 377.2
玉米产品	41 597.6	48 221.3	89 292.9	120 541.4	72 120.5	67 513.7
稻谷产品	9 957.4	11 540.9	14 889.3	28 571.8	21 305.3	18 514.6
棉花	898.6	1 345.1	1 780.3	2 458.2	2 027.9	2 293.2
食用油籽	165 113.7	155 444.1	233 839.7	420 612.5	281 278.0	296 636.8
大豆	106 450.4	104 327.2	135 344.2	194 629.3	124 596.5	153 063.5
花生	25 691.1	22 639.1	27 890.3	46 858.8	34 739.5	33 909.3
油菜籽	1 899.8	3 867.8	39 980.1	134 015.4	67 408.4	66 501.0
食用植物油	143 361.4	162 659.7	212 980.9	342 207.1	208 448.2	224 308.6
豆油	4 638.6	9 996.1	20 127.9	24 785.8	4 632.1	4 667.4
菜籽油	29 480.3	40 760.5	28 604.9	48 525.5	35 080.2	33 271.5
棕榈油	67 150.3	75 969.9	122 013.6	191 369.5	131 248.2	144 895.9
食糖	14 156.2	13 355.5	13 688.2	18 684.4	12 849.7	10 894.0
蔬菜	226 011.0	257 183.0	311 408.3	331 712.7	336 207.0	360 629.4
水果	378 487.1	448 316.7	521 589.9	668 957.2	601 143.5	618 021.5
畜产品	604 225.6	669 268.2	845 670.7	939 799.0	830 516.3	884 885.1
猪肉	39 954.9	45 349.9	50 541.0	64 080.9	57 049.9	56 518.2
牛肉	86 871.0	108 725.3	132 122.1	158 681.1	143 528.7	141 875.2
羊肉	7 404.1	8 175.2	8 487.7	9 074.3	8 079.5	10 477.3
家禽	104 472.2	110 141.1	153 687.3	195 391.3	189 534.5	196 889.8
蛋产品	11 903.2	12 722.8	15 925.0	22 186.9	22 417.0	26 207.8
乳品	247 998.5	259 476.6	329 439.5	318 948.0	248 222.9	283 476.6
动物生皮	8 837.4	10 643.0	10 942.0	10 018.1	7 616.4	12 660.2
动物生毛皮	17.3	15.2		166.1	209.1	34.1
羊毛	65.1	96.6	92.5	53.3	28.9	48.0
水产品	151 012.7	187 854.7	219 814.9	261 661.9	249 819.2	265 042.6
饮品	425 128.5	461 050.2	603 589.9	707 693.9	714 019.6	710 320.1
酒	144 845.8	162 362.5	227 193.8	272 834.0	245 302.3	233 048.4
茶	7 545.7	7 591.1	9 056.6	12 716.9	11 941.6	14 117.7
咖啡	46 134.4	54 513.3	67 506.4	55 261.6	59 809.5	69 318.5

荷兰主要农产品进口额（二）

单位：万美元

项　目	2011年	2012年	2013年	2014年	2015年
农产品	6 464 270.9	6 354 525.2	6 824 491.3	6 734 884.1	5 888 711.1
谷物	370 079.9	364 478.0	414 727.0	365 553.3	318 401.0
小麦产品	157 297.2	152 530.9	159 321.7	134 391.3	140 708.2
玉米产品	117 291.8	121 113.2	149 446.9	139 270.7	106 950.6
稻谷产品	24 346.3	23 742.7	26 494.2	26 934.3	22 296.7
棉花	5 429.3	3 746.6	3 106.8	3 292.6	2 524.4
食用油籽	424 934.2	364 007.5	427 948.6	385 286.5	350 393.8
大豆	163 125.9	144 660.6	210 315.4	191 569.0	186 183.9
花生	44 491.0	57 483.2	60 363.2	51 412.2	45 985.3
油菜籽	153 009.2	111 428.3	90 491.9	76 504.8	52 227.2
食用植物油	331 561.4	450 290.9	460 758.7	378 597.4	295 236.3
豆油	9 665.1	15 078.7	15 844.0	16 688.1	9 668.1
菜籽油	73 099.7	75 904.1	80 122.9	69 651.5	48 758.0
棕榈油	183 638.8	274 962.3	257 232.1	217 315.7	171 928.7
食糖	22 753.9	20 966.0	24 983.0	27 116.3	23 354.1
蔬菜	455 950.0	432 099.4	477 351.5	469 356.5	415 985.3
水果	767 700.2	755 308.6	854 472.1	868 351.5	745 595.7
畜产品	1 239 174.3	1 221 306.5	1 298 019.0	1 267 947.5	1 101 266.6
猪肉	73 996.9	72 458.9	77 996.7	71 070.1	55 746.1
牛肉	194 844.8	197 261.0	196 944.5	199 789.7	184 860.8
羊肉	20 105.8	16 295.2	15 128.7	16 579.3	14 918.2
家禽	286 030.6	278 630.5	278 188.3	276 945.9	250 551.3
蛋产品	34 732.7	43 579.0	48 711.6	46 861.3	43 377.6
乳品	386 848.8	373 453.7	420 293.4	406 274.6	335 090.8
动物生皮	20 979.0	14 664.4	19 564.6	19 366.7	17 767.4
动物生毛皮	754.1	633.3	1 337.1	1 635.1	1 768.5
羊毛	63.8	609.9	575.1	490.3	501.3
水产品	351 757.5	320 722.8	325 640.2	351 402.3	278 706.1
饮品	945 620.2	849 829.9	885 574.2	980 589.0	912 338.6
酒	322 254.6	315 577.1	324 673.5	325 538.0	299 388.1
茶	17 679.6	18 870.1	25 095.8	20 418.1	17 319.1
咖啡	101 808.6	97 707.1	91 651.1	118 030.2	115 294.0

4-18-3 荷兰主要农产品出口量（一）

单位：吨

项 目	2005年	2006年	2007年	2008年	2009年	2010年
农产品						
谷物	1 431 342.9	1 172 779.6	1 700 036.0	2 153 158.8	1 363 487.6	1 385 285.9
小麦产品	510 252.3	501 784.8	569 063.6	967 628.0	650 049.4	640 890.1
玉米产品	126 779.2	180 295.1	368 666.5	417 325.9	211 817.9	154 152.6
稻谷产品	123 818.3	133 895.4	155 773.1	165 075.3	221 246.9	145 099.2
棉花	1 663.6	1 625.9	2 469.1	2 956.0	3 014.3	414.6
食用油籽	1 488 610.5	1 596 152.5	1 909 440.0	2 054 644.4	1 677 948.8	2 221 274.0
大豆	1 179 693.5	1 294 051.6	1 527 849.4	1 620 639.1	1 154 111.6	1 609 385.4
花生	185 176.6	178 801.1	196 940.7	176 528.5	146 843.0	181 107.8
油菜籽	13 842.0	13 125.5	65 302.1	142 377.2	262 865.9	272 197.1
食用植物油	1 807 816.2	2 426 148.6	2 664 196.9	3 407 887.1	2 026 526.6	2 627 275.1
豆油	444 152.4	559 597.2	501 002.4	632 486.1	308 504.2	432 562.3
菜籽油	318 191.3	371 642.0	458 177.0	668 251.8	463 298.4	592 944.1
棕榈油	657 666.8	1 047 243.3	1 267 430.5	1 542 769.0	911 726.3	1 167 837.1
食糖	404 784.8	459 187.5	291 303.3	279 084.4	545 579.6	231 951.2
蔬菜	7 265 694.3	7 525 162.9	7 847 250.9	8 169 065.1	8 111 478.2	9 312 057.4
水果						
畜产品						
猪肉	683 126.6	662 992.1	762 878.6	766 924.6	641 760.3	774 779.1
牛肉	349 252.9	344 869.3	373 788.9	391 537.0	460 352.0	383 177.1
羊肉	6 484.8	10 119.7	12 259.8	9 786.0	14 193.7	12 009.0
家禽	813 873.5	971 332.2	1 052 946.5	1 027 757.5	1 114 723.2	1 228 429.0
蛋产品						
乳品	2 001 619.1	2 009 408.6	2 020 796.7	2 081 679.2	1 564 554.6	2 257 508.9
动物生皮	104 473.8	119 609.4	116 879.3	93 480.7	86 026.4	174 697.1
动物生毛皮						
羊毛	2 023.6	2 390.9	3 591.7	2 348.5	1 034.1	2 899.2
水产品						
饮品						
酒						
茶	16 525.7	19 199.1	17 048.0	16 228.4	35 699.2	24 440.5
咖啡	37 283.8	47 482.1	52 474.0	49 781.3	41 087.2	53 333.8

荷兰主要农产品出口量（二）

单位：吨

项　目	2011年	2012年	2013年	2014年	2015年
农产品					
谷物	1 775 868.8	1 658 580.0	1 988 504.0	1 966 913.5	1 631 619.9
小麦产品	748 795.4	653 946.7	803 479.8	817 212.3	623 981.9
玉米产品	349 049.9	468 682.0	538 537.4	712 631.9	609 401.7
稻谷产品	177 927.3	190 249.8	175 958.9	217 461.3	216 774.5
棉花	655.0	323.5	429.7	662.3	1 863.7
食用油籽	1 732 712.4	2 833 043.1	2 644 256.8	2 374 630.7	2 274 053.5
大豆	1 239 871.9	1 931 571.8	1 383 468.9	1 172 277.6	1 152 555.8
花生	197 603.9	199 147.8	204 536.0	208 597.9	226 424.1
油菜籽	165 475.7	567 149.6	890 315.1	842 734.2	736 472.3
食用植物油	2 673 123.3	2 482 965.4	3 041 061.8	2 704 534.0	2 666 819.6
豆油	346 709.1	394 289.7	508 249.3	344 130.5	499 669.0
菜籽油	573 411.9	415 455.2	518 719.0	496 284.2	355 460.3
棕榈油	1 295 141.6	1 233 095.5	1 444 996.8	1 394 287.4	1 371 655.0
食糖	258 007.7	256 564.1	339 233.6	464 235.1	475 396.3
蔬菜	10 720 027.6	10 068 604.9	12 078 689.0	10 967 785.1	10 417 608.0
水果					
畜产品					
猪肉	846 491.9	833 872.6	797 262.4	889 269.1	943 893.8
牛肉	418 847.2	430 575.2	412 249.0	411 698.5	422 674.3
羊肉	16 511.0	14 134.4	16 637.5	16 575.0	20 214.0
家禽	1 768 536.1	2 104 696.6	2 199 120.4	2 288 017.9	2 189 930.7
蛋产品					
乳品	2 586 986.8	2 485 220.2	2 604 130.2	2 653 274.2	2 664 856.5
动物生皮	158 787.6	143 254.2	115 240.5	127 245.2	128 361.7
动物生毛皮					
羊毛	2 638.7	3 391.1	3 201.1	2 807.1	1 686.6
水产品					
饮品					
酒					
茶	19 839.7	20 645.7	21 681.2	21 717.7	22 758.9
咖啡	82 895.4	74 517.6	112 012.3	104 034.6	112 369.0

4-18-4 荷兰主要农产品进口量（一）

单位：吨

项目	2005年	2006年	2007年	2008年	2009年	2010年
农产品						
谷物	7 904 652.5	9 425 536.0	11 271 273.3	11 762 739.5	5 873 617.3	11 629 386.1
小麦产品	3 732 100.3	4 520 551.0	5 216 821.6	5 328 720.2	2 588 507.7	5 741 620.4
玉米产品	2 318 581.2	2 559 059.5	3 538 314.9	3 814 518.2	1 997 084.7	2 929 279.6
稻谷产品	235 407.7	266 937.8	298 347.7	331 543.4	231 788.1	273 493.2
棉花	7 880.8	10 845.7	13 251.2	15 385.1	15 380.1	12 489.9
食用油籽	5 296 697.3	5 057 048.6	5 803 153.3	6 885 799.4	2 621 056.7	5 923 770.6
大豆	4 318 555.2	4 221 776.1	4 114 748.3	3 971 328.1	2 064 238.8	3 469 031.5
花生	301 808.6	259 982.8	271 821.2	344 627.0	229 300.8	318 960.9
油菜籽	65 642.3	125 953.3	929 317.8	2 108 369.1	6 050.2	1 468 071.0
食用植物油	2 549 452.9	2 724 025.8	2 916 908.9	3 262 658.5	629 442.1	2 714 184.4
豆油	82 683.3	161 867.0	240 690.9	220 449.3	34 007.5	47 931.5
菜籽油	416 715.2	501 517.8	311 156.2	360 676.5	232 599.0	325 007.6
棕榈油	1 547 750.3	1 643 587.8	1 940 913.6	2 152 003.2	169 286.7	1 974 933.2
食糖	171 108.8	161 367.7	148 521.2	197 451.0	171 347.6	126 020.9
蔬菜	3 245 869.5	3 277 952.9	3 301 031.8	3 338 407.3	2 096 950.1	3 511 272.0
水果						
畜产品						
猪肉	179 107.1	213 217.6	204 752.6	236 739.5	175 085.3	260 765.1
牛肉	229 371.9	268 856.8	297 805.5	314 979.6	228 127.5	338 099.7
羊肉	8 211.1	10 049.2	10 491.7	10 764.4	13 121.3	12 857.1
家禽	500 682.1	549 141.4	534 898.1	576 622.3	438 186.9	611 595.1
蛋产品						
乳品	1 872 971.8	1 886 129.2	1 845 258.4	1 976 892.2	1 017 319.2	1 885 470.6
动物生皮	52 396.5	62 379.6	59 506.7	45 913.5	38 034.9	96 482.9
动物生毛皮						
羊毛	382.4	488.9	404.0	98.5	134.3	156.4
水产品						
饮品						
酒						
茶	37 413.1	29 503.9	30 434.3	34 895.2	22 642.1	34 505.7
咖啡	168 154.7	185 697.5	196 952.8	124 969.4	117 224.4	141 099.6

荷兰主要农产品进口量（二）

单位：吨

项　目	2011年	2012年	2013年	2014年	2015年
农产品					
谷物	11 595 039.0	11 555 541.9	12 433 793.4	13 469 075.8	13 998 772.8
小麦产品	5 065 840.0	4 911 979.5	4 784 075.5	5 196 534.4	6 636 610.6
玉米产品	3 697 062.9	4 053 148.6	4 695 791.3	5 482 068.4	5 051 492.5
稻谷产品	321 815.5	339 264.0	331 771.9	335 287.5	323 220.1
棉花	15 990.5	16 444.0	15 222.2	16 483.0	15 962.0
食用油籽	6 467 602.8	5 242 193.0	6 391 198.7	6 364 429.0	6 922 997.0
大豆	3 048 269.1	2 563 528.8	3 640 243.4	3 653 444.8	4 553 687.8
花生	299 184.7	283 960.1	353 990.6	338 736.9	313 868.0
油菜籽	2 326 828.4	1 812 823.0	1 601 443.7	1 584 832.2	1 210 665.2
食用植物油	2 844 331.1	3 892 368.8	4 541 869.6	3 861 858.0	3 775 615.4
豆油	76 458.8	117 649.6	122 078.5	138 028.1	118 911.7
菜籽油	579 631.8	597 199.5	670 023.2	607 305.4	572 919.2
棕榈油	1 753 921.2	2 591 828.4	2 962 478.4	2 508 951.6	2 483 634.5
食糖	246 752.2	193 851.2	238 078.9	395 420.2	431 070.9
蔬菜	4 807 862.9	5 013 842.7	4 602 416.4	4 641 141.1	4 600 538.1
水果					
畜产品					
猪肉	314 943.6	308 341.4	295 899.7	286 471.6	257 594.1
牛肉	386 080.8	402 251.9	395 948.3	384 190.8	406 651.9
羊肉	18 551.7	18 453.3	20 493.6	19 296.7	25 821.3
家禽	1 231 442.8	1 367 268.7	1 353 111.6	1 423 184.2	1 471 638.7
蛋产品					
乳品	2 457 011.0	2 571 230.8	2 519 894.0	2 251 362.5	2 373 591.0
动物生皮	81 297.3	60 592.9	93 797.6	142 957.2	125 016.0
动物生毛皮					
羊毛	144.4	2 694.0	2 978.0	3 206.1	3 576.4
水产品					
饮品					
酒					
茶	35 924.2	31 918.0	70 356.9	32 765.5	38 508.2
咖啡	146 955.6	148 859.4	187 230.3	247 398.9	252 832.5

4-19 西班牙主要农产品贸易情况

4-19-1 西班牙主要农产品出口额（一）

单位：万美元

项 目	2005年	2006年	2007年	2008年	2009年	2010年
农产品	2 760 440.0	2 809 472.7	3 572 793.5	3 270 891.5	3 719 305.6	3 874 818.9
谷物	36 693.9	37 970.3	82 029.7	90 249.0	50 479.8	58 793.3
小麦产品	12 287.2	17 757.5	30 259.7	47 880.7	25 334.8	16 450.2
玉米产品	8 873.2	4 506.7	6 845.2	9 338.9	7 547.2	8 974.0
稻谷产品	12 162.9	14 188.5	15 941.0	16 918.3	13 468.3	19 297.9
棉花	6 990.4	9 791.6	5 595.3	5 206.8	2 742.5	7 062.2
食用油籽	8 527.0	8 199.4	13 564.8	22 332.1	15 678.6	18 313.2
大豆	1 600.9	413.3	1 050.1	1 979.1	1 238.1	1 125.0
花生	428.0	415.9	472.1	1 100.9	805.4	663.2
油菜籽	374.2	88.2	509.4	294.7	357.6	343.9
食用植物油	224 690.1	244 132.2	290 660.9	355 808.3	260 640.2	300 464.7
豆油	11 356.5	5 018.0	16 879.8	42 039.9	17 391.3	24 764.6
菜籽油	225.2	2 058.4	1 296.7	2 554.3	1 322.3	1 858.1
棕榈油	3 541.2	3 343.4	4 454.4	5 784.0	4 743.2	3 604.2
食糖	3 227.3	11 626.2	10 076.3	8 995.1	6 468.5	11 899.9
蔬菜	573 713.1	598 727.8	689 890.0	212 010.8	751 940.2	728 250.0
水果	596 276.4	452 098.4	754 508.8	814 928.4	803 307.0	820 674.9
畜产品	389 993.4	471 854.1	552 410.6	581 274.5	614 234.4	655 126.9
猪肉	138 635.6	153 911.9	171 375.9	244 750.0	232 580.3	232 251.4
牛肉	47 209.3	44 982.2	45 624.9	64 668.0	46 694.5	46 824.5
羊肉	8 405.4	10 660.8	11 322.0	10 836.0	9 286.5	14 166.0
家禽	22 599.8	20 582.9	30 257.9	25 276.6	35 486.8	39 212.6
蛋产品	860.9	14 438.3	21 138.0		24 091.9	19 490.2
乳品	31 866.9	73 287.9	98 899.0	48 467.1	81 645.9	94 310.3
动物生皮	20 259.0	24 352.7	23 977.5	20 665.4	17 077.0	26 501.9
动物生毛皮	845.0	1 072.5	821.4	688.2	652.1	2 246.6
羊毛	1 978.8	1 995.1	2 378.2	1 977.7	2 426.3	3 109.9
水产品	239 482.1	287 967.8	336 584.3	238 559.6	320 181.3	335 504.8
饮品	329 493.0	341 054.2	429 440.2	491 249.5	460 629.2	475 998.5
酒	248 936.7	258 760.8	330 642.1	369 963.2	347 991.4	337 749.1
茶	1 632.8	2 181.7	3 581.9	4 793.2	4 429.4	7 828.2
咖啡	22 943.6	27 265.2	34 589.9	39 622.2	34 265.7	40 633.0

西班牙主要农产品出口额（二）

单位：万美元

项　目	2011年	2012年	2013年	2014年	2015年
农产品	4 431 411.1	4 568 595.2	4 526 530.8	4 628 051.1	4 688 659.6
谷物	72 005.5	60 598.6	72 309.4	65 601.1	56 593.5
小麦产品	34 451.4	21 830.7	33 684.3	27 547.3	24 751.2
玉米产品	8 453.9	9 664.0	10 860.3	9 701.2	8 907.9
稻谷产品	19 883.3	22 697.7	20 416.2	19 109.3	17 216.5
棉花	12 100.5	12 386.3	9 628.5	15 381.1	7 497.1
食用油籽	20 438.2	20 361.8	25 503.2	31 031.7	31 709.7
大豆	787.7	1 199.6	1 833.1	2 180.0	1 953.5
花生	764.7	1 033.9	1 408.0	1 257.5	706.9
油菜籽	375.3	885.4	2 043.3	2 407.7	3 460.8
食用植物油	344 307.0	367 315.1	370 262.3	450 373.1	365 474.9
豆油	48 979.5	72 724.3	66 875.3	41 505.2	31 343.1
菜籽油	2 599.7	2 693.7	2 182.2	1 885.3	1 452.8
棕榈油	4 820.5	8 979.9	5 744.1	5 382.1	3 375.2
食糖	16 458.5	13 173.0	8 917.1	8 075.6	7 054.6
蔬菜	759 978.9	765 371.6	464 782.5	872 563.8	814 199.7
水果	903 274.2	934 540.2	1 065 491.5	984 909.1	977 161.6
畜产品	793 157.0	828 596.4	877 694.4	929 267.6	837 421.7
猪肉	290 304.2	299 906.2	317 055.6	338 235.7	299 820.4
牛肉	55 867.8	62 311.1	63 340.3	61 324.7	63 125.1
羊肉	17 235.8	15 923.1	16 527.6	17 718.4	15 160.3
家禽	47 008.1	49 105.3	55 316.1	63 086.3	58 549.3
蛋产品	19 992.1	19 457.2	19 849.4	20 309.1	24 571.4
乳品	100 276.9	101 647.6	109 770.3	123 477.1	101 901.4
动物生皮	36 271.6	34 175.5	43 111.1	33 891.1	22 938.0
动物生毛皮	4 089.1	4 045.2	5 045.3	2 171.6	1 757.7
羊毛	3 749.8	3 780.7	3 566.8	4 071.0	4 329.5
水产品	403 622.8	390 127.9	395 626.5	406 786.1	378 069.9
饮品	566 396.8	592 315.6	626 812.2	166 294.9	561 068.4
酒	409 233.4	435 934.0	466 541.1	25 581.4	401 029.3
茶	4 411.3	6 589.5	8 220.0	8 268.1	6 870.8
咖啡	55 093.3	56 652.6	56 135.2	58 784.7	55 019.9

4-19-2 西班牙主要农产品进口额（一）

单位：万美元

项 目	2005 年	2006 年	2007 年	2008 年	2009 年	2010 年
农产品	2 645 223.1	2 704 782.7	3 580 674.1	3 305 468.1	3 393 877.9	3 465 187.2
谷物	244 950.3	212 010.1	326 979.9	399 885.3	296 256.6	251 447.0
小麦产品	120 278.0	92 860.1	106 613.2	155 329.3	142 240.7	108 046.8
玉米产品	73 597.3	74 065.4	163 857.8	168 637.3	99 195.9	101 958.9
稻谷产品	4 456.7	4 938.0	10 260.2	11 234.3	11 526.9	9 534.6
棉花	4 834.4	4 347.0	5 087.3	4 559.5	4 223.0	5 390.7
食用油籽	108 255.7	93 106.8	132 323.7	223 361.8	170 053.9	174 679.5
大豆	70 474.4	56 763.5	96 649.6	182 145.1	129 846.2	140 839.1
花生	4 692.1	4 868.3	6 046.7	8 825.7	6 562.4	6 474.3
油菜籽	730.0	1 977.9	2 481.3	3 315.7	3 440.4	2 150.2
食用植物油	65 917.6	81 256.5	76 198.2	123 229.1	104 435.4	114 761.7
豆油	3 228.9	2 830.5	3 388.2	11 368.0	12 188.8	14 831.1
菜籽油	2 768.2	1 358.2	2 054.6	2 005.6	958.2	3 499.7
棕榈油	13 303.5	15 306.1	21 936.8	40 056.6	46 810.8	56 407.8
食糖	39 164.9	40 779.2	48 587.8	57 530.0	58 442.4	53 281.5
蔬菜	137 680.8	157 062.0	231 861.2	112 825.4	197 980.1	191 931.5
水果	216 961.8	184 702.5	288 668.5	313 226.3	286 336.3	285 857.2
畜产品	297 120.5	427 400.7	541 862.0	372 158.7	474 060.9	504 174.6
猪肉	14 272.7	20 267.6	23 950.1	21 236.4	15 380.5	17 966.3
牛肉	60 700.4	74 997.9	94 664.1	85 672.7	74 872.1	75 134.9
羊肉	6 942.7	7 474.6	6 938.6	7 287.3	7 893.1	8 229.4
家禽	48 225.5	43 503.5	57 958.6	52 774.9	59 325.1	62 186.6
蛋产品	637.7	4 279.0	5 427.4		7 502.4	6 946.8
乳品	75 910.4	174 200.4	237 187.1	121 775.7	214 295.2	210 928.2
动物生皮	8 284.9	9 398.2	10 524.9	8 531.3	7 816.9	6 509.1
动物生毛皮	835.7	1 205.1	720.2	359.1	99.0	35.2
羊毛	2 240.9	1 801.7	1 713.2	735.9	225.6	500.9
水产品	517 126.6	655 286.9	733 572.8	361 299.8	611 103.0	663 974.8
饮品	296 784.8	270 347.4	404 940.3	460 908.6	397 344.4	436 457.6
酒	167 935.1	130 018.0	215 694.8	229 646.8	183 507.7	190 007.9
茶	2 601.4	3 316.1	4 223.4	5 119.1	4 006.8	4 106.0
咖啡	46 171.9	54 492.9	70 989.5	93 681.4	84 164.4	99 169.8

西班牙主要农产品进口额（二）

单位：万美元

项　目	2011年	2012年	2013年	2014年	2015年
农产品	3 993 104.8	3 777 489.7	3 779 479.4	3 726 467.0	3 614 930.0
谷物	353 122.0	396 038.2	320 295.4	327 452.5	316 322.2
小麦产品	135 780.8	173 834.4	107 250.9	133 267.9	126 568.9
玉米产品	162 407.2	186 272.7	172 285.6	158 433.0	147 402.1
稻谷产品	12 326.4	12 258.8	13 015.1	14 278.0	13 859.3
棉花	9 529.0	4 554.4	4 373.4	3 968.1	3 042.7
食用油籽	226 810.7	249 331.6	240 957.6	238 310.3	195 374.6
大豆	176 998.1	192 905.6	193 830.5	188 119.6	145 293.6
花生	10 311.7	11 223.3	10 696.8	8 401.5	9 759.2
油菜籽	1 316.8	1 660.4	1 338.3	1 403.5	1 230.0
食用植物油	133 276.3	134 373.0	177 257.3	174 445.9	205 022.3
豆油	12 103.9	2 334.3	4 319.5	3 984.2	2 885.5
菜籽油	4 717.8	3 645.9	4 070.6	4 677.5	4 895.7
棕榈油	69 907.6	61 570.1	81 235.6	111 441.9	87 251.7
食糖	117 108.9	85 215.7	103 810.7	85 758.3	49 339.0
蔬菜	214 293.5	198 501.9	159 788.9	223 247.5	207 782.4
水果	303 980.3	273 242.7	285 262.8	226 146.0	276 138.2
畜产品	544 923.0	498 363.4	530 398.0	546 672.0	446 832.7
猪肉	21 800.0	19 356.3	22 527.5	27 131.6	22 799.0
牛肉	80 136.0	75 944.0	76 091.4	73 912.4	63 574.9
羊肉	9 705.1	5 967.3	5 653.4	5 989.7	6 299.3
家禽	72 218.4	69 066.0	72 916.5	70 066.1	60 973.7
蛋产品	8 215.9	9 666.3	8 606.2	8 905.0	7 903.4
乳品	237 159.8	215 839.7	233 822.8	232 242.1	173 276.7
动物生皮	10 839.5	11 178.0	13 086.2	11 282.7	8 765.2
动物生毛皮	36.0	105.4	207.5	150.1	79.3
羊毛	897.5	735.6	931.1	1 221.6	939.8
水产品	738 231.7	644 448.6	655 724.6	708 287.6	658 442.9
饮品	509 903.6	458 520.2	455 165.9	286 153.1	426 589.1
酒	208 698.2	186 971.9	192 696.5	47 190.4	161 650.0
茶	4 650.0	4 924.5	6 202.8	6 114.4	6 446.8
咖啡	135 300.9	124 553.7	110 313.6	113 308.1	108 549.0

4-19-3 西班牙主要农产品出口量（一）

单位：吨

项　目	2005年	2006年	2007年	2008年	2009年	2010年
农产品						
谷物	1 162 059.0	1 317 094.7	2 202 850.6	1 555 010.7	1 163 008.9	1 338 574.0
小麦产品	490 773.4	816 998.9	838 555.3	767 074.6	709 720.9	548 262.9
玉米产品	214 083.5	114 717.2	166 857.6	173 860.3	165 678.4	209 574.7
稻谷产品	308 196.4	314 336.5	270 329.9	188 725.5	165 718.0	314 130.9
棉花	63 867.1	82 356.3	38 933.8	31 789.8	18 432.9	35 911.8
食用油籽	111 190.2	58 319.3	142 474.4	165 140.0	124 671.4	148 487.6
大豆	50 071.0	13 381.6	29 799.2	39 697.8	28 883.5	24 497.7
花生	2 524.1	2 100.5	2 524.6	5 524.3	4 464.8	3 134.5
油菜籽	14 213.4	2 288.3	11 466.3	4 784.5	8 024.8	4 777.0
食用植物油	901 401.2	751 865.4	1 025 311.9	1 201 401.9	1 065 454.6	1 309 626.1
豆油	212 846.7	85 358.0	206 555.6	323 248.5	198 606.6	255 203.8
菜籽油	3 985.8	27 665.3	11 242.8	14 769.7	7 069.8	15 307.4
棕榈油	61 207.5	53 364.1	49 949.1	46 647.0	52 215.7	37 126.5
食糖	64 442.5	186 103.5	103 695.8	75 008.0	61 931.6	156 747.5
蔬菜	5 012 819.8	5 379 693.9	5 240 985.7	1 201 132.9	5 546 798.4	5 818 764.7
水果						
畜产品						
猪肉	598 008.4	598 656.7	654 795.0	839 273.3	882 290.6	879 828.4
牛肉	148 036.3	122 314.1	113 582.0	144 844.6	105 228.7	115 245.8
羊肉	19 510.6	25 881.1	24 495.5	20 502.0	18 320.9	27 224.5
家禽	117 135.7	107 296.8	138 523.5	108 035.0	151 581.1	195 363.7
蛋产品						
乳品	260 461.0	424 095.0	485 392.3	314 447.1	394 359.8	415 203.3
动物生皮	79 183.8	56 275.4	86 216.5	79 696.3	72 496.7	79 021.0
动物生毛皮						
羊毛	13 823.2	13 156.5	13 701.2	11 931.0	16 648.6	18 120.0
水产品						
饮品						
酒						
茶	10 241.6	37 917.5	63 022.3	90 028.5	90 288.6	173 032.7
咖啡	53 103.6	49 160.8	51 717.6	50 330.7	53 893.7	64 614.9

西班牙主要农产品出口量（二）

单位：吨

项　目	2011 年	2012 年	2013 年	2014 年	2015 年
农产品					
谷物	1 446 652.8	1 141 154.6	1 438 155.2	1 336 868.9	1 263 162.5
小麦产品	793 664.7	495 625.9	816 634.4	629 014.5	659 830.4
玉米产品	134 822.5	183 614.5	123 388.2	127 565.5	134 914.3
稻谷产品	279 265.1	317 625.6	296 146.2	286 745.6	283 025.7
棉花	47 556.7	62 723.5	53 358.4	78 454.0	48 432.8
食用油籽	128 561.6	98 574.7	118 769.8	148 566.2	194 565.0
大豆	12 596.2	21 700.1	30 807.2	40 483.8	45 871.2
花生	2 998.9	3 071.3	4 257.1	3 987.9	2 671.0
油菜籽	4 472.1	9 164.7	20 016.7	24 058.2	66 590.1
食用植物油	1 414 655.9	1 766 801.1	1 616 972.3	1 902 505.8	1 450 940.5
豆油	348 263.9	588 247.5	653 632.9	474 584.3	411 996.5
菜籽油	16 323.6	18 879.3	16 990.4	16 019.8	13 534.9
棕榈油	32 552.0	67 006.1	47 618.3	41 796.5	33 522.7
食糖	176 426.8	143 970.5	89 723.3	80 830.9	114 577.4
蔬菜	6 015 898.2	6 035 923.1	3 061 913.3	7 021 665.1	7 409 159.3
水果					
畜产品					
猪肉	995 318.5	1 029 066.9	999 452.8	1 076 365.1	1 254 370.2
牛肉	121 436.9	128 094.3	126 187.1	127 404.3	163 045.4
羊肉	28 629.2	31 560.1	34 392.5	33 531.3	31 825.9
家禽	221 650.4	226 228.1	246 018.4	279 115.6	305 612.2
蛋产品					
乳品	419 315.7	511 406.1	462 516.4	474 579.1	500 545.2
动物生皮	80 077.5	110 153.0	88 353.9	81 132.9	72 417.7
动物生毛皮					
羊毛	14 999.3	16 117.4	14 772.7	16 367.2	17 412.9
水产品					
饮品					
酒					
茶	60 631.0	115 554.7	122 957.0	112 178.9	116 461.5
咖啡	57 473.6	58 753.9	60 722.0	71 038.7	71 317.8

4-19-4 西班牙主要农产品进口量（一）

单位：吨

项 目	2005年	2006年	2007年	2008年	2009年	2010年
农产品						
谷物	15 387 274.2	12 695 936.8	12 915 903.6	12 785 202.8	13 519 912.6	10 492 254.4
小麦产品	7 780 985.9	5 705 116.0	3 818 217.0	4 875 728.4	6 832 807.5	4 675 906.9
玉米产品	4 512 463.1	4 333 225.5	6 875 094.0	5 606 666.3	4 249 015.1	4 106 973.0
稻谷产品	107 885.4	110 862.2	220 130.0	147 318.5	169 238.6	161 508.1
棉花	62 158.8	59 665.5	60 748.8	38 608.0	40 655.8	43 032.2
食用油籽	3 531 595.9	3 023 945.9	3 390 563.9	3 790 266.6	3 643 092.8	3 637 083.7
大豆	2 618 173.4	2 199 361.1	2 776 382.1	3 339 078.1	2 962 915.2	3 176 300.7
花生	47 884.8	48 056.9	49 805.4	51 390.2	49 689.8	43 496.4
油菜籽	33 473.8	66 345.4	61 515.2	79 322.6	117 618.7	91 298.0
食用植物油	744 460.8	806 538.0	757 707.4	862 683.1	1 183 970.1	1 217 656.4
豆油	57 501.1	43 585.5	41 864.8	91 545.1	140 873.1	155 714.3
菜籽油	40 129.0	16 407.3	21 603.2	14 123.0	9 629.6	41 702.0
棕榈油	299 558.4	314 403.0	318 399.8	388 449.5	643 087.0	678 690.6
食糖	520 698.5	574 537.3	633 140.1	689 445.8	791 600.9	926 479.0
蔬菜	1 875 179.9	1 856 516.8	2 064 308.4	548 073.9	2 104 206.4	2 103 699.8
水果						
畜产品						
猪肉	58 969.3	79 938.2	92 719.7	76 064.1	67 797.3	79 388.6
牛肉	90 955.2	106 808.1	129 037.3	97 350.4	117 638.9	123 496.7
羊肉	13 708.0	15 002.5	12 507.8	11 368.0	13 761.5	13 748.2
家禽	182 493.9	154 340.3	170 181.3	158 794.1	178 965.4	194 323.2
蛋产品						
乳品	867 577.6	1 196 817.3	1 456 665.0	1 131 548.2	1 352 185.8	1 199 301.1
动物生皮	40 591.8	52 875.3	51 470.6	29 174.7	61 383.6	275 599.8
动物生毛皮						
羊毛	7 938.7	6 816.3	6 120.5	3 016.3	1 323.6	2 160.6
水产品						
饮品						
酒						
茶	10 064.9	17 708.3	19 627.2	25 375.6	9 294.8	9 294.4
咖啡	258 287.7	262 788.6	280 489.2	282 186.4	280 205.0	303 927.3

西班牙主要农产品进口量（二）

单位：吨

项　目	2011年	2012年	2013年	2014年	2015年
农产品					
谷物	11 003 686.7	12 651 414.3	10 126 076.8	12 321 089.6	14 422 123.4
小麦产品	4 383 004.0	5 580 706.9	3 477 112.5	4 947 031.0	5 754 024.4
玉米产品	4 895 776.2	6 211 434.7	5 632 321.2	6 377 176.2	7 058 723.1
稻谷产品	191 986.2	172 366.2	182 990.2	206 027.7	289 362.0
棉花	49 322.0	38 320.9	41 140.3	39 933.4	36 650.2
食用油籽	3 681 723.0	3 986 277.1	3 933 713.2	4 146 580.1	4 088 984.3
大豆	3 199 683.6	3 348 655.0	3 425 656.1	3 540 936.8	3 552 018.3
花生	49 911.6	50 733.6	64 190.7	53 892.4	57 550.3
油菜籽	38 175.0	44 178.3	28 489.8	32 010.4	26 628.2
食用植物油	1 024 921.7	1 121 675.9	1 510 958.6	1 836 171.4	2 053 089.9
豆油	95 663.3	18 467.8	37 660.6	39 011.2	33 659.8
菜籽油	35 558.3	32 272.5	39 854.9	45 589.5	49 938.4
棕榈油	588 959.1	579 731.9	902 787.8	1 300 455.0	1 275 892.3
食糖	1 370 782.8	1 085 320.5	1 316 208.5	1 385 455.5	1 051 566.4
蔬菜	1 990 712.4	2 004 642.2	971 070.2	1 954 493.8	2 073 670.8
水果					
畜产品					
猪肉	88 029.5	81 192.8	92 227.4	103 969.0	114 206.2
牛肉	107 844.3	110 983.2	105 332.7	108 560.1	110 630.9
羊肉	13 132.9	8 163.1	8 536.5	8 442.8	9 481.4
家禽	198 915.4	208 610.0	219 668.4	219 461.6	229 729.6
蛋产品					
乳品	1 188 107.2	1 180 825.4	1 114 886.0	1 073 176.6	946 213.3
动物生皮	41 239.7	45 979.9	45 859.6	42 891.6	41 728.7
动物生毛皮					
羊毛	3 382.5	3 214.1	3 290.5	5 033.9	4 686.9
水产品					
饮品					
酒					
茶	9 524.2	13 678.8	17 839.4	15 324.9	14 272.4
咖啡	281 469.7	299 112.0	295 133.4	312 860.8	319 262.3

4-20 俄罗斯主要农产品贸易情况

4-20-1 俄罗斯农产品贸易综述

一、10年来俄罗斯农产品贸易总体情况

2005—2015年，俄罗斯农产品贸易额由2005年的207.7亿美元增至2015年的433.1亿美元，年均增长7.6%。其中，出口额由40.0亿美元增至163.0亿美元，年均增长15.1%；进口额由167.7亿美元增至270.1亿美元，年均增长4.9%；贸易逆差由127.7亿美元降至107.1亿美元，年均下降1.7%（图1）。

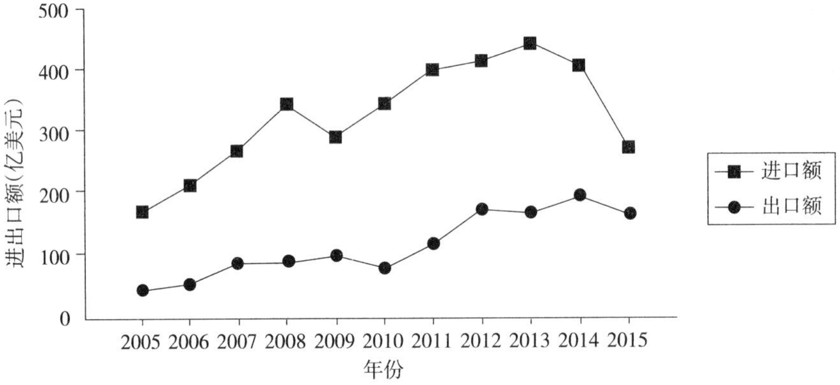

图1 2005—2015年俄罗斯农产品进出口额变化

从年度变化情况看，2009年、2014年和2015年进出口额同比、进口额同比下降，2010年、2013年和2015年出口额同比下降，其余年份3项指标均保持正增长。其中，2007年出口增速最快，达67.6%，2007年进口增幅也最大，达27.7%。2013年以来，进出口呈低迷状态；2015年表现尤其明显，进口额同比下降33.5%，较上年降低26.1个百分点；出口额同比下降14.8%，较上年降低30.8个百分点（图2）。

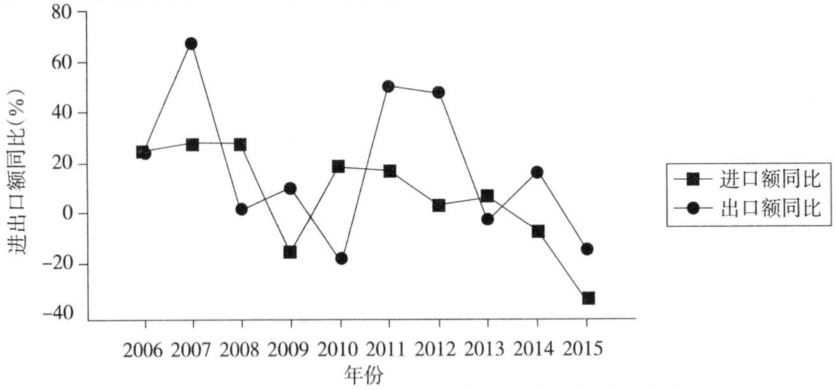

图2 2006—2015年俄罗斯农产品进出口额同比变化

二、2015 年俄罗斯农产品贸易情况

2015 年俄罗斯农产品贸易额为 433.1 亿美元，同比下降 27.5%，在全球各大农产品贸易国中排名第 18 位。其中出口额为 163.0 亿美元，同比下降 14.8%，全球排名第 22 位；进口额为 270.1 亿美元，同比下降 33.5%，全球排名第 14 位。

（一）进出口产品结构

2015 年，俄罗斯进口农产品以畜产品、水果和饮品为主，进口额分别为 56.4 亿美元、47.1 亿美元和 43.2 亿美元，占其农产品进口额的比重分别为 20.9%、17.4%和 16.0%。此外，俄罗斯还进口蔬菜和水产品等，2015 年进口额分别为 26.1 亿美元和 16.7 亿美元，分别占其农产品进口额的 9.7%和 6.2%（图 3）。

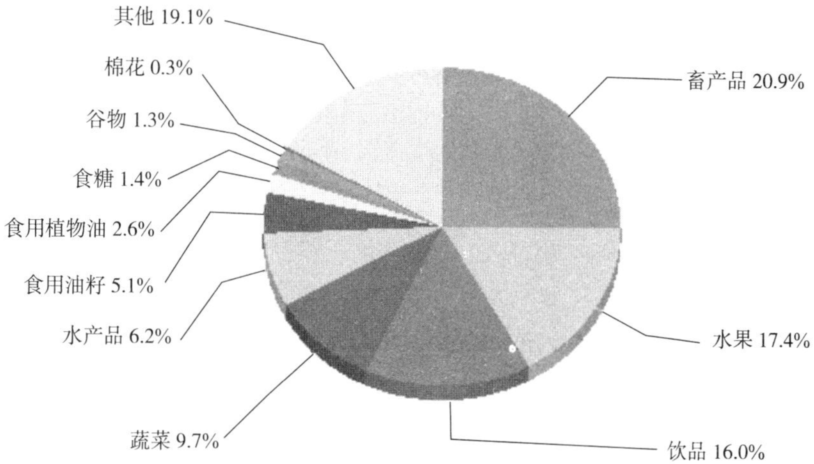

图 3　2015 年俄罗斯农产品进口结构

2015 年，俄罗斯主要农产品进口额同比均呈下降趋势。其中，下降幅度最大的为水产品，达 45.0%，其次为畜产品和谷物，降幅分别为 44.4%和 37.7%。蔬菜、棉花、水果、饮品、食糖、食用油籽和食用植物油的降幅在 9.4%～34.9%之间（表 1）。

表 1　2006—2015 年俄罗斯主要农产品进口额同比变化情况

单位：%

	2006 年	2007 年	2008 年	2009 年	2010 年	2011 年	2012 年	2013 年	2014 年	2015 年
农产品	24.4	27.7	27.4	−15.0	18.4	16.8	3.3	6.4	−7.4	−33.5
谷物	48.6	−17.3	52.7	−50.8	0.7	80.0	20.5	28.9	−18.6	−37.7
棉花	0.0	−5.8	4.8	−33.3	−22.5	60.0	−34.2	−16.8	5.2	−32.3
食用油籽	31.0	45.4	142.9	13.0	14.2	11.8	−2.6	32.2	42.7	−18.1

（续）

	2006年	2007年	2008年	2009年	2010年	2011年	2012年	2013年	2014年	2015年
食用植物油	−12.9	57.8	73.3	−49.1	51.8	16.3	−15.5	−5.7	−7.1	−9.4
食糖	40.4	3.9	−16.2	−42.5	120.2	42.9	−80.2	−11.7	61.5	−21.6
蔬菜	28.6	37.6	27.0	−8.0	26.6	28.9	−14.3	13.0	2.7	−34.9
水果	34.9	24.7	18.7	−6.5	24.5	12.8	2.2	4.2	−12.5	−31.1
畜产品	38.2	17.9	37.2	−12.5	3.5	9.1	26.8	2.1	−16.4	−44.4
水产品	20.6	40.5	20.3	−17.4	18.8	14.0	6.9	18.5	−9.1	−45.0
饮品	2.5	42.8	19.6	−19.2	27.5	19.8	4.3	5.2	−5.0	−29.4

2015年，俄罗斯农产品中出口额靠前的是谷物、水产品和食用植物油，出口额分别为58.3亿美元、29.4亿美元和17.0亿美元，占其农产品出口额的比重分别为35.7%、18.0%和10.4%。此外，俄罗斯还出口饮品、畜产品、食用油籽和水果等，出口额分别为11.0亿美元、5.9亿美元、4.7亿美元和2.8亿美元，分别占其农产品出口额的6.7%、3.6%、2.9%和1.7%（图4）。

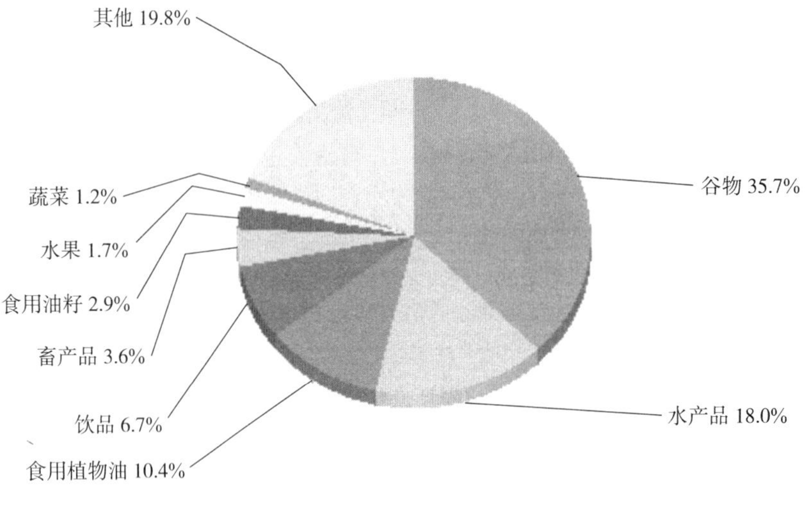

图4　2015年俄罗斯农产品出口结构

2015年，俄罗斯出口额同比降幅较大的农产品是棉花、饮品和水果，分别为89.4%、24.9%和22.6%。畜产品、谷物、食用植物油和和水产品的降幅在2.8%～20.2%之间。其他农产品出口额同比增长，其中食糖、食用油籽和蔬菜分别增长35.0%、4.5%和1.9%（表2）。

表 2 2006—2015 年俄罗斯主要农产品出口额同比变化情况

单位：%

	2006 年	2007 年	2008 年	2009 年	2010 年	2011 年	2012 年	2013 年	2014 年	2015 年
农产品	24.7	67.6	1.7	10.0	−18.2	49.7	47.7	−2.5	16.0	−14.8
谷物	15.0	160.7	−16.9	2.8	−31.7	92.6	34.9	−23.5	47.8	−19.3
棉花	−60.3	−84.5	−68.0	928.0	816.0	230.9	−71.7	−53.8	124.4	−89.4
食用油籽	6.0	−10.6	22.8	32.3	−25.8	121.6	100.3	−9.8	12.4	4.5
食用植物油	114.0	17.8	61.9	−3.5	−25.0	62.5	118.8	−3.9	3.7	−17.3
食糖	110.5	66.2	−79.5	123.9	−81.5	468.2	−18.4	−89.9	12.5	35.0
蔬菜	24.4	14.9	10.1	−27.1	−51.6	58.4	83.7	56.1	−9.7	1.9
水果	25.3	10.9	10.7	−18.3	−41.1	34.0	61.8	12.9	−4.4	−22.6
畜产品	30.1	13.6	24.4	−23.3	−40.0	19.8	128.6	26.7	−13.0	−20.2
水产品	13.6	0.6	−4.5	217.3	25.6	9.9	6.2	12.7	1.0	−2.8
饮品	31.5	32.3	20.5	−20.2	−13.6	23.4	64.2	16.9	−4.7	−24.9

（二）主要贸易伙伴

2015 年俄罗斯前五大农产品进口来源地分别为白俄罗斯、巴西、中国、土耳其和厄瓜多尔，进口额分别为 29.0 亿美元、25.7 亿美元、16.7 亿美元、14.2 亿美元和 11.5 亿美元，占其农产品进口额的比重分别为 10.7%、9.5%、6.2%、5.3%和 4.3%（图 5）。

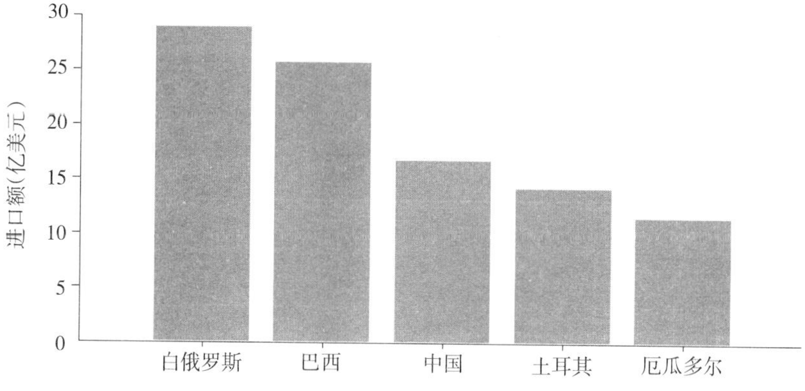

图 5 2015 年俄罗斯前五大农产品进口来源地

2015 年俄罗斯前五大农产品出口市场分别为土耳其、中国、哈萨克斯坦、韩国和埃及，出口额分别为 18.0 亿美元、14.0 亿美元、12.8 亿美元、11.8 亿美元和 10.2 亿美元，占其农产品出口额的比重分别为 11.1%、8.6%、7.9%、7.2%和 6.3%（图 6）。

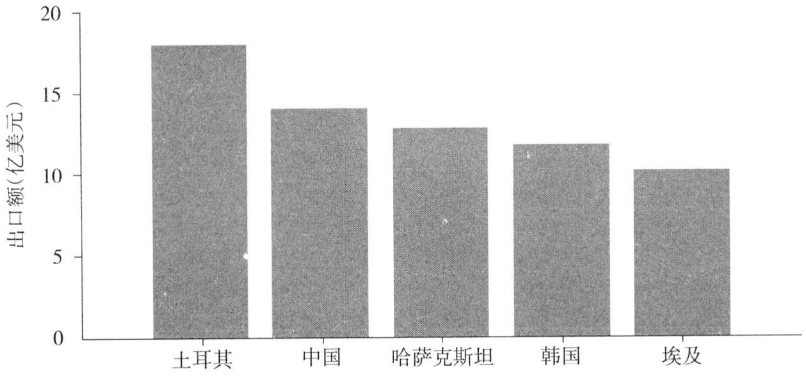

图 6　2015 年俄罗斯前五大农产品出口市场

4-20-2 俄罗斯主要农产品出口额（一）

单位：万美元

项　目	2005年	2006年	2007年	2008年	2009年	2010年
农产品	400 240.0	499 187.0	836 495.9	850 315.4	935 355.6	765 042.1
谷物	140 338.2	161 321.2	420 624.8	349 745.1	359 684.6	245 697.6
小麦产品	117 773.9	141 321.0	370 305.7	306 554.8	287 779.1	210 686.3
玉米产品	693.1	930.1	1 176.8	3 122.4	18 884.6	4 401.1
稻谷产品	816.8	1 389.5	1 631.0	3 710.1	7 287.6	9 005.7
棉花	100.1	39.8	6.1	2.0	20.2	185.2
食用油籽	8 735.7	9 259.6	8 281.0	10 166.9	13 450.9	9 976.9
大豆	219.1	122.3	519.5	168.5	79.9	34.9
花生	104.3	101.9	70.7	41.3	12.7	28.4
油菜籽	1 474.8	1 776.8	2 734.9	2 443.5	4 384.8	2 550.8
食用植物油	19 647.7	42 044.6	49 518.5	80 178.1	77 342.0	57 977.1
豆油	2.5	98.3	416.5	3 673.2	12 342.7	14 465.3
菜籽油	333.1	3 268.4	2 274.5	8 215.1	7 188.4	9 026.6
棕榈油	26.7	71.0	82.4	149.1	20.5	15.1
食糖	3 524.0	7 419.0	12 327.6	2 532.7	5 671.0	1 048.0
蔬菜	8 429.3	10 488.3	12 046.4	13 266.6	9 668.6	4 681.1
水果	20 860.3	26 143.7	28 999.7	32 093.8	26 228.6	15 460.0
畜产品	28 808.2	37 491.0	42 591.5	52 976.5	40 628.5	24 373.0
猪肉	0.7	26.1	19.4	19.4	50.5	29.3
牛肉	4.7	53.7	3.1	22.4	40.3	0.6
羊肉	1.2	5.3	1.3	1.3	13.3	0.5
家禽	909.6	506.0	759.4	1 440.6	1 311.0	1 697.3
蛋产品	626.7	1 336.6	1 571.9	1 511.4	1 738.3	985.6
乳品	12 477.2	16 314.3	22 828.7	27 910.9	20 738.4	9 641.8
动物生皮	607.4	289.0	94.5	88.9	28.0	28.8
动物生毛皮	7 358.7	10 489.7	6 141.1	7 682.1	5 073.2	5 378.9
羊毛	645.2	1 005.8	2 026.2	1 462.0	669.5	1 302.5
水产品	52 358.0	59 468.6	59 808.7	57 125.5	181 253.2	227 620.9
饮品	44 806.9	58 941.9	77 953.2	93 931.1	74 911.2	64 711.3
酒	16 003.7	22 382.4	29 827.7	36 577.7	26 207.0	23 539.4
茶	3 467.3	4 541.6	6 058.8	7 759.4	6 315.0	4 930.3
咖啡	1 805.4	2 541.6	4 031.6	5 560.6	5 375.2	5 433.4

俄罗斯主要农产品出口额（二）

单位：万美元

项 目	2011年	2012年	2013年	2014年	2015年
农产品	1 145 224.8	1 690 971.4	1 645 257.9	1 912 481.7	1 630 196.1
谷物	473 147.7	638 421.3	488 380.0	722 060.1	582 592.8
小麦产品	388 825.2	459 336.4	354 514.5	547 586.4	403 930.6
玉米产品	16 031.4	57 405.9	59 111.3	70 150.8	60 135.5
稻谷产品	9 223.4	18 287.4	10 236.1	13 892.8	11 640.8
棉花	612.6	173.1	80.0	179.6	19.1
食用油籽	22 105.8	44 271.4	39 947.7	44 915.2	46 940.6
大豆	126.3	3 642.5	2 861.6	2 747.8	12 151.8
花生	49.0	229.9	264.8	252.6	350.7
油菜籽	1 999.8	2 168.7	4 873.3	7 067.1	1 889.8
食用植物油	94 212.2	206 094.8	198 013.9	205 393.4	169 817.6
豆油	15 897.4	17 350.9	19 149.0	29 156.8	30 499.7
菜籽油	17 214.1	22 133.9	30 829.9	29 545.5	19 088.3
棕榈油	58.8	246.0	298.6	209.2	226.0
食糖	5 954.8	4 861.7	491.6	553.0	746.7
蔬菜	7 414.8	13 618.4	19 825.6	19 183.0	19 538.7
水果	20 717.6	33 523.9	37 864.3	36 196.2	28 014.7
畜产品	29 208.0	66 768.5	83 390.4	73 543.0	58 653.2
猪肉	33.9	27.7	118.5	166.1	909.0
牛肉	16.3	155.7	770.0	874.0	973.1
羊肉		26.4	27.8	50.1	20.7
家禽	1 698.3	3 923.0	8 134.8	8 722.3	9 732.5
蛋产品	1 429.8	2 361.2	2 541.6	2 009.4	1 719.3
乳品	10 503.9	27 254.8	29 805.2	29 318.5	19 588.2
动物生皮	1.0	83.2	47.9	222.5	437.6
动物生毛皮	7 906.0	14 531.6	21 125.2	9 474.4	6 185.5
羊毛	1 292.0	1 232.2	1 959.2	1 854.9	2 376.1
水产品	250 059.3	265 671.3	299 542.8	302 428.1	293 975.3
饮品	79 847.7	131 085.1	153 182.4	145 950.5	109 666.9
酒	29 130.0	42 294.4	47 448.3	43 175.1	28 492.1
茶	5 086.7	8 319.2	9 877.2	8 586.0	6 994.0
咖啡	7 360.8	13 703.9	17 929.9	16 882.1	16 006.3

4-20-3 俄罗斯主要农产品进口额（一）

单位：万美元

项　目	2005年	2006年	2007年	2008年	2009年	2010年
农产品	1 676 871.2	2 086 095.5	2 664 492.6	3 393 818.1	2 885 096.9	3 416 131.4
谷物	26 921.8	39 997.2	33 097.0	50 534.5	24 870.5	25 035.2
小麦产品	7 569.0	16 438.6	8 248.3	7 169.6	2 458.6	424.3
玉米产品	4 342.1	7 640.0	7 603.1	19 751.0	6 921.2	7 154.4
稻谷产品	9 526.3	11 400.4	9 188.8	16 959.6	14 255.9	12 722.4
棉花	27 765.1	27 775.2	26 161.1	27 423.2	18 289.2	14 170.2
食用油籽	13 614.2	17 831.7	25 927.1	62 986.8	71 146.0	81 280.2
大豆	1 372.7	387.4	5 507.4	33 055.5	44 526.6	48 905.1
花生	5 945.6	7 343.9	8 606.1	11 914.4	12 868.6	13 233.2
油菜籽	165.7	384.0	725.2	1 216.4	457.2	569.7
食用植物油	49 530.8	43 148.2	68 093.2	118 002.4	60 010.0	91 076.3
豆油	5 334.1	1 496.8	2 782.6	12 771.1	1 769.0	2 225.1
菜籽油	74.8	26.0	235.1	477.2	48.9	111.4
棕榈油	30 038.6	29 067.9	45 540.1	79 387.6	48 179.0	66 599.0
食糖	79 656.7	111 869.8	116 199.1	97 404.0	56 039.2	123 372.8
蔬菜	119 293.4	153 391.2	211 120.6	268 222.6	246 811.8	312 514.9
水果	279 837.2	377 514.5	470 649.7	558 733.1	522 295.7	650 207.3
畜产品	424 552.3	586 852.9	692 180.0	949 835.7	831 138.3	860 000.3
猪肉	81 908.9	139 867.2	163 863.8	220 403.8	191 480.1	190 704.7
牛肉	95 307.1	159 707.3	176 938.9	266 237.4	231 452.4	217 026.6
羊肉	951.9	2 777.4	2 488.0	5 524.5	4 202.7	4 256.8
家禽	91 140.1	99 276.0	115 011.8	147 459.2	127 871.8	107 214.8
蛋产品	3 470.6	4 589.0	6 683.5	7 442.5	7 407.1	10 619.9
乳品	95 327.9	87 227.0	116 911.5	148 572.3	117 925.3	195 033.7
动物生皮	1 223.7	1 817.9	1 289.2	1 435.6	674.0	958.5
动物生毛皮	216.6	83.0	211.2	735.2	437.8	2 028.8
羊毛	783.2	806.0	924.3	767.6	495.1	611.4
水产品	115 410.3	139 239.2	195 645.0	235 453.5	194 507.6	231 085.3
饮品	271 256.8	277 980.8	397 042.6	474 936.0	383 919.1	489 555.3
酒	134 219.7	125 537.4	189 712.7	219 496.1	158 364.5	209 089.9
茶	32 587.7	37 954.1	46 689.0	56 156.5	53 339.5	60 710.7
咖啡	37 580.6	42 715.8	60 371.5	68 617.1	59 789.0	77 072.0

俄罗斯主要农产品进口额（二）

单位：万美元

项　目	2011 年	2012 年	2013 年	2014 年	2015 年
农产品	3 991 598.5	4 121 451.1	4 066 876.7	4 061 074.4	2 701 075.1
谷物	45 075.7	54 320.4	70 030.3	57 039.5	35 511.1
小麦产品	740.0	9 676.9	26 272.1	11 294.3	8 313.1
玉米产品	11 779.4	10 952.2	16 945.7	22 451.6	14 447.0
稻谷产品	11 954.6	13 289.3	15 348.3	16 882.1	10 847.6
棉花	22 676.7	14 910.5	12 401.4	13 049.8	8 834.2
食用油籽	90 852.1	88 465.1	116 951.6	166 933.6	136 662.5
大豆	49 690.4	44 208.7	67 675.1	115 114.1	94 183.0
花生	17 135.0	17 057.4	15 128.0	15 503.6	15 305.5
油菜籽	1 071.8	1 428.6	1 984.1	1 972.6	1 475.0
食用植物油	105 902.5	89 525.2	84 380.6	78 423.1	71 090.1
豆油	2 346.8	776.5	450.2	273.8	141.2
菜籽油	225.5	162.4	178.4	244.0	183.2
棕榈油	80 652.5	75 618.0	69 384.6	64 221.4	64 186.5
食糖	176 314.5	34 913.3	30 825.0	49 776.7	39 022.1
蔬菜	402 840.8	345 106.0	170 888.1	400 627.4	260 968.4
水果	733 515.8	749 333.4	780 910.3	683 476.5	470 631.2
畜产品	938 644.6	1 189 774.3	1 213 237.4	1 015 642.2	564 466.8
猪肉	213 844.3	246 147.9	213 510.8	150 242.3	95 230.7
牛肉	242 356.0	295 659.7	287 412.6	272 215.2	149 760.0
羊肉	4 676.3	5 192.1	5 678.7	6 279.3	1 972.8
家禽	82 067.7	104 575.1	99 737.9	92 180.5	45 155.6
蛋产品	13 528.0	19 198.8	23 326.6	31 171.7	28 098.5
乳品	202 117.7	307 751.5	416 979.8	350 954.1	172 852.6
动物生皮	1 157.5	973.1	1 183.0	627.5	593.0
动物生毛皮	2 551.1	1 890.8	1 473.0	1 570.1	1 072.2
羊毛	729.9	1 280.1	1 162.0	493.7	246.7
水产品	263 335.3	281 574.4	333 632.5	303 227.4	166 687.7
饮品	586 520.3	611 995.3	643 986.1	611 602.3	431 986.2
酒	253 969.6	287 489.6	309 931.8	273 922.5	159 513.4
茶	66 431.9	67 488.4	68 552.2	67 612.7	65 818.5
咖啡	102 611.7	95 869.0	94 599.8	100 351.7	88 577.8

4-20-4 俄罗斯主要农产品出口量（一）

单位：吨

项　目	2005年	2006年	2007年	2008年	2009年	2010年
农产品						
谷物	12 447 213.0	11 316 322.7	16 887 281.6	14 013 491.1	22 232 966.1	14 016 461.7
小麦产品	10 553 020.0	9 896 010.5	14 721 686.6	12 173 641.8	17 213 768.4	11 994 362.0
玉米产品	70 622.9	56 522.9	54 202.7	199 135.4	1 358 882.2	232 512.8
稻谷产品	24 464.4	34 495.7	30 881.9	51 370.9	122 845.3	199 638.3
棉花	1 099.0	318.4	18.1	20.0	195.0	916.2
食用油籽	388 862.5	397 104.9	250 267.4	203 236.9	344 254.1	175 953.3
大豆	6 846.1	4 382.2	17 443.5	5 165.3	2 056.3	885.3
花生	696.7	612.8	580.5	145.0	47.1	197.0
油菜籽	64 130.6	63 235.3	75 522.5	48 056.7	130 906.9	64 284.9
食用植物油	320 253.2	737 741.6	648 411.4	603 103.5	984 208.0	633 556.2
豆油	25.7	1 192.2	5 215.3	40 422.9	161 932.3	173 467.3
菜籽油	5 692.6	50 305.1	28 111.2	70 406.9	96 755.4	98 926.5
棕榈油	430.9	900.6	749.9	1 122.0	184.5	35.0
食糖	135 444.3	167 536.9	301 332.5	53 546.3	133 724.4	15 473.1
蔬菜	101 704.0	134 766.4	178 292.6	126 045.9	166 328.2	68 953.9
水果						
畜产品						
猪肉	12.7	104.1	90.5	60.0	161.6	111.4
牛肉	13.5	229.9	11.1	89.8	90.2	1.1
羊肉	5.3	29.6	4.9	3.4	19.8	0.7
家禽	7 430.8	2 560.5	2 430.5	5 460.7	7 177.4	17 257.5
蛋产品						
乳品	108 334.0	123 876.0	145 738.3	147 302.1	133 602.1	53 485.5
动物生皮	2 752.0	1 488.6	713.2	499.1	820.4	204.6
动物生毛皮						
羊毛	2 942.6	4 879.9	8 478.2	4 914.6	3 610.3	5 813.9
水产品						
饮品						
酒						
茶	9 637.5	9 581.7	10 827.9	11 792.9	9 742.9	7 731.6
咖啡	8 396.0	10 169.5	11 568.2	11 706.5	11 000.9	9 890.2

俄罗斯主要农产品出口量（二）

单位：吨

项　目	2011年	2012年	2013年	2014年	2015年
农产品					
谷物	19 113 547.0	22 736 084.3	19 267 810.6	30 399 170.6	31 124 405.5
小麦产品	15 790 744.0	16 256 649.8	13 919 155.4	22 276 710.3	21 507 202.8
玉米产品	723 992.0	2 197 417.1	2 600 371.4	3 489 078.9	3 698 771.7
稻谷产品	160 055.2	386 858.6	188 974.2	253 064.4	211 221.4
棉花	1 897.8	488.6	365.8	944.1	152.2
食用油籽	447 585.3	887 087.1	717 168.2	868 083.0	1 050 320.8
大豆	4 640.4	121 092.0	86 269.9	83 671.9	387 453.4
花生	237.1	708.1	897.7	1 018.6	2 112.6
油菜籽	39 672.3	49 247.6	124 182.1	178 485.2	48 192.3
食用植物油	764 284.4	1 810 883.8	1 852 555.4	2 378 909.3	2 158 163.3
豆油	129 407.9	150 388.8	185 734.6	349 414.3	437 592.2
菜籽油	140 924.4	190 539.9	304 787.6	356 513.0	265 664.2
棕榈油	383.0	1 530.1	2 075.3	1 757.5	2 119.1
食糖	77 965.1	67 936.1	5 062.3	6 744.8	8 255.0
蔬菜	80 276.6	95 442.2	87 689.5	127 478.6	354 401.8
水果					
畜产品					
猪肉	76.7	57.8	320.1	402.8	4 373.4
牛肉	31.5	273.6	1 203.7	1 516.8	2 214.3
羊肉		66.6	21.1	43.5	23.2
家禽	18 534.8	26 772.9	59 417.8	68 318.6	79 180.5
蛋产品					
乳品	53 085.1	144 515.3	151 809.7	156 738.6	169 229.5
动物生皮	47.6	504.2	941.3	1 549.3	4 716.2
动物生毛皮					
羊毛	3 746.9	3 593.4	6 319.7	8 282.0	12 454.5
水产品					
饮品					
酒					
茶	7 344.8	12 586.2	13 709.1	12 345.7	12 559.2
咖啡	11 579.1	17 596.0	23 957.3	23 978.2	26 365.7

4-20-5 俄罗斯主要农产品进口量（一）

单位：吨

项　目	2005年	2006年	2007年	2008年	2009年	2010年
农产品						
谷物	1 526 043.2	2 396 298.4	1 149 762.6	1 026 386.2	469 407.6	418 120.4
小麦产品	609 196.0	1 430 350.5	492 675.1	193 860.8	100 592.7	7 761.1
玉米产品	227 167.9	327 760.7	126 125.0	396 845.6	66 856.5	66 556.9
稻谷产品	370 072.6	357 925.6	234 393.7	272 703.5	259 073.5	220 191.7
棉花	325 728.8	312 745.4	274 049.6	239 507.2	158 782.4	88 678.3
食用油籽	194 116.7	156 900.4	285 056.1	717 525.6	1 083 820.4	1 225 361.9
大豆	46 295.7	8 174.5	128 788.4	567 763.5	962 871.1	1 068 352.4
花生	104 872.0	104 692.4	107 074.2	101 074.4	88 261.0	100 472.8
油菜籽	590.5	585.3	4 770.4	7 183.4	468.6	575.3
食用植物油	843 241.4	684 800.9	767 718.2	938 137.1	607 928.4	823 542.6
豆油	93 574.5	24 580.5	36 555.8	108 187.4	18 280.4	19 966.3
菜籽油	1 034.5	274.9	1 590.7	2 897.9	356.1	748.8
棕榈油	599 853.2	543 030.6	575 604.8	692 221.7	525 491.8	655 881.9
食糖	3 038 219.6	2 743 434.2	3 529 586.2	2 484 997.3	1 352 007.2	2 184 770.3
蔬菜	2 863 942.7	3 096 660.5	3 296 045.0	3 764 945.9	3 265 191.0	3 909 065.6
水果						
畜产品						
猪肉	562 952.5	625 600.9	672 336.1	790 855.1	649 649.4	642 056.4
牛肉	696 173.9	669 826.6	733 782.7	810 703.6	651 200.2	626 824.9
羊肉	6 894.2	14 898.4	11 432.7	17 225.4	9 785.0	9 078.2
家禽	1 360 526.3	1 305 513.5	1 330 797.3	1 262 914.9	1 001 018.4	685 644.8
蛋产品						
乳品	472 031.5	409 948.6	415 446.3	444 395.9	386 998.2	543 749.5
动物生皮	20 507.5	27 745.2	18 808.6	20 959.3	10 746.8	14 973.4
动物生毛皮						
羊毛	13 917.3	14 741.5	7 850.4	12 225.7	7 132.3	8 222.8
水产品						
饮品						
酒						
茶	183 985.4	177 912.9	186 150.8	186 886.0	185 317.5	185 232.9
咖啡	140 833.0	135 651.3	146 998.9	149 164.4	141 474.5	167 355.0

俄罗斯主要农产品进口量（二）

单位：吨

项　目	2011年	2012年	2013年	2014年	2015年
农产品					
谷物	786 713.8	1 228 309.8	1 666 007.2	1 033 412.1	819 182.5
小麦产品	9 977.1	398 080.0	984 505.2	435 082.8	431 133.3
玉米产品	136 637.9	65 139.9	74 254.9	60 226.1	44 538.9
稻谷产品	184 561.4	233 332.7	292 226.6	340 344.5	270 757.0
棉花	92 517.2	97 691.9	79 687.5	82 232.6	67 888.6
食用油籽	1 067 461.5	845 409.2	1 311 632.7	2 214 061.1	2 468 522.8
大豆	892 418.6	695 037.3	1 146 028.1	2 028 507.1	2 179 395.2
花生	111 411.1	91 312.6	96 184.1	107 345.4	107 321.7
油菜籽	1 062.9	1 419.9	2 003.2	10 187.9	22 199.6
食用植物油	776 441.9	720 096.4	805 759.7	757 753.8	915 628.4
豆油	18 321.0	6 639.3	3 981.1	2 497.0	1 319.1
菜籽油	1 252.1	911.8	1 391.1	2 259.1	2 076.1
棕榈油	630 920.5	659 159.1	746 578.9	706 324.5	888 869.2
食糖	2 387 897.1	590 945.8	612 045.0	1 007 417.3	1 010 022.1
蔬菜	4 920 402.2	3 543 404.5	1 433 323.4	4 254 018.4	3 227 775.9
水果					
畜产品					
猪肉	665 838.2	735 449.9	619 765.1	372 254.1	304 500.3
牛肉	604 226.8	657 787.7	658 442.6	633 202.9	435 333.6
羊肉	9 555.1	9 653.4	10 060.7	9 757.0	3 807.9
家禽	458 152.0	566 781.5	549 012.6	472 959.3	270 542.4
蛋产品					
乳品	476 831.4	1 034 824.1	1 294 010.8	1 164 991.5	931 659.0
动物生皮	19 742.9	15 827.0	18 059.1	10 222.1	9 413.0
动物生毛皮					
羊毛	9 423.1	12 730.5	9 748.6	5 575.6	3 385.3
水产品					
饮品					
酒					
茶	191 468.0	183 322.6	175 583.2	175 388.9	174 669.3
咖啡	177 030.1	182 108.1	198 735.8	213 092.6	209 737.1

4-20-6 俄罗斯农产品出口额前15位国家（地区）
（2015年）

单位：万美元，%

序号	国家（地区）	出口额	同比增长
1	土耳其	180 170.8	−24.0
2	中国	140 233.3	27.0
3	哈萨克斯坦	128 417.6	−24.3
4	韩国	117 540.6	−1.4
5	埃及	101 940.9	−26.5
6	白俄罗斯	76 471.1	−24.8
7	阿塞拜疆	66 778.3	−13.6
8	沙特阿拉伯	57 846.1	60.2
9	乌克兰	55 288.5	−5.9
10	伊朗	48 087.5	−19.7
11	荷兰	47 755.9	−26.3
12	格鲁吉亚	31 053.2	−15.6
13	日本	28 931.6	16.3
14	乌兹别克斯坦	27 770.3	−7.6
15	拉脱维亚	24 869.7	−14.6
	总计	**1 133 155.3**	

4-20-7 俄罗斯农产品进口额前15位国家（地区）
（2015年）

单位：万美元，%

序号	国家（地区）	进口额	同比增长
1	白俄罗斯	289 677.5	−23.1
2	巴西	256 978.1	−28.6
3	中国	167 124.7	−18.3
4	土耳其	142 289.3	−19.8
5	厄瓜多尔	115 362.0	−7.0
6	德国	99 989.0	−36.2
7	印度尼西亚	87 211.6	4.0
8	巴拉圭	85 750.5	−25.6
9	荷兰	80 567.2	−49.1
10	阿根廷	75 043.8	−20.7
11	法国	73 103.8	−46.2
12	意大利	72 172.8	−45.5
13	美国	63 991.6	−54.7
14	智利	63 908.8	−15.5
15	印度	60 482.5	−11.4
	总计	**1 733 653.2**	

4-21 白俄罗斯主要农产品贸易情况

4-21-1 白俄罗斯主要农产品出口额（一）

单位：万美元

项　目	2005年	2006年	2007年	2008年	2009年	2010年
农产品	142 732.8	157 110.6	188 337.8	233 356.9	239 859.5	333 215.3
谷物	292.7	406.6	1 077.2	2 034.2	588.9	2 520.0
小麦产品	10.3	9.3	41.8	412.6	42.8	399.2
玉米产品	2.6		0.1	31.5		63.0
稻谷产品	4.8	1.3	16.4	78.1	7.8	196.4
棉花	16.9	9.8	6.0	2.1	10.5	9.1
食用油籽	699.6	77.6	79.9	43.4	5 564.9	1 058.1
大豆	0.6	10.2				22.2
花生	2.0	2.9	2.6	0.1	0.8	14.4
油菜籽	533.8	7.3	14.1	6.2	5 390.7	806.3
食用植物油	1 153.6	2 071.8	1 897.1	1 876.2	5 309.4	4 183.1
豆油				2.7	6.7	
菜籽油	1 071.8	2 015.8	1 890.2	1 868.0	5 299.0	4 174.0
棕榈油						
食糖	21 633.1	12 672.5	12 700.8	16 379.0	23 677.0	35 815.1
蔬菜	2 715.8	3 096.9	5 139.7	7 779.2	7 168.3	10 037.0
水果	2 096.9	4 677.3	5 486.2	3 809.9	3 987.4	4 097.8
畜产品	82 204.0	103 137.6	126 886.9	164 624.2	164 354.0	237 571.1
猪肉	5 442.4	8 969.2	3 654.8	10 471.6	4 752.9	11 910.4
牛肉	12 292.8	18 331.4	16 562.4	23 254.9	37 139.0	46 600.2
羊肉						
家禽	2 471.0	1 506.4	1 833.8	1 566.2	4 459.0	7 948.2
蛋产品	1 838.3	2 141.5	2 626.1	3 542.4	2 896.7	3 312.1
乳品	48 218.0	60 415.9	90 708.2	109 011.2	100 635.2	147 621.3
动物生皮	667.3	468.7	290.5	27.3	802.5	1 753.7
动物生毛皮	1 557.2	2 004.9	1 914.4	2 220.6	1 896.7	2 639.7
羊毛	76.7	95.5	196.7	95.6	271.7	459.3
水产品	6 100.4	8 419.3	10 800.1	13 974.3	9 853.8	11 438.5
饮品	9 123.4	6 639.2	6 002.7	3 947.5	4 947.4	8 395.8
酒	4 906.0	4 270.2	3 465.8	896.6	1 805.1	4 402.7
茶	27.6	35.6	30.2	7.0	2.7	11.8
咖啡	19.8	40.0	35.8	23.8	12.3	16.3

白俄罗斯主要农产品出口额（二）

单位：万美元

项　目	2011 年	2012 年	2013 年	2014 年	2015 年
农产品	399 212.2	470 087.1	552 114.1	541 767.9	420 624.0
谷物	3 212.6	2 534.4	3 123.3	1 975.0	2 170.0
小麦产品	622.6	493.7	421.5	571.7	849.8
玉米产品	12.3	10.3	40.8	3.5	30.9
稻谷产品	134.6	1 424.7	2 222.7	1 144.4	895.4
棉花	45.7	38.6	42.2	36.5	14.6
食用油籽	247.8	330.8	345.4	342.7	563.3
大豆	3.7	12.4	9.0	0.2	2.5
花生	60.4	50.3	71.6	90.3	43.9
油菜籽	25.5	20.6	33.2	39.4	18.0
食用植物油	1 080.1	10 299.7	13 226.8	12 505.8	8 898.9
豆油	5.1				8.4
菜籽油	928.0	9 840.5	13 153.1	12 437.4	8 805.9
棕榈油				0.2	0.2
食糖	31 871.5	29 193.0	31 994.0	25 362.7	20 555.3
蔬菜	13 136.4	14 219.4	21 625.0	30 216.5	27 386.4
水果	12 083.8	14 202.0	17 632.1	24 384.1	31 649.0
畜产品	279 805.0	333 255.3	379 040.8	350 600.9	254 181.8
猪肉	18 410.1	21 819.2	13 036.0	5 755.0	170.9
牛肉	50 131.3	52 476.1	62 911.5	52 938.7	45 735.6
羊肉					21.3
家禽	16 108.5	24 980.1	22 425.4	26 868.6	20 726.4
蛋产品	3 894.1	4 255.4	6 604.8	6 298.3	4 798.2
乳品	162 000.0	178 923.4	226 006.8	228 474.6	166 863.4
动物生皮	1 122.9	442.6	999.6	86.4	50.2
动物生毛皮	3 379.6	4 602.2	4 675.7	824.7	1 662.8
羊毛	879.3	977.9	1 229.0	825.7	999.9
水产品	15 158.1	18 974.9	27 022.4	32 258.7	25 595.1
饮品	12 079.4	16 174.2	19 756.1	21 427.5	16 367.0
酒	6 854.0	8 985.6	11 621.6	13 669.2	9 788.1
茶	47.2	205.8	270.8	20.8	16.4
咖啡	100.2	265.5	247.4	112.7	102.8

4-21-2 白俄罗斯主要农产品进口额（一）

单位：万美元

项　目	2005年	2006年	2007年	2008年	2009年	2010年
农产品	166 277.7	202 014.8	222 018.1	305 270.2	236 161.1	289 362.7
谷物	10 344.5	12 976.9	17 012.8	21 868.0	9 803.9	8 431.9
小麦产品	4 653.3	5 666.1	6 589.0	7 181.9	2 511.7	1 279.8
玉米产品	3 710.0	3 835.5	5 567.4	7 407.6	4 107.6	3 893.4
稻谷产品	1 308.9	1 707.4	1 996.4	3 571.9	2 282.1	2 401.4
棉花	1 548.8	1 698.6	1 851.9	2 232.8	2 032.5	2 695.9
食用油籽	1 182.9	1 988.3	2 719.3	3 968.9	2 714.5	4 293.5
大豆	138.9	241.3	442.6	414.1	246.0	472.3
花生	376.8	587.7	647.5	1 055.8	663.9	860.9
油菜籽	6.4	280.0	93.9	241.3	114.0	180.3
食用植物油	7 233.0	9 079.7	12 715.4	16 364.8	10 387.1	13 796.9
豆油	702.4	612.6	1 063.3	3 784.3	1 339.1	1 624.7
菜籽油	37.3	1.0	8.6	50.3	10.1	38.0
棕榈油	287.9	263.5	128.3	385.2	266.2	438.4
食糖	11 337.1	9 182.1	62.5	8 566.4	7 649.2	22 200.9
蔬菜	7 472.1	10 257.9	11 885.3	16 553.8	12 955.1	16 947.1
水果	18 857.5	23 696.3	29 289.9	39 688.0	32 741.6	38 035.0
畜产品	20 097.6	23 706.1	13 675.9	29 501.3	17 300.1	27 624.1
猪肉	5 864.1	7 552.1	1 725.1	13 827.7	6 159.3	14 932.9
牛肉	1 456.8	3 472.0	117.3	680.8	150.5	155.1
羊肉	4.0	15.4	2.8	6.8		0.2
家禽	4 081.8	3 337.7	3 068.5	4 113.1	3 273.0	2 712.3
蛋产品	57.5	40.8	22.5	183.0	431.1	450.2
乳品	1 760.7	2 946.6	3 710.9	4 380.7	3 652.4	4 539.0
动物生皮	1 508.9	1 186.3	628.5	803.7	113.1	98.5
动物生毛皮	186.8	129.2	445.9	303.2	380.3	381.1
羊毛	1 184.8	1 321.7	1 591.2	1 687.8	1 194.0	1 634.5
水产品	20 428.8	24 978.7	28 732.5	34 388.6	30 075.2	28 049.1
饮品	24 016.0	30 834.2	37 026.0	44 668.0	41 658.6	44 404.9
酒	10 114.4	12 496.9	13 891.6	15 069.3	16 095.7	15 634.4
茶	1 693.0	2 563.6	3 607.2	4 717.0	4 195.9	4 569.2
咖啡	2 846.9	3 977.9	5 679.0	7 535.9	7 277.2	7 316.4

白俄罗斯主要农产品进口额（二）

单位：万美元

项　目	2011年	2012年	2013年	2014年	2015年
农产品	330 546.2	368 220.8	415 751.7	482 396.4	441 668.4
谷物	11 374.0	16 707.1	12 318.9	12 050.0	8 589.7
小麦产品	944.8	4 932.1	1 868.6	1 792.5	538.6
玉米产品	5 405.4	5 621.5	6 632.4	6 896.4	5 265.5
稻谷产品	3 071.3	2 236.2	2 389.1	2 470.0	2 128.1
棉花	5 176.1	2 884.4	2 899.3	2 625.0	1 553.3
食用油籽	5 569.2	5 580.3	5 466.1	5 807.4	4 763.1
大豆	677.2	563.4	635.2	740.2	487.9
花生	1 030.1	1 151.5	1 117.2	1 297.6	945.4
油菜籽	251.2	656.6	381.8	466.5	491.6
食用植物油	15 363.4	14 560.7	14 191.6	12 609.0	10 485.9
豆油	2 048.6	764.3	1 569.3	340.0	1 114.0
菜籽油	194.3	204.3	181.4	403.4	197.4
棕榈油	446.1	368.2	291.2	360.2	304.1
食糖	34 070.3	15 980.4	10 818.8	10 276.5	6 603.1
蔬菜	18 397.8	18 477.3	27 868.2	49 099.8	58 930.0
水果	40 616.8	47 580.4	63 095.3	105 899.2	152 920.1
畜产品	40 679.9	54 952.1	47 020.2	47 967.1	18 377.7
猪肉	25 188.9	35 310.7	25 019.1	14 811.4	1 428.1
牛肉	736.8	843.8	1 600.9	2 933.0	566.9
羊肉	4.2	17.4	29.2	60.6	38.5
家禽	3 570.2	5 212.2	5 034.1	7 995.4	3 784.8
蛋产品	491.5	604.9	483.2	394.6	353.8
乳品	3 091.4	4 046.5	7 052.7	15 220.2	7 106.6
动物生皮	240.9	201.1	78.5	119.3	3.9
动物生毛皮	530.1	439.1	488.7	308.0	2.2
羊毛	3 090.9	2 839.8	2 252.8	1 483.3	1 403.4
水产品	29 976.4	36 544.3	49 039.4	51 668.8	38 830.9
饮品	39 253.7	47 289.6	60 005.1	59 295.3	42 889.3
酒	14 624.8	17 307.7	22 598.3	21 086.2	13 896.8
茶	4 003.4	4 429.7	5 122.1	4 773.7	3 528.7
咖啡	6 353.5	7 291.0	7 816.8	9 250.9	9 064.1

4-21-3 白俄罗斯主要农产品出口量（一）

单位：吨

项　目	2005年	2006年	2007年	2008年	2009年	2010年
农产品						
谷物	19 035.2	30 242.5	53 348.1	67 733.1	37 648.6	124 701.2
小麦产品	382.3	318.4	1 326.3	10 755.3	1 727.9	15 832.3
玉米产品	249.2		1.2	206.8		188.9
稻谷产品	134.2	42.6	382.8	1 574.3	221.2	3 881.6
棉花	434.6	302.9	200.7	67.2	213.7	186.4
食用油籽	28 643.6	1 770.5	1 254.9	240.9	177 529.7	27 071.0
大豆	12.2	185.5				177.2
花生	12.4	22.5	56.3	0.3	1.6	73.9
油菜籽	23 038.3	100.0	153.6	19.4	173 719.6	23 310.1
食用植物油	20 663.0	35 273.8	27 932.1	21 722.9	81 463.6	53 652.2
豆油		0.1		21.9	85.3	
菜籽油	19 689.7	34 534.3	27 838.7	21 664.2	81 346.9	53 589.9
棕榈油						
食糖	481 574.9	250 533.3	272 065.2	323 466.2	439 762.5	493 403.6
蔬菜	44 307.1	37 936.3	70 770.2	101 339.6	106 304.4	131 792.5
水果						
畜产品						
猪肉	23 384.2	36 761.2	14 860.3	31 254.6	17 148.1	38 750.9
牛肉	51 722.0	64 280.3	57 045.4	60 869.5	110 013.5	125 547.1
羊肉						
家禽	16 289.4	10 700.4	9 340.0	7 247.3	21 716.6	39 197.8
蛋产品						
乳品	400 298.3	449 913.0	434 182.7	423 888.1	525 332.6	591 677.6
动物生皮	5 780.0	3 082.4	1 645.9	170.9	10 132.4	11 201.5
动物生毛皮						
羊毛	488.8	581.7	982.9	494.6	1 212.0	1 549.5
水产品						
饮品						
酒						
茶	89.6	60.6	39.8	59.6	0.9	19.0
咖啡	67.9	245.7	189.5	101.5	60.9	34.8

白俄罗斯主要农产品出口量（二）

单位：吨

项　目	2011年	2012年	2013年	2014年	2015年
农产品					
谷物	122 404.4	96 427.9	106 610.5	74 851.7	130 381.0
小麦产品	22 554.0	16 202.7	11 263.9	18 006.8	52 999.7
玉米产品	29.5	44.1	138.1	14.7	320.9
稻谷产品	3 249.5	59 978.0	85 932.6	51 199.7	57 211.2
棉花	475.9	490.1	569.8	644.8	351.4
食用油籽	1 583.4	2 734.9	3 545.3	3 360.4	2 368.1
大豆	40.0	61.3	48.0	0.4	40.3
花生	407.3	339.1	1 603.6	1 797.8	317.0
油菜籽	103.2	109.2	246.6	799.9	205.3
食用植物油	9 692.9	96 770.0	144 412.7	163 591.4	133 644.2
豆油	44.4				114.5
菜籽油	8 561.9	92 284.7	144 016.2	163 103.7	132 733.2
棕榈油			0.1	1.6	1.3
食糖	396 218.1	451 240.9	516 133.8	400 280.2	362 487.0
蔬菜	151 847.7	186 754.4	302 787.7	494 020.7	703 687.2
水果					
畜产品					
猪肉	51 670.5	60 382.9	42 622.6	11 492.5	723.4
牛肉	100 422.6	106 909.1	151 600.1	125 029.3	147 848.9
羊肉					44.1
家禽	75 853.3	107 016.0	107 648.5	116 422.7	138 178.6
蛋产品					
乳品	628 967.0	845 253.0	922 083.2	960 456.2	1 018 621.7
动物生皮	5 523.7	2 154.5	4 202.7	510.2	378.3
动物生毛皮					
羊毛	1 872.2	1 935.3	2 438.0	2 011.0	2 808.1
水产品					
饮品					
酒					
茶	176.8	368.6	389.6	24.4	46.3
咖啡	171.7	353.7	318.2	232.9	405.3

4-21-4 白俄罗斯主要农产品进口量（一）

单位：吨

项　目	2005年	2006年	2007年	2008年	2009年	2010年
农产品						
谷物	625 710.8	668 907.8	663 062.5	547 617.4	288 327.3	166 602.0
小麦产品	285 043.4	313 875.7	316 334.8	224 850.1	93 870.4	43 875.5
玉米产品	283 674.3	235 539.0	208 533.4	181 739.1	128 944.2	70 113.9
稻谷产品	35 142.0	39 762.4	42 482.9	46 154.5	41 369.5	38 062.1
棉花	11 952.7	12 746.4	13 333.3	13 233.1	13 721.5	10 345.1
食用油籽	13 750.3	27 528.8	25 430.3	21 826.1	20 094.0	35 541.5
大豆	2 129.5	3 932.5	6 723.5	4 535.9	3 141.4	8 468.8
花生	3 232.4	5 339.6	5 111.7	5 288.0	4 539.8	5 398.6
油菜籽	9.4	9 205.8	2 208.3	160.1	410.0	193.6
食用植物油	92 044.2	123 107.7	121 363.2	105 100.8	112 998.8	120 712.8
豆油	9 525.0	7 780.7	9 965.3	25 806.3	15 009.8	15 958.2
菜籽油	619.9	6.7	55.0	276.6	92.5	359.8
棕榈油	5 108.2	4 465.6	1 400.5	3 113.6	2 723.0	3 866.5
食糖	444 589.0	220 489.7	911.8	220 977.3	213 186.2	407 035.1
蔬菜	122 000.8	145 279.5	139 051.5	144 682.9	111 871.9	155 830.9
水果						
畜产品						
猪肉	30 848.6	39 981.5	7 585.4	49 903.5	22 636.1	66 172.6
牛肉	7 746.6	15 562.7	488.5	1 849.9	443.7	450.1
羊肉	7.4	49.3	1.3	3.0		0.1
家禽	27 514.2	22 306.4	16 323.3	15 195.7	13 294.4	12 512.2
蛋产品						
乳品	12 806.8	17 649.2	18 737.6	20 483.7	18 470.1	26 295.6
动物生皮	17 684.5	12 960.7	6 677.0	7 932.5	2 069.8	1 014.0
动物生毛皮						
羊毛	4 096.2	4 455.6	6 144.1	4 182.8	3 823.0	6 098.0
水产品						
饮品						
酒						
茶	3 419.1	5 037.9	6 386.2	5 737.7	4 497.5	5 077.8
咖啡	5 494.6	7 078.1	8 915.0	9 928.9	6 781.8	7 137.9

白俄罗斯主要农产品进口量（二）

单位：吨

项　目	2011 年	2012 年	2013 年	2014 年	2015 年
农产品					
谷物	187 111.6	471 521.2	249 332.2	282 437.6	126 864.8
小麦产品	27 427.4	192 162.8	56 238.2	59 115.8	17 913.7
玉米产品	96 067.6	114 578.4	115 159.4	157 620.7	53 978.4
稻谷产品	36 893.2	37 247.0	40 736.8	42 757.5	39 052.9
棉花	13 766.2	13 831.3	13 898.0	12 567.8	9 247.6
食用油籽	58 512.5	54 279.9	31 053.4	37 758.8	48 019.1
大豆	12 267.7	8 020.1	7 255.6	10 311.5	10 792.8
花生	4 903.3	5 008.4	6 446.2	7 910.4	5 088.7
油菜籽	3 026.9	9 212.6	1 571.1	2 678.0	3 678.7
食用植物油	105 880.6	112 461.9	115 065.7	128 853.9	113 252.5
豆油	15 662.0	6 479.6	14 197.8	4 041.7	14 131.8
菜籽油	1 436.3	1 690.8	1 721.4	5 157.1	2 789.7
棕榈油	2 938.1	2 483.1	2 203.2	3 095.7	3 073.8
食糖	463 228.8	286 600.8	234 310.8	231 848.4	175 651.4
蔬菜	197 385.6	167 277.3	262 077.5	450 574.9	588 544.7
水果					
畜产品					
猪肉	89 596.2	115 408.8	74 198.1	33 076.2	4 572.5
牛肉	1 769.7	1 825.3	3 573.5	6 910.7	1 785.4
羊肉	2.3	19.0	27.3	53.8	64.6
家禽	16 700.7	25 346.5	17 547.1	35 289.5	22 781.3
蛋产品					
乳品	15 086.8	19 069.1	30 741.7	115 873.3	89 135.4
动物生皮	1 551.1	1 599.8	761.9	660.8	30.2
动物生毛皮					
羊毛	7 422.6	7 412.9	6 713.3	6 384.4	6 776.0
水产品					
饮品					
酒					
茶	4 543.8	4 761.3	4 598.0	4 737.0	4 501.3
咖啡	6 453.0	7 629.1	8 075.2	10 680.0	11 237.1

4-22 乌克兰主要农产品贸易情况

4-22-1 乌克兰主要农产品出口额（一）

单位：万美元

项目	2005年	2006年	2007年	2008年	2009年	2010年
农产品	446 573.0	480 216.6	637 722.0	1 090 797.3	955 766.8	999 667.4
谷物	140 293.2	137 644.3	81 638.6	385 595.8	362 523.0	252 425.2
小麦产品	65 563.5	59 826.3	22 195.0	172 971.5	181 898.1	93 060.3
玉米产品	27 132.0	18 039.2	18 416.8	68 490.4	102 120.9	79 664.1
稻谷产品	573.8	723.4	680.6	686.4	664.4	789.5
棉花	12.3	33.7	58.6	6.4	12.3	6.7
食用油籽	11 769.9	28 315.7	63 221.3	139 771.7	100 387.6	105 256.0
大豆	3 837.3	6 232.0	9 874.5	7 298.1	8 332.2	17 424.9
花生	17.0	29.6	17.6	65.9	101.2	146.2
油菜籽	4 431.1	14 021.5	37 814.7	125 759.0	67 198.0	63 140.9
食用植物油	56 479.7	93 783.9	168 359.4	187 713.4	173 990.2	252 541.1
豆油	451.8	382.7	693.7	1 210.7	2 722.1	3 962.9
菜籽油	1 262.0	652.9	1 611.0	3 931.7	354.3	24.4
棕榈油	26.2	213.4	13 088.4	19 888.3	8 378.1	10 783.6
食糖	1 357.7	883.1	222.0	573.8	1 176.5	21.9
蔬菜	9 638.3	14 361.3	19 335.0	19 589.9	22 519.9	24 092.6
水果	14 800.3	16 932.3	26 525.2	19 799.0	17 103.0	24 159.9
畜产品	79 155.1	41 735.7	76 219.7	78 984.8	57 752.3	75 973.0
猪肉	988.4	72.7		8.7	5.2	269.9
牛肉	14 275.3	3 198.6	9 734.3	6 266.3	5 950.1	4 575.5
羊肉	9.7			0.6	0.4	1.3
家禽	743.6	269.0	817.1	1 347.2	2 081.9	4 535.3
蛋产品	338.7	284.0	2 339.1	2 926.4	6 324.6	8 554.4
乳品	54 505.7	32 827.9	59 363.4	65 272.3	39 602.7	54 328.7
动物生皮	5 423.9	1 272.8	829.8	95.7	138.0	171.9
动物生毛皮	44.1	506.8	391.6	535.9	253.9	316.5
羊毛	13.4	25.5	11.2	3.2	15.3	22.6
水产品	2 522.0	2 563.9	3 833.9	4 334.9	6 215.8	6 740.1
饮品	66 175.1	68 637.8	90 375.7	108 351.6	92 009.1	105 656.8
酒	38 880.7	37 493.4	45 601.2	46 469.0	39 360.8	37 789.3
茶	85.3	98.6	123.1	181.8	114.5	148.4
咖啡	330.2	867.5	1 296.2	1 911.9	1 497.2	2 224.3

乌克兰主要农产品出口额（二）

单位：万美元

项　目	2011年	2012年	2013年	2014年	2015年
农产品	1 288 149.1	1 789 010.1	1 711 157.5	1 676 018.2	1 463 228.9
谷物	370 594.9	705 540.0	648 436.5	665 095.1	614 866.3
小麦产品	111 378.8	238 289.8	196 585.6	236 542.0	230 841.8
玉米产品	200 102.4	391 076.3	385 455.1	336 583.4	300 873.8
稻谷产品	835.3	1 607.9	1 779.8	573.3	247.4
棉花	12.7	3.2	25.2		14.4
食用油籽	141 407.3	173 490.6	203 991.2	167 228.1	145 644.9
大豆	46 873.2	70 201.7	74 252.8	70 317.1	80 545.2
花生	216.4	340.1	370.3	238.4	137.2
油菜籽	63 054.3	79 091.0	119 715.2	87 119.1	57 001.8
食用植物油	326 457.9	406 454.2	341 327.9	374 640.9	325 113.3
豆油	4 430.2	5 916.7	7 436.3	9 554.7	10 686.9
菜籽油	1 509.0	650.2	4 272.3	8 271.8	10 972.1
棕榈油	4 153.1	5 059.3	326.1	143.9	97.8
食糖	436.4	11 388.9	6 717.0	303.3	4 667.8
蔬菜	24 167.4	23 956.1	24 511.6	19 948.6	12 351.8
水果	23 249.0	33 663.6	44 808.9	35 734.3	19 855.9
畜产品	92 986.8	96 790.2	108 879.6	102 406.5	83 288.5
猪肉	5 760.9	9 263.5	2 089.4	2 627.2	5 468.3
牛肉	6 064.4	7 644.1	9 305.0	7 519.2	8 397.8
羊肉	1.0	1.6	1.0	1.9	3.0
家禽	8 254.4	14 835.2	23 624.6	28 294.0	23 447.5
蛋产品	8 265.9	8 439.3	12 375.7	15 832.6	12 484.4
乳品	59 327.1	49 667.9	51 501.0	32 383.9	17 764.2
动物生皮	109.0	91.1	184.4	128.5	79.1
动物生毛皮	315.5	674.1	945.4	2 345.9	1 213.6
羊毛	30.1	2.4	5.9	28.3	38.2
水产品	6 446.7	6 881.0	6 915.1	3 543.8	1 961.4
饮品	108 939.9	107 771.4	100 490.2	61 254.1	40 754.5
酒	31 825.4	31 543.1	32 387.8	17 862.5	14 132.2
茶	218.0	220.6	367.3	333.0	277.0
咖啡	2 845.3	2 817.5	3 310.0	3 510.9	3 392.2

4-22-2 乌克兰主要农产品进口额（一）

单位：万美元

项　目	2005年	2006年	2007年	2008年	2009年	2010年
农产品	276 474.6	324 011.6	419 321.8	656 023.7	500 687.5	584 384.3
谷物	5 967.7	6 342.4	10 526.4	16 208.2	10 278.5	15 495.1
小麦产品	244.6	157.6	545.5	379.4	246.1	353.7
玉米产品	2 693.8	3 178.9	5 402.6	10 378.2	6 289.9	10 960.7
稻谷产品	2 895.4	2 293.8	2 558.6	3 557.4	3 441.1	3 341.3
棉花	1 696.2	1 570.2	2 029.2	2 255.4	1 603.8	1 326.8
食用油籽	5 396.6	7 874.1	12 849.6	20 708.0	11 946.6	16 624.5
大豆	17.0	81.8	55.3	108.9	98.9	162.0
花生	2 302.6	1 879.0	2 079.2	3 719.9	2 335.6	3 817.4
油菜籽	418.4	1 331.1	2 971.8	6 375.0	2 172.4	2 306.1
食用植物油	10 652.8	9 886.6	24 861.2	42 729.8	22 764.2	28 395.2
豆油	2.6	3.4	11.1	16.4	10.3	4.7
菜籽油	5.1	4.4	8.7	12.7	10.0	25.3
棕榈油	10 469.0	9 675.2	24 465.7	41 888.9	21 954.7	27 395.4
食糖	6 248.9	1 520.3	715.5	3 312.0	6 154.3	18 315.8
蔬菜	9 882.2	13 850.2	16 106.1	29 100.9	22 097.9	27 275.8
水果	37 561.1	50 445.2	62 254.2	96 348.5	84 916.9	98 951.5
畜产品	34 424.1	34 191.0	37 269.9	115 839.5	82 263.3	70 240.0
猪肉	4 745.5	7 136.4	9 558.6	41 610.1	26 676.2	20 080.6
牛肉	2 418.9	1 572.5	797.3	1 967.9	1 124.4	736.5
羊肉	2.4		0.1	10.2	2.9	7.2
家禽	10 017.9	10 443.2	10 686.3	41 586.5	27 288.8	23 836.7
蛋产品	2 005.4	1 461.0	1 110.9	3 380.0	2 999.7	2 408.0
乳品	4 123.0	6 118.4	8 832.5	10 725.3	11 034.2	11 083.6
动物生皮	1 225.9	992.2	549.8	372.3	44.4	62.6
动物生毛皮	767.0	669.2	543.4	1 023.8	353.5	249.2
羊毛	777.6	565.6	689.7	672.2	232.8	141.9
水产品	29 726.2	45 931.3	54 841.2	74 942.8	54 650.6	66 131.7
饮品	52 859.7	63 292.7	83 676.5	110 540.0	86 354.5	109 413.2
酒	9 118.8	14 001.6	22 247.8	26 364.0	15 287.9	23 336.1
茶	6 419.8	7 758.8	9 501.2	12 273.7	10 933.8	13 187.3
咖啡	12 770.7	14 358.1	19 409.1	28 808.7	26 282.1	28 443.8

乌克兰主要农产品进口额（二）

单位：万美元

项　目	2011年	2012年	2013年	2014年	2015年
农产品	644 149.2	762 155.1	830 298.7	614 285.7	354 978.3
谷物	23 795.0	26 408.5	31 947.9	38 202.0	16 116.1
小麦产品	646.2	524.6	630.5	545.5	352.4
玉米产品	16 731.4	20 441.4	25 528.0	31 340.9	10 752.4
稻谷产品	3 170.3	2 660.0	3 925.7	4 378.6	3 981.2
棉花	1 664.6	1 310.0	970.6	747.9	765.8
食用油籽	25 580.8	33 327.4	38 400.4	28 430.9	18 920.0
大豆	218.9	156.5	395.4	453.2	530.3
花生	4 711.4	4 729.9	5 647.3	3 863.7	3 043.3
油菜籽	3 228.0	3 168.1	3 406.4	2 638.6	1 960.9
食用植物油	24 803.0	19 932.7	22 994.8	16 720.0	10 417.6
豆油	7.2	53.3	12.3	14.7	4.6
菜籽油	24.9	107.7	168.7	95.3	84.1
棕榈油	23 615.5	18 266.7	21 049.6	15 408.3	9 555.2
食糖	16 148.3	163.2	192.5	123.3	116.4
蔬菜	31 558.6	32 863.4	40 150.4	35 140.6	16 606.3
水果	99 277.5	145 949.6	163 041.6	110 496.1	64 906.4
畜产品	57 473.1	108 251.2	108 546.0	57 010.4	28 136.1
猪肉	16 056.9	44 603.2	38 864.3	8 007.6	815.4
牛肉	1 377.7	1 340.9	1 511.1	770.0	348.3
羊肉	5.7	35.7	52.4	11.1	12.0
家禽	12 364.6	23 366.8	19 426.9	13 834.3	9 990.3
蛋产品	1 686.3	1 770.6	2 092.1	3 639.9	4 542.4
乳品	13 335.7	17 830.6	24 172.4	14 893.5	3 420.8
动物生皮	78.4	49.8	216.0	281.0	227.0
动物生毛皮	464.3	461.5	822.7	750.3	264.5
羊毛	146.0	288.6	420.5	249.2	216.7
水产品	61 568.3	81 808.9	101 082.8	69 928.7	33 569.5
饮品	146 454.0	146 890.1	160 090.0	119 735.3	72 288.0
酒	37 366.8	43 324.3	53 948.1	37 206.0	20 872.2
茶	15 465.5	16 381.2	16 630.7	12 792.8	7 952.2
咖啡	39 719.1	36 287.6	36 901.1	28 862.4	21 646.0

4-22-3 乌克兰主要农产品出口量（一）

单位：吨

项　目	2005年	2006年	2007年	2008年	2009年	2010年
农产品						
谷物	12 562 388.1	11 085 302.7	4 357 382.6	16 475 468.6	26 002 043.8	14 070 832.3
小麦产品	6 028 278.1	4 682 488.3	1 150 170.0	7 785 139.2	13 056 729.9	4 949 039.1
玉米产品	2 807 745.2	1 697 823.5	985 445.2	2 849 931.6	7 209 672.8	4 087 698.4
稻谷产品	15 021.5	14 946.2	12 406.5	9 488.9	13 644.7	10 701.6
棉花	25.0	169.9	314.3	28.3	67.6	57.3
食用油籽	480 155.3	1 027 435.4	1 642 377.5	2 713 731.8	2 921 343.2	2 452 276.7
大豆	174 643.9	270 781.9	320 040.7	201 541.0	263 340.3	449 469.2
花生	88.2	188.1	79.4	258.8	334.0	412.4
油菜籽	183 374.7	470 698.3	909 960.5	2 387 062.5	1 856 103.0	1 508 837.3
食用植物油	885 061.8	1 653 268.7	2 121 383.0	1 564 969.0	2 475 310.7	2 853 857.9
豆油	7 528.4	6 609.0	9 324.0	9 645.8	38 024.6	46 362.7
菜籽油	22 726.1	9 401.1	19 666.7	35 262.1	4 747.6	263.5
棕榈油	376.2	3 326.4	159 742.9	173 944.0	89 710.4	98 049.0
食糖	41 732.0	22 454.1	5 196.7	11 620.1	25 857.2	324.2
蔬菜	143 388.6	187 030.0	275 493.5	192 781.1	324 675.4	258 157.9
水果						
畜产品						
猪肉	6 596.2	519.2		8.4	5.4	621.0
牛肉	56 168.6	14 219.6	34 721.1	16 815.6	18 918.8	13 389.7
羊肉	36.4			0.4	0.3	1.4
家禽	9 744.8	5 679.8	6 322.6	9 399.4	19 425.7	33 529.4
蛋产品						
乳品	253 000.8	165 935.5	177 982.8	192 766.0	156 574.8	153 655.2
动物生皮	13 837.2	3 014.4	1 264.1	565.9	878.8	1 192.0
动物生毛皮						
羊毛	67.4	160.8	67.0	9.5	64.1	151.6
水产品						
饮品						
酒						
茶	165.6	177.5	230.8	361.8	243.2	347.6
咖啡	297.5	703.5	871.0	2 533.8	2 085.9	3 319.2

乌克兰主要农产品出口量（二）

单位：吨

项　目	2011年	2012年	2013年	2014年	2015年
农产品					
谷物	14 359 349.5	27 245 515.4	27 416 561.7	32 926 349.1	37 786 838.3
小麦产品	4 221 566.7	8 749 347.4	7 984 212.0	10 797 995.6	13 760 712.4
玉米产品	7 860 059.5	15 682 701.9	16 791 909.7	17 618 160.1	19 072 658.5
稻谷产品	8 268.6	36 347.7	37 498.0	9 938.3	5 667.1
棉花	62.0	33.1	119.3		89.0
食用油籽	2 588 184.0	3 148 141.1	3 950 202.7	3 845 053.4	3 770 466.6
大豆	1 096 302.9	1 481 062.8	1 492 745.4	1 675 112.7	2 198 958.4
花生	664.5	1 155.9	1 231.0	745.9	372.5
油菜籽	1 010 737.6	1 297 611.5	2 346 698.7	2 036 698.4	1 434 956.9
食用植物油	2 774 422.9	3 697 348.2	3 351 317.3	4 577 248.0	4 252 373.7
豆油	38 045.0	57 756.5	82 090.0	121 617.9	154 276.6
菜籽油	12 158.4	5 227.2	48 270.9	100 371.5	148 546.6
棕榈油	28 166.5	47 447.8	2 708.9	1 368.8	1 062.8
食糖	6 247.0	174 456.9	123 030.7	6 183.3	114 818.6
蔬菜	254 394.6	315 301.7	318 865.1	244 331.8	165 596.5
水果					
畜产品					
猪肉	12 515.2	20 209.8	4 619.4	9 360.8	27 168.7
牛肉	12 995.2	16 670.2	23 660.4	21 497.0	32 064.3
羊肉	1.2	1.5	0.9	5.3	12.3
家禽	50 610.7	81 378.6	146 636.8	177 731.9	167 588.6
蛋产品					
乳品	163 061.2	146 861.5	138 464.0	112 885.9	120 695.9
动物生皮	793.2	652.0	1 432.5	961.8	543.3
动物生毛皮					
羊毛	104.9	7.2	27.9	168.4	173.8
水产品					
饮品					
酒					
茶	398.9	338.6	652.3	295.1	365.3
咖啡	2 730.1	2 446.9	4 245.0	4 928.1	4 647.3

4-22-4 乌克兰主要农产品进口量（一）

单位：吨

项　目	2005年	2006年	2007年	2008年	2009年	2010年
农产品						
谷物	157 400.4	158 685.8	227 305.7	144 430.2	101 784.8	123 816.3
小麦产品	14 377.2	4 066.4	20 211.5	5 176.8	3 849.9	5 422.0
玉米产品	13 664.4	15 955.6	24 202.1	33 468.0	18 240.0	30 850.5
稻谷产品	127 399.0	111 500.7	124 002.6	76 163.7	76 951.3	63 798.4
棉花	15 445.7	13 230.3	14 936.6	13 944.4	10 985.0	7 189.5
食用油籽	50 307.0	46 905.9	52 749.3	60 812.1	37 717.8	50 421.3
大豆	280.9	1 767.5	474.7	645.6	854.0	932.6
花生	41 561.8	34 407.9	36 962.6	37 771.0	22 459.8	29 869.8
油菜籽	587.4	1 534.6	2 702.1	4 594.4	1 834.7	1 957.3
食用植物油	205 544.2	186 489.1	343 531.7	417 430.1	269 050.3	284 727.7
豆油	29.7	33.8	81.3	80.9	99.9	23.5
菜籽油	48.0	28.9	54.6	41.3	34.4	123.4
棕榈油	203 827.1	185 460.3	341 634.4	413 300.0	265 430.5	279 880.5
食糖	219 992.4	28 286.1	18 162.0	80 039.1	116 924.7	315 878.0
蔬菜	115 253.8	172 411.8	150 908.8	341 315.1	226 703.7	311 228.5
水果						
畜产品						
猪肉	46 471.2	47 195.6	62 322.1	178 808.7	140 729.9	108 598.7
牛肉	30 850.6	19 272.7	9 048.3	18 839.0	8 873.1	3 680.4
羊肉	10.0		0.2	16.5	1.0	4.2
家禽	156 139.7	166 417.5	149 149.9	269 433.9	202 669.3	165 153.9
蛋产品						
乳品	33 113.5	41 396.6	50 581.9	43 793.8	45 628.2	33 007.8
动物生皮	21 268.1	12 547.8	6 681.4	5 593.2	730.7	1 000.1
动物生毛皮						
羊毛	3 987.9	3 436.0	3 207.0	3 008.2	1 012.8	854.1
水产品						
饮品						
酒						
茶	22 609.9	23 758.9	25 111.7	29 079.0	27 337.7	29 483.1
咖啡	42 668.2	47 962.3	51 274.1	70 476.4	55 011.3	55 895.7

乌克兰主要农产品进口量（二）

单位：吨

项　目	2011年	2012年	2013年	2014年	2015年
农产品					
谷物	177 334.4	155 603.2	160 890.4	192 614.4	143 931.4
小麦产品	9 182.7	6 595.6	7 182.8	7 055.3	5 921.1
玉米产品	46 312.7	49 329.7	49 656.0	55 056.5	26 417.0
稻谷产品	61 404.5	42 242.5	68 208.2	84 533.2	84 842.3
棉花	5 716.3	5 702.6	4 564.2	4 249.6	4 686.9
食用油籽	69 554.2	69 317.6	77 095.2	58 298.5	47 666.0
大豆	2 170.5	987.1	2 108.6	2 867.6	4 056.6
花生	35 896.2	30 572.9	33 797.5	25 974.2	20 884.0
油菜籽	3 130.5	2 830.0	2 622.8	2 120.1	2 060.7
食用植物油	195 248.7	179 206.7	245 028.1	180 293.8	139 921.7
豆油	66.6	547.1	76.5	119.3	12.8
菜籽油	92.9	537.2	936.8	633.3	761.7
棕榈油	189 820.6	171 861.7	237 544.3	175 313.1	136 153.5
食糖	269 254.7	1 049.6	1 437.9	789.7	975.4
蔬菜	298 201.9	212 946.8	240 259.2	257 525.8	107 544.0
水果					
畜产品					
猪肉	86 207.2	207 721.9	150 217.7	30 560.0	3 694.1
牛肉	3 504.1	3 810.8	3 715.7	1 947.3	1 160.4
羊肉	5.0	18.6	39.7	7.8	7.0
家禽	71 431.9	126 848.2	87 228.3	73 846.0	70 829.1
蛋产品					
乳品	35 685.5	47 864.6	63 062.6	36 780.6	11 026.3
动物生皮	2 874.9	1 541.5	3 800.3	4 354.0	4 239.0
动物生毛皮					
羊毛	1 010.8	1 469.4	2 258.2	1 344.1	1 999.0
水产品					
饮品					
酒					
茶	26 167.3	26 339.9	26 501.5	21 105.3	18 482.9
咖啡	52 827.3	44 970.0	48 275.2	44 057.7	40 426.8

北美洲

4-23 美国主要农产品贸易情况

4-23-1 美国农产品贸易综述

一、10年来美国农产品贸易总体情况

2005—2015年，美国农产品贸易额由2005年的1 510.7亿美元增至2015年的2 928.2亿美元，年均增长6.8%。其中，出口额由715.3亿美元增至1 472.9亿美元，年均增长7.5%；进口额由795.4亿美元增至1 455.3亿美元，年均增长6.2%；2007年以来保持贸易顺差，2015年贸易顺差由2014年的207.9亿美元降至17.6亿美元（图1）。

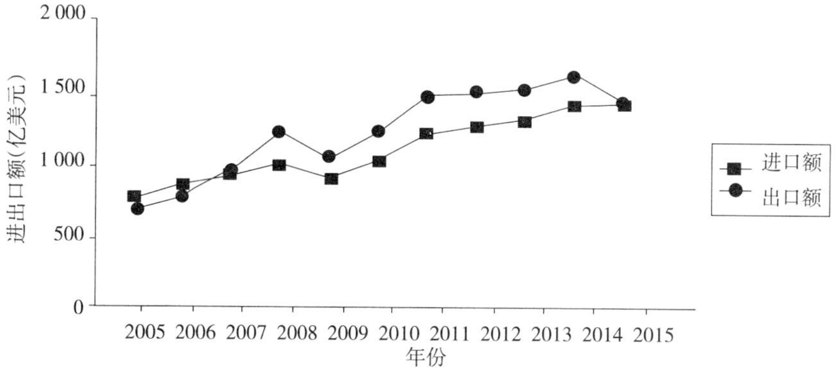

图1 2005—2015年美国农产品进出口额变化

从年度变化情况看，除2009年进出口额同比、出口额同比和进口额同比均下降以及2015年进出口额同比和出口额同比下降外，其余年份3项数值均保持正增长。其中，2008年出口增速最快，达25.9%，2011年进口增幅最大，达18.0%。2012年以来，进出口额同比增速呈下降趋势，2015年进口额同比增长0.6%，较上年降低6.3个百分点；出口额同比下降11.0%，较上年降低15.5个百分点（图2）。

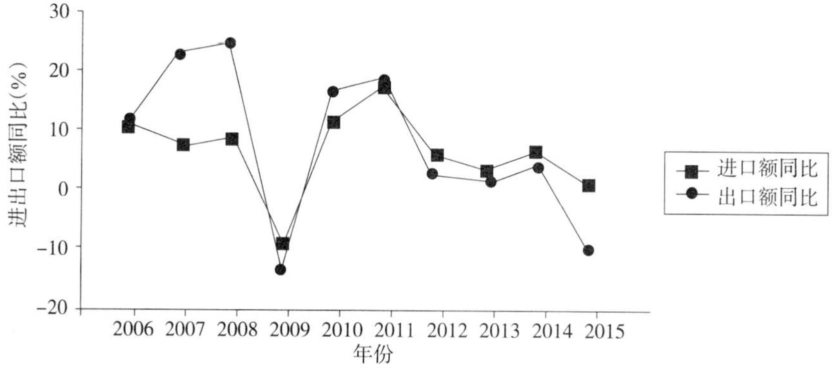

图2 2006—2015年美国农产品进出口额同比变化

二、2015 年美国农产品贸易情况

2015 年美国农产品贸易额为 2 928.2 亿美元，同比下降 5.6%，在全球各大农产品贸易国中排名第 1 位。其中出口额为 1 472.9 亿美元，同比下降 11.0%，全球排名第 1 位；进口额为 1 455.3 亿美元，同比增长 0.6%，全球排名第 1 位。

（一）进出口产品结构

2015 年，美国进口农产品以饮品、水产品和水果为主，进口额分别为 342.8 亿美元、214.9 亿美元和 199.1 亿美元，占其农产品进口额的比重分别为 23.6%、14.8%和 13.7%。此外，美国还进口畜产品和蔬菜等，2015 年进口额分别为 177.9 亿美元和 145.8 亿美元，分别占其农产品进口额的 12.2%和 10.0%（图 3）。

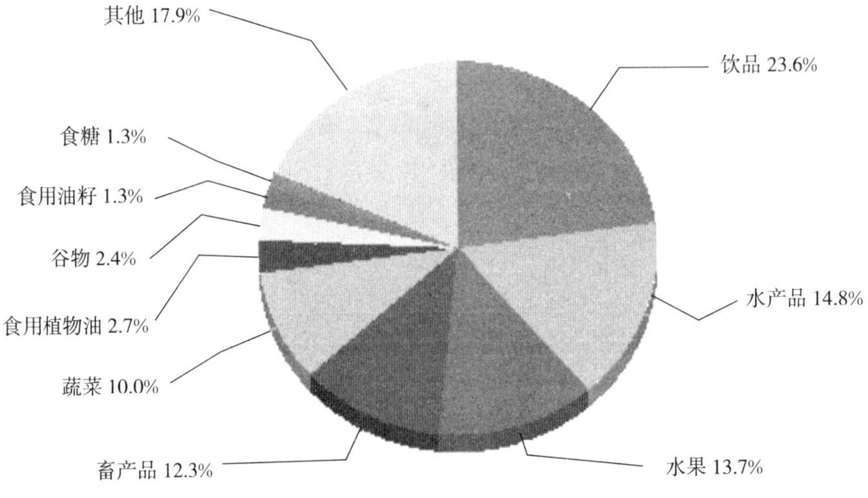

图 3 2015 年美国农产品进口结构

2015 年，美国进口额同比增长较快的农产品主要是食糖、水果和畜产品，增幅分别为 7.3%、6.9%和 5.3%。此外，蔬菜和饮品的增幅分别为 4.7%和 3.5%。棉花进口额同比下降幅度最大，达 37.5%，其次为食用油籽和谷物，分别下降 32.8%和 15.2%。另外，水产品和食用植物油进口额同比下降 6.4%和 3.2%（表 1）。

表 1 2006—2015 年美国主要农产品进口额同比变化情况

单位：%

	2006 年	2007 年	2008 年	2009 年	2010 年	2011 年	2012 年	2013 年	2014 年	2015 年
农产品	11.1	8.2	8.9	−9.6	11.8	18.0	5.7	3.1	6.9	0.6
谷物	39.6	39.6	60.2	−25.2	−7.8	17.4	36.5	30.4	−17.5	−15.2
棉花	−20.0	48.1	2.6	−58.5	95.0	65.8	−39.7	−29.6	46.7	−37.5

（续）

	2006年	2007年	2008年	2009年	2010年	2011年	2012年	2013年	2014年	2015年
食用油籽	7.0	38.4	61.9	−27.2	−0.6	30.1	17.5	34.8	30.8	−32.8
食用植物油	26.3	24.1	54.4	−26.3	8.8	50.8	−5.8	0.1	−5.2	−3.2
食糖	56.8	−36.8	33.4	4.2	63.5	39.7	−18.3	−29.5	1.6	7.3
蔬菜	10.4	10.2	6.9	−4.0	15.6	11.9	2.3	8.4	2.9	4.7
水果	12.3	16.5	5.8	−2.2	10.4	11.4	4.7	7.3	7.6	6.9
畜产品	0.3	7.6	−4.2	−14.6	10.7	9.8	9.8	4.7	28.5	5.3
水产品	10.0	2.8	4.1	−7.7	12.2	13.0	1.0	7.7	11.2	−6.4
饮品	17.8	5.3	5.7	−10.4	11.9	22.0	1.4	−2.1	3.1	3.5

2015年，美国农产品中出口额靠前的是畜产品、食用油籽和谷物，出口额分别为253.4亿美元、219.0亿美元和192.3亿美元，占其农产品出口额的比重分别为17.2%、14.9%和13.1%。此外，美国还出口水果、饮品、蔬菜和水产品等，出口额分别为134.0亿美元、109.5亿美元、75.2亿美元和63.7亿美元，分别占其农产品出口额的9.1%、7.4%、5.1%和4.3%（图4）。

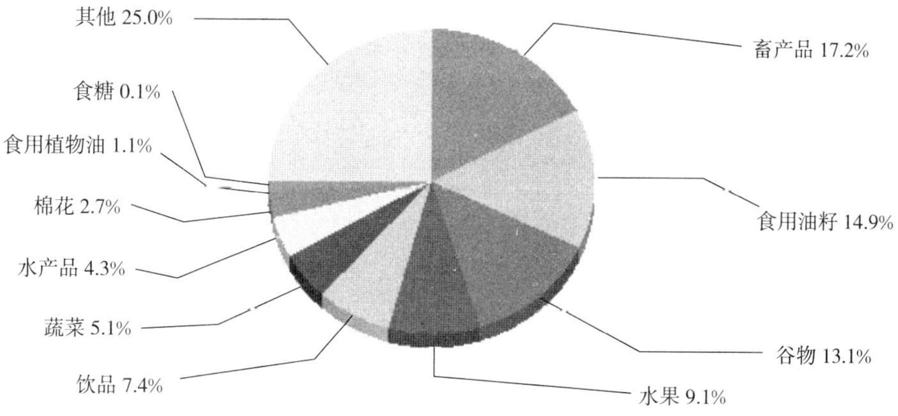

图4　2015年美国农产品出口结构

2015年，除食用植物油出口额同比增长0.9%外，美国其他主要农产品出口额同比均下降。其中，食糖降幅最大，达24.4%，其次为食用油籽和畜产品，降幅分别为20.0%和19.1%。谷物、棉花、水果、水产品、饮品和蔬菜的降幅处于0.2%～17.7%之间（表2）。

表 2　2006—2015 年美国主要农产品出口额同比变化情况

单位：%

	2006 年	2007 年	2008 年	2009 年	20010 年	2011 年	2012 年	2013 年	2014 年	2015 年
农产品	12.0	24.3	25.9	−14.4	17.7	19.7	2.5	2.0	4.5	−11.0
谷物	19.8	55.0	33.4	−39.3	14.6	40.4	−26.7	−1.6	12.5	−17.7
棉花	15.6	1.7	4.7	−28.8	69.6	43.4	−26.0	−9.8	−21.3	−11.3
食用油籽	9.5	41.5	51.6	3.8	12.0	−4.5	43.0	−10.0	10.1	−20.0
食用植物油	23.9	47.8	61.8	−20.7	34.1	−4.4	4.0	−25.2	−14.1	0.9
食糖	73.6	23.1	−28.0	−24.9	72.7	16.9	−8.2	−1.4	−8.9	−24.4
蔬菜	9.5	10.6	14.0	−0.7	11.0	9.8	0.3	7.1	3.6	−0.2
水果	12.4	6.6	14.6	−2.9	12.3	14.6	7.5	5.1	−0.4	−4.5
畜产品	10.8	26.6	29.3	−17.9	23.3	24.4	3.6	7.5	5.8	−19.1
水产品	4.4	1.7	0.8	−6.1	13.2	23.2	−2.6	3.6	3.1	−3.3
饮品	17.0	21.5	13.0	−3.8	26.8	50.5	−6.0	1.0	8.6	−2.3

（二）主要贸易伙伴

2015 年美国前五大农产品进口来源地分别为加拿大、墨西哥、中国、法国和智利，进口额分别为 256.4 亿美元、237.1 亿美元、74.9 亿美元、52.3 亿美元和 50.2 亿美元，占其农产品进口额的比重分别为 17.7%、16.4%、5.2%、3.6%和 3.5%（图 5）。

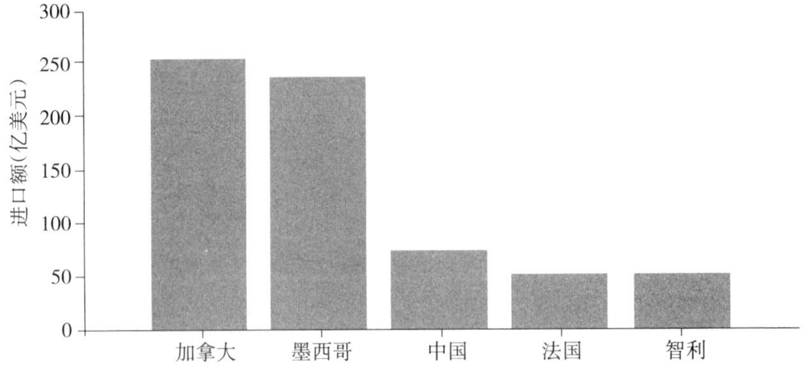

图 5　2014 年美国前五大农产品进口来源地

2015 年美国前五大农产品出口市场分别为加拿大、中国、墨西哥、日本和韩国，出口额分别为 262.6 亿美元、214.9 亿美元、182.4 亿美元、126.1 亿美元和 67.4 亿美元，占其农产品出口额的比重分别为 18.2%、14.9%、12.7%、8.8%和 4.7%（图 6）。

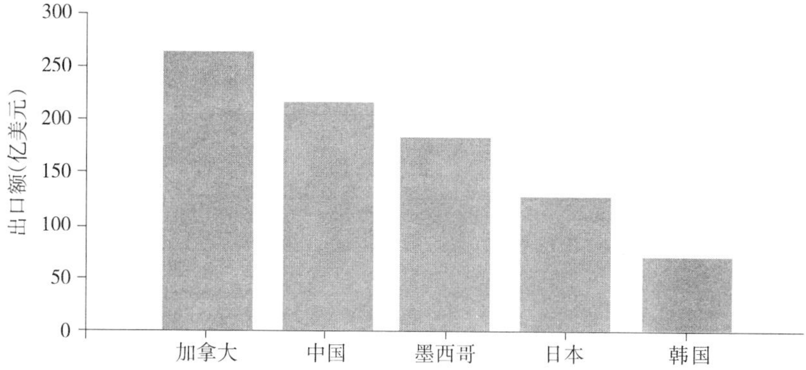

图 6　2015 年美国前五大农产品出口市场

4-23-2 美国主要农产品出口额（一）

单位：万美元

项 目	2005年	2006年	2007年	2008年	2009年	2010年
农产品	7 152 827.3	8 014 222.8	9 965 109.4	12 550 273.9	10 748 141.1	12 652 377.8
谷物	1 190 038.4	1 425 223.0	2 208 679.4	2 946 799.5	1 789 435.3	2 051 412.5
小麦产品	446 775.2	434 098.3	854 494.6	1 152 303.7	556 423.6	692 559.0
玉米产品	543 840.9	785 838.1	1 080 471.6	1 411 279.5	930 145.0	1 028 985.5
稻谷产品	130 966.0	130 783.4	142 432.6	224 552.4	221 258.5	238 663.5
棉花	402 651.4	465 346.8	473 382.3	495 743.0	352 866.6	598 519.3
食用油籽	740 057.7	810 437.5	1 147 158.1	1 739 384.1	1 805 744.4	2 022 062.0
大豆	667 642.1	728 916.8	1 046 562.2	1 613 585.2	1 695 921.6	1 899 443.9
花生	21 345.8	22 670.5	25 538.0	34 011.7	31 981.4	34 176.5
油菜籽	4 741.0	4 899.5	11 412.7	16 500.7	9 560.2	12 182.7
食用植物油	80 654.8	99 908.2	147 652.6	238 862.6	189 405.4	254 045.1
豆油	29 483.0	36 026.7	72 681.3	136 877.3	103 602.5	156 888.2
菜籽油	8 245.5	19 076.2	19 372.4	21 066.6	20 891.3	30 818.2
棕榈油	1 284.6	2 872.4	4 342.5	4 353.3	7 154.1	7 931.0
食糖	9 059.9	15 727.5	19 353.7	13 935.9	10 460.9	18 068.7
蔬菜	405 059.1	443 467.9	490 503.9	559 290.3	555 411.8	616 777.1
水果	725 497.1	815 766.5	869 664.8	996 847.9	968 306.3	1 087 762.8
畜产品	1 164 427.6	1 290 618.9	1 633 651.3	2 111 701.9	1 734 395.7	2 138 529.8
猪肉	206 327.9	222 176.8	248 756.3	378 915.8	318 122.2	353 119.7
牛肉	84 753.3	142 917.3	189 736.2	269 686.2	248 491.3	339 711.5
羊肉	2 370.7	2 470.8	1 227.2	2 376.1	2 513.7	1 945.7
家禽	322 008.7	308 238.9	424 684.5	538 578.2	476 099.4	466 220.7
蛋产品	21 574.9	22 476.4	28 006.9	29 059.5	33 242.0	34 485.2
乳品	110 454.8	129 154.5	221 698.6	299 445.8	160 028.5	285 496.0
动物生皮	161 238.2	183 214.4	192 074.0	179 952.8	129 977.9	204 024.5
动物生毛皮	17 393.7	22 277.3	26 110.5	26 731.7	16 929.5	24 638.7
羊毛	2 403.5	2 924.6	3 349.0	2 316.1	2 034.1	2 312.6
水产品	451 980.1	471 758.1	479 949.8	483 873.5	454 115.4	513 983.5
饮品	368 614.1	431 437.3	524 190.2	592 213.6	569 633.1	722 155.2
酒	179 251.5	212 487.7	274 558.4	294 866.7	268 639.5	380 417.7
茶	8 288.8	11 852.3	15 615.7	19 268.1	19 415.5	23 486.1
咖啡	49 494.2	60 477.4	66 240.2	75 060.7	74 191.9	88 244.4

美国主要农产品出口额（二）

单位：万美元

项 目	2011 年	2012 年	2013 年	2014 年	2015 年
农产品	15 150 604.7	15 528 728.2	15 644 680.3	16 507 584.3	14 729 270.7
谷物	2 882 061.8	2 109 485.7	2 075 112.0	2 328 381.3	1 922 637.1
小麦产品	1 133 270.6	837 807.9	1 068 961.5	793 161.7	574 758.6
玉米产品	1 417 179.4	991 421.0	706 260.3	1 131 163.8	882 681.1
稻谷产品	214 264.2	207 990.0	222 060.2	204 701.0	210 289.4
棉花	854 661.9	633 962.2	573 660.8	451 617.1	400 438.3
食用油籽	1 936 347.3	2 769 222.2	2 410 684.3	2 699 065.4	2 189 974.4
大豆	1 810 617.5	2 619 116.8	2 301 622.0	2 515 940.6	1 985 918.9
花生	36 177.0	47 941.3	54 248.8	69 972.2	66 429.8
油菜籽	13 176.4	16 926.4	10 293.0	12 275.1	8 917.8
食用植物油	242 675.1	251 986.4	188 996.6	162 485.3	163 785.3
豆油	126 756.8	115 269.5	91 066.2	80 655.2	80 274.7
菜籽油	26 263.1	37 263.9	15 077.6	12 547.9	10 780.5
棕榈油	10 659.7	10 169.9	10 374.4	8 510.0	7 904.5
食糖	21 159.6	19 412.6	19 098.1	17 378.1	13 164.2
蔬菜	677 836.7	679 522.6	707 927.9	755 006.7	751 955.2
水果	1 240 476.6	1 334 220.2	1 360 347.4	1 403 264.0	1 339 925.4
畜产品	2 662 669.8	2 755 180.7	2 954 139.1	3 132 296.2	2 534 012.8
猪肉	469 246.3	483 824.3	443 287.6	487 463.0	401 941.5
牛肉	457 021.5	465 759.4	524 696.6	604 694.6	517 416.6
羊肉	2 246.9	2 144.1	2 175.7	2 301.7	1 663.6
家禽	540 229.2	597 523.0	608 713.6	623 071.3	461 559.2
蛋产品	40 085.6	48 203.2	60 383.5	59 407.4	60 282.7
乳品	368 773.2	374 755.2	513 963.7	554 195.1	381 813.5
动物生皮	230 235.1	224 841.6	252 008.7	242 515.0	196 194.6
动物生毛皮	36 164.4	53 687.2	61 621.7	50 692.6	48 123.6
羊毛	2 406.5	1 683.5	2 165.9	2 027.6	1 947.4
水产品	635 321.4	618 000.9	640 518.0	659 521.8	637 390.5
饮品	1 088 728.2	1 017 961.4	1 030 550.4	1 122 107.2	1 095 038.1
酒	675 927.1	568 167.8	560 892.8	618 314.8	606 686.4
茶	27 680.8	30 333.8	33 583.7	33 996.6	30 191.0
咖啡	120 437.8	127 321.8	114 812.1	114 118.3	110 864.6

4-23-3 美国主要农产品进口额（一）

单位：万美元

项 目	2005年	2006年	2007年	2008年	2009年	2010年
农产品	7 953 559.2	8 840 257.6	9 565 571.3	10 420 767.4	9 416 939.4	10 524 240.8
谷物	108 978.4	152 089.9	212 293.1	340 127.7	254 329.0	234 613.3
小麦产品	25 789.9	42 216.3	61 884.3	126 428.4	84 145.1	70 520.7
玉米产品	17 263.4	23 704.9	37 641.2	47 386.9	36 305.6	38 722.4
稻谷产品	30 812.0	42 022.0	50 184.8	68 768.8	72 273.8	71 352.6
棉花	3 186.8	2 550.3	3 778.2	3 877.8	1 611.1	3 142.5
食用油籽	58 332.8	62 397.5	86 347.4	139 776.4	101 787.7	101 179.7
大豆	8 889.1	6 915.7	11 182.5	20 981.0	22 759.5	24 004.8
花生	4 480.0	4 837.8	6 520.8	9 344.7	6 666.8	6 802.0
油菜籽	11 747.6	19 779.8	24 598.0	50 658.9	22 998.6	24 251.7
食用植物油	156 771.8	197 954.7	245 753.2	379 417.8	279 626.8	304 283.4
豆油	752.8	854.3	1 591.5	3 557.5	3 619.8	5 079.2
菜籽油	31 180.4	44 478.7	67 623.7	134 413.8	92 363.6	104 710.5
棕榈油	19 035.2	30 924.1	56 061.2	103 236.6	71 440.1	82 716.8
食糖	92 578.9	145 193.3	91 714.3	122 362.4	127 480.5	208 420.2
蔬菜	756 377.6	834 823.9	919 928.7	983 183.7	943 569.3	1 090 826.2
水果	925 323.2	1 039 067.6	1 210 587.7	1 281 294.5	1 253 709.2	1 383 803.1
畜产品	1 066 766.5	1 069 500.1	1 150 556.1	1 101 825.0	941 306.1	1 042 113.4
猪肉	95 639.1	87 600.9	84 076.0	76 133.6	72 102.1	92 399.6
牛肉	343 631.6	291 483.9	294 915.7	275 003.8	247 065.0	270 495.0
羊肉	52 361.3	49 254.6	51 764.7	50 379.5	48 913.3	59 114.4
家禽	25 231.5	29 709.2	35 929.4	41 883.8	43 165.9	44 659.9
蛋产品	2 051.2	2 955.2	2 887.3	3 368.2	2 449.9	3 379.5
乳品	152 492.5	149 508.3	161 155.3	167 954.9	143 166.0	141 654.7
动物生皮	8 149.1	6 372.5	5 695.6	5 349.6	3 055.3	5 528.1
动物生毛皮	6 701.6	8 752.2	9 641.2	10 637.0	8 581.0	11 988.4
羊毛	4 026.5	3 825.7	3 334.4	3 382.4	1 966.3	2 134.3
水产品	1 378 045.8	1 515 627.0	1 558 378.1	1 622 373.1	1 497 811.2	1 680 397.0
饮品	2 019 294.3	2 379 167.3	2 506 240.0	2 649 414.3	2 373 669.5	2 655 281.3
酒	1 225 241.9	1 509 758.5	1 563 186.8	1 586 934.1	1 362 156.2	1 444 972.4
茶	35 273.0	40 267.4	42 444.9	46 437.9	46 310.7	54 677.1
咖啡	312 142.7	345 859.8	390 947.3	455 604.0	420 458.7	509 641.6

美国主要农产品进口额（二）

单位：万美元

项　目	2011 年	2012 年	2013 年	2014 年	2015 年
农产品	12 420 539.8	13 132 534.8	13 053 149.3	14 469 440.5	14 553 390.0
谷物	275 394.8	377 846.9	488 195.9	404 421.2	342 943.6
小麦产品	80 922.5	99 683.9	124 663.8	122 685.3	95 311.8
玉米产品	47 885.5	110 291.3	174 951.0	72 583.0	60 202.8
稻谷产品	78 872.8	82 287.7	91 662.3	96 245.4	92 195.7
棉花	5 213.9	3 143.1	2 202.5	3 247.7	2 031.4
食用油籽	131 627.8	154 843.1	170 000.4	272 419.0	183 211.8
大豆	23 404.3	36 433.9	81 305.9	121 947.4	54 709.9
花生	10 362.9	26 246.2	2 064.5	11 895.2	12 827.9
油菜籽	38 783.3	26 861.3	29 601.9	45 719.4	24 195.9
食用植物油	458 913.1	432 200.0	432 466.0	410 662.1	397 306.2
豆油	9 269.6	8 034.8	9 966.3	6 952.4	11 394.9
菜籽油	195 075.9	184 059.8	158 560.3	157 051.6	144 452.9
棕榈油	128 184.0	109 702.9	123 110.5	105 108.3	86 553.4
食糖	291 288.6	237 651.0	168 688.8	170 893.9	182 806.6
蔬菜	1 220 201.3	1 248 566.5	1 305 749.2	1 392 303.3	1 458 000.4
水果	1 541 662.6	1 614 207.5	1 605 011.6	1 861 703.1	1 991 263.0
畜产品	1 144 197.9	1 256 122.7	1 266 569.4	1 690 616.3	1 779 016.9
猪肉	99 449.2	101 531.3	115 160.5	146 063.8	132 936.2
牛肉	292 783.0	348 713.1	355 042.6	544 106.7	640 452.0
羊肉	76 079.2	65 042.9	66 263.6	79 883.8	79 294.0
家禽	45 358.3	53 620.6	58 669.1	66 548.1	77 831.3
蛋产品	3 572.4	3 954.2	3 894.7	6 015.6	18 568.2
乳品	157 957.0	168 472.4	173 842.6	193 894.1	200 053.8
动物生皮	5 382.3	5 135.7	5 468.8	6 148.3	5 424.8
动物生毛皮	13 660.5	17 789.0	23 328.9	24 519.7	18 924.8
羊毛	3 608.9	3 356.0	2 560.2	2 422.5	2 221.3
水产品	1 898 739.3	1 917 232.6	2 061 807.4	2 294 841.3	2 149 188.7
饮品	3 240 942.0	3 283 280.6	3 202 098.0	3 316 647.2	3 428 120.9
酒	1 637 417.2	1 801 225.1	1 819 323.4	1 804 114.7	1 866 599.0
茶	60 009.0	61 581.0	65 303.9	64 298.1	64 384.1
咖啡	831 099.4	725 426.9	595 865.0	646 556.2	643 836.4

4-23-4 美国主要农产品出口量（一）

单位：吨

项 目	2005 年	2006 年	2007 年	2008 年	2009 年	2010 年
农产品						
谷物	86 012 706.5	94 527 797.6	104 070 750.1	96 829 660.6	78 383 047.3	88 234 080.3
小麦产品	27 500 270.6	23 761 858.2	33 496 435.0	30 523 285.4	22 370 346.1	28 048 498.6
玉米产品	48 409 848.7	61 580 533.5	60 426 918.4	54 735 930.2	48 449 908.9	51 398 906.6
稻谷产品	4 486 507.7	3 898 751.8	3 545 349.5	3 988 800.5	3 493 994.8	4 541 686.3
棉花	3 482 394.5	3 631 907.2	3 360 849.7	3 078 618.7	2 674 290.1	3 115 703.2
食用油籽	28 000 739.9	30 865 849.6	32 797 341.2	36 875 003.7	42 630 922.5	44 465 726.1
大豆	26 970 932.1	29 644 735.8	31 318 384.4	35 347 874.7	41 637 551.3	43 332 270.1
花生	191 896.5	219 454.7	229 328.5	303 340.3	257 808.7	246 001.0
油菜籽	177 211.6	183 707.2	375 830.2	466 652.4	208 430.6	263 610.3
食用植物油	1 183 491.9	1 500 544.4	1 726 637.7	1 979 297.8	2 195 531.3	2 624 710.5
豆油	503 563.5	601 324.8	881 140.0	1 177 152.8	1 253 649.3	1 656 733.7
菜籽油	134 983.3	289 957.7	237 037.2	173 525.7	249 242.8	328 426.5
棕榈油	17 701.5	38 047.1	51 553.4	42 761.5	78 086.1	79 694.7
食糖	182 323.8	263 432.6	330 839.8	243 330.3	159 369.4	294 906.8
蔬菜	4 143 283.5	4 130 429.4	4 221 563.4	4 650 774.7	4 369 718.4	4 723 041.3
水果						
畜产品						
猪肉	819 572.5	907 362.9	966 127.3	1 467 600.6	1 254 673.4	1 240 779.0
牛肉	206 242.3	352 717.4	439 862.1	598 810.2	587 492.0	726 757.2
羊肉	14 276.9	9 759.7	4 490.7	6 028.1	8 247.0	8 600.2
家禽	3 019 918.0	3 113 000.3	3 583 218.6	4 293 010.1	4 011 948.5	3 817 922.9
蛋产品						
乳品	689 111.0	776 375.3	957 553.5	1 104 988.8	853 834.9	1 260 590.4
动物生皮	869 739.4	976 122.0	1 050 172.8	736 918.8	649 918.2	1 412 235.3
动物生毛皮						
羊毛	9 060.2	12 543.6	11 077.3	7 238.4	8 127.4	7 954.5
水产品						
饮品						
酒						
茶	17 455.8	18 280.8	21 398.3	26 933.4	27 912.4	32 930.4
咖啡	123 162.3	146 045.5	146 110.2	147 297.7	144 408.3	167 561.0

美国主要农产品出口量（二）

单位：吨

项　目	2011年	2012年	2013年	2014年	2015年
农产品					
谷物	87 087 921.3	63 989 336.6	64 108 641.7	70 393 016.4	80 742 008.4
小麦产品	33 179 727.5	26 180 904.6	33 428 334.8	24 779 881.5	21 385 902.3
玉米产品	46 347 927.6	31 908 143.3	24 421 331.5	36 150 945.9	45 017 078.6
稻谷产品	3 753 286.2	3 818 985.5	3 803 903.0	3 521 089.8	4 040 251.2
棉花	2 864 934.2	2 828 067.2	2 892 383.0	2 241 462.3	2 466 832.6
食用油籽	36 454 076.1	47 539 465.5	42 923 819.2	43 828 553.1	51 385 447.4
大豆	35 518 787.4	46 605 492.5	41 995 986.0	42 661 996.8	50 320 458.2
花生	236 946.1	270 175.8	400 566.7	441 942.1	427 450.6
油菜籽	202 051.8	203 868.2	128 315.8	175 318.1	134 418.5
食用植物油	1 916 299.7	2 060 369.4	1 687 234.4	1 658 260.7	1 794 891.0
豆油	1 000 257.2	950 972.7	815 754.0	891 842.5	957 996.7
菜籽油	224 819.8	321 478.3	138 499.6	119 779.3	126 141.8
棕榈油	93 831.9	88 568.9	97 446.7	85 225.4	77 156.7
食糖	235 530.2	216 590.8	252 948.1	254 454.2	135 238.7
蔬菜	5 129 272.4	5 167 465.9	5 189 079.3	5 505 789.6	5 296 459.1
水果					
畜产品					
猪肉	1 549 265.3	1 645 603.2	1 490 177.2	1 477 419.0	1 506 777.6
牛肉	882 818.5	776 756.2	817 857.0	816 074.0	719 591.1
羊肉	9 574.5	5 596.5	3 851.2	3 980.7	3 210.9
家禽	4 020 059.7	4 224 338.7	4 242 586.3	4 325 758.7	3 579 169.3
蛋产品					
乳品	1 373 606.1	1 429 571.1	1 706 938.0	1 739 348.2	1 523 221.0
动物生皮	1 148 475.4	1 025 507.6	1 132 556.3	876 565.2	631 036.9
动物生毛皮					
羊毛	7 092.6	5 378.7	6 932.1	6 163.3	6 034.1
水产品					
饮品					
酒					
茶	34 874.9	38 016.3	39 999.4	43 356.8	41 054.1
咖啡	199 439.7	186 330.4	181 529.7	190 157.5	162 330.6

4-23-5 美国主要农产品进口量（一）

单位：吨

项 目	2005年	2006年	2007年	2008年	2009年	2010年
农产品						
谷物	4 565 312.4	5 683 797.6	6 526 305.8	11 993 555.3	6 478 680.9	6 105 240.4
小麦产品	1 498 717.6	2 259 179.7	2 546 266.5	4 303 831.2	2 796 570.3	2 699 927.1
玉米产品	382 625.5	283 881.1	434 385.6	621 700.3	375 235.6	468 225.5
稻谷产品	541 637.3	753 219.4	825 328.2	785 680.1	831 171.6	720 042.7
棉花	33 974.4	21 947.6	39 116.2	41 322.7	14 965.3	24 420.7
食用油籽	1 089 121.7	1 305 775.2	1 506 809.2	1 011 803.5	1 447 841.0	1 459 753.5
大豆	218 387.6	157 248.1	287 239.7	489 205.7	421 149.3	468 958.8
花生	34 773.7	35 173.8	44 725.5	44 725.6	36 298.7	35 732.3
油菜籽	443 986.1	733 963.3	636 287.2	8 371.2	569 926.1	553 174.0
食用植物油	1 305 324.7	1 712 828.8	1 978 965.9	2 495 453.4	2 403 856.3	2 472 961.7
豆油	11 761.8	13 818.8	20 138.1	34 420.1	44 456.3	53 784.2
菜籽油	500 120.8	682 736.3	746 336.0	1 043 728.8	998 803.2	1 086 406.0
棕榈油	415 889.1	629 454.8	787 825.0	996 966.5	979 009.0	948 111.6
食糖	2 088 006.2	2 919 387.5	1 947 577.8	2 466 021.8	2 511 299.6	2 916 697.4
蔬菜	6 980 392.2	7 361 204.9	8 019 376.0	6 811 016.8	8 027 131.9	8 885 501.8
水果						
畜产品						
猪肉	359 729.4	342 255.8	334 972.1	237 429.8	297 228.5	313 661.0
牛肉	1 077 464.2	902 576.0	892 243.4	635 828.3	796 348.6	734 770.2
羊肉	84 904.1	90 226.3	93 826.7	93 770.6	81 310.6	80 769.5
家禽	75 073.7	88 756.3	96 987.6	118 242.2	105 359.1	112 723.7
蛋产品						
乳品	420 263.4	383 863.7	384 397.3	382 884.1	302 366.2	258 488.6
动物生皮	56 985.9	43 244.4	32 191.1	23 301.2	32 573.6	29 279.7
动物生毛皮						
羊毛	11 274.0	10 914.9	8 668.4	7 433.8	5 651.1	5 268.4
水产品						
饮品						
酒						
茶	174 140.8	185 551.7	185 662.3	135 177.9	189 384.6	203 187.2
咖啡	1 307 529.2	1 359 063.3	1 393 256.4	1 625 068.1	1 347 802.2	1 389 807.6

美国主要农产品进口量（二）

单位：吨

项 目	2011年	2012年	2013年	2014年	2015年
农产品					
谷物	5 948 036.7	8 057 946.4	10 467 642.0	8 535 715.1	7 854 792.5
小麦产品	2 204 047.2	2 678 271.0	3 624 566.4	3 805 267.1	2 795 251.5
玉米产品	729 752.9	1 976 192.3	3 386 091.4	845 970.8	1 329 495.6
稻谷产品	792 886.3	807 725.9	851 459.1	949 780.3	960 119.7
棉花	20 629.7	19 444.2	14 710.1	20 530.2	16 643.6
食用油籽	1 599 209.6	1 604 100.0	2 415 147.3	3 673 617.2	1 938 548.0
大豆	373 584.9	528 112.4	1 264 026.3	2 033 736.7	896 318.7
花生	49 484.7	99 848.2	7 848.5	41 659.9	45 956.3
油菜籽	670 291.5	421 965.5	588 301.9	982 425.3	514 746.0
食用植物油	3 103 821.1	2 961 419.0	3 150 683.8	3 282 722.9	3 445 072.3
豆油	71 714.1	64 616.5	84 569.5	69 598.4	142 211.6
菜籽油	1 515 034.7	1 427 475.3	1 271 682.0	1 586 024.3	1 636 223.5
棕榈油	1 087 625.3	991 281.9	1 373 179.0	1 187 800.5	1 176 707.8
食糖	3 439 600.3	3 029 704.4	2 925 272.1	3 061 083.7	3 206 469.5
蔬菜	9 243 212.6	9 290 724.9	9 348 190.2	9 788 251.7	10 295 180.2
水果					
畜产品					
猪肉	289 520.8	298 408.6	334 056.3	392 954.4	434 406.2
牛肉	656 469.9	715 297.2	717 250.1	957 397.8	1 078 811.4
羊肉	81 305.0	78 603.7	85 327.4	97 679.3	103 485.8
家禽	113 166.5	120 363.0	128 504.9	135 523.9	160 147.3
蛋产品					
乳品	264 475.9	297 936.8	294 346.0	303 212.8	244 322.9
动物生皮	25 052.9	22 490.8	22 784.1	23 779.3	26 002.6
动物生毛皮					
羊毛	5 837.2	5 592.4	4 551.4	4 828.4	4 870.0
水产品					
饮品					
酒					
茶	202 288.7	201 483.0	206 335.7	199 690.8	202 126.8
咖啡	1 494 719.5	1 490 459.6	1 540 963.4	1 572 785.9	1 584 627.2

4-23-6 美国农产品出口额前15位国家（地区）
（2015年）

单位：万美元，%

序号	国家（地区）	出口额	同比增长
1	加拿大	2 625 968.4	−5.2
2	中国	2 149 139.8	−15.8
3	墨西哥	1 823 629.2	−9.3
4	日本	1 260 963.6	−13.3
5	韩国	673 537.7	−10.1
6	中国香港	380 396.5	−11.8
7	荷兰	296 259.5	0.4
8	德国	266 500.4	0.8
9	菲律宾	245 690.8	−14.7
10	哥伦比亚	243 881.3	−1.7
11	越南	242 053.3	−2.4
12	印度尼西亚	221 343.6	−25.2
13	英国	215 749.5	4.9
14	西班牙	187 870.3	−10.7
15	泰国	180 006.5	6.5
	总计	**11 012 990.5**	

4-23-7 美国农产品进口额前15位国家（地区）
（2015年）

单位：万美元，%

序号	国家（地区）	进口额	同比增长
1	加拿大	2 564 453.7	−4.4
2	墨西哥	2 370 933.9	8.2
3	中国	749 295.6	−2.4
4	法国	522 789.1	3.6
5	智利	501 900.6	−3.9
6	意大利	470 278.9	2.5
7	澳大利亚	453 422.3	9.3
8	印度	425 602.4	−12.5
9	巴西	420 781.1	−8.8
10	印度尼西亚	377 150.1	−1.7
11	泰国	366 675.3	−1.1
12	越南	326 820.1	−6.5
13	新西兰	318 263.9	9.6
14	英国	276 063.2	−0.9
15	哥伦比亚	272 072.0	−0.1
	总计	**10 416 502.1**	

4-24 加拿大主要农产品贸易情况

4-24-1 加拿大农产品贸易综述

一、10年来加拿大农产品贸易总体情况

2005—2015年，加拿大农产品贸易额由2005年的433.4亿美元增至2015年的860.0亿美元，年均增长7.1%。其中，出口额由251.8亿美元增至490.4亿美元，年均增长6.9%；进口额由181.6亿美元增至369.6亿美元，年均增长7.4%；贸易顺差由70.2亿美元增至120.8亿美元，年均增长5.6%（图1）。

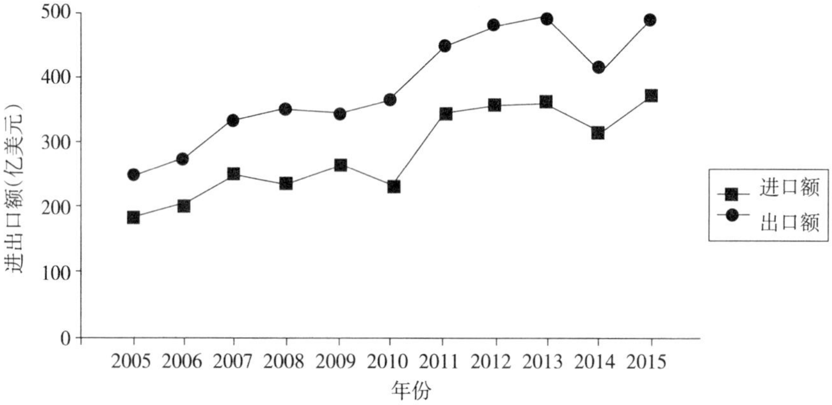

图1 2005—2015年加拿大农产品进出口额变化

2006年以来，除2014年进出口额同比下降外，其余年份均保持正增长。其中，2011年出口增速最快，达24.9%，2011年进口增幅最大，接近49.0%。2012—2013年，进出口额增速放缓。2015年进口额同比增长18.1%，较上年提高31.6个百分点；出口额同比增长17.9%，较上年提高33.1个百分点（图2）。

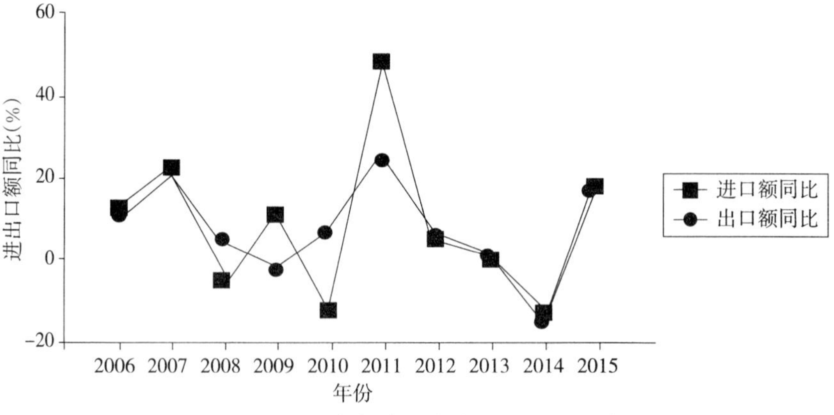

图2 2006—2015年加拿大农产品进出口额同比变化

二、2015 年加拿大农产品贸易情况

2015 年加拿大农产品贸易额为 860.0 亿美元，同比增长 18.0%，在全球各大农产品贸易国中排名第 8 位。其中出口额为 490.4 亿美元，同比增长 17.9%，全球排名第 7 位；进口额为 369.6 亿美元，同比增长 18.1%，全球排名第 9 位。

（一）进出口产品结构

2015 年，加拿大进口农产品以饮品、水果和畜产品为主，进口额分别为 78.6 亿美元、62.3 亿美元和 46.0 亿美元，占其农产品进口额的比重分别为 21.3%、16.9%和 12.5%。此外，加拿大还进口蔬菜和水产品等，2015 年进口额分别为 42.4 亿美元和 29.6 亿美元，分别占其农产品进口额的 11.5%和 8.0%（图 3）。

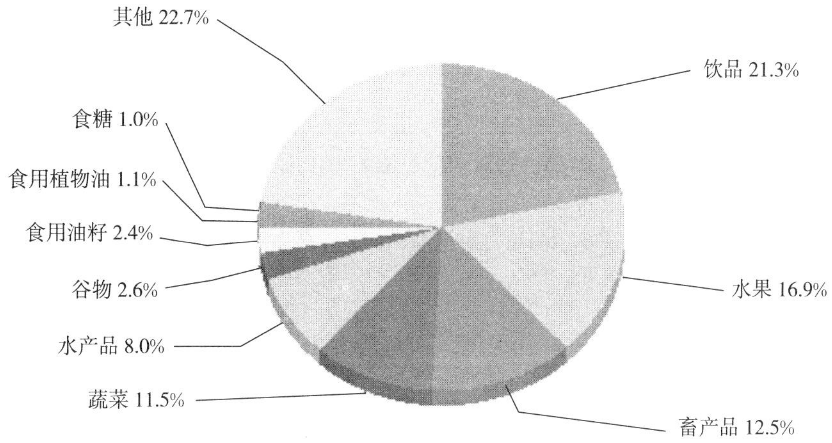

图 3　2015 年加拿大农产品进口结构

2015 年，加拿大进口同比增长较快的农产品主要是谷物、食用植物油和水果，增幅分别为 911.7%、245.5%和 150.3%。此外，饮品、蔬菜、棉花的增幅在 2.1%～13.1%之间。食用油籽、畜产品和食糖进口额同比下降 5.8%、6.3%和 29.2%。下降幅度最大的是食糖进口额同比下降 29.2%（表 1）。

表 1　2006—2015 年加拿大主要农产品进口额同比变化情况

单位:%

	2006 年	2007 年	2008 年	2009 年	2010 年	2011 年	2012 年	2013 年	2014 年	2015 年
农产品	12.8	22.6	−5.1	11.0	−12.9	49.0	5.0	0.3	−13.5	18.1
谷物	7.7	58.2	39.7	−23.8	−5.4	5.4	−0.1	3.5	−89.1	911.7
棉花	−23.3	−26.6	−62.6	−37.4	27.9	8.1	−30.4	3.1	−6.6	2.1

（续）

	2006年	2007年	2008年	2009年	2010年	2011年	2012年	2013年	2014年	2015年
食用油籽	−43.1	94.5	57.9	−7.6	−35.2	82.8	19.7	−42.6	94.3	−5.8
食用植物油	26.1	23.8	15.4	2.4	10.9	−14.4	13.3	−11.5	−76.7	245.5
食糖	38.8	−18.0	24.6	−0.3	35.5	42.5	−22.9	−18.6	4.2	−29.2
蔬菜	38.9	13.1	−67.6	230.7	−5.2	29.2	−2.2	6.7	5.4	2.7
水果	14.3	13.2	−1.5	9.3	−33.1	80.7	7.4	0.4	−59.9	150.3
畜产品	37.0	25.0	−12.1	12.3	12.7	21.1	12.7	5.2	8.2	−6.3
水产品	6.8	13.2	−34.3	31.8	25.5	22.8	0.6	5.6	1.4	−4.9
饮品	7.2	30.2	12.8	−5.7	−50.8	189.1	1.2	0.3	−14.0	13.1

2015年，加拿大农产品中出口额靠前的是畜产品、谷物和食用油籽，出口额分别为83.7亿美元、78.2亿美元和64.2亿美元，占其农产品出口额的比重分别为17.1%、15.9%和13.1%。此外，加拿大还出口水产品、饮品、蔬菜和食用植物油等，出口额分别为48.9亿美元、29.2亿美元、28.0亿美元和22.7亿美元，分别占其农产品出口额的10.0%、5.9%、5.7%和4.6%（图4）。

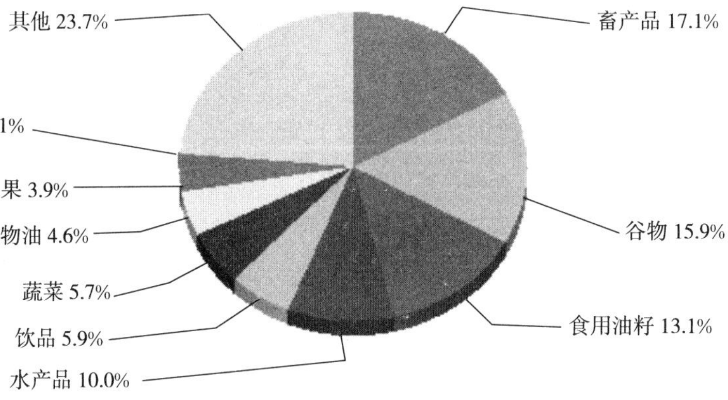

图4　2015年加拿大农产品出口结构

2015年，加拿大出口额同比增长较快的农产品是谷物、水果和食糖，增幅分别为2 242.1%、55.7%和52.7%。饮品、水产品和蔬菜的增幅在1.8%～31.1%之间。其他农产品出口额同比下降，其中棉花、食用油籽和畜产品分别下降1.9%、10.8%和13.2%。下降幅度最大的是畜产品出口额同比下降13.2%（表2）。

表 2 2006—2015 年加拿大主要农产品出口额同比变化情况

单位:%

	2006 年	2007 年	2008 年	2009 年	2010 年	2011 年	2012 年	2013 年	2014 年	2015 年
农产品	9.8	21.2	4.6	−1.9	6.0	24.9	6.6	1.0	−15.2	17.9
谷物	35.4	40.5	49.5	−24.6	−10.0	26.0	6.4	7.5	−96.1	2 242.1
棉花	−11.8	426.4	−52.6	−88.0	−10.5	127.4	−60.0	−56.2	−42.8	−1.9
食用油籽	−3.1	93.3	62.3	−14.6	14.2	27.1	21.4	−14.3	5.7	−10.8
食用植物油	38.7	38.0	69.1	−24.7	54.3	51.0	5.8	−17.0	−21.2	−1.1
食糖	194.9	−54.1	217.1	−78.3	278.9	10.5	−27.4	−53.4	−27.4	52.7
蔬菜	28.6	9.5	−49.6	103.7	−1.6	16.4	−5.3	11.4	0.3	1.8
水果	14.8	5.2	−5.7	−4.4	−67.1	313.7	9.4	−6.7	−26.1	55.7
畜产品	5.8	9.4	1.6	−16.2	21.0	6.7	3.5	5.4	11.4	−13.2
水产品	1.4	1.7	−54.8	81.6	25.1	11.6	0.0	2.3	3.6	5.4
饮品	−1.0	4.2	1.5	−11.0	−23.7	87.5	2.7	2.3	−18.1	31.1

(二)主要贸易伙伴

2015 年加拿大前五大农产品进口来源地分别为美国、墨西哥、中国、意大利和法国，进口额分别为 217.9 亿美元、16.5 亿美元、11.3 亿美元、8.6 亿美元和 7.6 亿美元，占其农产品进口额的比重分别为 59.1%、4.5%、3.1%、2.3%和 2.1%(图 5)。

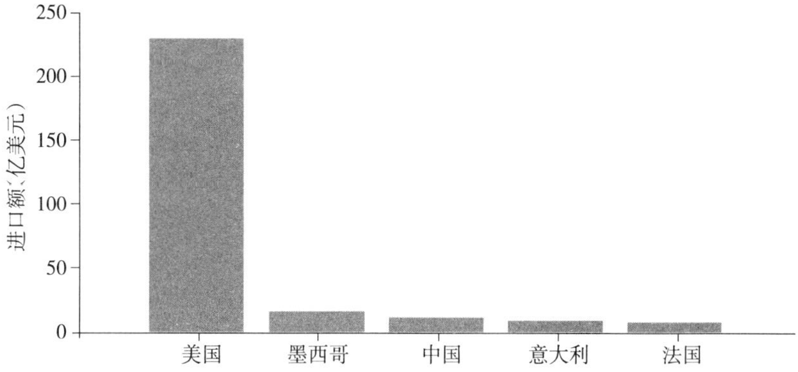

图 5 2015 年加拿大前五大农产品进口来源地

2015 年加拿大前五大农产品出口市场分别为美国、中国、日本、墨西哥和印度，出口额分别为 263.5 亿美元、49.2 亿美元、30.0 亿美元、13.6 亿美元和 12.0 亿美元，占其农产品出口额的比重分别为 53.9%、10.1%、6.1%、2.8%和 2.5%(图 6)。

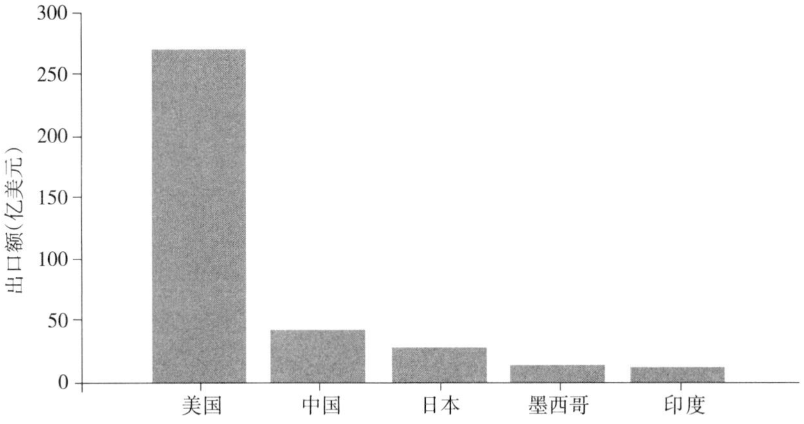

图 6　2015 年加拿大前五大农产品出口市场

4-24-2 加拿大主要农产品出口额（一）

单位：万美元

项 目	2005年	2006年	2007年	2008年	2009年	2010年
农产品	2 517 683.0	2 763 686.7	3 349 791.1	3 504 810.9	3 437 569.4	3 643 609.9
谷物	304 925.2	412 748.2	579 881.4	867 050.4	653 735.7	588 167.8
小麦产品	232 436.5	331 690.7	448 888.8	675 388.2	540 392.5	464 860.0
玉米产品	5 575.6	5 335.5	13 864.2	27 484.3	10 419.2	25 504.6
稻谷产品	4 675.6	5 138.2	6 694.4	10 208.5	9 379.0	8 227.7
棉花	116.3	102.6	539.9	255.7	30.6	27.4
食用油籽	173 815.1	168 483.8	325 604.1	528 338.3	451 309.2	515 199.9
大豆	34 334.6	168.7	64 010.2	86 625.1	97 240.7	138 252.5
花生	2 429.5	2 817.7	3 046.6	4 337.7	3 477.1	10.8
油菜籽	107 488.1	154 898.0	213 143.5	366 531.9	305 560.1	330 204.0
食用植物油	58 482.1	81 121.9	111 968.1	189 335.5	142 575.3	219 997.6
豆油	1 101.5	1 326.8	2 676.8	6 237.9	3 691.0	5 014.5
菜籽油	52 934.7	75 564.8	105 001.8	176 558.8	135 615.4	212 547.8
棕榈油	58.4	57.3	59.5	62.6	20.7	32.1
食糖	1 762.0	5 195.7	2 382.9	7 556.9	1 636.5	6 201.6
蔬菜	157 282.5	202 242.7	221 388.7	111 504.9	227 105.0	223 431.3
水果	109 481.2	125 666.9	132 160.9	124 643.6	119 101.2	39 193.4
畜产品	622 339.0	658 327.0	720 413.5	732 012.7	613 554.8	742 705.5
猪肉	191 128.8	181 008.9	179 124.3	206 058.3	182 700.7	222 615.8
牛肉	146 427.3	110 475.8	104 941.4	114 476.7	100 467.4	127 399.4
羊肉	125.3	81.1	157.8	136.1	166.9	183.6
家禽	23 980.5	25 359.8	35 022.3	34 709.6	37 447.5	40 500.3
蛋产品	323.5	4 478.9	4 170.8		3 974.6	5 466.6
乳品	2 550.6	19 689.7	21 574.8	5 114.1	15 056.0	16 593.2
动物生皮	30 240.0	28 195.7	29 505.5	26 815.6	15 975.0	28 390.8
动物生毛皮	21 180.2	30 993.7	28 920.8	35 168.0	25 739.8	39 947.2
羊毛	210.4	206.1	219.2	156.5	182.0	226.2
水产品	371 041.7	376 167.6	382 559.9	172 824.3	313 817.4	392 432.5
饮品	193 915.0	192 009.7	200 033.3	202 940.1	180 558.5	137 778.1
酒	66 322.5	65 934.6	77 028.0	74 763.0	63 864.2	7 883.1
茶	7 558.6	8 145.9	7 754.9	8 247.7	9 868.7	3 705.9
咖啡	17 708.1	18 384.3	17 598.4	19 218.7	22 332.0	31 892.8

加拿大主要农产品出口额（二）

单位：万美元

项　目	2011年	2012年	2013年	2014年	2015年
农产品	4 551 743.7	4 850 416.6	4 901 068.0	4 158 308.9	4 904 346.3
谷物	741 287.9	788 968.8	848 443.4	33 380.8	781 806.7
小麦产品	586 223.7	626 397.6	661 710.2	2 099.1	638 977.5
玉米产品	36 591.7	30 654.1	59 153.5	1 927.1	17 023.4
稻谷产品	10 309.0	10 152.6	11 645.8	12 380.2	13 079.9
棉花	62.2	24.9	10.9	6.2	6.1
食用油籽	654 692.7	795 044.0	681 573.0	720 188.2	642 337.0
大豆	145 954.4	222 220.4	205 458.6	178 743.2	183 708.6
花生	3 467.1	6 576.3	2.5	5 683.6	6 253.4
油菜籽	463 922.4	521 536.7	419 332.8	470 572.1	389 299.5
食用植物油	332 196.4	351 300.3	291 452.7	229 776.7	227 154.9
豆油	8 893.6	8 814.9	11 943.0		11 738.9
菜籽油	319 038.5	338 611.3	275 351.9	227 401.0	212 040.3
棕榈油	137.2	85.5	152.2		6.0
食糖	6 850.5	4 970.9	2 317.3	1 681.7	2 568.3
蔬菜	260 011.4	246 285.8	274 313.7	275 268.4	280 226.9
水果	162 126.1	177 372.9	165 483.4	122 210.0	190 257.4
畜产品	792 726.6	820 626.4	865 236.3	964 100.7	836 887.6
猪肉	265 489.9	261 211.2	255 726.1	280 797.4	224 431.4
牛肉	120 262.2	105 396.1	110 846.0	149 632.7	150 573.3
羊肉	93.7	91.2	143.9	57.8	55.2
家禽	41 911.1	46 502.5	48 794.1	49 827.1	52 359.9
蛋产品	5 223.8	5 259.8	4 807.6	6 381.9	7 054.1
乳品	19 372.8	19 823.4	25 290.0	25 725.2	17 035.5
动物生皮	31 737.7	29 505.4	32 634.2	35 428.1	27 149.2
动物生毛皮	48 645.9	66 880.0	91 829.6	61 045.8	59 901.2
羊毛	348.6	326.0	234.6	375.8	239.6
水产品	437 996.3	438 082.7	448 070.4	464 114.6	489 162.1
饮品	258 370.8	265 322.8	271 384.4	222 331.7	291 510.4
酒	76 601.1	76 622.8	83 762.2	77 185.5	74 391.1
茶	11 290.8	11 116.6	10 669.7	6 948.9	9 755.7
咖啡	50 445.8	49 465.9	45 865.3	1 134.9	53 528.7

4-24-3 加拿大主要农产品进口额（一）

单位：万美元

项 目	2005年	2006年	2007年	2008年	2009年	2010年
农产品	1 815 698.0	2 048 678.0	2 512 168.6	2 383 877.6	2 646 178.4	2 304 355.7
谷物	46 234.5	49 810.9	78 794.6	110 091.1	83 913.9	79 380.6
小麦产品	2 257.6	2 747.5	5 446.2	9 182.5	5 929.2	5 216.9
玉米产品	26 203.1	26 750.2	49 005.7	65 052.3	42 561.8	37 132.3
稻谷产品	15 352.2	17 864.7	21 142.5	31 668.9	32 167.0	33 551.8
棉花	6 447.6	4 942.7	3 625.6	1 357.6	849.7	1 086.8
食用油籽	36 296.0	20 661.1	40 185.8	63 459.2	58 628.4	37 964.4
大豆	9 765.4	1 132.2	7 801.2	18 862.6	17 499.4	11 474.1
花生	10 061.7	2 614.8	10 995.4	15 883.8	12 729.8	9 809.6
油菜籽	2 992.8	4 451.9	7 588.7	9 811.5	10 921.5	10 823.9
食用植物油	28 256.5	35 637.5	44 130.1	50 911.0	52 114.7	57 796.5
豆油	4 466.4	4 830.4	6 042.8	9 011.7	4 567.1	4 454.6
菜籽油	3 209.2	5 105.4	9 305.1	6 876.7	12 979.7	21 770.2
棕榈油	1 019.7	2 518.6	2 797.5	4 262.7	6 458.3	7 834.9
食糖	29 877.8	41 462.7	34 014.5	42 369.4	42 232.9	57 246.3
蔬菜	182 037.5	252 797.4	285 941.4	92 730.9	306 615.9	290 818.8
水果	341 944.0	390 759.7	442 194.1	435 775.5	476 497.7	318 620.9
畜产品	166 154.9	227 581.0	284 520.2	250 231.9	280 894.4	316 446.7
猪肉	29 444.2	31 688.1	36 340.0	42 036.5	36 274.8	42 217.9
牛肉	29 618.0	45 579.0	65 604.5	68 503.4	66 191.3	72 249.6
羊肉	9 573.7	10 247.4	11 149.7	11 134.1	11 915.8	11 907.6
家禽	37 618.0	40 019.7	50 853.0	51 421.4	53 398.3	58 150.8
蛋产品	160.4	4 255.5	5 353.2		6 437.6	6 788.0
乳品	7 080.6	34 447.8	43 337.3	6 259.7	33 590.7	38 736.2
动物生皮	1 256.8	484.0	545.8	677.9	1 036.0	978.2
动物生毛皮	7 519.8	10 863.6	14 432.2	10 696.3	8 947.3	8 844.2
羊毛	437.3	670.2	483.4	549.1	282.6	443.7
水产品	179 254.3	191 382.8	216 560.8	142 286.2	187 568.3	235 439.8
饮品	376 994.0	404 095.9	526 332.6	593 904.6	560 046.8	275 357.2
酒	197 239.9	198 201.7	296 102.4	311 808.9	276 325.5	39 398.6
茶	13 227.6	14 835.2	17 215.9	18 951.3	19 182.3	16 116.6
咖啡	59 993.2	71 141.4	77 665.8	90 795.5	90 968.1	97 096.9

加拿大主要农产品进口额（二）

单位：万美元

项 目	2011年	2012年	2013年	2014年	2015年
农产品	3 432 852.3	3 605 409.2	3 617 244.1	3 129 962.1	3 696 377.2
谷物	83 667.7	83 624.9	86 566.9	9 456.7	95 670.5
小麦产品	7 704.0	9 630.7	7 875.5	1 020.6	9 685.1
玉米产品	38 036.8	36 436.8	35 499.8	3 805.1	40 032.3
稻谷产品	32 731.9	32 549.0	35 331.9	2 670.1	36 099.6
棉花	1 175.2	817.6	842.9	787.6	804.1
食用油籽	69 382.5	83 065.3	47 648.1	92 598.6	87 238.5
大豆	15 959.7	17 346.3	16 063.4	21 219.1	16 835.4
花生	17 461.7	22 183.3	11 343.3	20 515.7	20 222.5
油菜籽	10 933.7	14 111.4	11 094.8	11 054.2	9 847.0
食用植物油	49 451.0	56 044.3	49 578.5	11 528.8	39 829.0
豆油	4 476.9	3 766.4	4 148.4		2 728.4
菜籽油	10 055.1	18 056.6	10 514.5	8 530.3	4 158.1
棕榈油	9 597.8	9 499.8	8 821.4		8 412.5
食糖	81 562.1	62 861.2	51 173.6	53 300.5	37 738.6
蔬菜	375 645.4	367 253.3	391 992.3	413 048.4	424 138.1
水果	575 808.5	618 678.7	620 898.8	248 862.0	622 901.4
畜产品	383 203.4	431 876.3	454 142.2	491 395.8	460 408.7
猪肉	47 962.9	51 943.0	46 205.1	50 933.3	42 718.1
牛肉	100 595.1	116 705.7	114 089.7	109 465.2	102 246.8
羊肉	16 526.4	13 742.4	14 285.5	16 128.4	14 517.0
家禽	57 584.6	71 960.3	74 923.0	71 268.3	74 100.0
蛋产品	7 086.2	7 735.8	9 780.2	14 055.8	17 801.6
乳品	43 580.7	41 837.8	44 846.2	49 357.3	42 942.8
动物生皮	1 168.8	809.4	590.4	407.8	563.4
动物生毛皮	14 124.4	18 707.9	37 129.5	56 173.1	39 918.4
羊毛	495.7	446.1	426.9	531.5	506.4
水产品	289 169.1	290 797.0	307 212.7	311 439.2	296 118.4
饮品	795 980.6	805 710.7	808 091.1	695 002.0	785 779.0
酒	395 413.6	412 780.2	426 939.2	424 707.3	380 663.6
茶	22 409.0	23 270.4	22 276.9	20 260.4	18 713.1
咖啡	161 466.1	157 292.7	133 968.0	147 456.6	138 057.4

4-24-4 加拿大主要农产品出口量（一）

单位：吨

项目	2005年	2006年	2007年	2008年	2009年	2010年
农产品						
谷物	18 481 600.8	23 095 751.6	23 137 196.6	34 232 737.0	23 612 824.8	23 134 118.3
小麦产品	14 146 583.5	18 746 022.8	17 808 122.2	27 651 565.0	19 457 520.0	18 591 886.0
玉米产品	313 106.4	249 819.5	523 690.8	1 048 496.5	265 544.2	883 156.1
稻谷产品	132 911.5	136 681.4	151 099.5	165 966.2	186 683.3	188 348.0
棉花	1 958.2	1 240.9	2 725.8	2 155.2	309.8	340.4
食用油籽	5 933 261.3	5 805 308.2	8 390 836.7	4 116 303.5	10 736 051.3	11 168 686.8
大豆	1 185 652.2	5 772.4	1 889 123.4	2 857 475.9	2 300 180.0	2 815 446.8
花生	14 995.8	16 478.8	15 865.3	31 675.5	13 307.1	73.3
油菜籽	4 001 211.5	5 551 807.3	5 401 629.2	8 727.4	7 679 124.7	7 470 640.3
食用植物油	928 002.4	1 234 686.8	1 305 220.6	1 784 618.1	1 606 336.8	2 303 514.5
豆油	15 103.7	17 774.8	29 480.2	68 322.8	44 756.7	53 094.4
菜籽油	872 475.0	1 179 633.4	1 231 376.8	1 658 234.6	1 533 182.0	2 232 582.3
棕榈油	676.8	505.9	881.5	745.4	203.1	179.2
食糖	31 050.0	74 716.2	35 654.1	168 421.6	22 260.1	86 380.3
蔬菜	2 110 099.7	2 311 864.8	2 532 694.8	1 069 582.5	2 313 007.6	196 013.2
水果						
畜产品						
猪肉	773 466.9	777 085.6	737 807.6	825 055.8	811 438.1	843 815.0
牛肉	423 477.3	337 929.4	323 799.1	200 774.1	340 664.8	371 187.3
羊肉	351.3	267.3	747.1	153.5	379.1	400.0
家禽	147 438.5	162 178.0	187 154.7	194 269.4	193 289.6	200 122.1
蛋产品						
乳品	18 596.1	109 839.0	94 726.5	16 900.5	67 877.9	69 880.4
动物生皮	185 934.9	170 283.9	208 244.2	100 281.2	73 970.5	200 289.5
动物生毛皮						
羊毛	1 138.5	1 072.5	1 022.1	584.7	795.6	749.5
水产品						
饮品						
酒						
茶	45 354.0	52 883.6	47 505.6	9 965.9	59 083.4	2 369.9
咖啡	39 408.5	37 281.0	34 194.2	34 261.6	31 671.2	39 064.7

加拿大主要农产品出口量（二）

单位：吨

项　目	2011年	2012年	2013年	2014年	2015年
农产品					
谷物	21 145 570.3	22 690 578.2	25 102 237.0	567 055.5	28 423 059.0
小麦产品	16 521 668.3	18 034 418.4	19 795 587.1	33 304.4	23 892 308.9
玉米产品	1 090 670.8	734 456.1	1 805 318.0	59 357.5	651 920.9
稻谷产品	205 817.3	194 612.5	205 201.8	226 505.8	243 606.3
棉花	461.8	698.7	178.8	169.3	142.3
食用油籽	11 147 361.6	12 637 035.4	11 310 200.6	14 179 068.3	14 326 435.6
大豆	2 693 695.5	3 704 273.4	3 610 616.0	3 530 917.8	4 265 280.0
花生	12 683.6	16 694.8	19.3	14 859.6	17 827.9
油菜籽	7 890 773.7	8 339 352.7	6 967 986.4	9 770 810.8	9 210 176.6
食用植物油	2 623 804.4	2 789 286.0	2 422 868.0	2 397 975.7	2 754 771.2
豆油	69 436.9	72 845.1	104 120.2		153 750.8
菜籽油	2 527 575.4	2 692 279.6	2 286 987.5	2 378 949.2	2 576 786.3
棕榈油	768.9	637.6	1 510.8		49.5
食糖	72 200.0	56 455.9	31 579.7	23 601.0	34 999.3
蔬菜	2 482 811.0	2 223 880.8	2 408 127.3	2 482 275.7	2 534 792.7
水果					
畜产品					
猪肉	870 042.3	903 994.4	902 721.7	879 535.4	895 021.2
牛肉	302 184.1	237 323.9	235 286.3	266 546.7	275 261.8
羊肉	247.4	188.0	506.1	151.5	152.8
家禽	192 804.8	185 281.2	196 918.2	184 502.1	183 269.0
蛋产品					
乳品	72 723.3	69 813.8	85 273.9	93 694.9	82 421.5
动物生皮	171 603.7	141 341.1	154 807.0	142 957.8	108 849.0
动物生毛皮					
羊毛	803.8	777.7	684.0	1 075.5	624.2
水产品					
饮品					
酒					
茶	59 469.9	56 636.6	60 549.7	53 589.5	57 228.8
咖啡	50 049.5	48 784.9	52 126.2	1 295.2	59 796.3

4-24-5 加拿大主要农产品进口量（一）

单位：吨

项　目	2005年	2006年	2007年	2008年	2009年	2010年
农产品						
谷物	2 790 183.0	2 532 004.0	3 272 542.5	3 454 641.9	2 723 214.1	2 287 358.8
小麦产品	73 979.6	91 977.2	143 313.2	149 060.4	206 780.5	143 028.4
玉米产品	2 245 241.6	1 978 771.4	2 654 477.9	2 804 105.3	2 026 408.8	1 660 562.8
稻谷产品	351 537.1	366 856.0	375 627.6	397 699.2	401 631.2	389 736.1
棉花	53 986.5	38 427.4	28 297.3	11 161.3	8 816.6	10 325.3
食用油籽	737 886.3	283 904.9	629 265.2	732 462.8	760 727.9	595 533.2
大豆	410 434.5	44 207.8	257 859.8	413 931.6	439 522.2	263 015.3
花生	103 970.7	16 700.5	106 024.6	108 968.3	102 918.4	89 846.6
油菜籽	102 341.9	162 798.7	202 050.6	138 825.9	141 746.0	186 339.9
食用植物油	258 429.2	311 754.7	354 322.5	273 717.4	378 271.3	466 673.3
豆油	74 539.3	80 509.8	77 594.8	70 869.1	41 325.3	40 388.6
菜籽油	49 091.2	75 234.0	112 003.3	41 286.6	148 828.4	248 596.2
棕榈油	14 494.5	35 043.1	28 898.4	33 617.7	65 462.7	72 858.1
食糖	1 222 946.5	1 216 853.1	1 276 550.8	1 319 323.2	1 057 136.5	1 149 447.2
蔬菜	1 956 609.8	2 421 697.5	2 458 410.7	617 787.0	2 483 790.6	2 277 419.7
水果						
畜产品						
猪肉	87 228.2	90 857.4	109 904.4	126 806.0	114 192.7	113 987.6
牛肉	82 618.4	98 329.7	135 779.3	127 463.5	145 323.6	139 433.4
羊肉	18 878.4	22 173.4	23 553.8	21 643.7	22 335.6	21 740.4
家禽	139 680.5	178 025.7	211 073.6	217 138.2	213 644.0	220 261.9
蛋产品						
乳品	39 228.9	172 009.7	192 121.5	48 476.8	284 347.6	246 657.1
动物生皮	7 121.8	2 677.5	2 650.6	3 045.2	5 474.0	7 841.8
动物生毛皮						
羊毛	1 622.0	2 492.4	1 614.7	1 924.9	917.7	1 325.2
水产品						
饮品						
酒						
茶	26 660.0	21 710.5	26 081.9	25 582.8	23 641.2	17 849.1
咖啡	262 183.7	213 344.3	219 076.6	211 997.6	216 205.0	215 877.9

加拿大主要农产品进口量（二）

单位：吨

项 目	2011年	2012年	2013年	2014年	2015年
农产品					
谷物	1 824 035.2	1 396 752.6	1 332 663.6	135 889.5	2 399 348.8
小麦产品	168 121.1	221 472.8	155 464.5	17 363.1	227 229.9
玉米产品	1 153 699.7	728 632.7	649 316.5	77 997.2	1 529 250.6
稻谷产品	390 823.0	378 988.7	437 390.8	26 010.4	417 566.6
棉花	11 224.5	10 075.2	12 615.4	12 166.5	12 642.9
食用油籽	658 250.0	637 179.4	493 612.3	678 263.3	654 683.7
大豆	312 875.2	303 507.4	260 632.8	372 645.3	332 714.4
花生	107 214.0	98 882.8	89 378.7	128 124.8	128 629.1
油菜籽	146 339.3	127 197.7	75 303.5	73 810.1	91 855.5
食用植物油	283 489.9	342 244.0	287 304.3	91 465.2	247 696.4
豆油	30 275.5	25 725.1	30 591.3		28 387.6
菜籽油	78 032.9	141 597.6	81 436.4	74 600.4	40 355.4
棕榈油	71 260.3	76 066.7	77 828.5		90 178.9
食糖	1 177 215.0	1 124 467.7	1 050 743.1	1 232 126.8	1 143 366.9
蔬菜	2 791 308.9	2 815 566.0	2 900 107.4	2 845 600.0	2 842 522.5
水果					
畜产品					
猪肉	122 520.4	138 887.2	121 390.7	116 255.1	115 159.1
牛肉	167 214.6	179 489.1	173 774.3	162 663.5	162 909.9
羊肉	20 053.8	17 215.1	19 185.6	20 388.2	20 985.9
家禽	225 101.6	246 918.4	256 876.3	249 909.1	270 890.2
蛋产品					
乳品	116 182.7	111 487.2	137 759.2	162 547.8	146 246.8
动物生皮	5 655.5	3 239.5	2 288.5	1 240.9	1 849.0
动物生毛皮					
羊毛	1 095.4	944.7	1 063.8	1 250.4	1 242.1
水产品					
饮品					
酒					
茶	27 925.2	25 689.3	26 648.1	15 887.2	26 212.9
咖啡	253 548.3	251 666.0	259 596.2	34 330.8	266 391.4

4-24-6 加拿大农产品出口额前15位国家（地区）
（2015年）

单位：万美元，%

序号	国家（地区）	出口额	同比增长
1	美国	2 634 548.7	8.4
2	中国	491 879.7	10.2
3	日本	300 125.2	－0.4
4	墨西哥	136 491.5	11.3
5	印度	120 298.2	45.5
6	中国香港	69 421.4	－12.0
7	意大利	59 588.5	257.7
8	孟加拉国	59 136.4	141.0
9	印度尼西亚	52 452.0	356.1
10	阿拉伯联合酋长国	49 985.6	35.3
11	韩国	48 465.6	23.1
12	英国	45 155.5	45.6
13	土耳其	42 341.2	55.3
14	巴基斯坦	41 654.2	75.8
15	秘鲁	40 444.8	781.8
	总计	**4 191 988.4**	

4-24-7 加拿大农产品进口额前15位国家（地区）
（2015年）

单位：万美元，%

序号	国家（地区）	进口额	同比增长
1	美国	2 179 397.7	13.3
2	墨西哥	165 460.4	49.7
3	中国	113 204.5	8.7
4	意大利	86 287.6	17.4
5	法国	75 814.7	−6.9
6	巴西	65 813.7	7.7
7	智利	62 100.4	74.6
8	泰国	58 816.2	16.0
9	澳大利亚	50 790.9	2.3
10	印度	45 830.6	17.4
11	英国	43 606.7	1.7
12	新西兰	40 912.3	9.8
13	越南	37 146.4	21.6
14	危地马拉	35 085.1	364.7
15	哥伦比亚	34 865.5	203.4
	总计	**3 095 132.8**	

4-25 墨西哥主要农产品贸易情况

4-25-1 墨西哥主要农产品出口额（一）

单位：万美元

项　目	2005年	2006年	2007年	2008年	2009年	2010年
农产品	1 182 618.5	1 386 656.0	1 489 577.2	1 647 533.8	1 616 884.1	1 819 284.8
谷物	12 095.7	15 797.7	28 681.8	71 585.6	44 949.8	32 646.3
小麦产品	8 287.4	9 931.4	18 136.7	65 004.6	32 262.8	13 542.2
玉米产品	3 620.6	5 618.9	9 942.8	5 902.3	12 226.0	18 670.5
稻谷产品	161.2	186.3	542.7	671.9	442.8	389.1
棉花	6 500.6	6 299.6	7 560.3	9 151.4	5 896.8	7 133.2
食用油籽	3 255.0	3 249.8	3 982.0	6 370.0	5 895.7	6 262.4
大豆	112.4	20.0	32.0	18.2	15.8	20.9
花生	1 087.9	1 242.7	1 886.8	2 963.8	2 636.4	2 695.6
油菜籽	2.3			37.2	3.1	
食用植物油	5 137.5	5 298.9	7 557.4	8 885.0	5 673.7	6 788.2
豆油	112.8	25.9	55.8	323.1	269.3	548.8
菜籽油	1.5	1.6	32.8	225.0	333.6	290.3
棕榈油	14.0	51.1	65.8	36.1	172.2	
食糖	12 966.2	38 992.1	9 412.7	40 318.0	50 786.6	68 253.9
蔬菜	344 913.2	377 082.7	386 227.9	414 408.8	399 197.1	468 569.1
水果	189 336.0	208 696.3	261 819.8	272 804.1	276 597.9	301 320.1
畜产品	100 831.5	121 013.3	113 835.8	112 434.1	110 477.6	144 692.8
猪肉	18 315.3	19 397.6	23 684.5	32 521.7	23 229.5	27 126.3
牛肉	10 905.9	13 205.9	14 846.7	14 466.6	17 305.3	28 814.7
羊肉	5.3	19.6	8.3	17.1	65.5	70.8
家禽	505.7	663.7	1 260.8	2 263.6	2 384.1	3 311.2
蛋产品	129.5	53.0	37.1	170.3	193.3	347.5
乳品	7 415.2	6 840.9	7 353.0	9 102.1	7 976.7	10 038.5
动物生皮	266.9	322.8	471.5	335.6	368.5	529.3
动物生毛皮	1.3		8.0	4.5		12.8
羊毛	140.4	62.1	24.3	24.8	36.4	43.6
水产品	66 152.2	74 229.3	82 766.3	88 796.5	85 922.6	86 061.8
饮品	291 077.2	340 525.7	358 488.7	364 316.0	369 145.9	408 435.9
酒	219 763.5	256 983.7	261 066.2	260 625.7	251 207.0	275 831.9
茶	3 904.9	1 422.7	1 937.4	522.7	767.0	546.1
咖啡	30 095.1	38 332.5	46 122.7	46 627.2	47 822.3	50 738.9

墨西哥主要农产品出口额（二）

单位：万美元

项　目	2011 年	2012 年	2013 年	2014 年	2015 年
农产品	2 225 005.9	2 197 666.1	2 439 325.9	2 576 804.4	2 677 841.8
谷物	44 356.7	48 792.2	63 192.1	74 536.7	70 506.1
小麦产品	36 393.9	21 269.2	32 286.0	48 420.8	37 299.0
玉米产品	7 684.5	27 151.3	30 459.2	25 561.8	32 684.5
稻谷产品	229.4	214.1	236.7	242.5	289.5
棉花	14 934.0	18 126.0	12 967.7	6 351.1	5 648.8
食用油籽	7 388.1	8 829.8	10 585.0	12 345.7	12 108.1
大豆	32.1	37.3	38.5	40.3	34.9
花生	3 427.5	4 817.4	4 376.8	4 257.6	3 685.9
油菜籽					0.1
食用植物油	8 872.9	9 995.4	10 547.2	11 037.5	10 020.0
豆油	470.9	708.5	677.5	603.7	442.9
菜籽油	317.8	352.1	346.5	334.6	250.9
棕榈油	53.4	265.9	178.7	254.4	439.4
食糖	121 176.2	73 652.6	130 439.2	90 729.7	80 658.4
蔬菜	539 227.8	494 308.9	586 288.6	578 565.8	617 166.5
水果	353 456.1	360 300.4	425 380.1	482 864.0	528 158.6
畜产品	209 828.0	229 271.8	208 011.8	261 204.0	292 112.8
猪肉	32 307.7	38 142.4	44 463.4	42 903.9	39 457.6
牛肉	53 200.8	74 746.4	64 875.1	90 732.4	109 147.2
羊肉	80.0	67.1	49.1	85.8	150.8
家禽	4 022.6	3 072.8	3 506.7	4 270.1	3 370.7
蛋产品	1 067.9	540.8	169.6	52.9	594.5
乳品	11 937.6	11 210.3	14 106.6	14 795.7	13 487.7
动物生皮	963.8	721.3	886.7	1 860.6	3 915.0
动物生毛皮	45.7	43.9	67.0	59.2	1.7
羊毛	177.3	128.2	88.6	133.5	156.8
水产品	122 222.6	96 667.9	121 175.6	130 478.3	122 137.6
饮品	478 803.1	497 669.7	500 886.7	530 182.7	541 802.0
酒	300 625.9	315 483.3	336 915.5	374 129.4	387 730.1
茶	539.2	621.3	825.6	709.0	585.3
咖啡	85 660.3	91 763.3	70 577.0	59 985.0	58 615.9

4-25-2 墨西哥主要农产品进口额（一）

单位：万美元

项 目	2005年	2006年	2007年	2008年	2009年	2010年
农产品	1 498 735.6	1 675 322.5	2 009 010.8	2 390 792.6	1 893 448.6	2 159 037.6
谷物	224 050.6	290 093.2	369 168.7	466 600.2	315 122.5	336 888.4
小麦产品	62 816.4	70 946.1	88 149.1	128 254.4	75 667.6	87 938.7
玉米产品	105 512.7	157 004.9	211 042.9	246 028.2	150 227.6	165 717.5
稻谷产品	16 643.4	20 591.9	25 102.8	37 416.4	34 823.8	32 321.1
棉花	46 729.6	49 738.3	46 953.9	54 576.7	41 813.3	64 149.4
食用油籽	155 306.6	165 114.7	211 716.9	326 390.1	236 349.3	273 083.4
大豆	100 639.3	103 015.2	131 694.4	199 979.2	159 400.6	177 333.5
花生	8 378.0	8 329.3	11 632.2	15 403.1	12 386.4	14 063.1
油菜籽	28 906.3	34 514.1	47 987.8	88 856.6	49 349.3	66 711.9
食用植物油	39 825.1	38 174.9	52 532.2	82 438.7	54 643.4	60 701.9
豆油	8 894.2	6 116.4	13 338.7	27 944.3	16 637.4	18 004.4
菜籽油	4 395.9	3 820.5	3 011.1	6 681.4	1 990.8	1 611.7
棕榈油	12 991.6	16 837.9	22 105.8	34 851.2	26 597.7	31 430.3
食糖	5 157.8	22 750.4	13 326.4	9 207.3	32 453.4	32 727.3
蔬菜	65 473.6	74 570.7	81 235.5	91 163.2	79 839.0	88 017.6
水果	104 416.0	128 092.1	141 637.2	150 154.5	113 952.5	124 820.6
畜产品	431 257.2	443 590.1	547 311.5	587 814.1	468 814.1	556 607.1
猪肉	51 520.4	53 354.1	50 935.9	65 819.4	71 078.4	98 088.1
牛肉	87 414.1	97 328.7	107 708.0	116 614.3	83 942.7	87 473.9
羊肉	7 099.9	5 990.5	6 699.2	6 794.3	4 520.1	4 335.4
家禽	67 801.4	77 093.1	86 264.3	98 161.1	89 822.3	103 974.0
蛋产品	2 737.4	3 969.6	3 496.0	2 966.6	3 289.1	3 547.3
乳品	112 015.2	99 037.7	163 414.4	146 984.2	103 232.9	123 396.8
动物生皮	15 538.9	15 957.5	15 308.7	14 087.2	10 623.3	15 169.7
动物生毛皮	2.1	2.3	2.0	0.7	0.7	2.2
羊毛	1 191.7	1 091.6	916.6	1 087.1	747.6	942.4
水产品	40 689.9	48 432.6	58 878.3	64 120.9	42 829.1	57 947.3
饮品	77 604.0	87 367.8	101 246.4	121 244.0	111 667.9	135 873.6
酒	40 328.4	45 133.8	50 914.8	60 003.1	56 987.7	64 995.9
茶	1 479.9	1 307.4	1 666.4	3 407.9	3 963.8	5 065.5
咖啡	3 462.5	3 590.4	4 332.0	4 363.4	4 097.7	7 969.1

墨西哥主要农产品进口额（二）

单位：万美元

项　目	2011年	2012年	2013年	2014年	2015年
农产品	2 702 535.4	2 507 136.7	2 733 284.7	2 816 028.6	2 575 814.7
谷物	565 899.6	474 239.6	448 465.2	443 860.9	421 598.9
小麦产品	137 067.4	78 987.5	140 422.2	138 707.3	109 769.4
玉米产品	309 198.0	309 606.5	215 052.8	247 883.6	254 692.2
稻谷产品	38 096.9	37 426.0	43 982.9	40 640.3	32 786.2
棉花	84 763.2	46 025.6	46 322.2	42 902.5	34 356.2
食用油籽	323 239.0	221 621.0	331 139.8	314 364.2	258 429.7
大豆	189 775.7	102 836.9	207 196.9	207 688.0	157 621.0
花生	19 468.4	10 230.5	17 348.0	17 306.7	19 332.8
油菜籽	97 345.0	93 418.6	87 965.5	70 976.2	66 988.1
食用植物油	84 779.3	90 668.1	86 090.9	78 630.0	77 816.1
豆油	19 545.4	21 659.8	22 632.3	19 029.8	20 508.8
菜籽油	7 606.3	7 377.4	5 677.8	5 686.8	7 288.5
棕榈油	43 586.8	47 625.3	42 054.3	39 431.4	33 318.4
食糖	28 320.8	27 114.7	13 431.5	8 668.2	8 358.4
蔬菜	92 500.6	85 867.0	96 030.4	105 134.7	111 355.8
水果	140 403.1	148 931.1	168 774.8	159 667.6	162 671.3
畜产品	630 644.7	616 361.1	714 471.6	791 832.6	672 614.6
猪肉	90 546.3	100 762.2	118 817.1	156 107.5	123 116.9
牛肉	93 274.3	83 228.0	89 436.0	95 503.9	86 547.7
羊肉	4 372.3	3 004.7	4 190.5	5 199.4	4 708.9
家禽	120 269.4	134 466.3	151 282.2	165 613.6	143 597.7
蛋产品	5 395.7	7 500.3	22 626.3	20 682.2	19 980.1
乳品	161 344.6	154 325.2	171 943.5	179 580.0	143 973.3
动物生皮	13 616.0	16 871.7	14 898.0	19 422.4	20 673.3
动物生毛皮	0.5		0.2		2.5
羊毛	1 018.7	977.7	639.2	819.4	1 003.2
水产品	69 807.2	51 478.1	85 124.9	99 788.6	84 726.0
饮品	158 807.7	166 217.0	179 438.3	189 871.4	185 764.4
酒	73 307.3	79 046.0	86 389.6	84 571.8	89 563.1
茶	3 817.3	7 183.5	7 946.6	9 895.0	7 423.3
咖啡	10 487.2	9 315.4	11 554.9	17 857.8	20 871.2

4-25-3 墨西哥主要农产品出口量（一）

单位：吨

项　目	2005年	2006年	2007年	2008年	2009年	2010年
农产品						
谷物	698 090.8	824 211.0	984 520.5	1 637 748.6	1 583 880.1	1 157 261.3
小麦产品	445 160.9	586 121.0	645 074.1	1 499 599.0	1 224 210.6	536 099.9
玉米产品	249 909.4	234 088.9	324 299.8	126 877.4	351 592.5	614 753.0
稻谷产品	2 870.5	3 698.5	14 659.4	11 145.9	7 793.7	5 948.9
棉花	72 493.1	63 261.7	68 238.0	66 347.4	47 863.4	46 430.0
食用油籽	700 588.7	24 292.9	27 541.4	28 253.0	26 832.9	26 807.8
大豆	1 069.4	229.1	383.4	216.4	208.2	156.9
花生	7 669.9	8 187.4	10 922.2	13 624.5	10 767.8	11 819.3
油菜籽	11.2	0.2		560.4	11.0	0.3
食用植物油	48 472.5	44 880.4	59 246.4	49 008.1	36 004.2	42 459.5
豆油	1 432.0	343.7	463.9	2 036.6	1 836.4	4 426.0
菜籽油	6.8	1.9	309.9	2 599.6	3 660.7	1 575.9
棕榈油	178.8	667.1	636.0	342.7	1 906.7	
食糖	291 685.2	833 934.4	195 447.7	983 605.8	992 615.5	875 690.1
蔬菜	3 709 956.6	3 903 813.5	4 027 681.4	4 659 073.3	4 524 396.5	5 159 620.8
水果						
畜产品						
猪肉	44 331.0	48 284.8	59 962.2	67 773.9	53 100.2	58 482.9
牛肉	20 117.1	24 847.0	28 219.1	27 784.6	34 972.8	72 084.4
羊肉	4.7	17.8	6.7	13.3	81.5	75.7
家禽	1 197.4	1 607.9	3 374.5	7 031.4	10 874.5	16 920.1
蛋产品						
乳品	32 111.9	31 237.4	32 198.8	34 686.4	38 657.9	64 124.6
动物生皮	1 301.0	1 036.8	1 585.1	978.0	3 020.6	3 634.8
动物生毛皮						
羊毛	591.5	567.5	474.3	373.9	417.3	512.4
水产品						
饮品						
酒						
茶	31 393.0	17 350.8	22 007.2	4 273.4	4 481.5	3 143.3
咖啡	104 695.2	137 408.5	150 803.6	125 589.9	146 212.8	119 923.0

墨西哥主要农产品出口量（二）

单位：吨

项　目	2011年	2012年	2013年	2014年	2015年
农产品					
谷物	1 055 232.9	1 404 513.3	1 511 996.7	1 874 087.7	1 861 327.4
小麦产品	951 209.7	565 734.9	859 853.6	1 391 081.1	1 019 004.8
玉米产品	101 297.5	834 827.9	648 394.6	472 186.9	837 708.8
稻谷产品	2 435.8	2 137.8	2 091.3	2 267.0	2 487.0
棉花	67 543.9	97 712.1	77 229.6	42 000.6	42 726.8
食用油籽	31 088.8	29 571.7	35 473.3	40 660.6	53 579.5
大豆	153.5	260.7	300.0	397.2	303.8
花生	14 790.2	15 034.3	16 942.5	16 318.2	14 819.5
油菜籽			0.1	1.0	0.5
食用植物油	44 815.5	53 802.0	53 263.4	54 495.9	49 881.4
豆油	3 039.6	4 487.6	3 934.7	3 822.4	2 960.7
菜籽油	1 706.8	1 871.0	1 899.5	1 986.6	1 487.6
棕榈油	358.5	1 773.6	1 227.9	1 775.8	4 117.8
食糖	1 409 988.2	889 571.2	2 617 236.7	1 837 989.7	1 528 457.7
蔬菜	5 228 697.5	4 896 699.2	5 625 317.7	5 894 920.3	6 109 310.6
水果					
畜产品					
猪肉	64 463.9	71 902.4	84 406.8	89 378.1	97 059.5
牛肉	104 463.2	141 634.3	117 198.3	137 169.6	161 284.7
羊肉	66.2	67.9	48.0	66.0	95.0
家禽	20 524.3	12 741.0	12 901.9	16 723.2	10 897.2
蛋产品					
乳品	52 654.7	44 357.2	73 103.6	56 619.6	54 964.3
动物生皮	4 052.5	2 706.9	2 557.5	3 460.8	6 082.4
动物生毛皮					
羊毛	1 398.9	1 101.5	844.6	1 172.3	1 412.9
水产品					
饮品					
酒					
茶	3 489.2	4 207.4	5 455.8	2 527.8	2 211.6
咖啡	130 664.3	182 933.7	168 056.1	129 332.1	114 529.3

4-25-4 墨西哥主要农产品进口量（一）

单位：吨

项 目	2005年	2006年	2007年	2008年	2009年	2010年
农产品						
谷物	16 281 255.2	18 098 662.6	17 144 138.8	15 410 866.2	13 853 899.8	14 980 730.7
小麦产品	3 767 532.8	3 502 288.2	3 313 562.9	3 276 756.6	2 832 745.7	3 571 756.8
玉米产品	8 543 054.2	10 863 842.3	10 822 330.1	9 359 102.0	7 458 863.4	8 091 735.1
稻谷产品	727 886.4	807 140.6	828 378.7	802 953.6	826 254.5	847 416.9
棉花	404 661.3	401 864.1	357 809.9	353 992.7	308 621.1	335 106.2
食用油籽	5 557 440.8	6 024 019.0	5 768 321.3	5 766 377.5	5 304 873.8	6 046 929.1
大豆	3 963 985.0	4 235 841.0	4 109 773.5	4 015 130.1	3 852 038.1	4 257 001.0
花生	103 406.5	105 349.2	116 284.3	107 696.3	112 218.8	117 925.8
油菜籽	1 059 322.8	1 207 040.7	1 128 545.0	1 337 182.3	1 155 936.2	1 442 636.3
食用植物油	667 627.0	597 158.1	615 997.4	645 603.6	610 244.9	633 953.5
豆油	161 304.5	108 331.9	159 221.7	214 042.5	174 723.0	195 849.0
菜籽油	77 589.7	61 413.2	37 077.6	47 304.1	17 846.2	14 344.9
棕榈油	280 702.5	335 663.1	302 411.4	326 571.5	359 556.6	370 312.1
食糖	127 964.5	467 221.7	266 913.3	181 279.8	580 691.9	9 729 297.6
蔬菜	635 019.8	710 074.1	659 792.1	682 795.7	585 303.1	616 664.6
水果						
畜产品						
猪肉	304 493.5	321 739.6	324 520.6	386 619.4	496 220.5	499 852.7
牛肉	236 410.8	270 668.2	285 378.6	288 569.7	227 644.3	210 035.5
羊肉	38 015.6	32 454.8	34 114.8	32 110.5	20 898.0	14 635.1
家禽	619 399.2	693 107.6	666 159.6	720 501.5	721 218.5	789 053.7
蛋产品						
乳品	549 025.6	469 540.1	574 343.5	467 529.5	480 102.5	439 126.2
动物生皮	106 258.5	113 597.9	102 289.7	95 104.1	112 739.4	109 947.4
动物生毛皮						
羊毛	2 914.0	2 862.6	2 450.1	2 579.5	2 023.0	2 098.7
水产品						
饮品						
酒						
茶	2 950.7	2 357.3	2 888.7	3 478.4	2 610.8	2 690.2
咖啡	7 083.0	5 780.9	7 669.6	4 806.8	4 414.4	14 741.1

墨西哥主要农产品进口量（二）

单位：吨

项　目	2011 年	2012 年	2013 年	2014 年	2015 年
农产品					
谷物	17 456 016.4	14 345 459.5	14 004 558.7	16 432 670.0	18 214 553.8
小麦产品	4 140 909.2	2 197 793.2	4 256 804.0	4 611 350.7	4 334 704.1
玉米产品	9 711 526.8	9 713 713.3	7 331 389.4	10 603 823.0	12 377 392.2
稻谷产品	952 193.2	854 179.0	937 163.6	871 280.2	872 199.2
棉花	277 022.5	230 150.3	245 547.2	223 606.9	228 509.6
食用油籽	5 546 006.7	3 322 150.5	5 298 394.9	5 618 182.1	5 607 166.6
大豆	3 668 616.4	1 671 912.9	3 620 513.3	3 900 715.1	3 893 317.1
花生	133 806.0	54 412.1	118 289.1	130 795.6	146 995.9
油菜籽	1 591 575.8	1 460 074.2	1 386 125.1	1 438 826.6	1 478 790.3
食用植物油	838 669.9	749 590.9	792 729.1	795 479.2	929 580.5
豆油	330 279.9	173 068.1	197 023.6	203 015.5	261 106.0
菜籽油	57 371.3	56 629.2	47 738.1	54 881.4	79 269.1
棕榈油	373 442.6	440 246.6	461 562.5	446 132.8	479 541.5
食糖	335 600.1	343 386.9	172 929.4	119 365.6	127 766.8
蔬菜	610 805.3	563 055.9	637 540.8	648 069.1	676 509.0
水果					
畜产品					
猪肉	430 735.3	516 217.1	574 536.2	600 527.5	722 672.0
牛肉	186 919.9	151 910.0	163 972.2	144 423.6	122 932.7
羊肉	10 613.3	8 201.8	11 663.8	11 386.4	11 666.0
家禽	813 069.7	854 894.0	925 842.8	961 678.5	1 009 613.4
蛋产品					
乳品	480 669.8	469 432.3	490 205.4	469 578.8	533 110.7
动物生皮	100 978.5	118 776.4	96 819.7	117 671.4	138 897.0
动物生毛皮					
羊毛	1 876.4	1 776.5	973.2	1 314.9	1 650.0
水产品					
饮品					
酒					
茶	8 425.1	5 094.9	5 421.6	8 034.4	5 193.3
咖啡	18 067.0	12 502.0	16 914.7	38 890.0	57 226.7

南美洲

4-26 巴西主要农产品贸易情况

4-26-1 巴西农产品贸易综述

一、10年来巴西农产品贸易总体情况

2005—2015年，巴西农产品贸易额由2005年的358.6亿美元增至2015年的844.0亿美元，年均增长8.9%。其中，出口额由322.6亿美元增至745.4亿美元，年均增长8.7%；进口额由36.0亿美元增至98.6亿美元，年均增长10.6%；贸易顺差由286.6亿美元增至646.8亿美元，年均增长8.5%（图1）。

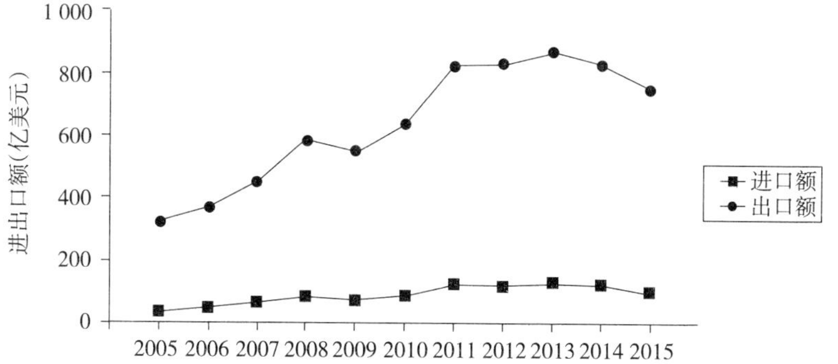

图1 2005—2015年巴西农产品进出口额变化

从年度变化情况看，2009年、2014年和2015年进出口额同比、出口额同比和进口额同比均下降，2012年进口额同比下降，其余年份3项数值均保持正增长。其中，2008年出口增速最快，达30.0%，2011年进口增幅最大，达34.4%。2012年以来，进出口增长乏力，2015年进口额同比下降20.6%，较上年降低18.1个百分点；出口额同比下降9.9%，较上年降低5.3个百分点（图2）。

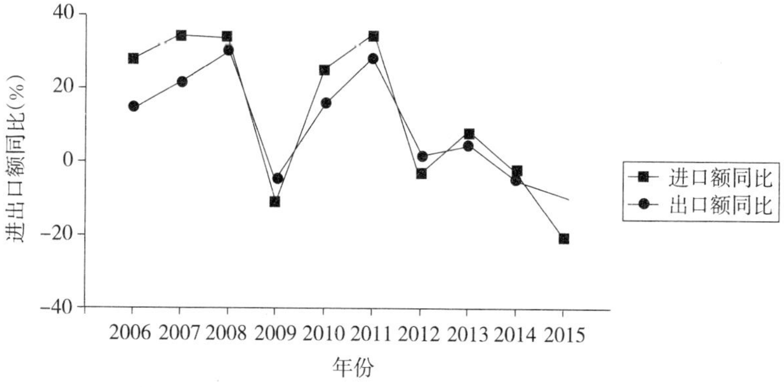

图2 2006—2015年巴西农产品进出口额同比变化

二、2015年巴西农产品贸易情况

2015年巴西农产品贸易额为844.0亿美元，同比下降11.3%，在全球各大农产品贸易国中排名第9位。其中出口额为745.4亿美元，同比下降9.9%，全球排名第4位；进口额为98.6亿美元，同比下降20.6%，全球排名第27位。

（一）进出口产品结构

2015年，巴西进口农产品以谷物、水产品和饮品为主，进口额分别为16.9亿美元、12.7亿美元和11.8亿美元，占其农产品进口额的比重分别为17.1%、12.9%和11.9%。此外，巴西还进口畜产品和蔬菜等，2015年进口额分别为9.7亿美元和9.5亿美元，分别占其农产品进口额的9.8%和9.7%（图3）。

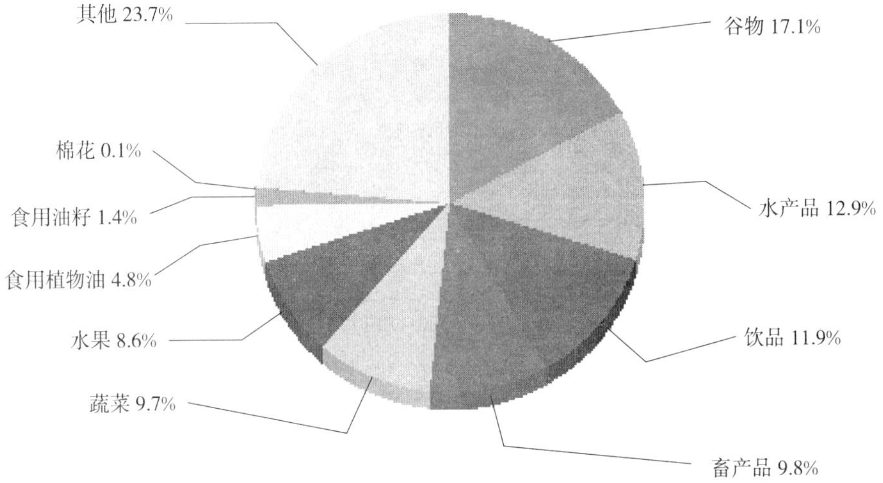

图3 2015年巴西农产品进口结构

2015年，巴西大部分大类农产品进口额下降。其中，棉花进口额同比降幅最大，达84.5%，其次为食用油籽和谷物，降幅分别为53.4%和32.9%。水果、水产品、食用植物油、畜产品、蔬菜和饮品的降幅处在5.6%～24.4%之间。仅有食糖进口额同比增长，增幅为54.5%（表1）。

表1 2006—2015年巴西主要农产品进口额同比变化情况

单位：%

	2006年	2007年	2008年	2009年	2010年	2011年	2012年	2013年	2014年	2015年
农产品	27.6	34.1	33.8	−11.7	25.1	34.4	−3.4	7.9	−2.5	−20.6
谷物	48.5	51.9	33.2	−26.2	16.1	17.3	−3.2	24.3	−22.1	−32.9
棉花	138.8	25.2	−55.6	−63.9	244.0	464.9	−95.9	170.7	53.4	−84.5

（续）

	2006年	2007年	2008年	2009年	2010年	2011年	2012年	2013年	2014年	2015年
食用油籽	−71.1	100.6	43.6	−3.0	26.3	−26.9	221.0	−14.1	71.7	−53.4
食用植物油	47.2	51.7	56.3	−27.0	16.8	45.4	0.0	4.1	−4.4	−21.7
食糖	93.7	67.2	54.3	−5.1	72.6	2.2	85.2	73.7	−1.9	54.5
蔬菜	13.2	29.4	27.9	1.9	68.3	−1.8	−8.2	32.9	−9.9	−6.7
水果	35.9	18.9	22.6	8.1	24.4	32.8	3.5	8.3	7.7	−24.4
畜产品	7.1	21.2	45.7	3.2	17.5	54.7	5.0	−3.4	1.0	−17.7
水产品	45.3	25.3	20.2	3.6	39.0	25.6	1.1	16.5	4.8	−22.4
饮品	28.0	36.4	6.2	15.6	23.4	118.4	−18.1	−32.6	30.1	−5.6

2015年，巴西农产品中出口额靠前的是食用油籽、畜产品和饮品，出口额分别为211.5亿美元、157.0亿美元和76.6亿美元，占其农产品出口额的比重分别为28.4%、21.1%和10.3%。此外，巴西还出口食糖、谷物、水果和食用植物油等，出口额分别为76.4亿美元、57.7亿美元、31.8亿美元和13.4亿美元，分别占其农产品出口额的10.3%、7.7%、4.3%和1.8%（图4）。

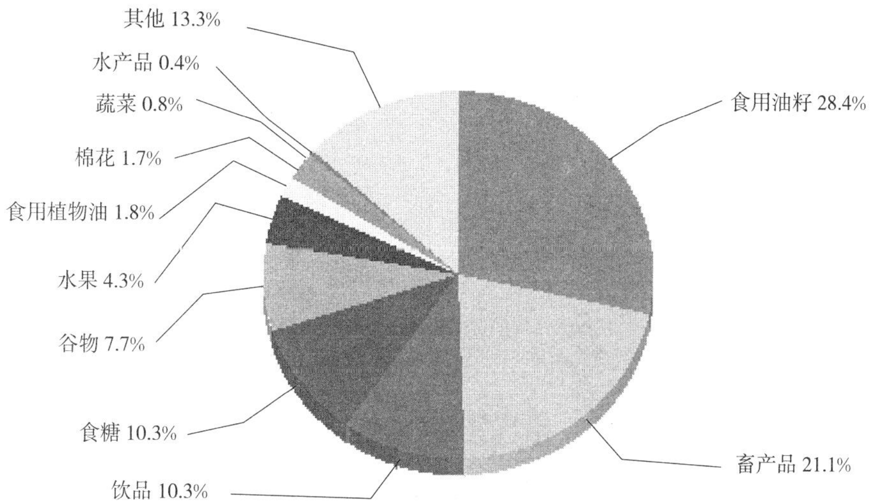

图4　2015年巴西农产品出口结构

2015年，巴西出口额同比降幅较大的农产品是食糖、畜产品和食用油籽，降幅分别为19.2%、17.1%和9.7%。此外，饮品、棉花和水果的降幅处在1.9%～6.4%之间。其他农产品出口额同比增长，其中谷物、水产品、蔬菜和食用植物油分别增长28.3%、11.4%、9.4%和5.2%（表2）。

表 2 2006—2015 年巴西主要农产品出口额同比变化情况

单位：%

	2006 年	2007 年	2008 年	2009 年	2010 年	2011 年	2012 年	2013 年	2014 年	2015 年
农产品	14.6	21.5	30.0	−6.1	16.1	28.5	1.4	4.4	−4.6	−9.9
谷物	198.8	231.6	−4.7	−15.0	56.9	55.2	60.8	8.3	−36.8	28.3
棉花	−23.2	45.7	38.3	−1.6	19.8	92.5	32.1	−47.6	22.8	−5.1
食用油籽	5.7	18.5	63.3	4.3	−3.4	48.0	5.7	32.0	2.0	−9.7
食用植物油	−5.3	38.0	57.3	−52.8	7.8	59.9	−0.4	−31.4	−18.3	5.2
食糖	57.4	−17.3	7.5	52.8	52.3	17.1	−15.3	−6.4	−20.1	−19.2
蔬菜	34.7	35.9	1.8	−7.1	0.5	44.2	−2.7	2.4	31.8	9.4
水果	23.9	46.3	−3.3	−18.8	9.1	25.1	−2.0	3.7	−9.8	−1.9
畜产品	6.0	33.6	30.6	−19.5	16.7	13.0	0.7	7.3	4.9	−17.1
水产品	−5.3	−9.5	6.8	−31.6	3.2	6.6	−5.9	−1.9	−4.9	11.4
饮品	30.2	7.6	31.6	−20.6	20.1	47.3	−14.7	−16.6	6.2	−6.4

（二）主要贸易伙伴

2015 年巴西前五大农产品进口来源地分别为阿根廷、智利、美国、中国和乌拉圭，进口额分别为 27.4 亿美元、9.3 亿美元、9.0 亿美元、6.5 亿美元和 6.1 亿美元，占其农产品进口额的比重分别为 27.9%、9.5%、9.2%、6.6%和 6.2%（图 5）。

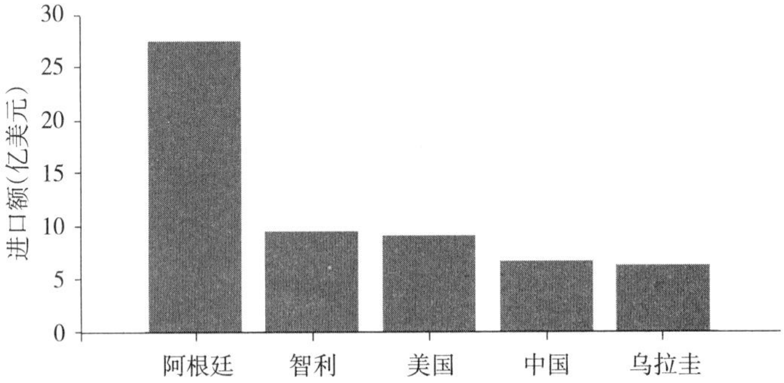

图 5 2015 年巴西前五大农产品进口来源地

2015 年巴西前五大农产品出口市场分别为中国、荷兰、美国、德国和日本，出口额分别为 185.8 亿美元、40.1 亿美元、38.5 亿美元、24.7 亿美元和 22.8 亿美元，占其农产品出口额的比重分别为 25.2%、5.4%、5.2%、3.4%和 3.1%（图 6）。

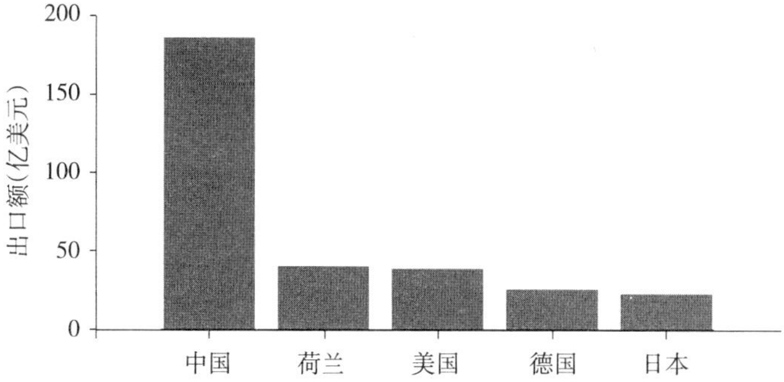

图6 2015年巴西前五大农产品出口市场

4-26-2 巴西主要农产品出口额（一）

单位：万美元

项 目	2005年	2006年	2007年	2008年	2009年	2010年
农产品	3 225 942.0	3 698 532.7	4 494 859.6	5 841 884.5	5 487 859.9	6 373 418.7
谷物	20 928.8	62 526.5	207 367.2	197 628.9	167 953.2	263 509.9
小麦产品	1 518.8	6 509.7	3 090.8	20 580.3	6 339.8	22 701.1
玉米产品	13 348.1	49 811.3	194 769.4	144 654.9	134 459.0	224 807.3
稻谷产品	5 694.0	5 998.1	5 364.2	31 294.3	26 826.4	15 800.9
棉花	45 779.3	35 153.6	51 222.0	70 856.1	69 734.3	83 508.2
食用油籽	539 359.9	570 068.0	675 506.2	1 102 764.4	1 150 278.2	1 110 651.1
大豆	534 566.2	566 404.9	671 114.3	1 095 282.3	1 142 441.9	1 104 303.1
花生	3 685.6	3 110.0	2 955.5	5 619.7	5 248.7	5 339.9
油菜籽	57.2		0.6			0.8
食用植物油	136 193.3	128 914.7	177 897.0	279 791.0	132 116.8	142 437.8
豆油	126 663.8	122 863.8	171 971.0	267 068.9	123 392.5	134 766.3
菜籽油	273.2	41.8	84.9	551.1	247.6	241.6
棕榈油	1 740.6	1 099.3	225.9	725.7	1 600.4	1 485.0
食糖	391 885.0	616 701.5	510 053.0	548 303.7	837 782.8	1 276 140.5
蔬菜	15 625.4	21 046.1	28 604.6	29 123.7	27 047.9	27 183.7
水果	182 556.2	226 148.4	330 781.3	319 829.8	259 567.1	283 146.5
畜产品	850 574.2	901 217.8	1 203 652.7	1 572 335.4	1 265 963.5	1 477 990.5
猪肉	112 315.1	99 011.8	116 204.5	136 447.5	111 221.1	122 658.1
牛肉	241 911.1	313 450.6	348 572.6	400 624.6	302 256.6	386 106.1
羊肉	1.7	2.1	17.3	11.6	8.6	3.0
家禽	390 088.9	361 525.1	524 305.8	724 960.8	603 623.6	705 765.3
蛋产品	2 981.0	2 762.7	4 945.4	9 164.9	8 209.8	10 992.9
乳品	13 012.7	13 853.5	27 328.7	50 926.8	14 779.4	13 022.6
动物生皮	526.3	300.2	165.3	251.2	172.0	592.8
动物生毛皮	18.8	34.9	46.6	96.4	48.3	84.1
羊毛	647.1	850.1	1 002.3	986.8	1 649.1	1 984.0
水产品	43 321.8	41 028.4	37 133.7	39 654.9	27 120.8	27 975.2
饮品	418 108.0	544 415.0	585 893.4	771 199.1	612 027.1	735 177.3
酒	82 068.4	166 461.7	154 035.2	246 963.5	142 004.1	109 233.2
茶	3 167.0	3 833.2	4 477.1	5 524.7	5 189.5	6 209.4
咖啡	292 868.4	336 415.4	389 153.4	476 306.9	427 894.0	576 280.1

巴西主要农产品出口额（二）

单位：万美元

项 目	2011 年	2012 年	2013 年	2014 年	2015 年
农产品	8 187 362.5	8 305 855.8	8 660 180.5	8 271 382.6	7 454 493.6
谷物	408 997.0	657 825.9	712 105.7	450 145.5	577 398.0
小麦产品	69 986.9	59 771.6	35 012.1	10 213.5	35 372.3
玉米产品	277 178.7	543 040.7	635 775.6	399 263.9	505 615.4
稻谷产品	61 300.1	54 623.4	40 090.9	39 716.9	35 073.1
棉花	160 722.8	212 354.9	111 338.7	136 723.2	129 710.2
食用油籽	1 644 138.7	1 738 439.3	2 294 106.7	2 340 949.5	2 115 042.3
大豆	1 632 734.5	1 724 834.5	2 281 010.4	2 327 757.0	2 098 368.0
花生	8 749.2	12 015.4	12 229.4	9 729.5	13 062.8
油菜籽		3.9			
食用植物油	227 720.6	226 888.2	155 611.7	127 140.7	133 707.5
豆油	212 927.0	207 133.7	136 592.8	112 965.9	115 405.3
菜籽油	148.7	126.1	99.4	101.0	89.3
棕榈油	5 302.7	6 489.2	6 182.1	8 664.5	8 045.0
食糖	1 494 166.3	1 265 080.6	1 184 245.8	945 920.7	764 148.1
蔬菜	39 185.8	38 115.6	39 037.7	51 447.1	56 262.4
水果	354 075.0	346 869.0	359 608.2	324 526.6	318 308.6
畜产品	1 669 929.4	1 682 341.9	1 797 560.0	1 893 034.5	1 569 814.7
猪肉	128 625.9	134 751.6	122 709.3	144 637.6	116 841.5
牛肉	416 928.5	449 488.0	535 866.4	579 426.0	466 410.9
羊肉	5.3	2.8			0.1
家禽	850 445.8	821 814.2	850 078.6	829 682.8	732 186.7
蛋产品	10 532.7	9 934.7	6 351.9	8 935.5	7 683.4
乳品	9 730.9	9 210.0	9 383.3	33 243.1	30 552.1
动物生皮	111.1	435.7	1 421.0	848.4	758.2
动物生毛皮	73.3	90.2	36.3	17.5	12.3
羊毛	2 264.0	2 670.9	3 413.4	3 116.3	3 242.4
水产品	29 820.6	28 054.3	27 519.7	26 165.6	29 152.2
饮品	1 083 235.6	923 869.5	770 654.7	818 766.4	766 247.6
酒	159 157.5	230 168.0	199 952.8	105 061.6	101 009.4
茶	7 256.2	7 961.1	10 911.7	12 020.9	10 540.6
咖啡	873 283.7	646 265.7	527 571.9	666 187.3	615 874.0

4-26-3 巴西主要农产品进口额（一）

单位：万美元

项 目	2005年	2006年	2007年	2008年	2009年	2010年
农产品	359 772.0	459 025.6	615 383.7	823 082.5	727 098.3	909 512.1
谷物	89 048.7	132 203.8	200 838.4	267 480.0	197 279.8	229 043.0
小麦产品	65 981.6	102 373.6	157 413.9	217 849.0	141 125.6	175 457.3
玉米产品	5 878.5	8 090.1	13 338.0	14 996.5	16 282.7	7 630.5
稻谷产品	12 949.9	17 468.8	23 677.6	22 687.2	27 272.8	37 685.9
棉花	4 261.1	10 177.4	12 740.6	5 651.0	2 038.6	7 012.2
食用油籽	8 485.2	2 456.0	4 927.6	7 075.8	6 860.7	8 666.8
大豆	6 881.6	978.2	2 951.3	4 010.9	3 809.7	4 355.9
花生	80.4	205.4	171.8	62.2	17.9	31.1
油菜籽	393.9	557.0	512.7	857.0	426.1	1 168.2
食用植物油	14 165.9	20 846.7	31 622.2	49 420.3	36 093.0	42 142.3
豆油	215.6	1 165.3	4 314.8	2 918.0	2 135.6	1 393.7
菜籽油	524.0	466.7	980.0	2 257.7	948.1	762.7
棕榈油	1 514.9	3 753.9	6 555.9	17 193.9	9 188.3	12 481.6
食糖	4.3	8.3	13.8	21.4	20.3	35.0
蔬菜	29 433.3	33 317.4	43 101.2	55 136.7	56 178.7	94 562.3
水果	26 409.6	35 898.2	42 696.1	52 324.1	56 553.5	70 330.3
畜产品	32 404.1	34 713.5	42 077.1	61 288.7	63 224.3	74 309.1
猪肉	4.8	33.2	16.0	8.8	4.3	9.1
牛肉	7 966.5	6 578.4	9 469.6	12 172.4	11 822.1	16 073.0
羊肉	1 105.9	1 492.8	1 748.4	2 343.6	2 147.0	3 461.4
家禽	4 187.8	4 592.2	6 503.0	11 713.5	12 491.3	10 359.9
蛋产品	1 635.9	1 608.1	2 156.0	1 996.0	1 117.8	2 059.4
乳品	12 119.3	15 468.9	15 083.4	21 159.4	26 194.3	32 697.9
动物生皮	1 038.8	688.6	737.5	742.9	469.6	554.0
动物生毛皮	1.7		2.0	2.5	0.1	0.9
羊毛	88.7	104.4	122.9	105.2	98.1	115.9
水产品	33 463.5	48 621.2	60 916.8	73 194.9	75 855.5	105 424.6
饮品	29 994.2	38 383.9	52 367.0	55 599.7	64 279.7	79 342.2
酒	16 674.2	22 921.6	27 778.3	28 692.2	30 430.7	42 859.6
茶	410.1	589.6	906.9	953.7	814.8	1 033.7
咖啡	152.5	188.0	272.4	838.0	1 638.3	2 424.2

巴西主要农产品进口额（二）

单位：万美元

项　目	2011年	2012年	2013年	2014年	2015年
农产品	1 221 997.0	1 180 248.6	1 267 920.1	1 241 620.9	986 382.5
谷物	268 668.0	259 949.5	323 123.1	251 748.0	168 879.9
小麦产品	214 477.6	198 081.4	252 996.2	194 328.1	132 703.8
玉米产品	14 154.2	17 147.2	16 008.2	11 781.8	4 478.7
稻谷产品	27 326.5	34 190.8	37 353.5	30 202.0	15 833.1
棉花	39 609.0	1 632.0	4 417.1	6 776.6	1 049.3
食用油籽	6 334.7	20 332.3	17 456.5	29 977.0	13 960.1
大豆	1 627.0	15 271.9	12 721.0	25 589.5	10 949.6
花生	95.3	91.6	88.7	106.1	75.3
油菜籽	1 319.6	1 564.3	1 172.7	857.3	632.1
食用植物油	61 258.7	61 271.7	63 774.4	60 979.7	47 761.0
豆油	26.2	119.0	530.2	28.1	1 643.8
菜籽油	1 404.0	978.8	1 268.0	1 551.7	1 854.2
棕榈油	24 618.0	23 053.1	20 163.8	20 262.9	13 521.0
食糖	35.8	66.2	115.0	112.8	174.3
蔬菜	92 879.9	85 248.1	113 310.7	102 104.4	95 222.6
水果	93 404.6	96 671.2	104 720.5	112 790.5	85 251.5
畜产品	114 939.5	120 679.0	115 643.8	117 721.0	96 928.8
猪肉	3.6	9.6	20.5	18.5	10.8
牛肉	23 248.2	29 264.0	27 670.3	38 869.3	25 642.9
羊肉	3 386.8	3 525.3	4 589.6	5 683.7	4 574.3
家禽	12 575.4	11 131.6	9 876.3	11 869.0	10 126.9
蛋产品	1 807.5	1 976.3	2 000.9	1 923.8	2 588.3
乳品	60 490.5	62 789.5	58 573.9	43 865.0	40 213.3
动物生皮	890.9	811.7	500.3	535.4	280.8
动物生毛皮	0.8	0.1		1.7	5.1
羊毛	209.0	198.3	149.1	195.7	148.7
水产品	132 375.0	133 867.0	156 015.5	163 483.6	126 854.6
饮品	173 301.2	141 981.4	95 633.6	124 452.5	117 527.7
酒	133 029.3	89 887.0	60 078.9	77 580.4	76 768.9
茶	972.1	852.0	1 159.8	1 132.2	1 663.0
咖啡	4 525.1	4 178.9	4 013.3	6 000.1	8 402.3

4-26-4 巴西主要农产品出口量（一）

单位：吨

项 目	2005年	2006年	2007年	2008年	2009年	2010年
农产品						
谷物	1 587 406.2	4 956 913.6	11 577 227.2	7 750 270.7	8 901 862.7	12 664 552.0
小麦产品	157 513.4	652 997.6	105 383.6	645 825.1	385 612.3	1 324 584.8
玉米产品	1 130 958.9	4 010 704.0	11 040 919.4	6 543 220.1	7 902 095.6	10 911 834.7
稻谷产品	272 665.1	290 607.1	202 213.7	520 295.7	603 352.6	422 927.3
棉花	410 300.8	341 704.7	435 933.8	559 420.9	541 631.7	529 944.6
食用油籽	22 518 983.5	25 013 294.3	23 783 779.2	24 563 623.1	28 694 448.0	29 132 675.2
大豆	22 436 508.0	24 959 300.8	23 736 795.3	24 500 302.3	28 562 884.2	29 073 192.5
花生	61 697.1	52 115.0	34 531.9	46 455.1	54 964.6	53 956.5
油菜籽	62.5		2.0			14.0
食用植物油	2 872 419.3	2 524 375.9	2 411 993.3	2 398 627.6	1 695 743.2	1 634 109.8
豆油	2 697 054.3	2 419 377.9	2 342 541.3	2 315 837.4	1 593 649.0	1 559 776.3
菜籽油	3 868.3	331.2	521.7	2 202.5	1 060.5	1 169.4
棕榈油	44 869.4	24 741.5	2 402.8	8 951.7	24 595.4	16 523.6
食糖	18 147 063.1	18 870 166.8	19 359 021.2	19 472 520.4	24 294 097.8	27 999 490.7
蔬菜	146 778.3	141 612.0	226 769.2	155 541.6	147 257.0	129 546.2
水果						
畜产品						
猪肉	579 413.2	484 217.2	552 176.3	467 548.1	529 189.0	463 699.8
牛肉	1 085 591.2	1 225 422.5	1 285 806.7	1 022 883.0	926 082.3	951 254.8
羊肉	3.6	2.7	103.3	26.2	48.0	2.1
家禽	3 101 964.9	2 960 768.4	3 442 892.7	3 738 511.3	3 708 363.1	3 920 466.6
蛋产品						
乳品	78 375.7	89 058.2	96 578.5	142 347.3	64 419.1	53 015.5
动物生皮	6 785.3	5 209.6	1 226.9	1 932.0	2 408.1	6 519.5
动物生毛皮						
羊毛	3 026.7	5 422.6	4 862.4	4 589.9	8 731.0	7 651.7
水产品						
饮品						
酒						
茶	34 878.0	34 905.5	34 496.7	34 798.1	33 509.1	35 780.7
咖啡	1 444 297.2	1 556 778.8	1 574 230.6	1 657 116.5	1 715 209.2	1 877 209.9

巴西主要农产品出口量（二）

单位：吨

项 目	2011年	2012年	2013年	2014年	2015年
农产品					
谷物	13 313 462.2	23 395 055.8	28 897 080.7	22 051 111.0	31 885 363.1
小麦产品	2 351 876.1	2 324 257.0	1 190 374.6	278 556.5	1 779 294.2
玉米产品	9 599 321.5	19 907 984.8	26 748 996.6	20 816 788.7	29 074 888.0
稻谷产品	1 351 217.8	1 152 927.9	918 288.0	930 203.8	962 082.2
棉花	773 497.4	1 076 248.5	583 572.6	767 323.2	846 920.1
食用油籽	33 084 884.6	32 540 315.1	42 879 148.6	45 835 811.1	54 529 188.2
大豆	32 985 622.1	32 468 048.9	42 791 905.4	45 692 136.8	54 324 313.7
花生	58 629.0	65 645.8	85 623.7	69 757.4	110 364.4
油菜籽		3.5			
食用植物油	1 855 718.0	1 898 075.1	1 525 105.0	1 452 635.0	1 892 283.2
豆油	1 746 413.3	1 757 143.9	1 362 466.9	1 305 097.2	1 669 948.5
菜籽油	607.8	534.7	390.6	397.3	414.5
棕榈油	46 534.2	65 227.4	72 427.8	103 669.7	131 673.9
食糖	25 359 149.9	24 017 441.2	27 154 304.1	24 126 670.8	24 012 276.1
蔬菜	149 150.5	128 027.2	136 738.8	150 523.7	175 001.5
水果					
畜产品					
猪肉	436 127.8	499 140.4	439 724.3	418 474.1	472 710.5
牛肉	820 239.0	945 482.3	1 184 533.4	1 228 144.5	1 079 118.0
羊肉	9.0	6.7			
家禽	4 028 753.3	4 071 709.2	4 052 191.2	4 111 257.9	4 320 524.1
蛋产品					
乳品	37 551.5	38 303.7	38 383.7	83 667.1	73 608.1
动物生皮	706.3	2 734.4	8 904.2	4 971.1	6 607.2
动物生毛皮					
羊毛	5 757.9	7 189.2	9 722.8	9 388.1	9 512.4
水产品					
饮品					
酒					
茶	37 553.5	38 104.2	38 912.1	35 169.8	36 433.1
咖啡	1 879 843.9	1 589 703.2	1 785 419.8	2 071 063.4	2 091 393.9

4-26-5 巴西主要农产品进口量（一）

单位：吨

项 目	2005年	2006年	2007年	2008年	2009年	2010年
农产品						
谷物	6 431 861.1	8 526 663.2	9 377 335.7	8 258 675.2	8 392 198.7	8 553 355.4
小麦产品	5 031 702.0	6 679 166.3	7 278 759.0	6 728 571.4	6 096 472.3	6 976 550.3
玉米产品	596 098.9	956 612.0	1 096 142.1	770 462.2	1 138 297.2	463 144.8
稻谷产品	532 537.1	652 957.9	721 064.2	447 192.9	674 474.4	783 639.2
棉花	41 059.3	83 755.9	100 396.4	34 987.5	15 085.5	40 844.5
食用油籽	394 637.5	83 719.5	128 133.8	128 408.4	130 811.9	172 871.6
大豆	367 784.8	48 865.9	97 936.0	96 286.5	99 416.3	117 840.1
花生	875.3	2 395.0	1 609.8	452.5	110.3	219.7
油菜籽	18 439.1	26 975.1	17 668.3	18 283.8	12 343.8	31 451.2
食用植物油	92 322.4	160 951.3	215 130.8	267 516.5	234 457.5	271 652.9
豆油	3 185.4	25 364.6	44 049.7	27 421.6	27 409.1	16 255.3
菜籽油	9 136.7	7 275.2	11 658.9	17 057.3	10 412.7	8 883.4
棕榈油	39 293.4	86 743.5	98 607.5	158 368.7	128 293.1	155 812.8
食糖	8.0	28.2	63.5	94.6	51.4	35.7
蔬菜	519 516.7	545 313.7	529 110.0	628 224.6	637 548.4	864 486.6
水果						
畜产品						
猪肉	10.2	134.6	14.7	6.3	2.3	4.0
牛肉	33 832.2	19 891.0	21 213.7	20 027.3	23 912.8	24 064.3
羊肉	4 698.1	7 074.9	7 201.2	7 897.9	6 965.2	6 365.7
家禽	9 266.8	8 571.3	10 904.5	12 101.0	11 699.2	14 981.7
蛋产品						
乳品	72 821.1	94 043.0	63 621.3	77 481.5	131 984.6	112 021.1
动物生皮	6 898.8	6 919.9	6 569.6	4 694.3	3 150.0	3 752.9
动物生毛皮						
羊毛	484.6	541.4	576.3	474.5	380.6	363.6
水产品						
饮品						
酒						
茶	2 803.2	4 691.4	6 952.2	5 985.9	4 463.8	6 781.8
咖啡	148.5	163.1	213.8	307.1	640.4	807.4

巴西主要农产品进口量（二）

单位：吨

项　目	2011年	2012年	2013年	2014年	2015年
农产品					
谷物	8 096 046.1	8 935 531.0	9 557 644.1	7 880 777.0	6 731 963.8
小麦产品	6 460 491.5	7 097 989.1	7 483 623.1	6 053 667.0	5 498 053.1
玉米产品	656 644.4	830 766.0	911 654.9	773 221.0	370 138.2
稻谷产品	621 923.0	740 544.1	757 440.6	624 525.2	377 227.3
棉花	147 910.7	8 292.9	23 739.5	37 128.9	7 311.4
食用油籽	85 932.9	319 796.2	327 037.1	616 292.3	355 596.1
大豆	40 981.0	266 463.5	282 814.5	578 749.7	324 055.0
花生	442.2	312.6	421.4	453.6	196.5
油菜籽	28 984.0	34 411.0	24 068.0	18 548.3	17 662.1
食用植物油	333 768.5	354 095.0	367 602.2	372 501.3	340 730.5
豆油	126.5	1 030.2	5 041.7	65.1	25 284.0
菜籽油	11 484.5	8 124.2	11 299.8	14 846.8	20 986.9
棕榈油	214 418.7	227 445.2	250 081.5	252 350.7	209 069.2
食糖	38.4	191.0	805.5	602.8	1 331.9
蔬菜	793 918.3	789 769.3	1 006 827.8	866 663.3	943 823.1
水果					
畜产品					
猪肉	1.4	26.1	51.0	30.2	23.0
牛肉	28 161.6	44 101.2	41 992.2	58 297.9	43 699.1
羊肉	5 135.4	6 275.6	8 857.1	9 938.4	7 390.4
家禽	17 320.3	17 287.7	15 791.2	18 325.7	18 085.7
蛋产品					
乳品	165 394.8	179 401.9	157 339.2	106 794.4	134 288.0
动物生皮	1 900.2	2 271.2	2 936.1	2 225.6	1 522.1
动物生毛皮					
羊毛	555.4	474.5	416.2	548.1	375.3
水产品					
饮品					
酒					
茶	4 242.2	1 524.9	3 780.8	1 775.0	1 799.5
咖啡	1 187.7	1 670.1	2 360.1	3 473.8	5 676.2

4-26-6 巴西农产品出口额前15位国家（地区）
（2015年）

单位：万美元，%

序号	国家（地区）	出口额	同比增长
1	中国	1 858 302.2	−3.9
2	荷兰	400 848.8	−21.6
3	美国	384 633.2	−11.2
4	德国	246 998.6	−21.9
5	日本	228 017.2	−11.2
6	俄罗斯	224 813.1	−38.1
7	沙特阿拉伯	218 281.1	8.9
8	韩国	191 800.6	11.6
9	委内瑞拉	182 950.1	−37.6
10	越南	181 298.3	44.6
11	埃及	174 149.2	−2.2
12	中国香港	173 140.9	−36.4
13	伊朗	165 859.7	16.2
14	西班牙	163 703.6	−10.2
15	比利时	160 053.6	−11.3
	总计	**4 954 850.3**	

4-26-7 巴西农产品进口额前15位国家（地区）
（2015年）

单位：万美元，%

序号	国家（地区）	进口额	同比增长
1	阿根廷	274 085.6	-0.3
2	智利	93 469.0	-14.6
3	美国	90 297.4	-45.1
4	中国	65 358.4	-3.1
5	乌拉圭	61 042.9	-41.1
6	巴拉圭	53 555.4	-35.5
7	葡萄牙	33 239.9	-23.5
8	印度尼西亚	33 068.0	-22.7
9	西班牙	29 178.8	-8.3
10	荷兰	24 945.6	13.3
11	意大利	20 205.8	-19.1
12	德国	20 021.2	-5.9
13	法国	19 843.5	-17.6
14	比利时	16 563.5	-11.3
15	英国	14 716.3	-12.3
	总计	**849 591.2**	

4-27 阿根廷主要农产品贸易情况

4-27-1 阿根廷农产品贸易综述

一、10 年来阿根廷农产品贸易总体情况

2005—2015 年，阿根廷农产品贸易额由 2005 年的 199.7 亿美元增至 2015 年的 365.5 亿美元，年均增长 6.2%。其中，出口额由 189.6 亿美元增至 346.3 亿美元，年均增长 6.2%；进口额由 10.1 亿美元增至 19.2 亿美元，年均增长 6.6%；贸易顺差由 179.5 亿美元增至 327.1 亿美元，年均增长 6.2%（图 1）。

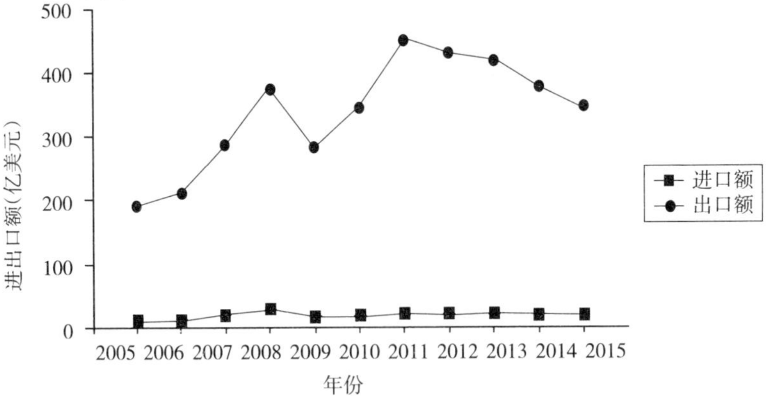

图 1 2005—2015 年阿根廷农产品进出口额变化

2006 年以来，除 2009 年、2012 年、2013 年、2014 年和 2015 年进出口额同比、出口额同比以及进口额同比下降外，其余年份 3 项数值均保持正增长。其中，2007 年出口增速最快，达 35.6%，2007 年进口增幅最大，达 69.3%。2012 年以来，进出口额保持下降趋势。2015 年进口额同比下降 0.2%，较上年降低 6.8 个百分点；出口额同比下降 8.4%，较上年降低 1.5 个百分点（图 2）。

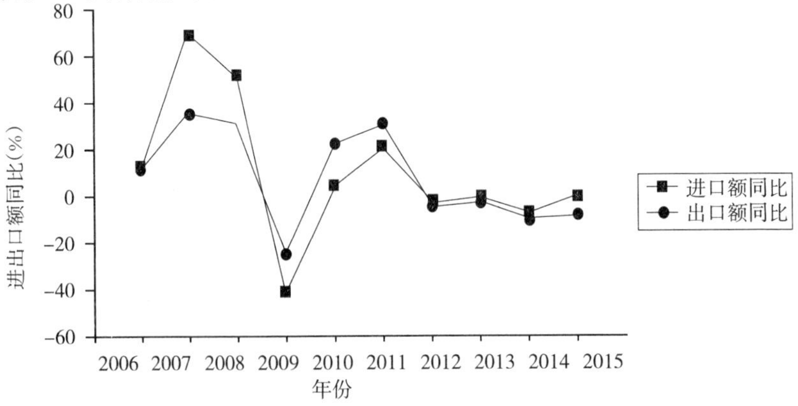

图 2 2006—2015 年阿根廷农产品进出口额同比变化

二、2015 年阿根廷农产品贸易情况

2015 年阿根廷农产品贸易额为 365.5 亿美元，同比下降 8.0%，在全球各大农产品贸易国中排名第 21 位。其中出口额为 346.3 亿美元，同比下降 8.4%，全球排名第 12 位；进口额为 19.2 亿美元，同比下降 0.2%，全球排名第 58 位。

（一）进出口产品结构

2015 年，阿根廷进口农产品以水果、饮品和水产品为主，进口额分别为 4.4 亿美元、3.9 亿美元和 1.8 亿美元，占其农产品进口额的比重分别为 22.9%、20.1%和 9.4%。此外，阿根廷还进口蔬菜和畜产品等，2015 年进口额分别为 1.30 亿美元和 1.26 亿美元，分别占其农产品进口额的 6.8%和 6.6%（图 3）。

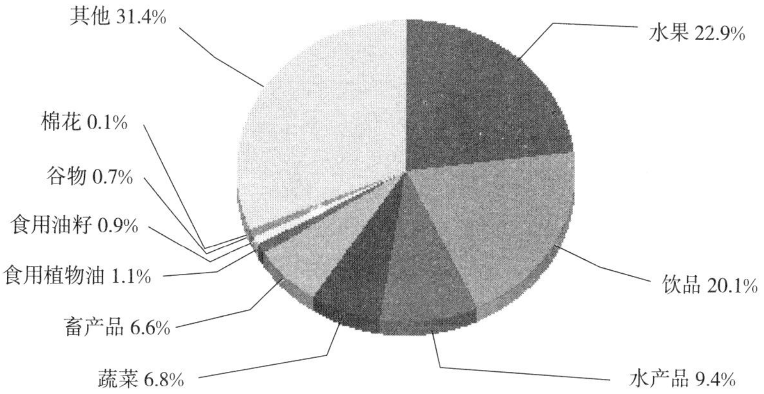

图 3　2015 年阿根廷农产品进口结构

2015 年，阿根廷进口额同比降幅较大的农产品主要是棉花、食用油籽和谷物，降幅分别为 52.9%、24.6%和 22.4%。此外，食用植物油、畜产品、饮品和水果的降幅处在 0.2%～13.6%之间。其余农产品进口额同比增长，其中增幅最大的为食糖，达 94.9%，其次为蔬菜和水产品，增幅分别为 12.4%和 10.2%（表 1）。

表 1　2006—2015 年阿根廷主要农产品进口额同比变化情况

单位：%

	2006 年	2007 年	2008 年	2009 年	2010 年	2011 年	2012 年	2013 年	2014 年	2015 年
农产品	12.2	69.3	51.9	−41.7	4.6	20.7	−3.2	−0.4	−6.9	−0.2
谷物	7.2	127.2	34.5	−31.1	44.1	0.4	31.5	−57.9	−5.6	−22.4
棉花	124.4	−20.5	37.3	−62.4	11.6	−31.2	4.5	−51.0	−33.0	−52.9
食用油籽	2.8	296.1	106.3	−72.6	−92.8	−18.8	−20.7	13.4	11.4	−24.6

（续）

	2006年	2007年	2008年	2009年	2010年	2011年	2012年	2013年	2014年	2015年
食用植物油	−24.3	102.3	11.7	−29.8	46.3	3.8	143.5	337.9	−71.4	−13.6
食糖	−91.6	692.1	1 885.9	−88.0	1604.6	109.6	−98.7	2.8	−55.6	94.9
蔬菜	29.8	101.4	12.2	−27.8	27.2	30.2	−12.2	19.5	−4.4	12.4
水果	15.2	36.8	26.6	−3.6	18.8	20.9	2.9	15.1	10.1	−0.2
畜产品	2.3	33.2	24.4	−18.3	66.1	15.6	−28.4	−25.1	−18.6	−8.9
水产品	23.6	30.3	1.4	−4.9	26.9	28.0	10.2	8.2	−18.1	10.2
饮品	9.2	31.0	27.2	−6.5	34.1	18.3	0.1	−10.7	−5.4	−1.6

2015年，阿根廷农产品中出口额靠前的是食用油籽、谷物和食用植物油，出口额分别为51.5亿美元、50.4亿美元和44.6亿美元，占其农产品出口额的比重分别为14.9%、14.5%和12.9%。此外，阿根廷还出口畜产品、水产品、水果和饮品等，出口额分别为26.6亿美元、14.7亿美元、13.6亿美元和12.7亿美元，分别占其农产品出口额的7.7%、4.2%、3.9%和3.7%（图4）。

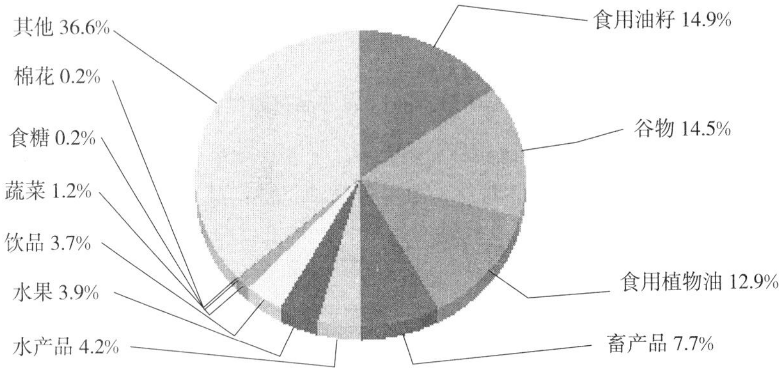

图4 2015年阿根廷农产品出口结构

2015年，阿根廷出口额同比降幅较大的农产品是棉花、畜产品和蔬菜，降幅分别为56.6%、27.4%和13.4%。水果、水产品、谷物和饮品的降幅处在2.4%～10.0%之间。其他农产品出口额同比增长，其中增幅最大的为食糖，达82.7%，其次为食用油籽和食用植物油，增幅分别为13.3%和11.2%。（表2）。

表 2 2006—2015 年阿根廷主要农产品出口额同比变化情况

单位：%

	2006 年	2007 年	2008 年	2009 年	2010 年	2011 年	2012 年	2013 年	2014 年	2015 年
农产品	11.2	35.6	30.6	−24.8	22.4	31.0	−4.4	−2.5	−9.9	−8.4
谷物	6.3	64.2	47.0	−51.0	39.7	79.5	11.9	−15.7	−35.7	−6.7
棉花	−80.5	125.2	−71.4	428.2	345.3	189.6	−52.2	−54.9	133.1	−56.6
食用油籽	−17.1	85.4	32.8	−57.5	154.1	14.1	−33.1	16.5	−8.9	13.3
食用植物油	16.9	42.7	27.0	−36.4	15.6	35.6	−16.9	−12.2	−16.5	11.2
食糖	94.6	−54.6	22.5	125.1	−47.4	−45.8	71.2	−10.6	−69.2	82.7
蔬菜	21.8	25.4	14.1	−11.0	42.4	5.5	−22.3	22.3	−27.5	−13.4
水果	11.3	23.4	31.3	−23.3	8.0	23.8	−11.4	2.0	−17.7	−10.0
畜产品	6.6	5.3	21.4	−3.1	−5.3	27.3	−9.1	6.2	−5.7	−27.4
水产品	52.9	−11.2	18.4	−13.6	19.0	10.1	−9.6	12.8	4.5	−7.6
饮品	22.2	26.6	24.4	1.0	12.6	14.1	8.5	−3.7	−2.6	−2.4

（二）主要贸易伙伴

2015 年阿根廷前五大农产品进口来源地分别为巴西、厄瓜多尔、智利、美国和中国，进口额分别为 5.2 亿美元、2.7 亿美元、2.1 亿美元、1.5 亿美元和 0.7 亿美元，占其农产品进口额的比重分别为 27.5%、14.0%、10.9%、7.7%和 3.5%（图 5）。

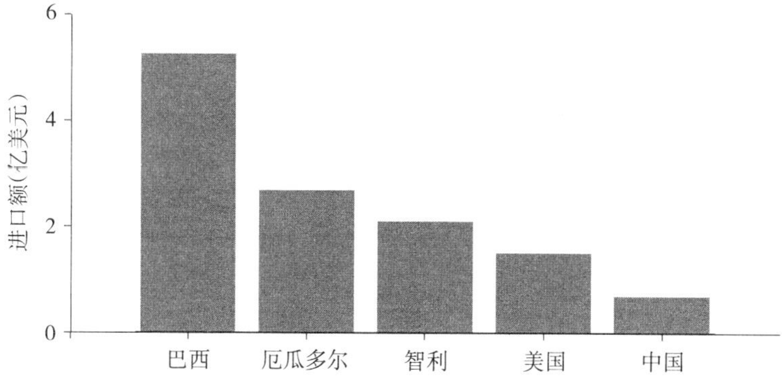

图 5 2015 年阿根廷前五大农产品进口来源地

2015 年阿根廷前五大农产品出口市场分别为中国、巴西、印度、越南和美国，出口额分别为 46.9 亿美元、25.8 亿美元、18.6 亿美元、17.6 亿美元和 15.2 亿美元，占其农产品出口额的比重分别为 13.6%、7.5%、5.4%、5.1%和 4.4%（图 6）。

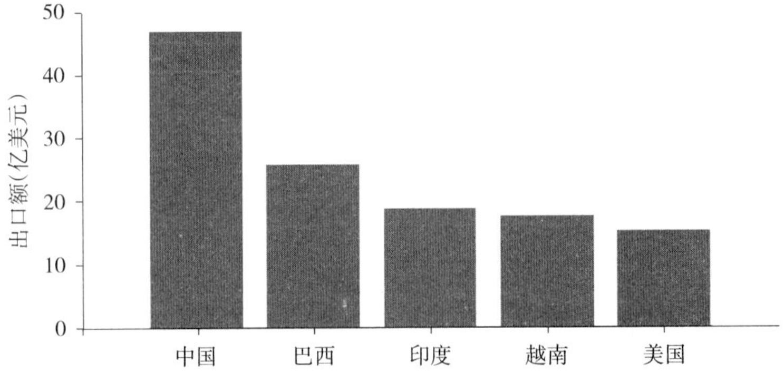

图 6　2015 年阿根廷前五大农产品出口市场

4-27-2 阿根廷主要农产品出口额（一）

单位：万美元

项 目	2005年	2006年	2007年	2008年	2009年	2010年
农产品	1 896 464.6	2 109 562.0	2 859 672.3	3 733 596.3	2 809 398.6	3 439 803.8
谷物	282 321.2	300 126.0	492 724.8	724 156.8	354 871.3	495 646.9
小麦产品	128 650.8	151 090.1	227 068.1	299 174.1	130 364.3	119 269.4
玉米产品	137 555.1	127 070.8	226 304.9	355 079.5	164 140.4	318 657.0
稻谷产品	9 011.9	13 605.1	14 858.1	23 710.5	27 254.9	23 372.1
棉花	2 831.7	551.7	1 242.5	354.7	1 873.8	8 343.9
食用油籽	254 250.1	210 866.1	390 847.5	518 974.6	220 441.3	560 051.3
大豆	229 569.0	177 917.9	343 530.5	458 326.6	167 551.1	498 711.6
花生	18 396.0	28 578.1	40 732.0	50 833.3	41 254.3	49 576.8
油菜籽	15.0	21.6	352.8	209.5	680.8	991.4
食用植物油	311 632.5	364 200.2	519 563.6	659 976.6	419 638.9	485 176.5
豆油	224 701.0	278 959.8	441 905.0	489 592.9	326 121.0	413 592.4
菜籽油	401.5	252.3	0.9	841.1	1 478.8	722.5
棕榈油					0.6	
食糖	12 451.7	24 236.9	11 012.5	13 493.0	30 368.1	15 960.5
蔬菜	29 701.3	36 175.7	45 379.1	51 769.2	46 056.7	65 573.0
水果	109 795.8	122 155.1	150 724.0	197 948.6	151 895.8	164 088.2
畜产品	252 921.8	269 571.6	283 959.7	344 823.3	334 165.0	316 531.0
猪肉	6.5		6.0	127.0	28.9	1.6
牛肉	117 031.2	111 609.1	120 933.2	136 881.2	153 014.1	104 901.5
羊肉	2 759.4	2 330.2	1 771.9	2 242.0	2 721.8	3 203.9
家禽	14 702.1	15 975.9	25 329.9	36 535.1	33 994.5	45 323.5
蛋产品	949.4	1 059.6	1 470.0	2 064.8	1 222.3	1 365.8
乳品	59 766.7	76 743.0	63 600.6	81 304.1	63 723.1	87 116.8
动物生皮	324.3	311.3	575.6	281.2	1 099.8	1 017.7
动物生毛皮	141.6	157.2	241.7	355.0	131.4	229.9
羊毛	5 516.2	5 464.8	9 467.3	7 052.7	4 578.5	8 005.7
水产品	82 017.6	125 375.1	111 338.7	131 866.0	113 905.2	135 497.9
饮品	51 197.1	62 543.5	79 178.6	98 501.1	99 459.8	112 016.5
酒	34 713.2	43 482.8	56 524.8	72 294.9	70 958.6	80 136.7
茶	6 664.9	7 685.3	8 694.8	9 899.5	11 159.2	13 826.2
咖啡	119.8	303.0	201.8	225.9	157.0	203.6

阿根廷主要农产品出口额（二）

单位：万美元

项　目	2011 年	2012 年	2013 年	2014 年	2015 年
农产品	4 504 424.6	4 304 828.9	4 195 227.1	3 781 004.9	3 463 053.5
谷物	889 502.1	995 414.8	839 560.1	540 203.7	503 819.3
小麦产品	290 660.5	330 679.1	79 712.9	75 076.5	118 404.8
玉米产品	463 071.0	490 497.9	586 579.1	354 011.0	317 084.8
稻谷产品	36 181.4	30 246.8	29 103.6	27 561.2	15 621.0
棉花	24 163.3	11 558.5	5 210.9	12 147.2	5 275.3
食用油籽	638 922.7	427 569.9	498 165.6	453 965.1	514 510.7
大豆	545 813.5	319 423.8	409 291.8	378 995.2	428 113.9
花生	78 987.2	90 759.1	66 607.4	56 931.4	73 601.2
油菜籽	2 382.1	3 771.3	7 283.1	4 036.4	1 548.7
食用植物油	658 101.2	546 688.2	479 919.3	400 899.2	445 874.4
豆油	519 708.3	431 983.0	408 934.5	346 765.1	381 543.9
菜籽油	1 241.0	1 169.5	956.7	780.1	654.7
棕榈油	0.3		0.1		
食糖	8 644.3	14 799.7	13 225.3	4 078.9	7 451.5
蔬菜	69 208.8	53 772.9	65 771.4	47 685.0	41 273.4
水果	203 120.6	179 992.6	183 650.0	151 114.0	135 939.4
畜产品	402 980.9	366 179.5	389 062.7	366 794.3	266 416.5
猪肉	0.4	3.4	8.5	5.9	52.0
牛肉	115 420.2	99 349.9	99 311.1	103 863.3	86 382.9
羊肉	3 299.1	1 535.2	678.8	1 399.8	610.2
家禽	50 562.6	60 054.9	70 742.0	60 255.1	35 381.4
蛋产品	2 125.0	2 091.2	1 632.4	2 015.9	2 261.5
乳品	147 147.1	129 436.3	144 939.1	130 548.1	86 213.4
动物生皮	893.4	566.4	1 122.4	193.7	231.5
动物生毛皮	364.0	302.3	346.7	163.8	73.5
羊毛	7 658.8	5 778.5	6 298.1	6 839.2	5 912.9
水产品	149 122.3	134 817.6	152 094.7	158 908.3	146 873.8
饮品	127 829.8	138 717.3	133 590.5	130 144.0	126 976.5
酒	91 196.3	98 621.2	94 666.3	90 046.8	89 446.4
茶	15 510.0	17 729.7	20 207.4	21 731.5	21 289.3
咖啡	308.2	239.8	257.1	221.8	222.6

4-27-3 阿根廷主要农产品进口额（一）

单位：万美元

项　目	2005 年	2006 年	2007 年	2008 年	2009 年	2010 年
农产品	101 153.2	113 482.6	192 097.0	291 788.1	170 037.9	177 933.1
谷物	1 023.3	1 096.5	2 491.3	3 351.8	2 309.9	3 329.2
小麦产品	11.4	3.9	36.6	31.1	54.1	11.7
玉米产品	569.9	756.0	1 743.2	2 463.6	1 438.8	2 531.3
稻谷产品	252.1	203.9	440.9	591.9	479.7	538.6
棉花	2 470.1	5 542.3	4 408.5	6 051.4	2 273.9	2 538.7
食用油籽	16 356.9	16 810.5	66 592.4	137 399.3	37 646.8	2 708.2
大豆	15 634.3	15 597.2	64 675.8	134 344.2	30 675.2	55.4
花生	15.4	13.7	18.3	26.0	12.0	47.8
油菜籽	2.4	7.0	35.1	49.9	6.9	5.6
食用植物油	449.7	340.7	689.2	769.6	540.0	790.2
豆油	8.1	0.2	0.2	9.7	0.2	0.5
菜籽油	50.3	139.3	156.4	354.5	220.1	295.8
棕榈油	74.7	78.6	133.2	281.8	204.2	421.9
食糖	64.9	5.4	43.0	853.1	102.0	1 738.4
蔬菜	3 286.9	4 267.2	8 593.6	9 640.4	6 960.4	8 856.1
水果	12 235.6	14 096.1	19 288.2	24 418.9	23 536.4	27 960.9
畜产品	11 896.4	12 169.1	16 213.2	20 176.4	16 476.9	27 368.6
猪肉	3 705.6	3 715.7	5 330.9	6 697.3	5 765.3	10 858.1
牛肉	365.0	508.8	505.2	537.5	456.4	472.1
羊肉	75.5	36.9	37.6	1.9	13.2	2.3
家禽	1 491.1	1 513.3	2 223.7	2 651.2	2 573.9	3 778.7
蛋产品	14.0	2.4	3.8	44.8	27.1	43.3
乳品	1 825.6	1 130.6	1 756.0	1 998.9	1 711.7	2 857.4
动物生皮	347.2	804.8	413.3	450.0	326.2	440.4
动物生毛皮	58.6	67.1	55.3	62.3	13.2	15.2
羊毛	163.8	333.6	584.4	286.1	196.2	188.9
水产品	6 624.1	8 189.1	10 674.4	10 827.8	10 298.2	13 064.6
饮品	17 214.5	18 790.9	24 616.5	31 301.9	29 269.3	39 261.8
酒	2 125.5	2 309.2	3 077.7	3 882.2	4 701.6	7 331.4
茶	137.5	154.1	231.1	266.2	136.7	269.9
咖啡	6 165.7	6 949.6	9 499.3	10 654.3	9 180.7	11 433.0

阿根廷主要农产品进口额（二）

单位：万美元

项　目	2011 年	2012 年	2013 年	2014 年	2015 年
农产品	214 723.1	207 845.0	206 967.9	192 614.2	192 266.3
谷物	3 343.6	4 396.9	1 850.9	1 747.4	1 356.1
小麦产品	53.9	20.7	13.3	4.1	4.8
玉米产品	2 417.5	3 645.5	1 264.4	1 136.0	774.0
稻谷产品	590.6	455.0	439.5	440.3	480.5
棉花	1 747.5	1 825.6	894.8	599.2	282.3
食用油籽	2 199.1	1 743.2	1 976.3	2 200.7	1 659.3
大豆	556.8	306.5	231.5	345.7	118.3
花生	12.2	13.9	20.6	27.2	30.2
油菜籽	6.9	12.7	81.9	18.6	4.7
食用植物油	819.9	1 996.7	8 744.1	2 496.7	2 156.4
豆油	3.9	1 141.2	7 888.3	1 506.0	791.8
菜籽油	293.8	371.8	432.5	502.3	367.6
棕榈油	382.1	418.8	330.9	378.0	904.6
食糖	3 643.6	47.6	49.0	21.7	42.4
蔬菜	11 527.5	10 119.8	12 091.9	11 563.5	12 997.3
水果	33 815.4	34 780.2	40 048.8	44 085.4	44 008.8
畜产品	31 649.3	22 668.3	16 988.1	13 833.3	12 598.2
猪肉	14 008.7	8 161.8	4 243.2	3 012.3	3 696.6
牛肉	452.4	434.4	196.7	330.0	42.9
羊肉	20.4	16.1			
家禽	4 690.6	2 863.3	3 043.0	2 475.5	2 371.6
蛋产品	60.9	92.9	61.7	52.2	
乳品	2 444.4	3 452.7	2 697.7	2 593.3	1 135.0
动物生皮	282.3	494.0	442.8	428.3	391.3
动物生毛皮	28.5	38.9	15.4	4.9	1.4
羊毛	199.6	65.3	129.9	68.7	35.0
水产品	16 727.6	18 435.8	19 943.7	16 336.5	17 995.8
饮品	46 449.7	46 503.4	41 530.4	39 297.8	38 666.5
酒	8 679.8	6 770.1	5 679.8	5 767.0	5 138.4
茶	335.0	326.7	375.9	343.2	503.5
咖啡	15 397.8	16 081.6	14 509.5	11 965.5	13 374.5

4-27-4 阿根廷主要农产品出口量（一）

单位：吨

项　目	2005年	2006年	2007年	2008年	2009年	2010年
农产品						
谷物	26 163 109.0	21 426 108.6	27 631 375.6	27 806 130.1	17 508 240.8	25 409 932.8
小麦产品	10 451 807.2	9 861 301.4	10 532 815.7	9 768 024.7	6 079 827.5	4 889 904.0
玉米产品	14 682 888.6	10 431 487.8	15 026 034.6	15 454 203.5	8 694 437.2	17 786 126.9
稻谷产品	363 607.4	507 795.2	452 470.0	425 743.2	636 814.1	504 975.0
棉花	32 842.0	6 188.1	12 385.2	3 024.5	17 754.0	52 199.3
食用油籽	10 352 323.1	8 360 922.2	12 397 988.7	12 267 058.3	4 855 240.1	14 245 971.0
大豆	9 962 127.9	7 872 958.8	11 842 805.2	11 733 589.9	4 292 347.7	13 617 341.9
花生	262 999.1	404 937.1	432 625.1	407 719.9	449 267.3	504 150.1
油菜籽	148.4	31.3	11 849.7	3 998.4	20 882.1	20 578.7
食用植物油	6 184 257.8	7 106 950.3	7 356 059.4	6 192 537.1	5 549 397.9	5 600 589.0
豆油	4 850 818.7	5 741 989.2	6 403 549.8	4 944 193.6	4 439 404.4	4 899 823.2
菜籽油	7 191.7	4 442.9	3.7	6 749.2	17 983.2	7 567.0
棕榈油					1.8	
食糖	520 564.1	695 408.0	344 871.4	395 099.2	780 065.4	330 967.7
蔬菜	551 377.8	642 243.2	634 338.7	594 753.0	591 303.1	686 168.8
水果						
畜产品						
猪肉	34.0		40.2	825.0	331.2	13.0
牛肉	437 361.5	315 758.6	297 091.9	222 181.0	379 351.4	154 779.7
羊肉	8 878.3	7 614.0	6 102.4	5 943.0	7 377.2	8 226.6
家禽	147 575.8	161 468.8	199 147.6	237 048.2	253 925.1	293 915.7
蛋产品						
乳品	274 037.7	362 040.9	228 657.1	246 830.7	294 764.0	281 690.2
动物生皮	2 591.5	2 228.1	3 584.6	2 308.6	10 879.7	7 934.1
动物生毛皮						
羊毛	21 290.2	19 810.9	29 460.6	22 913.4	19 288.3	24 786.6
水产品						
饮品						
酒						
茶	97 073.6	103 290.0	111 404.5	115 466.5	108 154.1	125 112.9
咖啡	285.4	489.0	312.5	292.8	221.8	269.8

阿根廷主要农产品出口量（二）

单位：吨

项　目	2011 年	2012 年	2013 年	2014 年	2015 年
农产品					
谷物	30 489 849.4	37 464 032.0	28 873 403.2	22 526 899.4	25 189 772.1
小麦产品	9 350 146.1	12 415 663.9	2 520 993.4	2 155 148.6	4 759 888.6
玉米产品	16 292 604.2	18 168 631.2	20 141 468.1	15 967 235.3	17 483 447.3
稻谷产品	790 503.4	640 381.0	541 830.6	513 353.9	314 706.0
棉花	96 925.6	84 997.2	39 212.6	96 004.3	58 396.4
食用油籽	11 526 397.2	6 861 537.7	8 498 739.5	8 079 403.5	12 434 535.7
大豆	10 821 539.7	6 161 832.0	7 789 908.3	7 469 753.5	11 687 024.1
花生	545 629.6	507 871.1	477 589.9	429 264.7	599 610.4
油菜籽	37 713.4	67 824.9	128 105.0	78 581.4	31 152.3
食用植物油	5 441 253.9	4 680 375.6	4 808 029.8	4 547 664.3	6 194 363.4
豆油	4 416 831.8	3 777 573.6	4 264 223.7	4 059 026.0	5 598 828.2
菜籽油	9 165.8	9 674.9	7 676.5	7 063.8	6 743.9
棕榈油	1.0		0.4		
食糖	119 783.0	230 671.4	272 152.2	81 058.5	182 124.5
蔬菜	662 269.7	522 980.9	662 702.0	471 665.2	432 155.3
水果					
畜产品					
猪肉	4.5	26.0	60.3	51.4	361.3
牛肉	129 751.4	111 774.5	129 091.9	139 021.2	131 491.5
羊肉	6 119.1	3 068.2	1 638.8	3 372.3	1 627.0
家禽	304 941.7	366 172.0	398 724.6	344 151.9	245 755.5
蛋产品					
乳品	401 738.1	372 016.0	373 756.6	312 411.1	284 880.8
动物生皮	3 692.5	1 763.2	5 347.6	1 307.4	1 711.2
动物生毛皮					
羊毛	16 962.1	13 380.9	14 843.7	17 661.1	17 100.2
水产品					
饮品					
酒					
茶	123 687.4	112 261.9	112 744.4	110 634.7	112 884.4
咖啡	380.5	247.0	255.5	240.5	250.3

4-27-5 阿根廷主要农产品进口量（一）

单位：吨

项 目	2005年	2006年	2007年	2008年	2009年	2010年
农产品						
谷物	12 466.4	9 801.7	20 299.8	18 638.9	18 088.8	19 422.8
小麦产品	251.1	61.5	1 298.1	730.1	1 634.9	287.3
玉米产品	2 463.0	1 585.0	5 506.1	6 134.4	4 166.0	7 112.6
稻谷产品	6 545.0	5 730.1	9 930.5	8 913.2	7 221.9	8 720.3
棉花	22 692.9	47 289.0	35 765.6	39 859.2	16 911.2	14 983.4
食用油籽	750 812.2	734 743.5	2 283 225.0	2 922 856.0	1 029 971.2	42 021.3
大豆	747 732.5	712 442.3	2 245 408.9	2 891 772.1	823 924.2	189.5
花生	136.9	110.0	141.7	158.8	114.9	392.8
油菜籽	3.2	21.6	106.0	63.5	15.1	20.3
食用植物油	3 340.6	2 480.8	4 920.3	3 681.2	3 722.3	6 289.9
豆油	99.2	0.2	0.3	101.1	0.5	1.3
菜籽油	405.9	1 198.1	1 152.0	1 402.1	1 241.3	1 846.6
棕榈油	1 103.6	990.4	1 267.1	1 943.8	2 133.9	4 236.8
食糖	2 642.1	50.8	1 542.5	28 186.6	2 813.0	29 074.8
蔬菜	42 577.3	39 532.9	119 642.6	171 530.0	112 581.7	187 825.9
水果						
畜产品						
猪肉	16 179.2	17 058.2	23 312.2	21 171.6	23 521.4	32 739.7
牛肉	2 958.6	3 476.8	2 965.8	2 428.1	1 371.0	1 872.6
羊肉	405.4	265.6	161.9	1.6	51.8	1.6
家禽	6 086.4	6 043.1	8 073.3	7 020.6	7 654.6	11 918.0
蛋产品						
乳品	15 915.0	10 632.1	7 933.0	12 275.1	7 000.2	9 663.9
动物生皮	1 519.6	3 911.5	1 729.7	2 021.9	2 616.3	2 309.1
动物生毛皮						
羊毛	406.9	911.7	880.7	475.4	317.6	239.9
水产品						
饮品						
酒						
茶	640.3	612.5	916.8	959.3	374.6	592.7
咖啡	34 707.1	33 553.5	36 902.1	33 879.1	33 936.1	37 523.3

阿根廷主要农产品进口量（二）

单位：吨

项　目	2011年	2012年	2013年	2014年	2015年
农产品					
谷物	23 392.5	15 723.7	9 848.8	9 594.5	11 097.1
小麦产品	1 067.5	468.9	157.4	20.7	18.4
玉米产品	5 286.1	7 637.2	2 867.7	2 345.5	2 725.2
稻谷产品	9 601.1	5 759.6	5 952.5	6 091.9	7 596.1
棉花	6 870.1	7 652.3	4 501.5	3 175.7	1 659.4
食用油籽	25 464.7	9 168.6	13 677.4	5 965.3	4 530.1
大豆	12 862.7	1 429.8	1 618.0	2 228.9	565.6
花生	93.0	84.7	113.2	90.2	204.9
油菜籽	8.0	8.7	103.1	25.3	3.1
食用植物油	4 470.5	15 525.0	88 315.5	25 541.1	24 696.5
豆油	24.8	10 777.1	83 319.8	19 283.0	11 124.6
菜籽油	1 580.1	1 809.8	2 144.5	2 607.8	2 297.2
棕榈油	2 563.3	2 813.9	2 606.6	3 315.1	11 003.5
食糖	43 292.0	444.3	244.7	107.2	263.3
蔬菜	77 287.9	51 585.1	57 732.9	49 220.7	58 057.1
水果					
畜产品					
猪肉	41 184.0	23 143.3	11 949.1	7 970.8	11 594.1
牛肉	1 260.6	635.7	128.2	270.4	47.8
羊肉	41.8	21.1			
家禽	14 010.8	7 639.6	6 733.5	4 735.2	5 088.4
蛋产品					
乳品	14 254.9	21 722.0	10 872.6	8 352.8	3 323.6
动物生皮	1 219.0	1 769.3	1 760.5	1 504.6	2 246.8
动物生毛皮					
羊毛	182.2	106.4	178.5	100.0	68.2
水产品					
饮品					
酒					
茶	581.6	536.3	436.1	541.4	588.4
咖啡	35 746.3	38 296.1	40 054.1	32 135.3	37 066.4

4-27-6 阿根廷农产品出口额前15位国家（地区）
（2015年）

单位：万美元，%

序号	国家（地区）	出口额	同比增长
1	中国	468 507.5	16.4
2	巴西	257 712.9	−2.2
3	印度	186 406.0	31.1
4	越南	175 523.0	17.9
5	美国	151 706.2	0.6
6	智利	124 239.5	−5.5
7	西班牙	117 704.1	8.9
8	阿尔及利亚	114 097.0	−27.4
9	荷兰	112 934.8	−18.2
10	埃及	106 524.5	3.5
11	印度尼西亚	104 348.6	−13.1
12	委内瑞拉	97 750.0	−39.3
13	意大利	86 422.1	−3.4
14	马来西亚	82 963.3	−10.6
15	伊朗	71 842.3	−22.4
	总计	**2 258 681.8**	

4-27-7　阿根廷农产品进口额前 15 位国家（地区）

（2015 年）

单位：万美元，%

序号	国家（地区）	进口额	同比增长
1	巴　　西	52 372.6	−2.9
2	厄瓜多尔	26 702.0	3.6
3	智　　利	20 657.6	4.8
4	美　　国	14 739.3	−8.0
5	中　　国	6 645.9	5.5
6	乌 拉 圭	5 042.8	1.1
7	玻利维亚	5 012.2	9.4
8	荷　　兰	3 914.4	−13.4
9	法　　国	3 907.9	−0.6
10	西 班 牙	3 463.0	4.4
11	墨 西 哥	3 430.8	−3.5
12	德　　国	3 390.1	−8.3
13	马来西亚	3 196.5	21.9
14	印度尼西亚	3 094.0	29.5
15	泰　　国	3 083.6	13.0
	总　　计	**158 652.8**	

4－28 智利主要农产品贸易情况

4－28－1 智利主要农产品出口额（一）

单位：万美元

项 目	2005年	2006年	2007年	2008年	2009年	2010年
农产品	863 280.3	979 711.9	1 114 753.5	1 306 526.1	1 190 187.8	1 275 551.7
谷物	10 593.0	12 750.3	13 450.3	19 635.9	21 685.1	18 823.1
小麦产品	4.3	4.4	7.3	3.9	42.9	535.4
玉米产品	8 074.2	10 259.4	11 750.0	17 817.7	19 644.8	16 666.2
稻谷产品	40.2	97.7	87.1	194.4	220.2	219.3
棉花		0.7	5.3	2.7		0.2
食用油籽	1 891.1	2 087.7	2 520.7	3 149.6	7 213.7	5 750.2
大豆	94.1	205.3	247.8	481.7	2 811.6	2 591.5
花生	7.4	19.6	29.2	41.4	41.7	218.5
油菜籽	434.7	258.3	168.3	377.4	2 062.9	969.5
食用植物油	139.1	271.3	484.7	911.1	1 708.5	1 758.1
豆油						
菜籽油	23.3	79.3	161.5	354.0	394.8	475.3
棕榈油			0.8			
食糖	22.6	10.0	9.5	21.0	4.3	7.6
蔬菜	29 016.4	32 449.5	37 590.4	43 774.5	40 836.3	44 289.8
水果	275 486.1	309 855.3	365 098.8	457 190.0	399 254.2	465 782.7
畜产品	80 169.6	82 221.9	93 864.1	112 805.0	98 821.5	103 647.7
猪肉	29 533.0	31 160.9	36 028.7	33 785.2	34 029.5	32 295.3
牛肉	8 535.7	6 303.1	7 173.3	8 329.4	5 963.5	6 919.7
羊肉	2 425.0	2 343.9	2 078.9	2 396.5	2 661.9	3 275.9
家禽	19 507.2	20 899.0	20 520.6	29 759.0	28 827.8	28 238.9
蛋产品	154.7	125.4	239.8	170.4	46.0	24.6
乳品	11 125.6	11 748.4	16 890.6	22 038.2	12 398.2	15 264.4
动物生皮	592.2	850.7	1 432.3	855.8	560.2	1 054.4
动物生毛皮	12.1	11.6	10.0	3.0		
羊毛	1 322.6	1 420.1	857.2	911.6	855.9	1 166.1
水产品	330 141.5	392 004.9	409 620.5	443 966.2	409 174.6	392 265.8
饮品	96 310.5	104 968.6	135 564.4	149 233.5	147 453.2	166 697.6
酒	89 689.7	97 952.5	127 917.1	139 653.3	140 026.4	157 453.4
茶	1 515.9	1 525.4	2 145.1	2 517.8	1 775.3	2 237.6
咖啡	852.4	873.1	884.5	2 490.4	2 015.9	2 620.5

智利主要农产品出口额（二）

单位：万美元

项　目	2011年	2012年	2013年	2014年	2015年
农产品	1 552 452.2	1 594 868.7	1 744 516.6	1 832 156.4	1 628 217.8
谷物	21 878.2	28 165.9	38 841.8	28 236.3	11 195.9
小麦产品	636.9	4.9	3.4	5.4	6.0
玉米产品	16 769.0	25 767.7	36 271.7	25 427.4	8 900.6
稻谷产品	159.8	216.3	224.5	919.9	492.0
棉花	54.1		0.2		
食用油籽	6 545.6	6 864.3	9 053.0	6 924.3	4 897.6
大豆	2 210.1	1 343.5	1 413.9	645.2	796.8
花生	15.1	11.4	24.9	8.7	1.1
油菜籽	1 764.4	2 183.2	3 272.9	1 861.5	1 307.2
食用植物油	3 009.1	4 499.4	5 700.0	5 365.0	6 516.9
豆油					
菜籽油	560.0	867.7	964.1	1 167.9	463.3
棕榈油			2.0	0.9	
食糖	11.9	8.9	30.5	41.9	62.0
蔬菜	51 395.5	48 208.5	46 015.1	44 977.2	46 614.7
水果	538 952.5	550 231.7	602 953.7	628 438.4	564 132.5
畜产品	127 921.4	128 707.5	120 899.6	130 993.8	127 648.5
猪肉	40 333.2	46 360.8	40 902.8	45 085.4	39 137.9
牛肉	7 534.4	5 450.7	3 698.3	4 126.9	5 380.5
羊肉	4 464.2	2 940.9	2 948.1	3 510.3	2 811.7
家禽	33 123.4	33 457.5	32 284.5	34 893.5	45 230.5
蛋产品	7.7	3.7	4.4	3.5	1.9
乳品	19 391.8	19 053.0	21 060.6	23 716.2	11 865.9
动物生皮	1 295.5	793.6	1 176.9	946.3	1 010.2
动物生毛皮	1.1	16.2	4.3	3.5	3.6
羊毛	1 605.7	1 413.6	1 678.5	1 625.6	1 769.0
水产品	527 640.3	539 078.8	600 299.9	672 794.2	545 623.9
饮品	181 458.6	191 211.8	207 013.7	194 934.6	192 755.9
酒	171 805.0	182 829.2	198 731.4	187 542.8	185 808.2
茶	2 727.4	2 956.3	2 919.7	3 117.1	2 770.3
咖啡	2 495.0	1 539.5	2 018.8	1 746.1	1 531.8

4-28-2 智利主要农产品进口额（一）

单位：万美元

项 目	2005年	2006年	2007年	2008年	2009年	2010年
农产品	206 577.4	258 352.0	338 145.2	449 862.3	332 539.6	442 015.4
谷物	24 282.9	48 846.8	75 780.6	96 993.1	51 095.7	54 308.4
小麦产品	4 028.2	18 121.2	29 762.5	32 089.8	17 391.6	16 066.4
玉米产品	15 023.4	25 770.8	37 431.7	43 703.8	17 403.9	18 599.3
稻谷产品	3 344.0	3 482.2	4 237.8	9 298.2	6 205.7	6 801.4
棉花	1 969.5	1 700.8	1 931.5	2 144.5	1 697.7	1 169.9
食用油籽	6 555.7	6 001.5	7 968.4	8 941.9	2 890.3	5 045.9
大豆	5 572.7	4 771.1	6 373.2	6 571.9	993.3	2 841.0
花生	683.8	771.4	1 089.2	1 472.9	1 219.8	1 435.6
油菜籽	9.0	26.9	37.6	60.7	33.1	30.7
食用植物油	2 094.5	3 794.9	2 378.6	3 939.0	2 207.8	3 007.4
豆油	904.3	1 222.9	342.7	452.0	211.9	358.1
菜籽油	0.5	908.0	11.9	1 462.0	6.8	232.0
棕榈油	241.7	586.9	488.4	364.5	97.5	153.5
食糖	7 464.7	10 004.5	15 546.0	22 579.2	26 432.6	26 347.6
蔬菜	4 255.8	4 839.4	6 790.4	9 927.5	8 668.9	11 013.1
水果	10 219.9	12 709.0	15 642.6	18 714.2	15 941.0	22 182.7
畜产品	50 928.5	49 402.4	54 973.7	68 710.1	64 547.3	102 816.6
猪肉	216.3	362.0	776.4	772.8	1 212.3	3 436.1
牛肉	36 410.6	33 021.3	37 844.8	46 101.9	46 805.8	73 480.4
羊肉			31.6	10.0		
家禽	2 322.1	3 283.2	4 480.2	5 963.2	6 948.6	13 271.1
蛋产品	142.2	170.4	173.4	171.2	193.7	215.6
乳品	7 750.5	7 590.8	5 789.1	8 404.8	6 031.8	6 949.7
动物生皮	5.1	0.2	38.8	1.3	1.4	2.0
动物生毛皮				0.1	0.4	
羊毛	20.6	16.0	11.4	11.2	28.9	6.0
水产品	10 324.6	18 010.2	20 911.5	29 404.2	13 896.8	28 159.8
饮品	18 655.6	20 964.4	26 923.0	33 862.6	29 850.8	44 240.8
酒	7 271.8	7 940.7	10 979.8	12 975.6	12 445.3	18 623.6
茶	2 961.5	3 463.5	3 600.2	4 844.3	4 192.4	5 307.4
咖啡	2 961.5	3 461.9	4 685.7	6 474.4	4 199.8	7 639.1

智利主要农产品进口额（二）

单位：万美元

项　目	2011 年	2012 年	2013 年	2014 年	2015 年
农产品	577 029.1	617 737.4	637 288.5	641 958.1	596 710.5
谷物	78 075.5	88 815.9	81 923.7	71 408.9	68 830.3
小麦产品	22 807.5	28 645.4	33 108.6	25 078.0	21 031.1
玉米产品	31 543.7	34 833.2	32 083.4	33 854.2	33 499.6
稻谷产品	6 155.4	7 450.3	6 548.9	6 674.9	8 234.3
棉花	365.3	231.4	298.0	273.0	256.2
食用油籽	11 290.0	7 504.2	6 432.0	9 625.0	8 662.8
大豆	7 605.4	2 894.3	1 864.9	5 062.1	4 381.9
花生	2 223.5	2 544.9	2 368.8	2 283.2	2 412.3
油菜籽	119.1	156.0	127.9	171.8	107.1
食用植物油	9 843.9	13 607.4	20 830.6	28 644.9	24 397.9
豆油	616.8	2 559.0	7 884.7	11 229.0	10 282.3
菜籽油	5 411.0	5 947.5	5 558.6	9 148.6	6 563.1
棕榈油	239.7	186.5	770.3	1 327.9	1 527.4
食糖	38 235.6	32 660.9	28 365.7	23 697.6	20 290.2
蔬菜	13 374.4	17 004.2	20 495.4	20 755.1	19 782.0
水果	27 555.7	28 670.9	33 148.1	37 156.4	39 219.7
畜产品	123 861.2	136 208.4	156 228.9	155 134.6	143 725.7
猪肉	4 519.3	5 767.0	10 456.8	11 129.0	8 820.0
牛肉	82 111.1	84 474.3	90 471.8	87 708.9	82 399.1
羊肉					12.7
家禽	16 607.1	16 542.1	19 068.2	19 922.0	18 539.0
蛋产品	278.5	281.1	409.3	547.7	599.9
乳品	10 994.7	16 446.9	19 446.9	19 927.3	18 658.3
动物生皮	5.8	19.9	24.4	39.4	14.8
动物生毛皮			0.1		
羊毛	2.0	1.8	8.0	1.0	11.8
水产品	39 923.3	40 554.5	44 049.1	46 445.2	45 974.6
饮品	51 893.0	56 767.8	64 889.1	71 348.6	68 227.4
酒	22 596.3	26 855.7	30 753.1	34 124.2	32 100.5
茶	5 997.8	6 353.0	7 336.6	8 158.7	7 750.4
咖啡	8 045.2	6 552.1	7 524.1	8 021.7	7 930.0

4-28-3 智利主要农产品出口量（一）

单位：吨

项 目	2005年	2006年	2007年	2008年	2009年	2010年
农产品						
谷物	164 002.9	171 614.1	129 562.5	108 575.9	122 897.9	134 484.0
小麦产品	30.9	32.3	60.2	27.1	92.9	10 348.4
玉米产品	60 993.8	79 184.0	77 253.5	75 884.3	77 618.2	57 621.4
稻谷产品	1 253.4	2 701.1	1 915.0	2 429.8	3 815.7	3 648.4
棉花		0.9	253.9	187.1	0.1	14.8
食用油籽	6 574.7	6 914.8	7 094.1	10 005.1	23 915.1	20 567.8
大豆	701.3	1 491.5	1 448.5	3 285.9	12 668.1	12 799.8
花生	13.4	119.9	52.5	74.0	66.5	791.2
油菜籽	2 541.4	785.6	652.9	1 943.9	7 170.9	3 386.4
食用植物油	489.4	1 089.7	1 843.6	2 956.0	6 781.4	8 507.5
豆油	0.3					
菜籽油	214.5	704.3	1 260.8	2 059.7	4 586.4	5 148.2
棕榈油			3.7			
食糖	138.4	251.0	117.2	417.5	45.8	80.4
蔬菜	227 178.0	230 308.7	249 747.0	239 217.6	178 071.2	255 285.1
水果						
畜产品						
猪肉	97 907.9	99 677.6	112 497.2	104 410.4	112 093.0	93 832.5
牛肉	25 023.9	15 586.6	11 447.1	9 458.7	7 375.6	7 642.8
羊肉	5 585.8	5 676.6	5 079.4	4 472.7	5 793.4	6 867.5
家禽	85 888.1	88 875.4	66 035.9	96 824.8	117 763.5	110 610.6
蛋产品						
乳品	65 287.3	69 084.5	76 849.6	76 553.9	61 453.3	63 098.7
动物生皮	4 103.9	6 905.4	9 260.2	6 398.3	7 359.9	7 925.0
动物生毛皮						
羊毛	6 970.0	7 999.5	4 383.0	3 662.3	4 494.0	4 404.5
水产品						
饮品						
酒						
茶	2 822.7	2 747.0	3 914.0	4 076.1	2 726.5	3 672.0
咖啡	1 946.0	1 594.8	1 491.4	4 218.6	4 288.9	4 913.6

智利主要农产品出口量（二）

单位：吨

项 目	2011 年	2012 年	2013 年	2014 年	2015 年
农产品					
谷物	215 865.2	157 295.7	160 217.9	148 654.0	104 285.2
小麦产品	11 095.5	60.4	11.2	11.1	19.4
玉米产品	49 398.6	81 680.7	100 977.6	74 593.5	21 823.7
稻谷产品	2 764.8	3 434.7	3 020.0	10 770.0	6 819.6
棉花	464.4				
食用油籽	21 709.7	19 543.7	21 238.7	15 499.8	12 285.0
大豆	10 759.5	6 039.5	4 668.1	2 901.4	4 065.6
花生	39.8	20.5	40.7	24.5	1.9
油菜籽	6 392.1	7 405.6	10 271.4	5 453.1	3 388.1
食用植物油	11 041.0	17 045.3	18 059.2	20 795.7	19 462.0
豆油					0.1
菜籽油	4 232.7	6 754.5	7 978.5	11 107.4	4 784.1
棕榈油			11.0	5.1	
食糖	120.5	94.3	270.9	420.4	617.7
蔬菜	263 859.7	212 084.0	182 532.1	198 356.2	203 572.7
水果					
畜产品					
猪肉	100 915.4	132 524.9	120 349.7	121 805.3	133 774.0
牛肉	7 266.5	5 438.9	4 517.5	5 676.6	8 626.6
羊肉	6 440.6	4 904.2	6 047.2	6 196.0	5 039.9
家禽	129 998.9	134 257.1	124 059.3	122 877.7	143 782.7
蛋产品					
乳品	69 315.6	70 233.4	72 668.4	81 597.0	55 131.3
动物生皮	4 932.9	3 660.9	5 835.3	4 485.9	6 738.7
动物生毛皮					
羊毛	4 311.9	3 521.4	4 129.4	4 456.8	4 459.9
水产品					
饮品					
酒					
茶	4 557.8	4 970.0	4 506.2	4 365.6	3 626.9
咖啡	4 631.7	2 811.0	4 180.1	3 706.7	3 411.2

4-28-4 智利主要农产品进口量（一）

单位：吨

项目	2005年	2006年	2007年	2008年	2009年	2010年
农产品						
谷物	1 550 294.7	2 980 574.2	3 171 910.8	2 808 466.9	2 269 891.0	2 241 550.3
小麦产品	195 483.7	1 032 450.9	1 094 759.1	795 717.8	688 532.3	633 907.5
玉米产品	1 134 724.0	1 750 593.7	1 768 414.8	1 488 324.0	833 140.6	792 389.6
稻谷产品	93 248.8	102 360.0	104 418.1	123 504.8	118 170.6	124 277.0
棉花	18 741.6	14 641.8	15 016.3	13 030.6	12 704.0	6 487.3
食用油籽	222 829.9	189 203.1	208 512.3	154 967.6	39 796.1	83 287.3
大豆	207 388.5	168 355.4	187 886.5	132 028.1	21 256.2	59 286.8
花生	8 298.6	9 101.5	9 850.0	9 305.1	9 777.9	11 066.2
油菜籽	15.7	35.6	45.2	71.1	148.3	31.5
食用植物油	24 021.9	49 127.8	18 682.7	21 234.9	13 239.4	19 831.3
豆油	15 672.8	21 427.9	3 931.4	2 236.5	1 490.4	2 404.5
菜籽油	3.7	12 738.1	136.9	9 417.5	32.2	2 346.6
棕榈油	4 326.7	9 103.3	5 511.9	2 530.9	1 023.8	1 275.4
食糖	230 998.9	218 900.3	393 870.5	546 763.0	567 737.1	415 600.6
蔬菜	58 359.5	61 252.5	67 895.8	83 159.5	82 976.6	89 688.6
水果						
畜产品						
猪肉	879.9	1 513.3	3 093.3	2 854.1	5 399.3	12 161.1
牛肉	142 772.3	88 469.0	109 274.7	90 618.6	119 136.8	133 949.4
羊肉			94.4	21.8		
家禽	16 706.2	21 229.3	27 110.6	28 789.5	40 500.9	72 446.6
蛋产品						
乳品	44 434.0	43 537.7	24 254.7	29 865.3	25 512.3	25 362.6
动物生皮	24.1		166.8	3.2	2.6	0.5
动物生毛皮						
羊毛	94.8	52.2	44.1	33.6	96.9	17.6
水产品						
饮品						
酒						
茶	23 984.3	24 975.8	25 945.9	28 385.1	21 398.3	27 877.8
咖啡	15 616.8	16 439.3	17 154.3	15 978.8	14 026.0	19 774.1

智利主要农产品进口量（二）

单位：吨

项　目	2011 年	2012 年	2013 年	2014 年	2015 年
农产品					
谷物	2 411 898.7	2 846 576.6	2 561 806.5	2 600 116.6	2 836 935.0
小麦产品	656 624.4	913 262.7	945 372.2	784 636.5	770 518.8
玉米产品	972 977.3	1 100 975.8	1 141 208.5	1 452 693.3	1 665 802.4
稻谷产品	107 328.3	122 985.7	113 090.0	109 965.2	142 785.7
棉花	1 480.5	1 029.9	1 499.6	1 212.9	1 253.6
食用油籽	166 533.0	74 970.3	56 477.7	122 402.1	126 480.4
大豆	138 784.3	46 411.0	31 432.0	92 262.6	99 686.4
花生	12 420.4	11 674.5	13 388.6	13 885.4	15 624.7
油菜籽	93.8	178.1	222.0	516.0	245.3
食用植物油	64 839.1	93 345.5	156 292.0	250 375.6	238 966.7
豆油	2 767.0	16 242.1	58 772.2	91 966.2	95 764.1
菜籽油	41 173.1	44 466.9	44 896.0	93 796.5	77 086.4
棕榈油	1 576.4	1 430.0	7 846.6	13 294.1	18 832.0
食糖	476 231.9	495 843.5	527 526.9	504 319.6	506 647.2
蔬菜	91 219.4	133 876.1	171 215.9	159 649.7	193 918.5
水果					
畜产品					
猪肉	14 450.2	19 255.1	37 920.2	33 692.5	34 332.9
牛肉	127 355.5	130 773.5	174 283.6	148 740.1	174 948.3
羊肉					21.5
家禽	82 595.2	84 813.6	93 781.7	106 315.2	124 889.3
蛋产品					
乳品	29 594.2	45 632.3	48 928.9	45 313.0	56 605.0
动物生皮	16.6	33.2	90.4	134.0	57.0
动物生毛皮					
羊毛	5.9	6.4	25.1	3.4	29.1
水产品					
饮品					
酒					
茶	28 931.7	29 227.6	28 544.7	27 403.2	27 910.0
咖啡	15 288.6	13 990.3	17 326.7	17 884.9	18 269.9

4－29 秘鲁主要农产品贸易情况

4－29－1 秘鲁主要农产品出口额（一）

单位：万美元

项目	2005年	2006年	2007年	2008年	2009年	2010年
农产品	297 936.3	357 591.2	395 661.9	505 204.7	471 091.1	574 989.4
谷物	1 222.9	1 536.6	1 682.2	4 519.9	5 451.2	3 666.1
小麦产品	111.6	336.0	172.2	1 047.1	338.7	216.6
玉米产品	879.8	851.0	1 025.4	1 234.4	1 546.7	1 665.9
稻谷产品	20.5	22.8	12.4	1 433.9	2 568.6	141.0
棉花	329.2	699.8	325.4	231.5	269.6	116.0
食用油籽	120.2	91.3	132.8	189.3	119.3	192.8
大豆	5.6	1.7	6.7	3.0	3.8	15.0
花生	7.9	3.6	14.8	39.0	16.0	29.2
油菜籽						
食用植物油	206.7	58.6	96.9	146.3	147.6	150.8
豆油		0.6	0.5	0.2	2.3	14.1
菜籽油		0.4			0.1	
棕榈油	15.1	20.9	66.3	48.9	4.0	2.2
食糖	1 311.3	4 346.4	1 940.5	2 542.2	3 788.4	6 572.0
蔬菜	54 929.3	63 083.3	80 943.8	93 310.2	86 159.3	99 262.6
水果	16 163.6	24 686.2	29 301.3	39 879.0	45 110.1	58 242.1
畜产品	6 814.1	7 858.2	9 610.6	13 529.0	10 089.9	13 713.6
猪肉	19.8	3.5	2.3	4.1	1.1	3.3
牛肉	7.4	2.7	14.7	21.7	3.8	6.3
羊肉	0.1	3.0	2.0	0.8	0.3	0.8
家禽	543.9	793.7	834.6	1 300.4	1 138.7	1 396.9
蛋产品	543.8	570.3	700.7	1 227.0	1 236.2	1 638.7
乳品	4 067.8	5 159.7	6 550.4	9 068.9	6 158.2	8 290.9
动物生皮	348.6	351.8	376.8	190.2	144.7	310.6
动物生毛皮	10.2					
羊毛	307.8	368.2	535.7	889.2	669.9	1 083.0
水产品	164 177.1	178 256.1	197 674.8	245 033.0	223 098.9	255 870.4
饮品	34 905.4	56 759.5	49 841.0	74 973.4	71 146.1	103 531.0
酒	408.1	681.3	1 428.2	2 019.6	3 885.6	4 502.8
茶	2.6	10.0	2.3	1.6	12.0	72.8
咖啡	30 616.1	51 504.1	42 695.8	64 513.4	58 535.5	88 912.0

秘鲁主要农产品出口额（二）

单位：万美元

项　目	2011年	2012年	2013年	2014年	2015年
农产品	768 675.1	758 833.9	706 776.2	804 199.4	748 940.5
谷物	4 398.9	8 003.2	13 673.9	23 183.3	16 949.4
小麦产品	194.1	247.1	676.3	588.7	133.7
玉米产品	1 416.7	1 829.1	2 250.1	1 955.1	1 785.3
稻谷产品	78.7	2 265.7	2 287.7	149.1	120.5
棉花	882.8	511.1	223.4	442.1	340.5
食用油籽	247.0	469.5	1 237.3	1 356.0	1 522.6
大豆	10.1	12.9	1.8	1.6	11.9
花生	45.1	21.1	44.5	80.9	156.7
油菜籽					
食用植物油	83.9	89.0	1 751.5	5 930.3	2 297.0
豆油	6.0	3.1			0.3
菜籽油					0.1
棕榈油			1 519.5	5 497.2	1 991.1
食糖	4 859.6	4 094.2	5 355.1	6 699.1	4 596.0
蔬菜	114 663.8	118 939.4	123 418.6	129 608.9	130 141.2
水果	87 372.7	95 966.0	117 370.9	162 632.6	187 148.1
畜产品	17 378.8	18 771.4	19 539.3	23 217.4	21 221.1
猪肉	0.8	3.3	1.8	3.9	2.3
牛肉	16.0	31.5	18.7	58.5	68.2
羊肉					
家禽	1 653.0	2 043.2	1 761.1	1 395.5	1 418.5
蛋产品	1 576.9	2 018.1	2 791.4	3 178.1	1 793.3
乳品	10 219.6	11 738.0	11 085.1	13 450.6	10 934.2
动物生皮	660.3	726.8	818.1	1 053.8	2 504.1
动物生毛皮		0.2			
羊毛	2 307.7	1 197.1	1 960.2	2 561.7	2 604.5
水产品	317 740.7	336 324.5	279 319.7	294 525.2	240 759.3
饮品	176 264.7	126 310.7	97 384.3	106 171.0	93 583.1
酒	4 606.1	11 086.1	11 859.5	7 741.4	6 662.4
茶	5.9	6.8	11.1	11.8	11.1
咖啡	158 588.3	102 353.8	69 595.0	73 433.5	58 491.9

4-29-2 秘鲁主要农产品进口额（一）

单位：万美元

项 目	2005年	2006年	2007年	2008年	2009年	2010年
农产品	155 522.1	167 886.3	229 272.1	320 642.6	257 617.4	336 612.4
谷物	50 175.2	53 038.9	81 574.2	116 004.7	80 804.1	98 632.8
小麦产品	25 418.0	26 551.9	41 138.1	58 887.9	38 871.8	43 493.6
玉米产品	17 160.5	22 051.9	33 435.2	41 020.9	32 412.7	44 965.1
稻谷产品	4 915.3	1 657.8	3 585.8	10 116.2	5 575.1	6 197.0
棉花	6 498.5	5 113.3	8 858.7	9 628.4	6 940.4	13 982.8
食用油籽	3 164.9	3 797.2	5 191.9	10 266.3	9 395.4	9 855.2
大豆	2 476.4	3 062.7	4 110.6	8 526.3	8 128.6	8 359.3
花生	317.9	269.8	503.3	1 116.9	705.6	918.0
油菜籽			11.1	0.7	3.1	
食用植物油	16 176.2	18 154.1	25 750.2	40 882.0	26 425.0	36 768.4
豆油	14 242.6	16 705.1	22 899.2	35 446.7	23 033.0	32 570.7
菜籽油	54.7	66.3	55.7	84.9	25.5	40.7
棕榈油	1 047.7	579.7	1 685.9	4 106.8	2 460.3	2 810.8
食糖	7 435.4	10 667.9	9 072.1	7 963.5	6 270.1	13 030.5
蔬菜	1 384.5	1 696.0	2 155.2	2 736.7	2 542.7	3 450.6
水果	9 910.8	10 719.6	12 879.5	17 226.3	17 062.0	22 021.5
畜产品	12 730.1	13 533.7	18 249.8	23 534.7	16 365.2	27 262.7
猪肉	101.0	86.2	106.9	156.2	215.2	688.0
牛肉	1 055.1	947.6	1 083.2	1 365.9	1 149.0	1 569.6
羊肉	3.9	6.6	4.9	7.4	8.0	7.9
家禽	1 790.3	1 883.9	2 558.2	3 169.4	3 421.0	5 330.1
蛋产品	193.9	89.5	141.5	196.2	447.3	191.5
乳品	6 552.7	7 572.9	10 277.3	12 697.0	6 740.8	13 420.9
动物生皮	0.4	0.6	4.4	1.4	3.4	4.7
动物生毛皮				0.5		
羊毛	111.5	58.2	57.5	31.9	10.1	9.6
水产品	4 852.0	3 152.4	3 753.3	7 456.2	8 063.2	16 545.4
饮品	6 769.8	7 201.4	8 516.7	10 198.7	8 392.0	11 301.5
酒	3 257.9	3 579.7	4 020.1	5 030.5	4 363.6	5 819.8
茶	144.4	177.2	347.7	720.6	210.7	505.5
咖啡	663.2	593.3	838.6	950.6	946.1	1 204.3

秘鲁主要农产品进口额（二）

单位：万美元

项　目	2011年	2012年	2013年	2014年	2015年
农产品	421 430.5	459 639.1	463 567.7	478 409.8	461 425.8
谷物	141 552.0	137 216.2	138 617.9	136 734.1	129 671.2
小麦产品	60 070.8	57 403.5	62 696.3	61 087.3	53 590.4
玉米产品	62 782.4	56 910.6	58 117.1	56 786.0	57 696.7
稻谷产品	13 094.7	16 618.9	12 156.1	13 895.3	14 532.2
棉花	21 994.7	14 391.6	12 814.4	13 943.7	10 835.2
食用油籽	9 103.5	10 295.5	14 624.4	21 012.6	20 184.8
大豆	7 180.9	8 194.0	12 387.4	17 811.1	16 841.1
花生	1 219.4	1 132.1	1 002.6	1 379.3	1 577.2
油菜籽					
食用植物油	47 410.1	47 860.1	44 550.3	41 070.3	33 519.2
豆油	40 447.1	42 536.2	39 157.2	33 545.0	30 641.3
菜籽油	52.9	33.9	45.7	57.0	48.4
棕榈油	4 772.8	2 958.6	3 334.6	5 238.0	431.4
食糖	14 398.0	19 966.8	8 292.2	8 456.0	15 079.0
蔬菜	3 918.9	4 671.8	5 553.7	6 704.9	6 384.3
水果	23 854.5	28 316.4	30 861.3	32 828.5	34 896.9
畜产品	30 635.5	41 390.9	39 031.9	48 030.2	39 077.0
猪肉	719.8	1 007.7	1 281.0	1 907.4	2 181.1
牛肉	1 832.7	2 182.4	2 776.6	2 706.4	2 694.1
羊肉	11.4	5.3	12.5	9.7	10.6
家禽	4 759.8	6 653.9	7 788.6	7 895.8	7 647.5
蛋产品	132.7	154.6	201.8	227.3	180.7
乳品	15 690.0	24 414.2	20 819.4	30 241.4	20 459.4
动物生皮	1.6	1.3	8.0	3.2	135.0
动物生毛皮					
羊毛	11.4		10.8	7.9	14.0
水产品	14 885.6	14 867.0	22 232.8	19 000.2	26 989.0
饮品	16 500.7	25 436.6	27 214.3	24 323.5	27 447.1
酒	9 329.6	16 519.0	17 549.3	13 744.7	16 215.2
茶	527.2	772.7	752.7	906.1	966.2
咖啡	2 072.7	2 578.8	2 644.2	2 361.0	2 742.3

4-29-3 秘鲁主要农产品出口量（一）

单位：吨

项 目	2005年	2006年	2007年	2008年	2009年	2010年
农产品						
谷物	15 879.9	24 540.7	17 773.4	52 480.9	70 428.0	25 392.5
小麦产品	4 561.1	13 678.5	4 920.6	22 031.5	8 486.0	5 111.9
玉米产品	8 973.9	7 592.3	8 965.1	8 516.8	9 362.9	11 065.0
稻谷产品	261.6	290.0	162.3	17 589.7	47 974.2	2 075.8
棉花	2 007.0	3 816.1	1 576.5	961.9	1 581.2	535.2
食用油籽	1 127.0	826.0	847.0	628.4	547.7	707.2
大豆	24.1	13.9	78.8	25.3	34.0	131.7
花生	175.1	62.0	65.4	142.6	74.0	109.2
油菜籽						
食用植物油	3 335.4	419.9	872.2	852.4	784.7	531.7
豆油	0.1	4.1	2.5	1.7	16.3	10.6
菜籽油	0.1	0.8			0.1	
棕榈油	222.8	300.0	745.4	354.1	40.0	27.9
食糖	32 640.0	109 126.6	48 893.6	71 060.5	86 179.3	112 810.1
蔬菜	347 840.3	381 970.0	447 989.4	492 163.8	512 251.2	601 364.5
水果						
畜产品						
猪肉	113.2	11.8	9.4	18.7	5.4	9.2
牛肉	33.2	5.7	58.9	40.7	15.5	20.0
羊肉	0.5	25.0	9.4	2.5	1.6	4.2
家禽	1 419.9	2 132.4	2 115.9	3 066.4	2 519.3	2 862.1
蛋产品						
乳品	39 529.4	50 410.4	51 596.3	62 926.5	50 593.0	67 299.9
动物生皮	3 664.8	3 056.1	2 335.5	1 098.3	929.0	2 353.0
动物生毛皮						
羊毛	2 198.7	2 706.8	3 242.9	4 261.4	4 963.8	6 159.1
水产品						
饮品						
酒						
茶	7.6	14.7	4.2	3.6	5.4	95.6
咖啡	142 166.0	238 085.0	173 624.5	225 094.0	197 787.3	229 936.1

秘鲁主要农产品出口量（二）

单位：吨

项 目	2011 年	2012 年	2013 年	2014 年	2015 年
农产品					
谷物	22 580.9	77 324.1	73 930.9	60 535.3	55 909.5
小麦产品	3 518.5	4 604.9	12 500.7	11 087.0	2 365.4
玉米产品	8 907.1	9 693.2	10 690.2	10 532.9	9 548.3
稻谷产品	693.8	49 616.3	29 981.2	241.8	390.7
棉花	2 399.6	2 252.6	1 238.3	2 161.3	1 531.1
食用油籽	799.3	894.4	1 636.6	2 337.6	6 452.7
大豆	82.3	90.4	10.2	10.0	130.7
花生	136.6	90.3	159.6	458.2	1 961.2
油菜籽					
食用植物油	317.6	277.8	18 830.3	60 567.4	26 265.9
豆油	27.6	13.7			2.0
菜籽油					0.1
棕榈油			18 203.8	59 284.4	25 388.7
食糖	63 380.8	61 424.5	100 992.2	134 367.6	86 322.7
蔬菜	644 593.2	613 067.8	625 518.3	665 511.1	629 670.1
水果					
畜产品					
猪肉	1.7	8.3	4.9	13.0	7.9
牛肉	75.9	73.6	46.7	231.3	277.6
羊肉					
家禽	3 443.0	3 660.4	2 746.7	2 742.8	2 267.2
蛋产品					
乳品	70 466.5	77 641.0	75 151.6	89 843.8	78 622.2
动物生皮	2 457.6	2 701.5	4 103.6	4 185.7	4 032.9
动物生毛皮					
羊毛	8 265.3	4 522.2	7 796.8	9 055.1	8 554.9
水产品					
饮品					
酒					
茶	8.2	11.9	26.0	72.9	33.8
咖啡	294 154.9	265 825.0	237 703.8	182 291.0	176 220.3

4-29-4 秘鲁主要农产品进口量（一）

单位：吨

项　目	2005年	2006年	2007年	2008年	2009年	2010年
农产品						
谷物	3 027 490.5	3 147 543.7	3 306 432.8	3 192 557.9	3 257 528.0	3 868 088.6
小麦产品	1 464 943.4	1 473 370.7	1 531 201.3	1 494 620.2	1 513 342.0	1 697 718.8
玉米产品	1 314 342.3	1 503 461.7	1 566 787.7	1 404 598.7	1 510 558.1	1 917 825.3
稻谷产品	125 618.4	44 699.8	80 011.3	146 585.7	91 369.6	95 233.0
棉花	46 870.2	38 111.5	60 477.9	53 519.0	47 031.7	70 012.0
食用油籽	99 755.4	117 212.6	132 133.9	168 019.4	185 575.7	198 221.8
大豆	93 651.6	110 751.4	125 328.5	160 426.8	178 733.2	189 258.9
花生	3 965.8	3 900.4	4 199.3	5 654.6	3 722.2	5 317.0
油菜籽			23.0	1.0	5.0	
食用植物油	296 514.3	325 188.1	337 462.2	338 019.4	316 688.0	395 561.7
豆油	263 056.2	303 305.0	299 558.0	291 855.4	272 087.7	351 929.6
菜籽油	413.0	482.0	361.1	356.3	116.1	198.5
棕榈油	21 638.7	10 389.9	24 030.5	37 251.3	34 540.8	31 041.1
食糖	251 548.9	243 259.2	245 627.1	207 506.2	145 719.0	209 902.2
蔬菜	8 152.0	9 110.3	10 795.7	14 803.6	12 659.7	17 662.5
水果						
畜产品						
猪肉	655.4	619.7	833.3	922.2	1 250.7	3 004.6
牛肉	4 371.7	3 093.9	2 981.2	2 599.5	2 465.3	3 107.4
羊肉	2.5	4.6	2.7	4.0	4.3	7.5
家禽	14 905.2	15 481.2	17 742.2	19 464.5	22 681.4	32 200.7
蛋产品						
乳品	31 880.8	37 546.5	36 159.2	37 888.1	34 707.6	49 855.3
动物生皮	0.2	1.8	9.2	11.7	84.3	36.0
动物生毛皮						
羊毛	233.9	247.2	124.5	55.1	36.8	14.2
水产品						
饮品						
酒						
茶	472.0	293.1	426.1	430.4	399.8	689.9
咖啡	2 018.0	772.8	970.4	973.0	1 069.2	1 313.6

秘鲁主要农产品进口量（二）

单位：吨

项　目	2011年	2012年	2013年	2014年	2015年
农产品					
谷物	3 992 491.0	4 010 891.4	4 160 887.1	4 583 112.5	4 929 508.0
小麦产品	1 699 074.9	1 702 674.4	1 806 549.5	1 881 452.8	1 878 783.7
玉米产品	1 908 034.3	1 847 245.7	2 021 064.7	2 332 198.1	2 687 815.1
稻谷产品	205 384.0	253 202.3	175 800.4	208 153.7	239 655.2
棉花	67 774.2	48 963.7	57 730.3	59 579.0	55 902.7
食用油籽	142 019.3	160 031.6	250 275.1	356 646.9	413 749.0
大豆	131 424.0	149 692.8	238 894.7	338 609.4	391 531.1
花生	7 292.7	6 702.4	7 277.4	10 670.4	11 647.0
油菜籽					
食用植物油	368 817.4	387 722.7	413 899.5	428 308.3	421 731.9
豆油	314 947.3	343 591.4	362 795.4	355 215.3	394 791.3
菜籽油	213.1	141.4	185.2	293.6	248.8
棕榈油	37 787.8	25 081.7	34 950.7	55 136.4	4 626.0
食糖	189 413.1	301 080.7	147 652.6	176 809.2	369 449.1
蔬菜	20 091.1	24 517.2	29 019.9	34 177.9	39 254.8
水果					
畜产品					
猪肉	2 647.6	3 685.4	4 607.7	5 827.4	8 072.9
牛肉	2 814.0	2 980.5	4 017.6	3 652.7	3 850.6
羊肉	4.3	1.7	5.3	4.9	5.2
家禽	26 502.6	36 513.4	39 285.9	37 554.9	40 855.4
蛋产品					
乳品	45 593.0	78 539.1	63 352.5	84 922.1	79 295.8
动物生皮	19.5	9.9	69.4	30.3	376.5
动物生毛皮					
羊毛	13.4		21.1	43.2	77.4
水产品					
饮品					
酒					
茶	770.1	796.3	1 018.6	1 092.8	1 105.5
咖啡	2 093.6	3 237.6	2 433.1	1 969.8	2 373.7

大洋洲

4-30 澳大利亚主要农产品贸易情况

4-30-1 澳大利亚农产品贸易综述

一、10年来澳大利亚农产品贸易总体情况

2005—2015年，澳大利亚农产品贸易额由2005年的266.3亿美元增至2015年的489.6亿美元，年均增长6.3%。其中，出口额由206.3亿美元增至350.4亿美元，年均增长5.4%；进口额由60.0亿美元增至139.2亿美元，年均增长8.8%；贸易顺差由146.3亿美元增至211.2亿美元，年均增长3.7%（图1）。

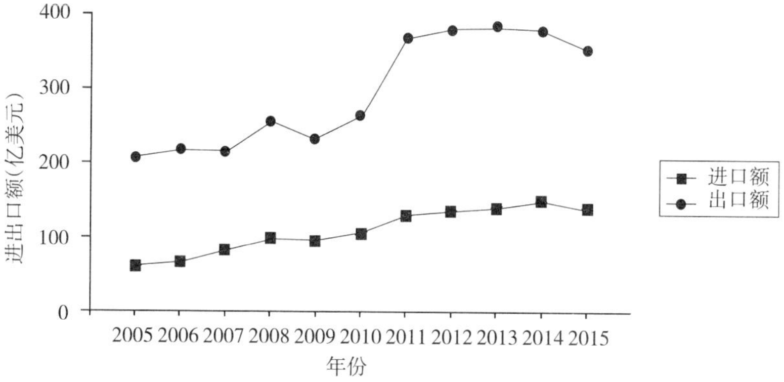

图1 2005—2015年澳大利亚农产品进出口额变化

从年度变化情况看，2009年和2015年进出口额、出口额和进口额同比均下降，2007年和2014年出口额同比下降，其余年份3项数值均保持正增长。其中，2011年出口增速最快，达39.3%，2007年进口增幅最大，达22.7%。2012年以来，进出口表现低迷，2015年进口额同比下降6.5%，较上年降低12.7个百分点；出口额同比下降7.5%，较上年降低6.4个百分点（图2）。

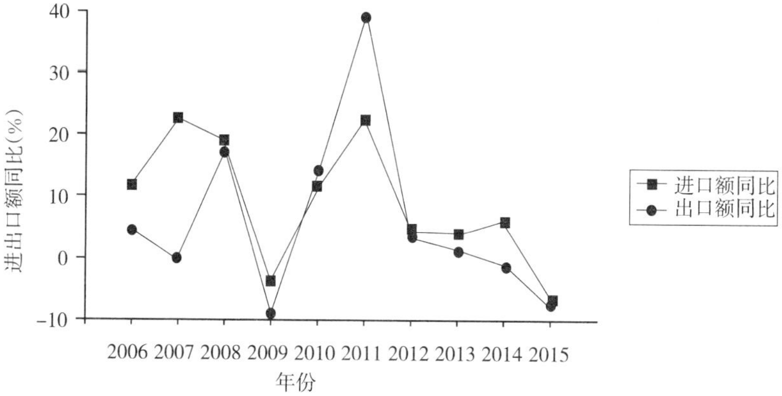

图2 2006—2015年澳大利亚农产品进出口额同比变化

二、2015 年澳大利亚农产品贸易情况

2015 年澳大利亚农产品贸易额为 489.6 亿美元，同比下降 7.2%，在全球各大农产品贸易国中排名第 15 位。其中出口额为 350.4 亿美元，同比下降 7.5%，全球排名第 11 位；进口额为 139.2 亿美元，同比下降 6.5%，全球排名第 23 位。

（一）进出口产品结构

2015 年，澳大利亚进口农产品以饮品、水果和水产品为主，进口额分别为 31.6 亿美元、20.7 亿美元和 16.2 亿美元，占其农产品进口额的比重分别为 22.7%、14.9%和 11.6%。此外，澳大利亚还进口畜产品和蔬菜等，2015 年进口额分别为 15.2 亿美元和 8.9 亿美元，分别占其农产品进口额的 10.9%和 6.4%（图 3）。

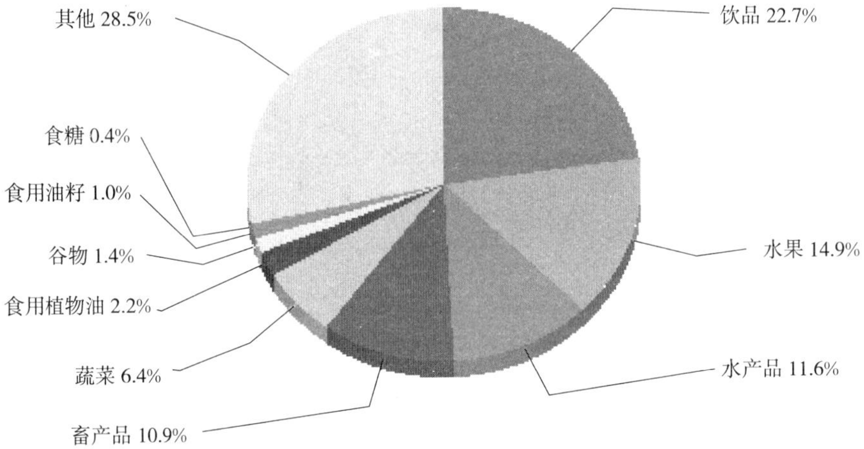

图 3　2015 年澳大利亚农产品进口结构

2015 年，澳大利亚主要农产品进口额同比全部下降，其中降幅最大的为食糖，达 31.4%，其次为食用植物油和水产品，降幅分别为 17.6%和 15.6%。谷物、蔬菜、畜产品、水果、饮品和棉花的降幅处在 4.0%～14.8%之间。食用油籽进口额同比降幅最小，为 1.8%（表 1）。

表 1　2006—2015 年澳大利亚主要农产品进口额同比变化情况

单位：%

	2006 年	2007 年	2008 年	2009 年	2010 年	2011 年	2012 年	2013 年	2014 年	2015 年
农产品	11.8	22.7	18.9	−3.7	11.7	22.5	4.6	4.0	6.2	−6.5
谷物	1.3	49.0	95.7	10.5	−7.0	−0.3	−7.8	11.2	12.8	−14.8
棉花	−48.0	27.6	176.1	−78.8	305.1	335.7	−51.0	−34.5	−2.7	−4.0
食用油籽	28.4	−6.1	−8.6	−15.8	26.9	20.9	27.8	5.6	16.9	−1.8

（续）

	2006年	2007年	2008年	2009年	2010年	2011年	2012年	2013年	2014年	2015年
食用植物油	37.7	23.2	7.6	−12.3	3.9	9.5	−5.3	−1.5	8.3	−17.6
食糖	47.8	40.6	29.0	253.9	93.2	131.1	−28.8	−30.4	33.6	−31.4
蔬菜	8.1	27.8	24.3	−7.4	6.9	33.3	−2.3	1.2	6.2	−9.2
水果	4.8	25.8	8.7	0.1	11.4	29.1	3.1	2.4	4.0	−5.6
畜产品	6.6	22.8	27.5	−13.7	25.3	13.6	2.8	0.2	12.3	−8.3
水产品	15.4	9.2	15.7	−4.3	7.9	17.4	5.6	3.3	4.9	−15.6
饮品	14.3	26.9	24.8	−3.1	12.0	26.2	4.6	2.8	3.1	−4.1

2015年，澳大利亚农产品中出口额靠前的是畜产品、谷物和饮品，出口额分别为167.9亿美元、65.2亿美元和21.0亿美元，占其农产品出口额的比重分别为47.9%、18.6%和6.0%。此外，澳大利亚还出口水果、食用油籽、水产品和棉花等，出口额分别为13.7亿美元、12.4亿美元、11.4亿美元和8.1亿美元，分别占其农产品出口额的3.9%、3.5%、3.3%和2.3%（图4）。

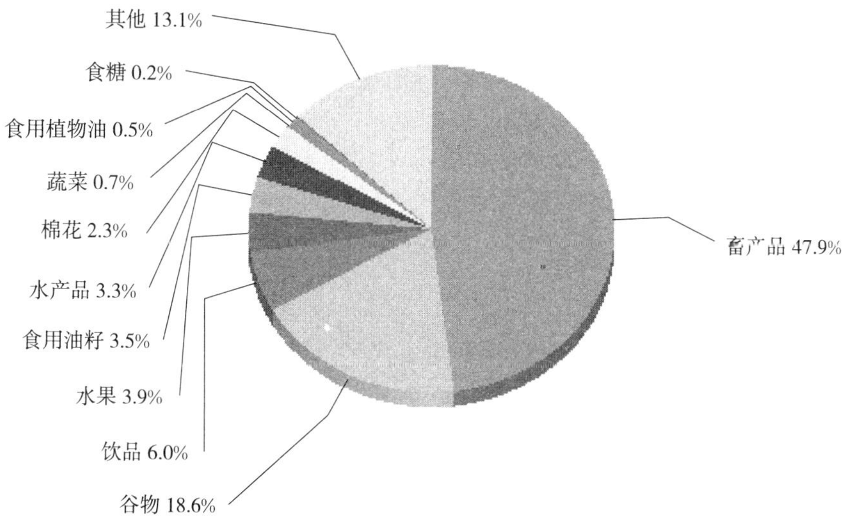

图4　2015年澳大利亚农产品出口结构

2015年，除水果出口额同比增长32.3%外，澳大利亚其他农产品出口额同比均下降。其中，降幅最大的为棉花，达55.1%，其次为食糖和食用油籽，降幅分别为20.2%和17.0%。谷物、水产品、蔬菜、畜产品、食用植物油和饮品的降幅处在1.9%～13.5%之间（表2）。

表 2 2006—2015 年澳大利亚主要农产品出口额同比变化情况

单位：%

	2006 年	2007 年	2008 年	2009 年	2010 年	2011 年	2012 年	2013 年	2014 年	2015 年
农产品	4.7	−0.1	17.3	−8.9	14.1	39.3	3.2	1.3	−1.1	−7.5
谷物	18.7	−34.3	94.6	−0.8	4.0	73.7	6.9	−6.7	−7.6	−13.5
棉花	−0.6	−39.7	−18.1	11.6	121.8	180.2	3.7	−7.6	−27.9	−55.1
食用油籽	−10.6	−52.7	155.4	82.6	−12.9	155.7	37.3	32.2	−39.9	−17.0
食用植物油	18.2	12.3	155.4	−10.4	11.4	30.4	−9.8	28.6	−11.2	−4.3
食糖	94.7	−21.4	−2.1	18.1	82.5	8.6	−17.8	−21.2	−26.0	−20.2
蔬菜	−0.6	5.5	10.4	−6.2	10.0	15.7	−9.8	−3.2	−8.5	−7.9
水果	2.4	4.0	0.8	5.4	−11.9	12.2	12.3	17.6	12.5	32.3
畜产品	1.8	10.8	6.6	−18.0	20.6	25.5	−1.8	6.3	14.2	−7.3
水产品	2.2	−3.8	4.9	−10.0	5.5	19.7	−13.5	−2.4	7.3	−8.4
饮品	−1.8	18.2	−11.8	−11.6	6.5	6.2	−1.5	−7.5	−4.3	−1.9

（二）主要贸易伙伴

2015 年澳大利亚前五大农产品进口来源地分别为新西兰、美国、中国、泰国和新加坡，进口额分别为 24.8 亿美元、14.8 亿美元、9.9 亿美元、8.2 亿美元和 7.4 亿美元，占其农产品进口额的比重分别为 18.1%、10.8%、7.2%、6.0%和 5.4%（图 5）。

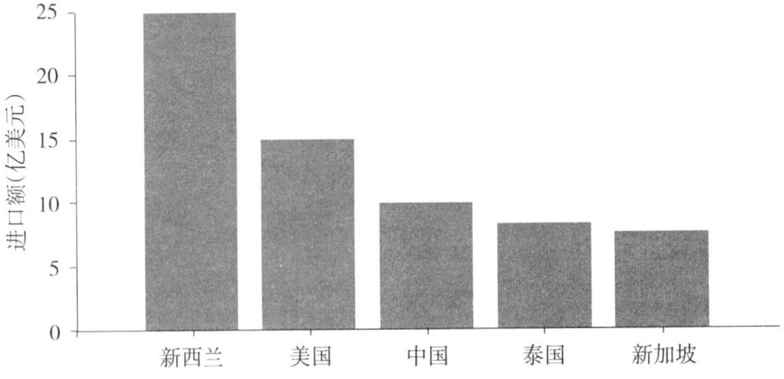

图 5 2015 年澳大利亚前五大农产品进口来源地

2015 年澳大利亚前五大农产品出口市场分别为中国、美国、日本、印度尼西亚和韩国，出口额分别为 69.5 亿美元、39.5 亿美元、32.4 亿美元、20.9 亿美元和 18.5 亿美元，占其农产品出口额的比重分别为 21.0%、11.9%、9.8%、6.3%和 5.6%（图 6）。

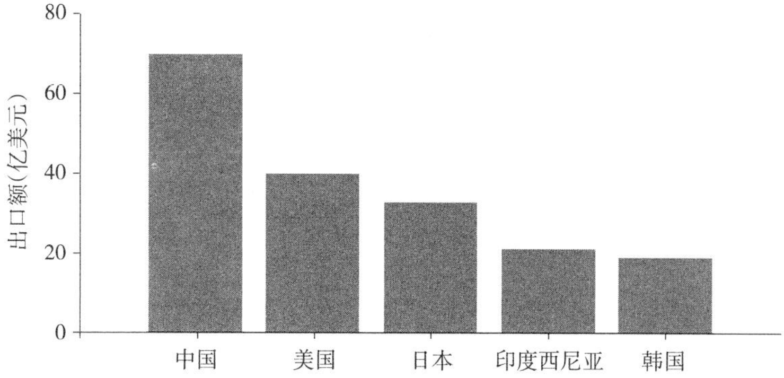

图6 2015年澳大利亚前五大农产品出口市场

4-30-2 澳大利亚主要农产品出口额（一）

单位：万美元

项 目	2005年	2006年	2007年	2008年	2009年	2010年
农产品	2 063 066.5	2 160 640.9	2 157 810.9	2 530 177.7	2 304 913.8	2 629 824.0
谷物	301 165.1	357 376.2	234 765.1	456 742.1	453 272.0	471 253.9
小麦产品	234 216.2	261 224.7	171 116.6	331 121.1	378 234.2	380 264.1
玉米产品	553.5	750.2	865.8	2 268.3	1 781.4	1 356.8
稻谷产品	3 803.3	16 928.4	12 269.5	5 557.2	2 728.6	5 680.7
棉花	77 024.1	76 534.6	46 159.0	37 795.7	42 170.6	93 530.6
食用油籽	31 028.6	27 742.4	13 121.4	33 514.0	61 189.9	53 302.1
大豆	461.2	337.0	411.8	415.9	607.3	506.2
花生	521.1	497.9	845.0	1 188.0	747.2	883.8
油菜籽	23 687.2	21 555.4	8 517.8	29 045.4	53 157.8	45 863.3
食用植物油	4 015.5	4 744.3	5 327.6	13 605.7	12 189.1	13 575.8
豆油	49.8	63.2	166.8	258.3	416.7	237.0
菜籽油	2 511.9	2 315.1	3 435.4	9 935.1	6 947.7	9 382.6
棕榈油	1.5	0.9	12.1	545.2	9.7	6.3
食糖	4 273.0	8 318.5	6 538.4	6 398.4	7 557.9	13 792.6
蔬菜	23 700.3	23 554.1	24 840.7	27 423.8	25 737.2	28 320.5
水果	62 264.9	63 766.2	66 321.9	66 881.1	70 520.6	62 118.2
畜产品	1 018 449.7	1 037 140.9	1 148 725.1	1 224 423.0	1 004 565.2	1 211 533.8
猪肉	10 059.9	11 377.8	11 418.3	10 302.4	9 285.1	9 679.5
牛肉	356 370.7	366 509.9	372 020.4	418 280.8	337 893.3	392 506.0
羊肉	98 061.2	103 864.1	109 043.0	116 355.6	120 946.0	142 552.1
家禽	8 444.7	5 927.9	5 455.7	6 761.9	8 211.9	8 701.1
蛋产品	171.0	142.2	119.7	172.2	195.9	85.1
乳品	182 402.6	179 330.5	199 155.0	220 770.9	164 793.8	191 432.1
动物生皮	47 479.9	49 962.3	60 760.3	60 403.8	40 953.0	64 727.0
动物生毛皮	35.6	4.7	39.4	18.5	0.6	4.7
羊毛	168 584.4	173 178.2	221 042.8	186 050.5	142 126.8	197 522.6
水产品	117 675.4	120 250.8	115 713.9	121 328.8	109 178.0	115 204.6
饮品	239 522.1	235 199.0	278 079.5	245 254.0	216 852.3	230 947.7
酒	219 066.3	216 754.7	254 898.2	220 640.2	190 598.5	201 692.4
茶	405.9	371.5	476.1	480.2	703.9	959.7
咖啡	3 132.7	3 574.2	4 119.3	4 157.9	4 158.8	4 547.7

澳大利亚主要农产品出口额（二）

单位：万美元

项　目	2011 年	2012 年	2013 年	2014 年	2015 年
农产品	3 662 296.5	3 778 951.2	3 829 465.3	3 786 461.2	3 503 837.2
谷物	818 559.4	874 896.6	816 083.3	754 068.7	652 427.6
小麦产品	631 894.1	680 394.1	590 931.6	537 093.1	439 769.2
玉米产品	2 770.4	4 973.0	5 332.9	3 423.8	3 055.2
稻谷产品	27 396.3	35 744.2	37 229.1	35 577.2	30 219.2
棉花	262 113.2	271 894.1	251 241.2	181 230.0	81 387.4
食用油籽	136 306.9	187 157.7	247 424.5	148 780.7	123 522.4
大豆	1 055.8	722.7	1 005.8	634.8	341.8
花生	766.5	758.6	744.3	847.5	898.1
油菜籽	114 237.8	160 018.3	225 451.3	132 225.3	114 532.5
食用植物油	17 699.7	15 964.4	20 522.7	18 231.0	17 449.4
豆油	48.5	130.0	283.4	494.5	462.7
菜籽油	13 714.9	13 206.4	17 138.4	15 173.2	13 228.8
棕榈油	14.5		11.0	1.8	6.5
食糖	14 984.2	12 310.6	9 698.6	7 172.2	5 722.7
蔬菜	32 771.3	29 555.4	28 620.3	26 181.9	24 110.4
水果	69 667.3	78 262.5	92 074.3	103 622.9	137 051.9
畜产品	1 519 879.0	1 492 234.0	1 585 750.0	1 811 419.1	1 678 982.3
猪肉	11 183.1	8 906.2	7 803.9	8 498.0	8 347.1
牛肉	483 887.5	492 357.6	550 779.1	699 956.1	699 715.6
羊肉	169 981.6	169 661.6	203 196.4	253 365.2	208 691.1
家禽	11 340.9	16 048.7	13 686.7	16 816.3	20 486.2
蛋产品	285.4	500.0	323.2	253.6	221.5
乳品	221 199.5	221 527.6	220 186.6	228 820.4	178 163.2
动物生皮	87 790.2	84 720.9	99 025.3	92 867.0	77 190.6
动物生毛皮	3.9	5.0	27.8	53.8	21.8
羊毛	292 557.4	261 103.7	251 592.4	217 875.9	219 347.5
水产品	137 888.3	119 218.6	116 399.3	124 943.8	114 402.6
饮品	245 163.8	241 524.1	223 488.8	213 818.7	209 836.1
酒	210 637.9	210 153.4	195 143.2	183 910.3	181 361.6
茶	1 150.3	717.1	961.4	1 111.8	793.6
咖啡	7 034.7	5 873.3	4 970.7	4 991.2	5 347.3

4-30-3 澳大利亚主要农产品进口额（一）

单位：万美元

项 目	2005年	2006年	2007年	2008年	2009年	2010年
农产品	599 898.7	670 690.9	822 857.8	978 602.3	942 039.2	1 051 867.3
谷物	6 431.3	6 513.3	9 707.6	19 000.9	21 000.9	19 520.3
小麦产品	265.0	166.3	338.4	490.0	898.5	647.3
玉米产品	404.0	364.5	401.5	349.8	480.4	438.6
稻谷产品	5 579.3	5 831.9	8 645.5	17 805.0	19 333.3	18 041.4
棉花	16.0	8.3	10.7	29.4	6.2	25.3
食用油籽	6 248.4	8 023.8	7 534.6	6 883.8	5 793.2	7 349.9
大豆	3 199.5	2 346.1	559.4	425.2	322.5	316.8
花生	825.8	1 374.7	3 236.7	2 523.0	1 837.8	2 490.0
油菜籽	21.6	1 820.9	58.8	54.8	123.2	72.6
食用植物油	20 431.6	28 140.7	34 678.3	37 328.3	32 748.0	34 036.4
豆油	664.8	2 017.6	1 821.5	3 038.6	2 033.8	2 876.6
菜籽油	839.5	1 269.8	1 240.6	2 044.8	1 332.7	1 711.7
棕榈油	4 665.0	5 769.3	8 111.8	12 974.4	11 191.7	9 382.2
食糖	276.6	408.8	574.6	741.2	2 623.4	5 067.5
蔬菜	41 099.6	44 441.3	56 805.7	70 620.6	65 376.2	69 857.4
水果	97 086.1	101 747.9	127 974.1	139 072.0	139 158.6	154 988.4
畜产品	69 794.2	74 433.7	91 438.0	116 563.6	100 602.1	126 059.4
猪肉	22 856.8	23 770.9	34 218.2	35 506.7	38 590.0	41 210.9
牛肉	1 657.2	1 463.7	949.2	889.8	1 058.4	1 442.4
羊肉	86.3	189.2	138.5	278.0	419.4	1 103.0
家禽	1 154.0	1 028.5	1 351.0	1 897.1	2 929.5	4 479.8
蛋产品	282.6	432.3	458.9	697.4	514.0	732.3
乳品	27 380.5	29 915.4	36 055.4	53 807.3	39 042.3	55 095.5
动物生皮	91.9	108.1	163.7	126.1	49.7	63.7
动物生毛皮	45.0	78.4	69.0	78.9	34.5	51.8
羊毛	2 778.4	2 078.2	1 953.0	1 892.7	1 356.6	1 520.9
水产品	95 011.6	109 602.5	119 690.6	138 485.6	132 495.0	142 999.2
饮品	119 941.3	137 123.9	173 955.0	217 080.4	210 351.4	235 557.1
酒	55 238.0	67 498.6	83 564.7	108 096.9	99 933.0	113 829.5
茶	7 466.1	7 619.6	8 882.1	10 036.3	9 797.0	10 966.5
咖啡	19 131.5	21 724.7	27 499.8	32 965.2	34 131.7	37 909.5

澳大利亚主要农产品进口额（二）

单位：万美元

项　目	2011 年	2012 年	2013 年	2014 年	2015 年
农产品	1 288 891.2	1 348 753.0	1 402 109.2	1 488 647.8	1 391 757.9
谷物	19 465.4	17 943.2	19 944.2	22 491.0	19 170.7
小麦产品	762.5	843.4	1 063.6	1 222.7	1 215.0
玉米产品	618.4	669.7	751.7	694.2	762.9
稻谷产品	17 409.0	15 652.2	16 806.7	17 892.8	15 457.3
棉花	110.1	54.0	35.4	34.4	33.0
食用油籽	8 882.5	11 349.0	11 978.9	14 004.0	13 758.3
大豆	358.2	338.3	373.3	413.6	319.5
花生	3 299.4	4 557.7	3 825.6	3 743.8	4 405.4
油菜籽	191.5	297.2	176.8	173.7	217.4
食用植物油	37 257.6	35 280.1	34 740.4	37 620.1	30 991.5
豆油	2 864.7	2 792.6	2 856.7	2 953.8	2 824.6
菜籽油	2 191.1	2 571.9	2 920.8	4 051.7	2 790.5
棕榈油	12 196.9	10 509.3	8 554.2	8 907.7	7 909.7
食糖	11 712.8	8 344.6	5 808.9	7 758.0	5 321.8
蔬菜	93 144.1	91 042.9	92 090.8	97 793.1	88 843.2
水果	200 126.6	206 377.6	211 310.8	219 700.3	207 424.0
畜产品	143 246.7	147 196.5	147 478.6	165 587.2	151 820.7
猪肉	43 020.0	48 017.5	44 588.6	49 374.8	44 364.2
牛肉	2 516.6	1 904.3	1 127.7	1 136.7	1 330.2
羊肉	954.4	778.0	622.6	497.5	500.0
家禽	5 802.5	7 074.4	7 819.7	10 581.5	9 773.9
蛋产品	700.1	517.4	691.3	847.0	518.2
乳品	63 783.9	60 718.2	65 213.5	73 151.5	66 078.1
动物生皮	112.6	185.5	238.9	352.3	306.6
动物生毛皮	107.3	81.8	113.2	137.8	132.3
羊毛	1 457.6	705.3	824.2	1 134.4	971.8
水产品	167 846.9	177 208.9	183 048.2	192 102.6	162 100.6
饮品	297 228.6	310 913.0	319 707.3	329 701.6	316 337.0
酒	135 880.1	149 269.5	159 009.7	153 862.4	142 966.6
茶	11 898.2	12 908.0	13 119.0	13 286.6	12 253.8
咖啡	59 286.4	61 314.4	55 757.0	60 418.1	60 986.9

4-30-4 澳大利亚主要农产品出口量（一）

单位：吨

项　目	2005年	2006年	2007年	2008年	2009年	2010年
农产品						
谷物	19 784 073.2	21 015 498.6	13 334 454.4	12 282 287.5	24 439 519.5	20 382 802.5
小麦产品	15 487 294.9	15 569 026.8	11 184 163.8	8 330 552.3	20 802 502.4	15 996 741.0
玉米产品	17 7072.0	14 244.6	12 372.1	87 231.6	40 549.1	29 632.1
稻谷产品	64 697.2	334 988.8	200 402.5	57 221.1	19 647.2	58 321.4
棉花	599 948.5	580 290.7	328 541.2	225 710.0	317 552.7	474 805.9
食用油籽	1 113 157.1	955 516.8	268 945.1	563 172.7	1 342 083.5	1 239 841.5
大豆	10 102.5	6 816.1	5 877.7	3 747.5	8 138.4	5 081.8
花生	3 989.0	3 574.8	4 703.8	6 213.0	4 643.0	4 205.5
油菜籽	842 181.5	763 600.5	209 546.1	530 237.1	1 222 344.0	1 081 497.5
食用植物油	48 264.4	46 906.8	43 624.9	92 718.9	91 938.3	121 507.9
豆油	614.8	806.0	1 700.6	1 697.4	3 262.0	1 851.8
菜籽油	39 401.7	32 981.4	36 633.6	74 521.1	67 907.2	98 942.2
棕榈油	14.3	2.8	87.4	7 403.8	45.8	40.8
食糖	155 336.3	187 235.6	222 388.0	196 825.6	192 697.5	273 851.7
蔬菜	265 040.1	240 409.9	227 092.3	207 774.2	237 987.3	237 284.0
水果						
畜产品						
猪肉	41 560.5	44 853.3	40 671.6	35 579.5	30 041.4	31 418.1
牛肉	977 363.5	1 007 101.2	992 824.9	994 408.1	964 271.4	968 593.0
羊肉	313 534.7	342 697.6	338 159.6	333 311.0	335 086.0	294 502.8
家禽	39 098.4	34 932.3	38 717.9	41 620.6	44 271.3	38 858.5
蛋产品						
乳品	807 605.5	833 952.4	718 507.1	626 857.3	717 388.6	610 683.7
动物生皮	283 093.6	267 805.3	354 643.4	323 225.1	245 433.3	501 197.9
动物生毛皮						
羊毛	423 048.8	433 885.1	414 065.2	358 634.9	339 202.6	350 998.3
水产品						
饮品						
酒						
茶	684.1	495.2	693.0	1 507.2	1 904.6	1 959.9
咖啡	5 113.6	5 886.6	5 509.5	4 760.6	4 806.6	5 027.7

澳大利亚主要农产品出口量（二）

单位：吨

项　目	2011年	2012年	2013年	2014年	2015年
农产品					
谷物	25 667 909.1	29 814 936.5	24 743 034.2	25 462 685.3	24 378 308.8
小麦产品	19 819 015.1	23 626 321.3	18 073 523.6	18 335 758.2	17 119 844.7
玉米产品	60 499.8	126 350.3	122 221.6	71 796.4	71 843.2
稻谷产品	316 348.6	454 792.7	468 939.3	412 815.5	331 759.4
棉花	852 703.0	1 220 976.4	1 174 846.1	900 661.1	448 886.5
食用油籽	2 455 590.1	3 470 552.0	4 344 234.5	2 904 131.3	2 870 062.3
大豆	8 961.2	4 657.5	11 703.6	6 255.2	3 794.7
花生	3 163.4	2 851.7	2 889.8	3 207.6	3 168.6
油菜籽	1 853 482.4	2 677 048.6	3 795 676.6	2 560 580.3	2 752 570.5
食用植物油	135 999.9	117 770.8	154 785.9	168 809.1	180 048.5
豆油	368.7	1 114.5	1 565.9	3 566.6	4 446.3
菜籽油	117 671.4	108 266.7	142 901.1	155 878.2	162 650.4
棕榈油	66.8		93.8	20.3	57.8
食糖	222 935.1	207 643.0	200 467.6	140 566.7	134 593.1
蔬菜	249 985.1	248 896.2	243 280.5	218 813.3	239 830.7
水果					
畜产品					
猪肉	32 119.6	27 356.8	27 445.8	28 170.1	27 894.8
牛肉	1 032 218.0	1 030 309.2	1 167 574.8	1 354 920.0	1 357 649.1
羊肉	295 425.3	355 854.2	449 705.2	498 509.7	458 091.4
家禽	47 386.3	51 801.6	51 343.8	60 112.8	66 327.8
蛋产品					
乳品	628 969.4	683 160.8	620 583.1	679 448.1	728 423.8
动物生皮	332 630.7	375 835.3	414 149.7	445 261.3	440 845.3
动物生毛皮					
羊毛	347 969.9	337 958.3	345 575.2	324 830.3	343 418.9
水产品					
饮品					
酒					
茶	1 979.7	998.4	1 400.4	1 826.0	1 106.0
咖啡	6 615.1	5 512.4	5 054.6	5 794.2	7 360.6

4-30-5 澳大利亚主要农产品进口量（一）

单位：吨

项 目	2005年	2006年	2007年	2008年	2009年	2010年
农产品						
谷物						
小麦产品	126 600.5	116 692.1	161 257.4	218 328.4	239 806.9	221 347.8
玉米产品	4 130.1	3 389.3	6 026.4	5 095.9	14 988.3	10 099.6
稻谷产品	7 032.3	4 946.0	5 169.0	5 197.8	7 005.9	6 195.4
棉花	112 139.1	106 049.4	143 626.4	203 642.0	214 904.1	202 460.5
食用油籽	96.6	111.0	361.1	510.6	83.6	289.5
大豆	163 338.5	192 654.2	88 187.2	41 646.3	32 313.7	38 981.3
花生	141 370.7	105 749.8	16 375.0	6 795.5	4 186.7	4 370.7
油菜籽	8 514.2	14 732.5	29 304.0	16 621.4	12 176.5	18 102.9
食用植物油	126.4	57 269.3	265.2	284.1	483.2	315.1
豆油	199 215.2	261 195.0	261 971.0	247 682.4	249 279.2	252 318.5
菜籽油	10 491.6	32 179.0	22 134.2	22 889.0	21 391.7	26 547.0
棕榈油	9 380.9	16 200.8	10 765.5	11 266.8	10 064.7	12 526.5
食糖	112 104.8	136 528.4	128 230.1	133 976.4	135 144.8	123 348.1
蔬菜	6 126.3	8 010.7	10 467.8	12 442.3	54 156.9	76 040.3
水果	318 406.1	351 400.8	464 362.8	518 839.1	439 648.7	461 465.7
畜产品						
猪肉						
牛肉	78 157.8	81 515.4	106 165.5	113 167.5	132 924.9	138 143.4
羊肉	5 387.1	3 506.9	2 038.5	1 947.8	2 534.9	3 039.1
家禽	344.1	591.4	439.7	672.3	835.2	1 425.5
蛋产品	3 545.4	2 687.9	3 318.5	4 258.2	4 778.2	7 408.3
乳品						
动物生皮	85 600.5	96 002.1	102 254.4	121 430.2	120 028.3	137 438.7
动物生毛皮	473.4	407.3	606.7	496.5	205.4	410.2
羊毛						
水产品	8 973.7	7 308.6	6 457.0	6 259.4	5 083.8	5 140.1
饮品						
酒						
茶	15 061.4	14 151.3	14 953.4	15 427.1	14 167.9	15 100.4
咖啡	64 275.3	65 641.9	68 680.8	70 382.3	75 443.4	79 347.8

澳大利亚主要农产品进口量（二）

单位：吨

项　目	2011年	2012年	2013年	2014年	2015年
农产品					
谷物	198 276.4	177 479.6	191 555.2	209 329.7	209 983.5
小麦产品	10 858.6	12 741.5	16 162.2	18 330.8	22 625.5
玉米产品	8 798.1	9 344.5	8 625.4	8 196.1	12 145.0
稻谷产品	175 111.4	151 345.9	161 520.0	172 214.2	166 073.0
棉花	461.5	589.6	236.1	231.4	239.4
食用油籽	40 414.2	45 442.2	47 749.2	54 947.1	60 951.6
大豆	3 979.8	3 428.4	3 850.7	4 353.2	3 552.2
花生	18 433.2	21 282.1	20 880.9	22 904.9	28 445.8
油菜籽	643.7	843.5	775.0	602.8	798.9
食用植物油	239 847.5	225 530.8	258 040.2	292 189.7	284 266.5
豆油	20 205.0	19 212.4	24 582.0	28 677.5	31 614.3
菜籽油	17 132.0	17 856.2	23 435.5	33 147.3	25 689.9
棕榈油	110 256.4	97 915.9	104 283.4	110 546.3	119 806.6
食糖	155 226.3	133 424.4	102 057.9	167 382.8	139 756.3
蔬菜	708 194.9	716 541.9	741 702.1	714 917.2	760 081.2
水果					
畜产品					
猪肉	133 790.2	147 614.4	141 584.3	146 598.1	166 245.5
牛肉	5 481.6	4 234.6	2 770.7	3 015.2	3 398.1
羊肉	1 244.4	1 042.5	1 205.6	725.6	1 071.3
家禽	7 474.7	11 000.3	12 833.2	20 163.8	21 784.8
蛋产品					
乳品	148 271.3	142 945.9	150 306.9	163 194.8	175 249.6
动物生皮	1 041.9	1 235.9	1 652.4	1 821.4	1 638.7
动物生毛皮					
羊毛	2 807.6	1 416.8	1 896.2	2 206.9	2 143.1
水产品					
饮品					
酒					
茶	21 945.1	24 148.5	25 394.4	24 475.8	23 277.6
咖啡	93 665.2	103 942.3	105 347.8	110 988.7	122 116.2

4-30-6 澳大利亚农产品出口额前 15 位国家（地区）
（2015 年）

单位：万美元，%

序号	国家（地区）	出口额	同比增长
1	中国	695 223.0	5.9
2	美国	395 451.6	1.6
3	日本	324 301.6	−7.9
4	印度尼西亚	209 142.9	−18.4
5	韩国	185 454.5	−1.8
6	越南	154 914.1	−8.6
7	新西兰	115 934.0	−15.8
8	中国香港	107 211.7	−0.7
9	印度	106 102.2	98.0
10	马来西亚	86 993.6	−18.5
11	新加坡	85 794.0	−15.0
12	阿拉伯联合酋长国	66 635.9	−7.1
13	泰国	59 369.4	−18.2
14	英国	53 991.9	−13.0
15	菲律宾	46 857.9	−12.1
	总计	**2 693 378.4**	

4-30-7 澳大利亚农产品进口额前15位国家（地区）
（2015年）

单位：万美元，%

序号	国家（地区）	进口额	同比增长
1	新西兰	248 363.8	−10.8
2	美国	148 495.2	−5.4
3	中国	98 608.7	−8.9
4	泰国	81 882.0	−6.9
5	新加坡	74 225.6	−3.6
6	意大利	53 125.3	−9.6
7	法国	48 675.4	−5.6
8	马来西亚	46 929.2	−11.5
9	英国	44 342.7	−10.3
10	越南	40 451.6	−5.4
11	荷兰	40 401.9	−6.7
12	阿根廷	37 098.7	−11.2
13	德国	31 478.2	−7.0
14	印度尼西亚	29 265.2	4.6
15	丹麦	28 806.6	−12.1
	总计	**1 052 150.1**	

4-31 新西兰主要农产品贸易情况

4-31-1 新西兰农产品贸易综述

一、10年来新西兰农产品贸易总体情况

2005—2015年，新西兰农产品贸易额由2005年的144.3亿美元增至2015年的264.0亿美元，年均增长6.2%。其中，出口额由123.1亿美元增至220.1亿美元，年均增长6.0%；进口额由21.2亿美元增至43.9亿美元，年均增长7.5%；贸易顺差由101.9亿美元增至176.2亿美元，年均增长5.6%（图1）。

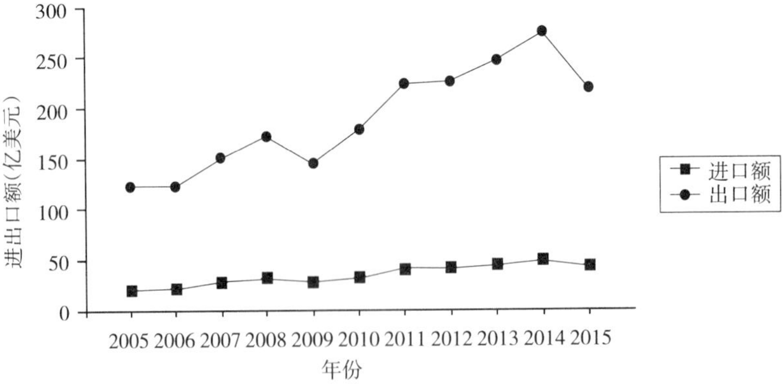

图1 2005—2015年新西兰农产品出口额变化

从年度变化情况看，除2009年和2015年进出口额、出口额和进口额同比均下降外，其余年份3项数值均保持正增长。其中，2010年出口增速最快，达23.9%，2007年进口增幅最大，达22.6%。2012—2014年进出口额继续保持增长，但2015年进出口额同比下降三成左右。2015年进口额同比下降10.7%，较上年降低21.5个百分点；出口额同比下降19.9%，较上年降低31.3个百分点（图2）。

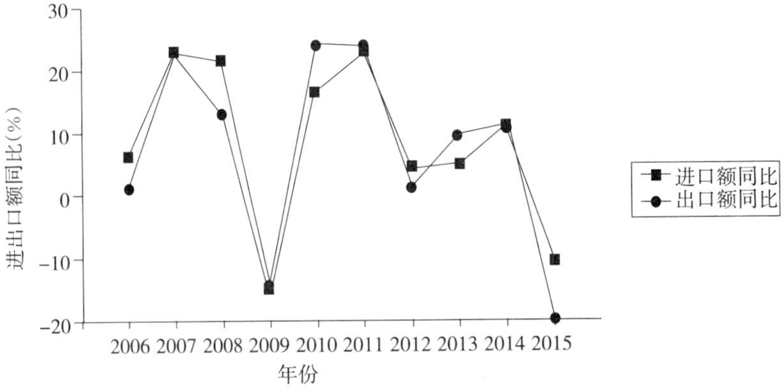

图2 2006—2015年新西兰农产品进出口额同比变化

二、2015年新西兰农产品贸易情况

2015年新西兰农产品贸易额为264.0亿美元，同比下降18.5%，在全球各大农产品贸易国中排名第26位。其中出口额为220.1亿美元，同比下降19.9%，全球排名第18位；进口额为43.9亿美元，同比下降10.7%，全球排名第49位。

（一）进出口产品结构

2015年，新西兰进口农产品以水果、饮品和畜产品为主，进口额分别为7.0亿美元、6.8亿美元和5.0亿美元，占其农产品进口额的比重分别为16.0%、15.6%和11.4%。此外，新西兰还进口谷物和水产品等，2015年进口额分别为2.6亿美元和2.1亿美元，分别占其农产品进口额的5.9%和4.8%（图3）。

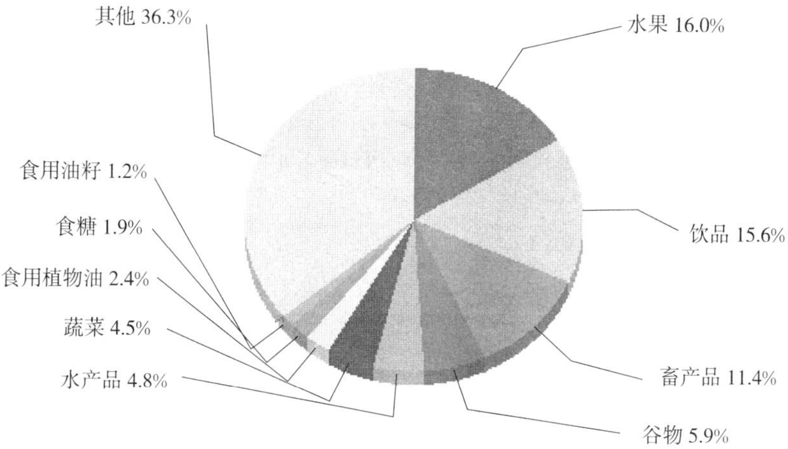

图3　2015年新西兰农产品进口结构

2015年，除棉花进口额同比增长15.8%外，新西兰其他农产品进口额同比均呈下降趋势。其中，降幅最大的为食糖，达28.0%，其次为谷物和食用植物油，降幅分别为14.5%和13.0%。饮品、畜产品、蔬菜、水产品、食用油籽和水果的降幅处在3.8%～7.8%之间（表1）。

表1　2006—2015年新西兰主要农产品进口额同比变化情况

单位：%

	2006年	2007年	2008年	2009年	2010年	2011年	2012年	2013年	2014年	2015年
农产品	6.1	22.6	21.3	−15.0	16.3	22.5	4.4	4.7	10.8	−10.7
谷物	2.3	33.5	65.9	−36.4	−0.4	61.7	−4.4	1.3	18.4	−14.5
棉花	186.9	82.8	70.1	−57.1	50.9	−68.5	175.1	187.1	−44.0	15.8
食用油籽	24.4	18.7	−10.9	−7.4	26.5	2.0	12.1	−2.9	17.8	−4.3

（续）

	2006年	2007年	2008年	2009年	2010年	2011年	2012年	2013年	2014年	2015年
食用植物油	−0.2	29.6	40.3	−30.7	5.0	37.3	3.8	−2.3	−9.5	−13.0
食糖	45.9	−21.1	3.5	38.2	22.7	53.6	−29.8	−6.3	−2.0	−28.0
蔬菜	7.4	19.8	12.5	−2.8	1.6	13.7	−10.3	0.6	8.5	−6.5
水果	1.8	20.0	6.6	−9.1	10.1	13.6	7.3	4.5	10.9	−3.8
畜产品	−2.3	25.6	−1.3	5.1	5.0	7.5	19.1	14.8	17.9	−6.5
水产品	7.5	4.5	15.6	−15.0	17.3	26.7	0.2	1.4	21.7	−5.0
饮品	2.6	18.1	10.6	−9.5	13.6	16.4	3.4	1.8	2.0	−7.8

2015年，新西兰农产品中出口额靠前的是畜产品、水果和饮品，出口额分别为145.5亿美元、22.8亿美元和13.4亿美元，占其农产品出口额的比重分别为66.1%、10.3%和6.1%。此外，新西兰还出口水产品、蔬菜等，出口额分别为11.5亿美元、4.7亿美元，分别占其农产品出口额的5.2%、2.1%（图4）。

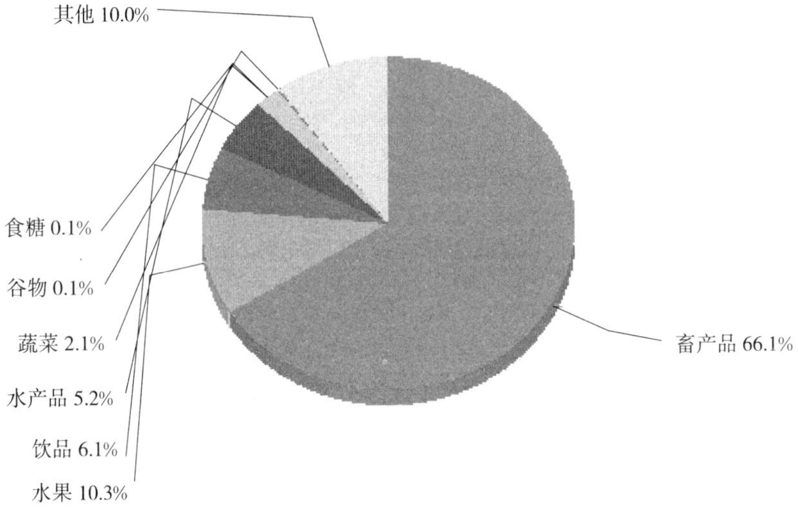

图4 2015年新西兰农产品出口结构

2015年，新西兰大部分农产品出口额同比下降。其中降幅最大的为谷物，达58.9%，其次为食用油籽和棉花，降幅分别为46.8%和46.5%。食糖、畜产品、蔬菜、水产品和饮品的降幅处在9.6%～28.2%之间。水果和食用植物油出口额同比增长，增幅分别为8.5%和1.9%（表2）。

表 2 2006—2015 年新西兰主要农产品出口额同比变化情况

单位：%

	2006 年	2007 年	2008 年	2009 年	2010 年	2011 年	2012 年	2013 年	2014 年	2015 年
农产品	1.0	22.2	12.7	−15.1	23.9	23.7	1.1	9.5	11.4	−19.9
谷物	23.2	45.5	126.7	−32.0	17.9	18.6	−21.9	146.0	83.8	−58.9
棉花	909.5	364.9	−98.2	88.2	41.0	−1.7	125.0	−74.2	−67.9	−46.5
食用油籽	−25.1	35.1	−39.0	−2.0	83.4	9.7	18.2	53.5	9.8	−46.8
食用植物油	−40.2	44.4	39.7	−22.1	47.0	1.4	−28.2	94.4	19.3	1.9
食糖	23.6	29.9	−3.6	0.3	73.6	6.3	23.1	−19.2	−12.0	−28.2
蔬菜	1.7	22.1	−0.2	−11.2	18.3	24.8	−3.8	8.5	−4.2	−19.1
水果	−0.2	18.1	1.8	−2.7	4.5	23.2	3.9	−3.7	21.2	8.5
畜产品	0.7	22.4	16.2	−18.9	31.3	26.6	−1.4	12.4	12.5	−25.0
水产品	−1.7	6.3	4.9	−7.5	18.0	15.0	4.3	−2.5	4.1	−12.6
饮品	11.0	38.9	9.8	−5.2	24.4	15.1	10.2	4.1	11.3	−9.6

（二）主要贸易伙伴

2015 年新西兰前五大农产品进口来源地分别为澳大利亚、美国、马来西亚、印度尼西亚和中国，进口额分别为 12.4 亿美元、5.0 亿美元、2.4 亿美元、2.2 亿美元和 2.0 亿美元，占其农产品进口额的比重分别为 28.3%、11.4%、5.6%、5.1%和 4.5%（图 5）。

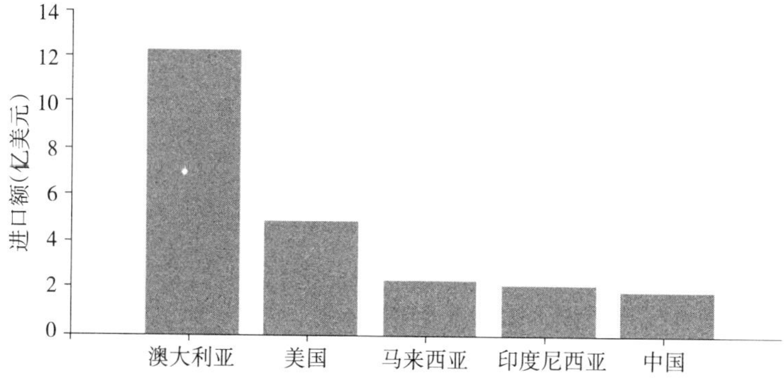

图 5 2015 年新西兰前五大农产品进口来源地

2015 年新西兰前五大农产品出口市场分别为中国、美国、澳大利亚、日本和英国，出口额分别为 41.9 亿美元、29.0 亿美元、22.2 亿美元、12.0 亿美元和 9.1 亿美元，占其农产品出口额的比重分别为 19.8%、13.7%、10.5%、5.7%和 4.3%（图 6）。

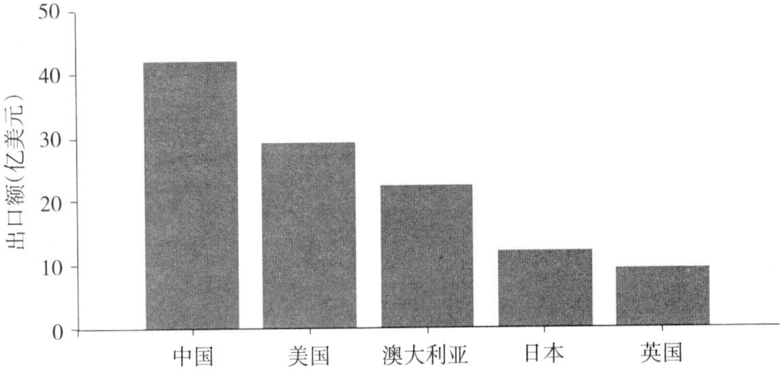

图 6 2015 年新西兰前五大农产品出口市场

4-31-2 新西兰主要农产品出口额（一）

单位：万美元

项　目	2005年	2006年	2007年	2008年	2009年	2010年
农产品	1 230 722.1	1 243 337.3	1 519 544.8	1 713 271.6	1 453 793.8	1 801 012.6
谷物	416.0	512.6	745.7	1 690.8	1 149.6	1 355.4
小麦产品	35.7	61.0	72.6	73.4	157.0	225.9
玉米产品	214.7	256.6	410.6	460.4	786.5	923.2
稻谷产品	27.9	41.9	38.7	41.5	46.2	45.1
棉花	0.2	1.9	8.9	0.2	0.3	0.4
食用油籽	505.5	378.4	511.4	311.8	305.7	560.8
大豆	1.0	0.6	0.8	0.7	1.3	1.9
花生	18.3	15.7	16.3	16.5	17.4	35.6
油菜籽	299.2	209.5	122.5	104.3	158.8	315.1
食用植物油	184.1	110.1	158.9	222.0	172.8	254.0
豆油	18.4	41.4	45.9	65.2	61.9	53.3
菜籽油	0.8	0.1	2.0	3.6	3.0	4.5
棕榈油	2.0	1.1	1.0	1.2	0.8	6.8
食糖	730.5	903.1	1 173.3	1 131.6	1 135.6	1 971.2
蔬菜	35 569.4	36 179.3	44 174.1	44 106.4	39 174.2	46 337.3
水果	115 012.4	114 736.9	135 522.7	137 960.8	134 209.7	140 305.8
畜产品	805 214.4	811 182.9	992 644.1	1 153 790.7	935 807.6	1 228 276.1
猪肉	22.4	68.8	50.9	30.0	18.9	27.7
牛肉	126 928.5	116 813.9	115 662.9	134 754.1	112 784.9	137 477.0
羊肉	167 603.5	155 518.3	174 635.0	194 755.6	182 061.6	194 232.0
家禽	13 426.5	12 457.1	12 467.6	14 931.9	14 595.3	15 997.7
蛋产品	400.8	463.2	415.8	398.7	401.4	697.9
乳品	363 471.2	401 990.9	552 213.2	656 297.4	503 770.5	732 713.6
动物生皮	14 667.4	12 746.6	15 750.4	17 543.8	10 405.0	13 759.0
动物生毛皮	32.7	13.3	103.8	113.7	22.6	0.7
羊毛	46 065.1	44 904.3	46 855.5	41 444.3	33 354.7	44 447.5
水产品	90 602.5	89 063.5	94 646.8	99 252.5	91 838.7	108 403.2
饮品	50 784.0	56 368.8	78 307.9	85 954.0	81 457.3	101 297.1
酒	37 610.0	43 743.2	61 280.1	69 716.6	69 208.7	85 719.2
茶	114.7	114.2	136.0	119.0	83.3	136.2
咖啡	138.3	97.6	125.2	233.6	700.4	567.0

新西兰主要农产品出口额（二）

单位：万美元

项　目	2011年	2012年	2013年	2014年	2015年
农产品	2 228 288.6	2 251 767.8	2 466 292.0	2 747 345.3	2 201 178.8
谷物	1 607.5	1 254.7	3 086.1	5 671.5	2 331.4
小麦产品	111.3	96.4	141.3	112.2	122.1
玉米产品	1 083.3	775.3	2 475.1	4 658.1	1 612.5
稻谷产品	80.2	51.2	119.7	470.0	252.4
棉花	0.4	0.9	0.2	0.1	
食用油籽	615.1	726.8	1 115.8	1 224.6	651.5
大豆	30.2	16.2	2.6	2.3	4.2
花生	32.3	39.2	64.3	102.3	87.4
油菜籽	234.3	309.9	637.2	814.1	315.3
食用植物油	257.7	185.1	360.0	429.6	438.0
豆油	94.5	31.0	14.8	5.6	3.1
菜籽油	9.2	9.2	14.5	13.2	52.7
棕榈油	23.0	1.2	7.0	34.0	1.8
食糖	2 095.0	2 578.3	2 083.6	1 834.3	1 316.7
蔬菜	57 834.0	55 635.3	60 375.1	57 843.5	46 795.6
水果	172 843.6	179 631.3	172 945.4	209 660.7	227 527.9
畜产品	1 554 837.8	1 533 619.6	1 724 257.4	1 939 762.8	1 455 131.0
猪肉	20.2	41.8	39.2	38.7	31.6
牛肉	162 244.5	168 361.1	172 275.3	209 626.8	228 057.3
羊肉	236 948.1	213 550.8	224 008.1	254 000.6	213 569.1
家禽	22 620.7	29 196.2	28 250.9	28 428.2	28 521.4
蛋产品	704.1	688.0	938.7	1 053.9	1 014.1
乳品	940 411.1	925 158.1	1 100 721.4	1 228 610.9	803 956.2
动物生皮	23 921.0	28 407.1	28 766.7	24 648.6	17 684.1
动物生毛皮	4.4	2.4		1.2	0.3
羊毛	62 754.9	58 055.7	57 867.6	63 639.1	56 765.5
水产品	124 638.6	129 997.0	126 789.1	131 928.5	115 281.9
饮品	116 552.5	128 400.1	133 671.4	148 750.0	134 449.5
酒	98 029.0	108 755.0	111 183.7	121 673.1	113 219.6
茶	138.7	180.0	132.9	208.4	167.6
咖啡	433.3	444.9	1 242.9	1 687.8	1 124.0

4-31-3 新西兰主要农产品进口额（一）

单位：万美元

项 目	2005年	2006年	2007年	2008年	2009年	2010年
农产品	212 212.8	225 250.9	276 233.9	334 939.6	284 608.1	330 989.0
谷物	11 417.2	11 674.9	15 591.6	25 859.8	16 448.7	16 389.6
小麦产品	7 669.4	7 575.5	10 138.1	14 386.4	9 279.8	8 809.0
玉米产品	321.2	363.0	666.8	626.5	513.8	509.4
稻谷产品	2 594.6	2 739.3	3 360.0	4 828.8	4 989.2	5 018.4
棉花	0.6	1.8	3.3	5.6	2.4	3.6
食用油籽	2 735.2	3 401.3	4 036.1	3 595.9	3 331.5	4 213.1
大豆	420.4	1 035.1	1 365.7	223.8	245.6	529.5
花生	1 159.4	1 344.8	1 533.5	1 905.9	1 778.1	1 977.2
油菜籽	3.7	69.6	12.2	38.8	4.3	1.5
食用植物油	7 407.2	7 395.8	9 581.8	13 443.1	9 309.9	9 772.1
豆油	1 698.1	1 309.9	1 867.2	3 021.3	1 438.1	1 755.3
菜籽油	1 682.6	1 654.1	2 692.9	3 795.9	3 231.5	3 497.8
棕榈油	1 038.8	1 281.9	1 597.7	2 784.4	1 812.2	1 480.6
食糖	5 795.4	8 456.6	6 670.9	6 904.9	9 539.1	11 699.9
蔬菜	13 393.9	14 386.9	17 241.2	19 389.8	18 839.6	19 143.7
水果	39 719.1	40 444.8	48 524.4	51 703.2	46 976.2	51 705.2
畜产品	23 071.3	22 544.1	28 320.5	27 939.4	29 359.0	30 818.6
猪肉	6 826.5	6 620.3	8 700.6	7 708.3	8 531.5	8 882.4
牛肉	1 000.4	995.0	1 884.9	1 942.4	1 260.3	1 803.0
羊肉	774.4	802.0	878.5	1 281.2	1 383.5	716.3
家禽	394.7	288.2	320.5	809.3	654.4	641.2
蛋产品	109.9	106.9	179.6	254.0	154.7	165.4
乳品	4 776.2	4 892.1	7 330.4	7 526.0	7 849.8	8 413.9
动物生皮	1 132.7	419.0	294.3	261.3	291.7	246.8
动物生毛皮						0.1
羊毛	200.6	156.7	286.1	338.8	266.5	193.3
水产品	11 021.7	11 844.1	12 371.6	14 305.4	12 155.6	14 256.5
饮品	43 129.9	44 249.9	52 272.5	57 795.9	52 306.2	59 401.2
酒	22 416.0	22 429.7	26 049.5	27 743.9	21 302.7	24 496.8
茶	1 987.9	2 110.8	2 225.4	2 490.2	2 107.9	2 174.3
咖啡	4 583.3	5 190.8	6 350.1	7 175.2	7 633.8	7 972.2

新西兰主要农产品进口额（二）

单位：万美元

项 目	2011年	2012年	2013年	2014年	2015年
农产品	405 452.1	423 437.0	443 382.4	491 287.4	438 685.7
谷物	26 500.6	25 330.2	25 653.0	30 383.7	25 971.8
小麦产品	17 665.3	15 881.5	16 098.8	17 580.1	14 314.5
玉米产品	884.1	691.4	654.4	4 384.1	5 175.7
稻谷产品	5 098.3	5 104.7	5 307.9	5 724.0	5 064.5
棉花	1.1	3.1	9.0	5.0	5.8
食用油籽	4 297.9	4 817.2	4 678.6	5 509.2	5 275.0
大豆	233.2	240.2	293.5	326.4	237.4
花生	2 356.0	2 655.9	2 209.1	2 528.2	2 060.5
油菜籽	1.6	13.3	38.2	87.2	189.7
食用植物油	13 413.0	13 920.3	13 598.1	12 300.3	10 695.9
豆油	1 704.7	1 974.7	1 711.1	1 101.0	1 115.6
菜籽油	5 301.0	5 750.2	5 341.2	4 692.8	3 658.4
棕榈油	2 492.3	2 438.7	2 234.4	2 325.3	1 714.6
食糖	17 970.8	12 618.4	11 822.3	11 586.0	8 347.1
蔬菜	21 757.5	19 508.2	19 618.4	21 293.4	19 908.7
水果	58 744.4	63 042.1	65 902.0	73 065.9	70 320.4
畜产品	33 114.7	39 436.7	45 292.2	53 395.4	49 912.1
猪肉	9 936.6	10 278.3	11 453.5	13 271.3	12 119.0
牛肉	2 441.8	2 163.9	3 904.8	6 123.3	4 490.6
羊肉	713.0	775.8	1 026.3	1 592.2	1 213.6
家禽	632.9	768.1	702.4	860.9	732.4
蛋产品	170.6	233.1	251.5	287.3	330.2
乳品	9 935.6	14 304.4	15 647.7	17 480.9	17 861.9
动物生皮	142.2	280.5	520.1	571.1	362.8
动物生毛皮	0.1	1.9	0.1	0.2	0.2
羊毛	526.1	418.7	225.5	127.4	264.0
水产品	18 062.6	18 101.9	18 364.3	22 341.0	21 223.1
饮品	69 146.3	71 502.6	72 788.1	74 269.6	68 469.3
酒	27 832.4	29 681.3	31 924.8	31 331.1	27 555.1
茶	2 252.0	2 320.6	2 369.0	2 535.7	2 246.9
咖啡	10 887.8	10 905.3	10 659.2	10 820.1	10 962.1

4-31-4 新西兰主要农产品出口量（一）

单位：吨

项 目	2005年	2006年	2007年	2008年	2009年	2010年
农产品						
谷物	6 839.5	8 357.6	8 426.1	32 528.0	25 995.1	21 231.1
小麦产品	814.4	1 700.5	1 282.9	1 023.5	7 036.4	7 901.4
玉米产品	3 716.4	4 010.5	5 532.2	8 468.5	18 098.7	11 950.7
稻谷产品	439.1	365.3	216.8	429.3	526.7	354.2
棉花	0.4	5.5	24.1	0.2	0.5	0.3
食用油籽	2 171.7	2 078.9	2 099.6	1 326.4	1 180.3	1 902.4
大豆	12.6	8.1	8.7	6.8	8.0	8.1
花生	132.6	121.9	111.4	79.9	91.9	162.8
油菜籽	1 419.8	993.0	697.1	653.4	639.2	1 114.2
食用植物油	1 465.8	998.4	864.6	1 052.1	821.5	1 722.7
豆油	178.2	733.4	251.9	404.2	455.8	461.8
菜籽油	4.0	0.7	14.9	23.6	23.4	34.3
棕榈油	32.8	16.9	15.4	19.9	13.5	71.0
食糖	18 754.8	19 115.5	25 643.8	21 622.4	19 616.8	26 121.3
蔬菜	551 175.2	528 776.4	603 500.3	560 009.3	489 842.9	500 957.9
水果						
畜产品						
猪肉	60.9	210.4	175.9	73.4	47.1	47.7
牛肉	415 375.2	380 598.4	354 615.1	380 968.8	367 466.5	366 939.2
羊肉	380 939.2	390 459.8	420 207.2	442 499.6	389 478.4	355 348.0
家禽	26 049.4	35 381.1	38 156.3	41 363.4	39 732.2	56 435.8
蛋产品						
乳品	1 626 395.5	1 907 058.4	1 925 805.7	1 704 166.3	2 272 524.0	2 193 429.0
动物生皮	50 069.2	56 150.8	72 720.0	65 891.2	57 664.7	66 430.4
动物生毛皮						
羊毛	154 798.2	159 821.5	154 022.4	135 650.3	129 631.9	134 530.2
水产品						
饮品						
酒						
茶	265.4	298.2	382.6	203.6	144.9	115.8
咖啡	273.6	163.6	175.5	403.0	1 477.3	770.3

新西兰主要农产品出口量（二）

单位：吨

项　目	2011 年	2012 年	2013 年	2014 年	2015 年
农产品					
谷物	18 482.5	11 622.0	14 450.4	16 425.8	14 903.4
小麦产品	1 676.1	1 325.7	1 846.4	1 377.2	1 398.2
玉米产品	13 458.7	7 820.2	9 651.9	11 593.4	10 637.0
稻谷产品	668.4	403.3	839.3	1 487.5	949.3
棉花	2.9	5.3	0.7	0.3	
食用油籽	3 019.0	56 730.1	3 705.2	3 864.5	2 522.4
大豆	525.9	249.1	20.9	25.7	62.5
花生	103.6	121.7	152.3	325.7	396.5
油菜籽	740.8	1 095.3	1 808.4	2 226.4	1 136.8
食用植物油	731.4	393.8	1 560.2	1 026.0	1 128.4
豆油	258.6	128.3	116.3	45.6	30.7
菜籽油	46.0	42.2	81.4	82.1	370.0
棕榈油	104.2	14.0	62.9	67.9	28.4
食糖	21 113.2	22 924.8	26 336.1	24 575.5	21 171.1
蔬菜	541 364.6	564 023.4	588 856.3	579 697.0	547 585.1
水果					
畜产品					
猪肉	49.9	120.5	87.5	93.1	85.2
牛肉	360 613.3	366 866.4	377 791.9	414 014.4	456 925.9
羊肉	348 040.1	436 191.4	416 883.9	415 684.1	418 279.4
家禽	46 082.2	50 610.2	53 951.3	57 504.8	65 745.5
蛋产品					
乳品	2 460 304.9	2 766 964.7	2 745 487.0	2 924 638.9	3 010 181.0
动物生皮	65 130.8	73 838.4	76 229.7	67 370.6	84 419.1
动物生毛皮					
羊毛	120 737.7	127 848.7	134 847.4	127 779.9	127 118.6
水产品					
饮品					
酒					
茶	187.7	223.9	226.8	221.3	214.1
咖啡	801.0	634.6	1 745.1	2 329.6	1 854.9

4-31-5 新西兰主要农产品进口量（一）

单位：吨

项 目	2005年	2006年	2007年	2008年	2009年	2010年
农产品						
谷物	486 828.4	455 586.5	452 818.8	547 540.0	373 094.0	417 648.2
小麦产品	405 302.1	366 574.8	357 165.8	319 100.6	275 991.2	302 242.2
玉米产品	3 378.5	3 987.8	11 248.1	4 904.5	3 935.8	3 664.8
稻谷产品	38 255.2	41 293.4	43 089.4	45 685.5	46 568.4	45 493.7
棉花	1.0	9.0	13.8	13.5	10.0	8.8
食用油籽	24 410.0	48 126.6	51 488.6	17 433.5	16 227.8	23 098.9
大豆	12 231.6	32 036.6	38 314.9	2 579.9	2 474.8	9 419.7
花生	7 881.4	8 762.5	9 133.5	9 464.2	9 468.3	9 031.9
油菜籽	12.3	3 111.1	12.5	43.4	1.3	0.7
食用植物油	86 935.6	83 964.3	82 485.8	85 631.0	75 129.4	73 380.7
豆油	25 151.6	18 497.9	18 639.1	20 503.8	14 651.2	14 971.8
菜籽油	22 362.1	23 669.5	26 286.7	24 535.2	27 859.3	28 440.7
棕榈油	21 029.4	25 460.5	20 395.7	25 875.5	19 485.0	15 816.7
食糖	225 059.3	234 756.8	231 833.5	238 650.4	248 746.4	214 567.5
蔬菜	99 183.7	102 857.8	111 025.5	123 643.5	119 144.7	99 182.5
水果						
畜产品						
猪肉	24 931.9	25 811.6	28 962.3	27 933.7	30 806.5	28 228.1
牛肉	2 937.6	3 285.6	4 576.9	5 710.8	3 902.0	4 421.2
羊肉	3 011.2	4 086.2	4 144.6	5 037.4	5 088.2	2 685.9
家禽	583.1	502.5	565.4	942.9	789.3	1 157.4
蛋产品						
乳品	23 771.1	21 174.8	24 956.4	22 751.4	30 425.1	26 140.3
动物生皮	3 282.0	1 764.0	1 228.6	889.5	1 477.9	1 932.2
动物生毛皮						
羊毛	738.9	597.3	971.6	1 082.9	922.2	626.6
水产品						
饮品						
酒						
茶	5 003.4	4 871.3	4 742.9	4 949.7	4 528.1	2 161.9
咖啡	12 087.4	13 243.2	13 675.8	14 110.9	15 905.5	13 751.4

新西兰主要农产品进口量（二）

单位：吨

项　目	2011年	2012年	2013年	2014年	2015年
农产品					
谷物	615 588.0	623 168.7	580 747.0	761 267.7	796 762.6
小麦产品	480 062.1	468 897.8	430 748.5	522 640.5	510 402.4
玉米产品	10 526.5	4 957.6	3 888.8	118 899.4	204 396.7
稻谷产品	47 122.9	45 728.4	48 301.2	51 984.0	52 587.5
棉花	2.0	11.5	24.7	15.9	23.5
食用油籽	18 350.3	18 639.7	19 099.7	23 364.4	24 986.2
大豆	2 248.5	2 150.1	2 691.3	2 907.1	2 603.6
花生	10 109.1	11 221.4	10 353.4	12 717.2	11 442.6
油菜籽	0.6	5.8	250.6	1 009.0	3 274.6
食用植物油	80 917.6	88 793.3	90 681.2	87 106.7	90 832.4
豆油	11 289.4	13 717.3	13 365.3	8 970.5	10 935.2
菜籽油	35 935.2	38 370.2	36 426.0	38 201.2	38 188.9
棕榈油	18 776.9	19 823.5	21 516.5	21 882.2	19 374.7
食糖	253 999.6	246 557.4	243 704.9	258 346.5	228 623.0
蔬菜	125 830.2	110 600.8	112 450.4	123 287.6	124 224.8
水果					
畜产品					
猪肉	31 227.3	32 582.9	35 384.2	37 944.8	45 500.2
牛肉	5 367.3	4 350.8	8 185.7	12 224.5	9 655.3
羊肉	2 021.6	2 471.4	3 084.5	4 207.8	3 731.7
家禽	1 131.9	1 362.1	1 214.8	1 333.4	1 296.5
蛋产品					
乳品	32 979.8	46 420.0	53 694.7	61 145.1	65 663.6
动物生皮	280.0	805.4	1 782.0	3 689.1	3 542.3
动物生毛皮					
羊毛	1 384.7	1 044.6	619.1	266.0	641.5
水产品					
饮品					
酒					
茶	3 441.6	3 265.0	3 108.8	3 573.2	3 037.9
咖啡	15 612.0	16 873.2	17 995.6	18 544.4	21 185.8

4-31-6 新西兰农产品出口额前15位国家（地区）
（2015年）

单位：万美元，%

序号	国家（地区）	出口额	同比增长
1	中国	419 482.2	-32.5
2	美国	290 210.3	0.6
3	澳大利亚	221 587.2	-14.4
4	日本	120 179.6	-17.7
5	英国	90 989.8	-12.3
6	马来西亚	54 780.9	-22.3
7	阿拉伯联合酋长国	50 846.8	-26.7
8	荷兰	47 257.9	-12.6
9	新加坡	42 232.4	-29.9
10	泰国	42 203.6	-20.9
11	印度尼西亚	40 888.2	-31.8
12	中国香港	40 623.6	-16.5
13	韩国	40 496.6	-19.8
14	沙特阿拉伯	39 891.0	-34.2
15	菲律宾	37 761.8	-30.3
	总计	**1 579 432.0**	

4-31-7 新西兰农产品进口额前15位国家（地区）

（2015年）

单位：万美元，%

序号	国家（地区）	进口额	同比增长
1	澳大利亚	123 833.7	−17.2
2	美国	49 784.5	−13.3
3	马来西亚	24 278.5	−28.8
4	印度尼西亚	22 410.3	−14.4
5	中国	19 759.8	3.1
6	新加坡	16 986.9	12.5
7	泰国	14 768.5	−21.4
8	荷兰	13 730.6	25.3
9	阿根廷	11 047.0	−22.7
10	法国	10 914.8	4.0
11	加拿大	8 513.5	−1.0
12	新西兰	8 365.8	23.3
13	英国	7 676.1	−5.4
14	德国	7 381.8	−24.5
15	意大利	6 336.9	−3.3
	总计	**345 788.7**	

非 洲

4-32 南非主要农产品贸易情况

4-32-1 南非农产品贸易综述

一、10年来南非农产品贸易总体情况

2005—2015年，南非农产品贸易额由2005年的72.8亿美元增至2015年的139.2亿美元，年均增长6.7%。其中，出口额由45.6亿美元增至86.7亿美元，年均增长6.6%；进口额由27.2亿美元增至52.5亿美元，年均增长6.8%；贸易顺差由18.4亿美元增至34.3亿美元，年均增长6.4%（图1）。

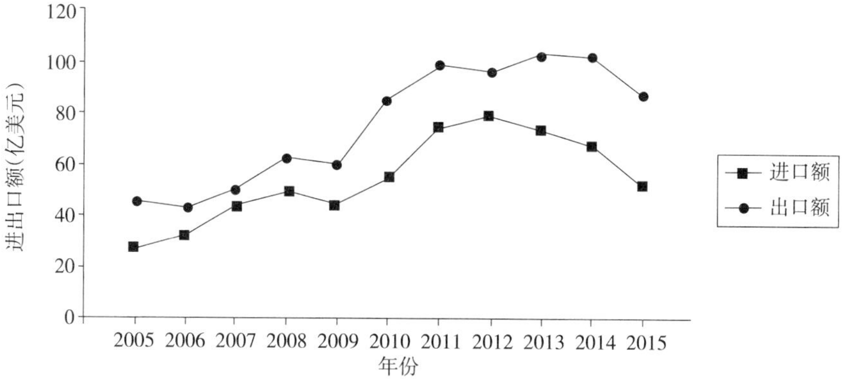

图1 2005—2015年南非农产品进出口额变化

从年度变化情况看，2009年、2013—2015年进出口额同比下降，2006年、2009年、2012年和2015年出口额同比下降，2009年、2013—2015年进口额同比下降，其余年份3项数值保持正增长。2010年出口增速最快，达41.4%，2007年进口增幅最大，达36.8%。2012年以来，进出口额同比呈持续下降趋势。2015年进口额同比下降21.9%，较上年降低14.6个百分点；出口额同比下降15.8%，较上年下降16.2个百分点（图2）。

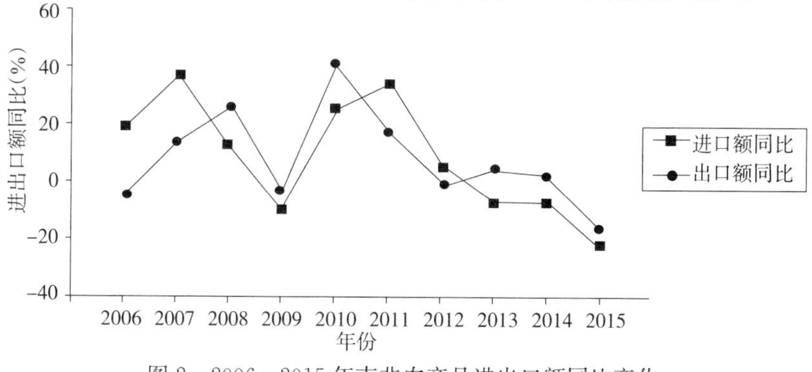

图2 2006—2015年南非农产品进出口额同比变化

二、2015 年南非农产品贸易情况

2015 年南非农产品贸易额为 139.2 亿美元，同比下降 18.2%，在全球各大农产品贸易国中排名第 38 位。其中出口额为 86.7 亿美元，同比下降 15.8%，全球排名第 33 位；进口额为 52.5 亿美元，同比下降 21.9%，全球排名第 43 位。

（一）进出口产品结构

2015 年，南非进口农产品以畜产品、谷物和饮品为主，进口额分别为 8.3 亿美元、8.1 亿美元和 7.8 亿美元，占其农产品进口额的比重分别为 15.8%、15.4%和 14.8%。此外，南非还进口食用植物油和水产品等，2015 年进口额分别为 3.9 亿美元和 3.4 亿美元，分别占其农产品进口额的 7.4%和 6.4%（图 3）。

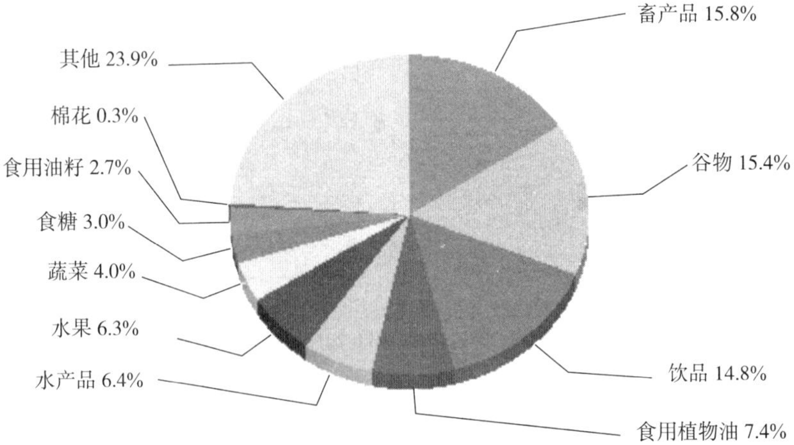

图 3　2015 年南非农产品进口结构

2015 年，南非主要农产品进口额同比全部下降，其中降幅最大的为棉花，达 68.3%，其次为食糖和食用植物油，降幅分别为 42.4%和 42.2%。水产品、谷物、饮品、畜产品、蔬菜和食用油籽的降幅处在 14.7%～23.3%之间。水果进口额同比降幅最小，为 9.9%。

表 1　2006—2015 年南非主要农产品进口额同比变化情况

单位：%

	2006 年	2007 年	2008 年	2009 年	2010 年	2011 年	2012 年	2013 年	2014 年	2015 年
农产品	18.5	36.8	11.3	−9.8	24.9	34.8	5.5	−8.0	−7.3	−21.9
谷物	18.0	47.8	20.5	−20.6	−2.8	63.7	10.3	−14.1	−10.6	−21.5
棉花	−21.6	4.3	−8.2	−7.9	21.2	90.7	−31.3	7.3	−30.8	−68.3
食用油籽	30.1	119.3	−51.4	78.3	−26.6	32.9	21.6	32.5	58.8	−14.7

（续）

	2006年	2007年	2008年	2009年	2010年	2011年	2012年	2013年	2014年	2015年
食用植物油	28.8	67.5	16.4	−31.7	59.5	32.1	−0.2	−25.4	−5.6	−42.2
食糖	4.4	191.6	54.4	−9.2	344.0	20.7	11.1	20.5	−26.6	−42.4
蔬菜	35.4	26.6	−3.1	−5.1	44.8	16.0	5.6	−7.4	17.9	−15.3
水果	22.2	38.8	−1.0	−11.2	14.5	34.8	5.6	6.5	−5.3	−9.9
畜产品	10.7	23.8	−10.3	−12.6	79.4	32.4	5.8	−11.8	−8.9	−15.6
水产品	20.8	27.9	20.2	9.1	45.0	8.7	27.1	−6.5	−12.1	−23.3
饮品	24.3	30.3	9.0	−1.6	27.2	18.3	2.8	0.6	−8.2	−16.3

2015年，南非农产品中出口额靠前的是水果、饮品和畜产品，出口额分别为31.6亿美元、13.2亿美元和9.6亿美元，占其农产品出口额的比重分别为36.4%、15.3%和11.1%。此外，南非还出口水产品、谷物、蔬菜和食用植物油等，出口额分别为5.4亿美元、5.3亿美元、4.5亿美元和1.8亿美元，分别占其农产品出口额的6.2%、6.2%、5.2%和2.1%（图4）。

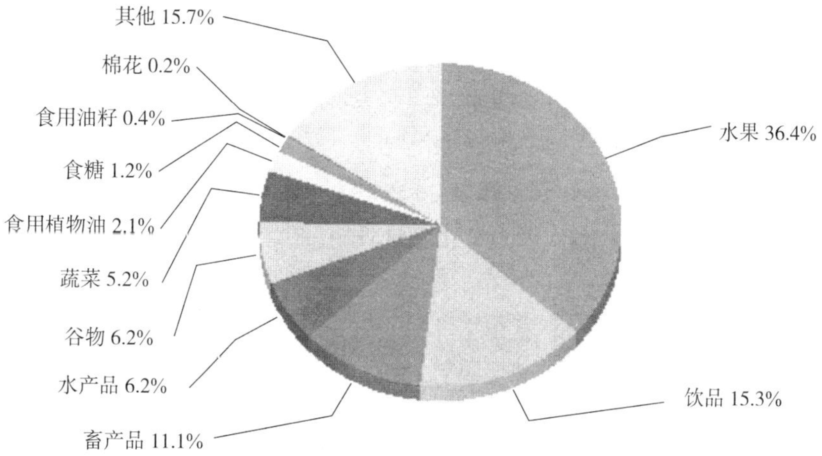

图4 2015年南非农产品出口结构

2015年，南非大部分农产品出口额同比下降。其中降幅最大的为食糖，达75.6%，其次为谷物和水产品，降幅分别为46.7%和19.9%。蔬菜、饮品、畜产品、食用植物油和水果的降幅处在4.2%～17.2%之间。棉花和食用油籽出口额同比增长，增幅分别为7.5%和4.3%（表2）。

表 2 2006—2016 年南非主要农产品出口额同比变化情况

单位：%

	2006 年	2007 年	2008 年	2009 年	2010 年	2011 年	2012 年	2013 年	2014 年	2015 年
农产品	−5.1	13.9	26.1	−3.4	41.4	16.2	−1.2	5.2	0.4	−15.8
谷物	−55.5	−59.9	962.6	−21.3	20.9	77.8	−25.0	21.8	−14.2	−46.7
棉花	−73.0	−10.6	−12.3	289.6	−16.5	1.7	62.1	−59.5	24.2	7.5
食用油籽	−46.5	1.4	543.9	−3.8	12.9	−29.5	71.9	−60.4	−30.9	4.3
食用植物油	−25.7	−19.7	637.8	−23.1	177.6	35.9	6.4	−27.5	−4.3	−10.0
食糖	35.7	−24.8	−21.5	67.4	−0.9	−13.1	4.6	34.1	−4.8	−75.6
蔬菜	−4.6	19.4	11.7	1.7	119.2	9.3	−3.4	3.2	7.0	−17.2
水果	−3.6	23.1	7.9	2.1	38.2	3.8	0.4	8.8	5.2	−4.2
畜产品	12.3	26.9	3.6	5.7	92.6	10.3	−1.6	15.6	−3.9	−12.7
水产品	−8.4	29.2	5.3	−18.5	37.2	4.8	−3.9	−10.0	16.6	−19.9
饮品	−10.3	21.1	15.6	−0.9	35.2	−0.1	−4.4	11.4	−1.5	−13.8

（二）主要贸易伙伴

2015 年南非前五大农产品进口来源地分别为阿根廷、巴西、纳米比亚、中国和英国，进口额分别为 4.5 亿美元、3.2 亿美元、2.8 亿美元、2.8 亿美元和 2.7 亿美元，占其农产品进口额的比重分别为 8.6%、6.2%、5.4%、5.4%和 5.2%（图 5）。

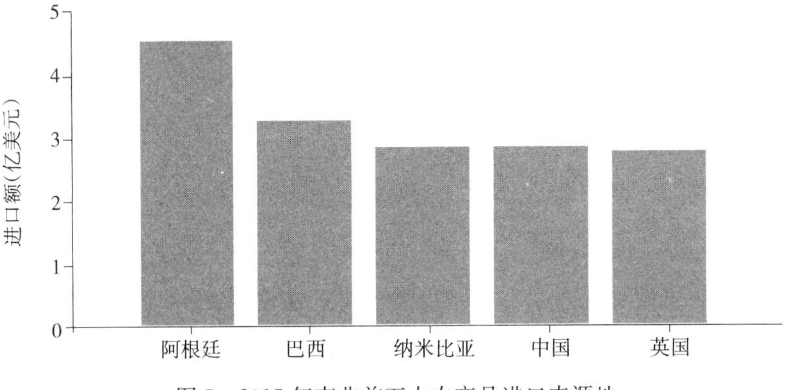

图 5 2015 年南非前五大农产品进口来源地

2015 年南非前五大农产品出口市场分别为荷兰、英国、纳米比亚、博茨瓦纳和莫桑比克，出口额分别为 7.4 亿美元、6.8 亿美元、6.6 亿美元、5.5 亿美元和 4.5 亿美元，占其农产品出口额的比重分别为 8.6%、7.8%、7.7%、6.4%和 5.2%（图 6）。

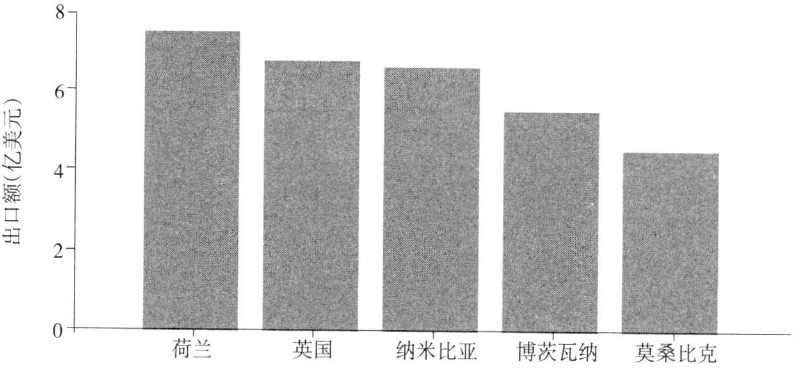

图6　2015年南非前五大农产品出口市场

4-32-2 南非主要农产品出口额（一）

单位：万美元

项 目	2005年	2006年	2007年	2008年	2009年	2010年
农产品	456 382.1	433 317.5	493 437.9	622 115.8	600 948.4	849 955.5
谷物	39 838.1	17 715.3	7 109.3	75 541.8	59 426.5	71 872.3
小麦产品	1 160.2	942.6	1 702.8	14 060.0	5 266.0	10 588.4
玉米产品	37 696.4	15 390.4	4 657.0	59 310.3	51 893.1	51 465.3
稻谷产品	698.5	1 150.2	426.0	1 730.2	1 560.7	7 689.7
棉花	2 652.2	717.3	641.5	562.6	2 191.7	1 830.0
食用油籽	2 732.5	1 463.2	1 483.1	9 549.9	9 189.7	10 377.8
大豆	257.0	64.5	56.9	938.5	6 829.8	5 660.4
花生	2 094.2	1 127.2	1 115.4	2 456.8	1 609.8	4 178.2
油菜籽	0.1			6.0	4.9	22.3
食用植物油	2 151.3	1 598.0	1 282.6	9 462.5	7 279.8	20 210.0
豆油	54.4	330.0	55.2	328.7	894.9	3 001.4
菜籽油	2.0	2.0	0.4	6.9	4.8	16.6
棕榈油	47.9	62.0	93.2	305.6	477.2	239.6
食糖	27 516.4	37 326.2	28 077.5	22 032.9	36 884.9	36 555.1
蔬菜	16 401.2	15 645.5	18 688.4	20 866.1	21 213.4	46 492.2
水果	153 020.1	147 521.1	181 603.6	195 866.7	199 914.4	276 279.7
畜产品	30 338.9	34 085.3	43 261.3	44 814.3	47 352.7	91 179.6
猪肉	218.8	194.7	301.2	489.9	628.4	2 159.8
牛肉	1 175.3	1 318.2	1 535.8	1 656.9	2 189.0	4 560.5
羊肉	168.4	93.2	228.0	215.6	287.2	606.1
家禽	1 377.1	1 644.4	1 364.2	1 151.7	3 389.7	14 987.1
蛋产品	137.6	80.8	151.3	314.5	801.0	2 804.3
乳品	2 481.9	3 121.9	3 420.8	5 166.8	6 652.9	20 425.2
动物生皮	8 626.6	7 723.4	9 316.1	8 061.7	6 495.5	9 900.8
动物生毛皮	12.1	10.6	4.5	3.3	12.0	1.9
羊毛	9 370.2	11 378.9	16 337.0	15 367.0	15 618.1	18 137.0
水产品	45 743.4	41 885.6	54 120.8	56 979.4	46 453.1	63 745.9
饮品	87 083.0	78 081.8	94 577.8	109 366.9	108 414.7	146 607.2
酒	78 905.2	69 289.5	84 837.7	97 227.5	94 184.9	121 217.2
茶	700.5	1 035.5	1 029.5	1 193.0	1 562.5	2 781.7
咖啡	772.7	883.4	925.7	1 013.0	955.0	2 705.1

南非主要农产品出口额（二）

单位：万美元

项　目	2011 年	2012 年	2013 年	2014 年	2015 年
农产品	987 353.2	972 548.5	1 016 742.1	1 029 864.8	867 382.0
谷物	127 816.6	93 041.9	116 639.4	100 136.2	53 366.9
小麦产品	15 781.6	16 437.7	15 443.6	17 738.3	13 364.1
玉米产品	101 165.5	65 017.4	90 014.3	72 600.6	30 916.2
稻谷产品	8 619.0	8 595.3	8 245.1	7 727.7	7 433.6
棉花	1 862.6	3 015.3	1 222.2	1 518.2	1 632.7
食用油籽	7 317.0	12 577.2	4 986.0	3 447.1	3 596.6
大豆	2 862.2	8 487.7	1 392.6	396.6	569.6
花生	3 813.2	3 436.8	2 586.0	2 317.9	2 681.4
油菜籽	6.9	1.5	2.0	4.6	2.6
食用植物油	27 474.5	29 224.5	21 191.8	20 284.3	18 255.3
豆油	8 861.1	12 785.4	8 258.7	9 833.7	8 916.3
菜籽油	35.4	38.3	26.4	30.5	43.4
棕榈油	435.2	493.0	750.2	1 033.5	767.6
食糖	31 753.6	33 218.0	44 549.3	42 418.4	10 370.1
蔬菜	50 807.9	49 087.4	50 670.0	54 223.8	44 904.9
水果	286 819.8	287 973.8	313 321.2	329 587.3	315 676.6
畜产品	100 536.4	98 881.9	112 265.1	109 898.6	95 940.9
猪肉	1 926.4	1 565.4	1 748.3	2 218.0	2 240.3
牛肉	4 251.6	4 856.2	6 132.1	10 286.7	11 421.8
羊肉	442.1	398.5	449.5	695.1	410.4
家禽	15 021.8	12 341.7	9 881.1	12 867.8	10 755.0
蛋产品	2 122.0	2 599.5	3 141.5	3 751.3	3 683.8
乳品	21 909.6	23 727.4	25 445.7	25 741.5	19 317.5
动物生皮	11 963.4	11 264.0	23 925.5	14 054.3	13 642.4
动物生毛皮	0.9	2.4	1.9	4.9	0.5
羊毛	29 475.1	29 340.0	30 647.8	26 414.3	19 875.2
水产品	66 809.7	64 185.2	57 739.5	67 350.7	53 925.5
饮品	146 417.7	140 017.4	155 812.6	153 555.1	132 420.5
酒	124 965.7	118 869.2	133 560.9	126 652.8	106 259.7
茶	2 716.3	3 038.6	3 226.1	3 320.2	2 906.3
咖啡	2 693.4	2 686.8	2 890.4	2 919.7	2 177.8

4-32-3 南非主要农产品进口额（一）

单位：万美元

项目	2005年	2006年	2007年	2008年	2009年	2010年
农产品	272 494.8	322 877.0	441 783.5	491 879.8	443 623.8	554 288.9
谷物	45 807.6	54 050.7	79 888.0	96 304.9	76 506.3	74 366.4
小麦产品	18 367.7	15 275.5	26 624.9	43 817.5	27 869.4	28 396.9
玉米产品	1 022.3	11 394.9	21 034.2	2 702.4	2 211.5	1 763.7
稻谷产品	23 302.3	24 699.6	29 924.5	46 499.0	44 479.3	41 416.4
棉花	6 818.0	5 348.6	5 577.7	5 119.7	4 717.1	5 715.6
食用油籽	2 731.5	3 552.9	7 792.8	3 784.1	6 748.5	4 955.7
大豆	330.9	252.9	3 440.0	496.8	118.1	112.7
花生	346.1	1 843.8	2 030.6	1 569.3	1 354.1	764.0
油菜籽	1.4	18.7	51.0	1.7	25.7	74.2
食用植物油	26 275.6	33 836.3	56 687.5	65 966.5	45 052.2	71 848.7
豆油	10 929.1	12 878.8	20 921.8	28 341.4	11 020.7	27 547.1
菜籽油	7.1	12.5	500.7	630.9	137.3	1 561.9
棕榈油	10 436.6	11 656.3	19 611.5	29 187.5	22 728.7	29 814.6
食糖	1 206.0	1 258.9	3 671.4	5 668.0	5 148.4	22 856.6
蔬菜	8 113.3	10 984.8	13 901.9	13 471.0	12 778.0	18 507.4
水果	14 966.6	18 291.5	25 395.3	25 137.2	22 314.3	25 540.4
畜产品	45 130.0	49 944.4	61 810.3	55 432.6	48 458.9	86 959.2
猪肉	4 739.4	4 100.8	4 463.2	3 447.5	4 734.0	5 886.9
牛肉	3 117.2	3 219.6	2 506.2	1 282.6	1 649.9	7 901.0
羊肉	2 069.3	3 420.7	3 302.6	3 103.3	1 417.1	6 492.3
家禽	18 981.7	22 807.1	28 968.1	27 338.6	25 027.9	32 046.5
蛋产品	96.4	73.8	86.7	25.9	32.3	34.3
乳品	6 753.9	6 500.0	11 786.8	9 589.0	7 243.7	9 967.4
动物生皮	1 140.2	378.2	496.9	464.6	93.1	660.0
动物生毛皮		1.9	0.4	1.1	0.8	0.7
羊毛	591.1	639.8	690.0	518.8	360.1	713.1
水产品	13 231.0	15 983.8	20 437.7	24 574.1	26 800.6	38 853.4
饮品	37 456.6	46 574.4	60 693.4	66 155.5	65 096.2	82 825.4
酒	20 383.4	24 916.5	37 076.0	37 997.5	39 848.2	48 824.7
茶	2 503.6	3 260.1	2 750.0	3 078.4	4 313.8	5 235.4
咖啡	4 734.3	6 261.4	6 723.3	9 454.9	6 682.2	9 674.0

南非主要农产品进口额（二）

单位：万美元

项　目	2011年	2012年	2013年	2014年	2015年
农产品	747 072.7	788 204.1	714 485.8	672 014.3	524 551.3
谷物	121 757.2	134 349.6	115 406.9	103 118.2	80 974.9
小麦产品	60 003.8	49 492.3	43 384.7	52 356.1	28 150.4
玉米产品	4 948.5	10 218.5	1 510.6	3 989.6	14 539.8
稻谷产品	50 798.9	68 797.7	66 879.0	42 304.8	32 080.4
棉花	10 899.5	7 482.7	8 027.6	5 551.8	1 758.8
食用油籽	6 586.0	8 011.9	10 635.2	16 850.1	14 376.9
大豆	107.7	139.4	491.1	5 530.6	7 195.4
花生	2 526.7	3 951.7	5 032.1	2 424.1	1 693.9
油菜籽	27.0	17.8	66.0	196.2	445.0
食用植物油	94 947.1	94 797.3	70 725.4	66 809.2	38 608.5
豆油	37 332.9	26 371.2	21 516.5	15 874.4	13 065.1
菜籽油	1 551.2	757.9	539.3	321.8	1 223.9
棕榈油	40 744.5	40 245.0	30 829.1	34 987.0	14 676.7
食糖	27 581.9	30 647.6	36 928.9	27 106.3	15 615.1
蔬菜	21 474.7	22 673.9	20 979.6	24 748.0	20 950.7
水果	34 430.0	36 350.9	38 585.9	36 704.0	33 084.8
畜产品	115 164.5	121 867.8	98 971.4	98 000.4	82 725.3
猪肉	8 198.7	8 807.1	6 350.9	5 258.2	7 308.7
牛肉	10 344.9	11 081.5	8 340.1	6 511.5	3 053.7
羊肉	7 718.3	5 744.7	4 204.8	2 890.2	2 003.0
家禽	46 484.6	51 701.6	41 408.0	45 505.4	34 706.0
蛋产品	67.5	92.7	46.4	116.9	56.1
乳品	12 435.6	17 482.8	12 682.3	14 798.7	12 569.2
动物生皮	1 298.9	1 509.1	1 791.0	1 902.4	1 221.1
动物生毛皮	1.7	1.3	1.3	0.3	
羊毛	856.7	981.4	988.5	1 382.9	2 143.2
水产品	42 238.2	53 691.4	50 058.4	44 106.6	33 819.0
饮品	97 949.5	100 700.9	101 155.1	93 027.9	77 852.1
酒	58 769.6	57 421.6	57 938.1	48 152.0	36 151.9
茶	5 029.7	5 597.9	6 322.9	5 853.8	5 184.7
咖啡	13 826.8	13 920.6	13 311.9	14 731.8	14 895.1

4-32-4 南非主要农产品出口量（一）

单位：吨

项 目	2005年	2006年	2007年	2008年	2009年	2010年
农产品						
谷物	2 563 564.7	737 084.7	176 202.7	1 453 138.2	1 998 494.8	2 475 648.8
小麦产品	54 602.0	35 576.9	65 699.9	171 858.4	122 118.1	256 614.0
玉米产品	2 474 494.5	678 945.7	98 375.7	1 252 754.1	1 832 605.1	1 869 353.5
稻谷产品	28 986.0	20 719.5	8 763.4	24 922.5	33 794.6	311 280.2
棉花	25 288.6	7 374.4	5 917.6	4 507.2	19 648.4	11 099.2
食用油籽	92 307.0	14 622.7	10 500.7	111 791.6	177 340.2	162 361.4
大豆	68 662.3	561.9	417.3	14 551.0	162 412.4	128 007.1
花生	21 201.5	12 967.6	9 184.5	15 777.3	12 787.8	32 507.2
油菜籽				6.8	8.6	45.4
食用植物油	23 377.3	27 384.8	12 709.4	62 474.4	73 571.0	313 428.4
豆油	685.6	7 695.0	726.3	1 940.7	8 001.3	22 997.5
菜籽油	24.3	4.0	0.5	17.1	21.3	82.0
棕榈油	510.4	804.7	1 001.1	2 165.3	5 685.1	1 985.8
食糖	1 072 790.2	2 155 244.8	1 032 489.2	684 935.7	905 229.7	618 069.2
蔬菜	150 082.9	182 210.0	199 345.1	212 929.0	256 994.2	3 290 196.3
水果						
畜产品						
猪肉	819.0	629.2	823.6	2 933.6	2 022.3	6 675.5
牛肉	2 535.2	4 090.9	2 870.2	3 540.6	4 557.7	14 168.3
羊肉	419.9	214.7	400.5	414.7	626.8	4 043.5
家禽	4 674.5	5 793.1	4 798.6	3 900.8	19 863.6	69 536.8
蛋产品						
乳品	17 647.5	27 222.8	19 013.0	42 387.6	42 195.0	150 509.1
动物生皮	45 374.6	40 615.1	45 807.0	35 461.8	47 890.6	45 705.9
动物生毛皮						
羊毛	42 689.9	34 668.4	36 058.0	36 559.9	43 581.8	37 101.8
水产品						
饮品						
酒						
茶	2 309.2	3 795.6	5 186.8	9 487.3	5 486.1	8 755.0
咖啡	2 587.7	5 234.3	8 390.1	3 253.4	2 195.3	5 972.6

南非主要农产品出口量（二）

单位：吨

项　目	2011年	2012年	2013年	2014年	2015年
农产品					
谷物	7 511 115.9	3 552 635.7	3 593 340.6	3 066 297.3	1 571 917.9
小麦产品	1 258 785.0	385 097.1	373 899.2	449 452.5	345 348.5
玉米产品	3 656 969.9	2 351 206.8	3 025 225.9	2 460 529.5	1 069 242.7
稻谷产品	2 396 041.3	756 392.0	128 479.7	123 118.2	134 812.7
棉花	11 648.5	16 753.4	6 460.3	7 684.6	10 406.9
食用油籽	78 420.3	181 874.4	37 536.8	22 626.9	41 062.7
大豆	55 016.7	163 735.8	20 773.2	4 431.0	11 462.6
花生	20 762.9	15 337.6	13 432.7	14 727.6	28 195.7
油菜籽	5.7	2.7	69.0	13.2	5.6
食用植物油	2 747 407.2	1 317 836.9	160 928.7	164 629.9	184 663.0
豆油	55 602.5	79 473.2	64 496.3	87 170.5	90 812.4
菜籽油	202.1	286.3	106.0	127.5	518.4
棕榈油	2 548.4	3 203.5	5 806.6	7 807.0	7 478.5
食糖	436 439.2	495 157.5	851 209.3	913 391.2	701 263.1
蔬菜	6 955 768.8	6 714 241.4	580 197.4	628 506.1	660 056.4
水果					
畜产品					
猪肉	19 571.3	5 438.0	6 129.7	7 837.9	8 849.7
牛肉	18 760.0	14 634.4	16 025.0	27 787.1	29 565.6
羊肉	10 177.5	972.0	1 107.2	1 613.6	1 050.5
家禽	93 787.5	70 356.8	58 787.1	74 849.0	75 651.2
蛋产品					
乳品	192 296.5	617 440.3	211 637.1	193 185.7	168 153.6
动物生皮	32 923.6	34 314.8	46 693.0	39 488.2	47 073.5
动物生毛皮					
羊毛	42 274.3	43 242.3	46 435.9	45 282.1	34 518.4
水产品					
饮品					
酒					
茶	7 798.1	10 819.2	8 180.2	7 485.1	6 522.2
咖啡	7 536.1	9 587.5	6 133.6	6 425.9	5 109.9

4-32-5 南非主要农产品进口量（一）

单位：吨

项 目	2005年	2006年	2007年	2008年	2009年	2010年
农产品						
谷物	2 311 004.4	2 971 556.0	3 397 591.2	2 313 669.7	2 168 536.8	2 111 567.9
小麦产品	1 277 260.3	982 271.4	1 110 491.0	1 438 098.8	1 323 013.8	1 271 317.2
玉米产品	91 165.3	1 055 759.3	1 243 227.8	103 843.9	31 564.3	20 821.1
稻谷产品	772 932.7	816 611.3	962 694.2	654 146.5	747 806.6	733 338.8
棉花	62 046.3	47 789.8	46 153.7	35 467.1	36 925.5	34 410.5
食用油籽	140 071.1	116 463.4	243 374.1	71 751.9	175 075.0	102 914.2
大豆	14 980.7	10 590.6	118 046.4	18 421.3	3 139.2	2 555.7
花生	4 693.4	27 518.4	27 364.9	12 425.9	11 774.0	4 518.4
油菜籽	26.2	118.8	195.8	16.3	73.3	116.5
食用植物油	543 457.5	686 366.3	758 416.2	625 173.7	593 669.4	757 098.6
豆油	218 510.9	261 203.2	272 707.2	247 887.6	137 801.1	272 952.0
菜籽油	40.6	49.1	4 115.7	5 527.2	1 281.1	14 588.1
棕榈油	273 583.5	292 370.2	299 092.2	314 198.5	324 949.5	349 919.3
食糖	38 495.8	31 199.9	102 544.4	158 090.5	120 311.2	257 824.0
蔬菜	81 850.7	112 610.4	122 099.3	99 782.0	94 379.5	147 264.2
水果						
畜产品						
猪肉	26 921.2	20 619.1	22 538.6	17 745.1	27 210.1	26 310.1
牛肉	20 465.2	19 332.0	17 024.9	7 061.7	9 765.2	18 607.0
羊肉	22 778.0	32 778.3	28 360.8	25 016.1	12 396.7	19 626.3
家禽	219 931.5	301 422.4	287 848.4	232 607.0	242 112.5	282 826.5
蛋产品						
乳品	30 770.2	30 824.7	44 309.3	34 223.1	32 351.3	34 894.8
动物生皮	4 180.1	1 418.6	2 384.6	2 257.6	1 079.6	9 197.4
动物生毛皮						
羊毛	2 078.5	2 341.0	2 597.4	1 967.7	1 832.4	2 131.4
水产品						
饮品						
酒						
茶	19 702.3	22 282.1	20 740.8	21 279.2	27 432.4	27 879.6
咖啡	26 902.0	30 866.8	24 208.2	30 395.3	22 384.8	30 074.9

南非主要农产品进口量（二）

单位：吨

项　目	2011年	2012年	2013年	2014年	2015年
农产品					
谷物	3 028 744.1	3 484 282.2	2 829 140.5	3 015 427.7	2 789 077.1
小麦产品	1 842 919.7	1 714 617.7	1 432 753.0	1 878 739.2	1 226 287.4
玉米产品	137 034.7	343 730.9	12 171.2	96 714.6	712 332.1
稻谷产品	885 972.2	1 231 761.6	1 269 949.3	914 306.5	619 874.6
棉花	34 582.1	41 473.4	45 723.8	31 629.6	11 251.7
食用油籽	92 287.9	111 780.3	167 729.6	289 552.8	292 558.8
大豆	1 655.5	1 170.1	5 685.9	107 829.5	182 350.0
花生	15 868.7	24 605.5	38 493.1	21 282.5	12 773.7
油菜籽	47.6	20.9	80.3	199.9	447.6
食用植物油	757 525.6	823 694.3	737 513.8	778 469.4	516 497.4
豆油	277 729.8	198 915.5	205 591.0	171 068.2	174 636.0
菜籽油	10 300.8	4 952.5	4 031.8	2 142.4	13 922.1
棕榈油	363 392.8	399 326.9	378 810.5	450 509.7	240 130.3
食糖	327 800.0	431 337.6	660 746.2	493 438.0	329 434.8
蔬菜	143 842.7	155 425.9	128 157.2	158 295.1	138 625.4
水果					
畜产品					
猪肉	32 181.8	33 179.9	27 650.3	18 589.5	29 378.0
牛肉	26 528.2	30 350.2	27 805.1	23 779.2	13 381.6
羊肉	17 676.4	15 547.3	13 351.6	9 724.9	9 007.0
家禽	367 142.3	450 141.7	390 815.0	417 691.5	386 483.4
蛋产品					
乳品	38 560.0	62 042.5	37 076.3	41 609.3	50 163.7
动物生皮	13 044.6	9 770.0	13 582.1	14 838.4	12 989.9
动物生毛皮					
羊毛	3 528.2	6 733.4	9 913.7	6 846.3	5 587.9
水产品					
饮品					
酒					
茶	24 299.0	24 313.8	25 794.5	27 259.2	26 448.2
咖啡	29 265.6	26 758.3	26 193.9	29 868.6	29 706.1

4-32-6 南非农产品出口额前15位国家（地区）
（2015年）

单位：万美元，%

序号	国家（地区）	出口额	同比增长
1	荷兰	74 415.8	−8.8
2	英国	67 528.8	0.8
3	纳米比亚	66 093.5	−12.5
4	博茨瓦纳	54 927.5	−12.8
5	莫桑比克	45 135.3	−15.3
6	津巴布韦	39 962.8	−30.5
7	莱索托	32 044.2	−15.7
8	中国	30 776.7	−16.5
9	中国香港	30 263.0	−8.6
10	阿拉伯联合酋长国	28 332.4	7.4
11	美国	26 663.0	−15.5
12	德国	26 643.6	5.4
13	赞比亚	24 939.5	−6.1
14	斯威士兰	24 346.1	−18.6
15	安哥拉	20 566.2	−33.6
	总计	**592 638.3**	

4-32-7 南非农产品进口额前15位国家（地区）
（2015年）

单位：万美元，%

序号	国家（地区）	进口额	同比增长
1	阿根廷	44 989.0	16.7
2	巴西	32 375.8	8.5
3	纳米比亚	28 104.5	−19.1
4	中国	27 997.1	−12.0
5	英国	27 368.3	−30.5
6	印度	23 917.9	−25.8
7	泰国	23 787.6	−36.9
8	荷兰	22 009.4	−29.2
9	德国	21 720.7	−22.3
10	法国	20 437.0	−1.6
11	澳大利亚	17 784.5	19.6
12	美国	17 331.6	−35.7
13	斯威士兰	17 108.3	−37.3
14	西班牙	14 087.0	−25.5
15	马来西亚	13 864.0	17.2
	总计	**352 882.8**	

4-33　埃及主要农产品贸易情况

4-33-1　埃及农产品贸易综述

一、过去 10 年来埃及农产品贸易总体情况

2005—2015 年，埃及农产品贸易额由 2005 年的 52.8 亿美元增至 2015 年的 198.1 亿美元，年均增长 14.1%。其中，出口额由 11.8 亿美元增至 48.9 亿美元，年均增长 15.2%；进口额由 41.0 亿美元增至 149.2 亿美元，年均增长 13.8%；贸易逆差由 29.2 亿美元增至 100.3 亿美元，年均增长 13.1%（图 1）。

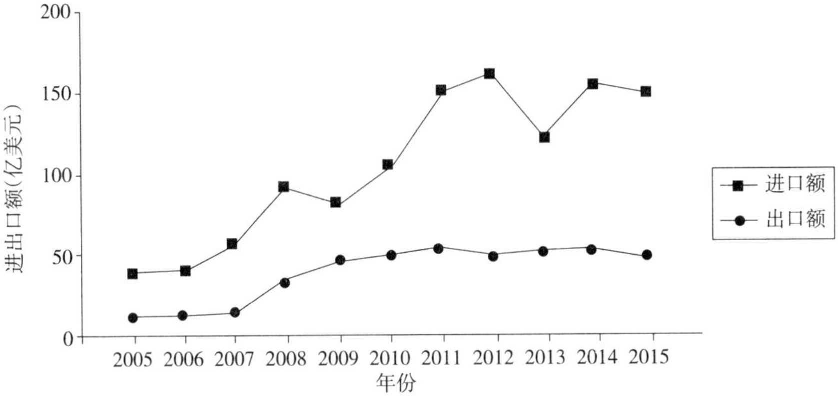

图 1　2005—2015 年埃及农产品进出口额变化

从年度变化情况看，2006 年和 2013 年进出口额同比下降，2006 年、2012 年和 2014 年出口额同比下降，2006 年、2009 年和 2013 年进口额同比下降，2015 年 3 项数值均下降，其余年份 3 项数值保持正增长。其中，2008 年出口增速最快，出口额翻了一番，2008 年进口增幅也最大，达 63.8%。2012 年以来，进出口额同比波动频繁。2015 年进口额同比下降 3.4%，较上年降低 30.1 个百分点；出口额同比下降 1.9%，较上年提高 0.3 个百分点（图 2）。

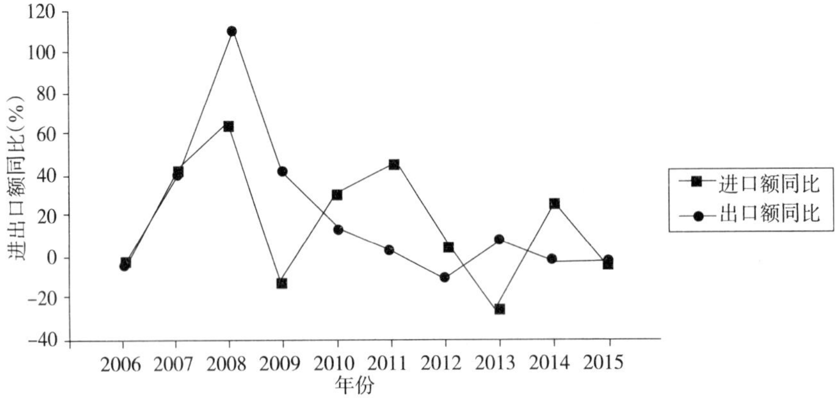

图 2　2006—2015 年埃及农产品进出口额同比变化

二、2015 年埃及农产品贸易情况

2015 年埃及农产品贸易额为 198.1 亿美元，同比下降 3.0%，在全球各大农产品贸易国中排名第 33 位。其中出口额为 48.9 亿美元，同比下降 1.9%，全球排名第 48 位；进口额为 149.2 亿美元，同比下降 3.4%，全球排名第 21 位。

（一）进出口产品结构

2015 年，埃及进口农产品以谷物、畜产品和水果为主，进口额分别为 43.9 亿美元、30.6 亿美元和 9.7 亿美元，占其农产品进口额的比重分别为 29.4%、20.5%和 6.5%。此外，埃及还进口食用油籽和水产品等，2015 年进口额分别为 8.9 亿美元和 7.7 亿美元，分别占其农产品进口额的 6.0%和 5.2%（图 3）。

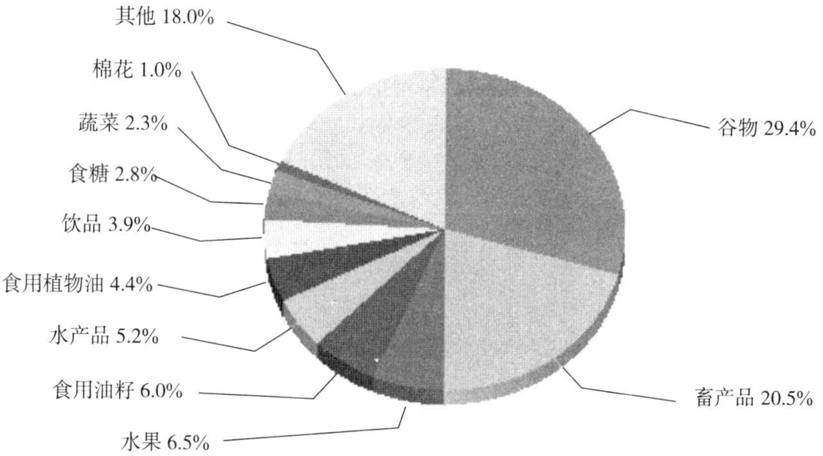

图 3　2015 年埃及农产品进口结构

2015 年，埃及主要农产品进口额同比涨跌不一。降幅最大的为食用植物油，达 34.9%，其次为食用油籽和棉花，降幅分别为 25.7%和 17.8%。谷物、饮品和蔬菜的降幅处在 2.1%～13.5%之间。食糖、水果、畜产品和水产品进口额同比增长，增幅分别为 34.2%、32.5%、11.5%和 2.4%。增幅最大的是食糖，达 34.2%（表 1）。

表 1　2006—2015 年埃及主要农产品进口额同比变化情况

单位：%

	2006 年	2007 年	2008 年	2009 年	2010 年	2011 年	2012 年	2013 年	2014 年	2015 年
农产品	−1.2	39.8	63.8	−12.9	30.1	44.5	5.3	−23.9	26.7	−3.4
谷物	−7.4	67.5	22.6	−21.3	42.5	56.6	−1.8	−48.6	83.5	−13.5
棉花	36.6	−1.1	120.2	−15.1	20.3	−8.5	−70.0	280.9	3.4	−17.8
食用油籽	−13.4	139.0	33.3	24.5	8.8	36.1	18.2	−8.2	2.3	−25.7

（续）

	2006年	2007年	2008年	2009年	2010年	2011年	2012年	2013年	2014年	2015年
食用植物油	8.2	−26.9	327.0	−41.9	14.7	106.4	−20.5	−1.1	−34.1	−34.9
食糖	2.0	−8.9	308.4	−48.9	67.1	86.9	−10.5	−77.2	70.4	34.2
蔬菜	−19.5	65.1	55.7	44.9	−2.6	49.9	−11.2	7.3	1.4	−2.1
水果	−7.0	1.9	109.8	26.3	25.5	44.7	44.3	−6.7	38.4	32.5
畜产品	20.1	21.9	47.1	−7.1	52.0	0.3	33.5	−8.1	28.1	11.5
水产品	12.1	33.1	69.1	25.8	5.8	6.0	46.5	−56.4	120.1	2.4
饮品	−16.5	90.3	435.3	1.6	9.5	27.1	18.9	−2.5	−0.7	−4.4

2015年，埃及农产品中出口额靠前的是水果、蔬菜和畜产品，出口额分别为13.7亿美元、12.8亿美元和4.3亿美元，占其农产品出口额的比重分别为27.9%、26.2%和8.8%。此外，埃及还出口谷物、饮品、食糖和棉花等，出口额分别为1.8亿美元、1.7亿美元、1.3亿美元和0.9亿美元，分别占其农产品出口额的3.7%、3.5%、2.7%和1.8%（图4）。

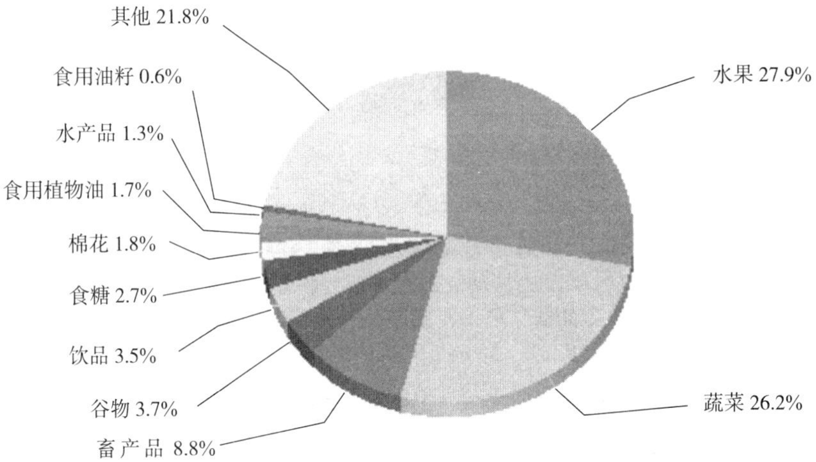

图4 2015年埃及农产品出口结构

2015年，埃及大部分农产品出口额同比下降。其中降幅最大的为食用油籽，达46.4%，其次为食用植物油和饮品，降幅分别为41.4%和14.7%。畜产品、水产品、食糖的降幅处在0.5%～8.6%之间。谷物、水果、蔬菜和棉花出口额同比增长，其中，谷物增幅最大，较上年翻了一番。水果、蔬菜和棉花的出口额分别增长3.1%、0.4%和0.2%（表2）。

表 2 2006—2015 年埃及主要农产品出口额同比变化情况

单位：%

	2006 年	2007 年	2008 年	2009 年	2010 年	2011 年	2012 年	2013 年	2014 年	2015 年
农产品	−6.6	37.9	110.6	41.9	13.0	2.9	−11.3	8.5	−2.2	−1.9
谷物	−3.5	33.6	−52.1	165.0	−17.6	−81.1	64.1	82.0	−64.6	105.9
棉花	−26.6	15.5	28.6	−53.0	189.3	−0.3	−26.0	−30.8	−34.5	0.2
食用油籽	−20.2	−4.2	196.0	167.0	−33.4	9.6	−5.8	8.4	−25.3	−46.4
食用植物油	−20.7	−25.3	1263.8	−2.8	−24.0	175.1	−30.8	−39.3	22.3	−41.4
食糖	9.0	99.7	−72.6	709.0	143.5	−16.5	−49.7	38.9	−26.5	−0.5
蔬菜	−4.4	43.9	103.9	32.0	10.7	18.0	−16.0	24.1	5.6	0.4
水果	−0.4	70.9	221.9	40.4	1.0	7.0	−0.8	2.4	6.3	3.1
畜产品	−21.2	19.7	668.6	32.8	7.5	−1.7	−20.1	5.2	−0.5	−8.6
水产品	−6.9	15.4	356.4	27.3	20.5	24.9	2.5	24.1	26.8	−3.0
饮品	21.3	9.6	202.7	42.3	42.7	7.6	−7.5	−3.0	17.2	−14.7

（二）主要贸易伙伴

2015 年埃及前五大农产品进口来源地分别为巴西、阿根廷、乌克兰、美国和俄罗斯，进口额分别为 22.0 亿美元、13.8 亿美元、13.6 亿美元、12.9 亿美元和 12.7 亿美元，占其农产品进口额的比重分别为 14.8%、9.3%、9.1%、8.6%和 8.5%（图 5）。

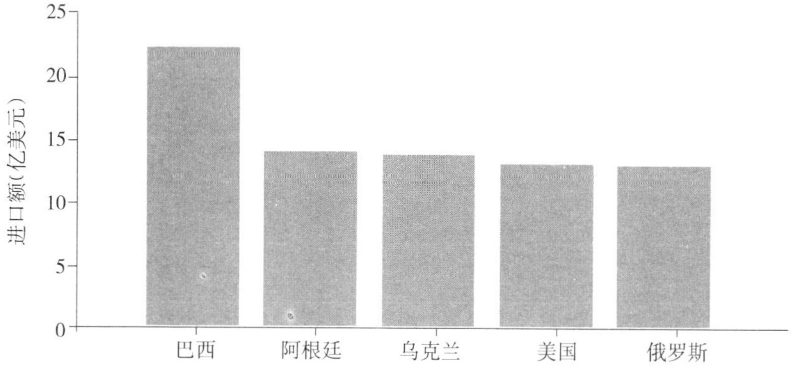

图 5 2015 年埃及前五大农产品进口来源地

2015 年埃及前五大农产品出口市场分别为沙特阿拉伯、俄罗斯、阿拉伯联合酋长国、科威特和利比亚，出口额分别为 7.2 亿美元、2.9 亿美元、2.8 亿美元、2.5 亿美元和 2.3 亿美元，占其农产品出口额的比重分别为 14.7%、6.0%、5.8%、5.1%和 4.8%（图 6）。

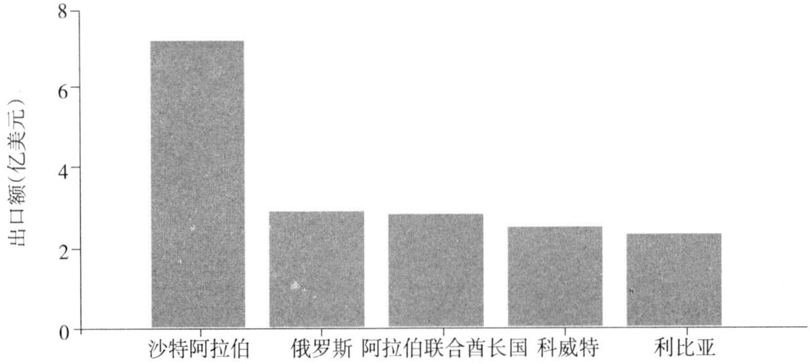

图 6　2015 年埃及前五大农产品出口市场

4-33-2 埃及主要农产品出口额（一）

单位：万美元

项 目	2005年	2006年	2007年	2008年	2009年	2010年
农产品	118 470.5	110 628.8	152 515.2	321 264.8	455 961.8	515 313.0
谷物	32 223.5	31 107.3	41 560.6	19 916.3	52 781.5	43 484.4
小麦产品	681.5	464.3	523.3	1 217.3	2 675.2	3 845.1
玉米产品	118.4	236.9	148.4	250.4	880.1	662.7
稻谷产品	31 319.8	30 146.1	40 566.2	17 939.9	47 732.3	36 783.9
棉花	18 064.6	13 251.7	15 300.5	19 671.1	9 255.1	26 772.9
食用油籽	1 570.2	1 253.2	1 200.8	3 554.0	9 488.0	6 320.3
大豆	1.0	1.0	0.3	97.6	183.3	49.7
花生	1 025.7	631.4	612.2	1 659.9	6 621.1	4 047.1
油菜籽	3.0					1.1
食用植物油	1 644.1	1 303.4	973.3	13 273.8	12 908.3	9 814.2
豆油	310.0	293.7	173.7	2 783.5	2 613.2	2 930.8
菜籽油					2.6	3.7
棕榈油	313.9	65.3	29.4	401.0	1 603.7	2 408.5
食糖	2 672.8	2 913.8	5 817.5	1 594.6	12 901.4	31 411.4
蔬菜	23 978.9	22 932.0	33 010.5	67 322.7	88 860.7	98 387.0
水果	14 764.4	14 701.9	25 126.0	80 882.2	113 571.5	114 709.6
畜产品	5 515.7	4 345.9	5 202.8	39 989.7	53 118.8	57 117.0
猪肉		16.8		15.6	8.0	14.2
牛肉	60.1	56.3	59.7	52.3	66.4	31.8
羊肉	2.9	7.4	0.3	3.9	11.4	16.5
家禽	393.4	47.9	57.4	2 063.1	2 449.3	1 981.2
蛋产品	709.2	154.2	5.8	63.9	74.6	81.3
乳品	3 452.3	3 331.4	4 110.4	35 788.2	47 252.2	51 223.9
动物生皮	2.0	22.9	92.9	277.8	252.1	453.8
动物生毛皮	8.1			1.7		3.6
羊毛	54.6	41.8	64.9	101.0	101.9	359.6
水产品	430.8	401.0	462.8	2 112.6	2 689.3	3 242.0
饮品	2 148.4	2 606.4	2 856.2	8 646.9	12 301.7	17 560.1
酒	599.2	880.8	1 046.1	2 004.5	2 375.0	6 234.1
茶	977.6	1 290.7	1 391.1	2 176.5	2 653.1	2 794.6
咖啡	11.7	28.9	15.7	1 717.3	3 159.5	3 409.7

埃及主要农产品出口额（二）

单位：万美元

项　目	2011年	2012年	2013年	2014年	2015年
农产品	530 177.2	470 414.7	502 245.1	498 806.1	489 127.6
谷物	8 230.2	13 503.5	24 579.8	8 700.2	17 909.5
小麦产品	5 189.7	4 031.0	3 704.4	4 990.6	9 380.2
玉米产品	110.8	263.0	102.0	200.5	211.1
稻谷产品	1 911.5	8 504.8	19 987.4	3 032.7	7 727.1
棉花	26 693.7	19 764.3	13 685.1	8 961.3	8 978.6
食用油籽	6 924.1	6 524.0	7 070.6	5 282.6	2 832.2
大豆	15.5	56.6	15.2	55.0	35.4
花生	5 031.5	4 544.5	3 646.1	2 823.0	813.7
油菜籽		2.4	0.1	1.5	0.4
食用植物油	26 997.0	18 680.0	11 331.3	13 862.1	8 124.2
豆油	6 009.9	6 347.8	4 016.8	8 795.9	3 451.9
菜籽油			0.2	21.6	
棕榈油	4 552.7	1 626.5	920.0	1 208.8	812.5
食糖	26 238.1	13 194.8	18 329.4	13 478.5	13 412.0
蔬菜	116 083.3	97 452.3	120 904.3	127 724.5	128 209.1
水果	122 739.1	121 743.4	124 664.8	132 570.3	136 673.2
畜产品	56 170.1	44 892.4	45 332.1	46 973.4	42 923.3
猪肉	7.1	2.0	2.4	2.4	4.5
牛肉	94.4	107.5	89.2	110.0	121.8
羊肉	30.1	6.5	1.2	8.1	8.5
家禽	1 328.5	1 460.7	470.8	2 646.5	3 586.7
蛋产品	188.5	268.1	99.0	234.9	226.1
乳品	51 099.3	39 557.5	40 896.3	40 732.6	36 320.7
动物生皮	778.7	1 084.4	1 557.5	91.8	20.7
动物生毛皮	6.1	0.4	19.6	0.1	0.1
羊毛	422.4	334.2	325.4	275.6	195.3
水产品	4 050.6	4 153.8	5 152.8	6 532.9	6 336.1
饮品	18 897.1	17 474.9	16 944.9	19 857.9	16 943.4
酒	4 774.6	3 938.6	2 600.7	667.4	1 278.6
茶	2 310.9	2 446.6	2 336.5	2 350.5	1 921.5
咖啡	4 612.9	2 817.3	2 176.7	1 501.2	1 669.8

4-33-3 埃及主要农产品进口额（一）

单位：万美元

项 目	2005年	2006年	2007年	2008年	2009年	2010年
农产品	410 254.0	405 167.3	566 541.0	928 130.2	808 325.2	1 051 984.0
谷物	163 996.1	151 814.8	254 289.1	311 827.5	245 560.7	349 929.7
小麦产品	93 613.3	96 510.7	156 400.6	211 369.3	157 771.2	218 422.8
玉米产品	69 980.4	54 796.4	94 364.4	98 682.4	84 901.3	128 301.7
稻谷产品	239.9	351.7	3 319.7	795.5	934.2	912.5
棉花	5 390.8	7 365.8	7 284.9	16 039.1	13 622.4	16 384.3
食用油籽	21 200.6	18 362.0	43 886.6	58 496.7	72 836.8	79 263.8
大豆	19 395.4	16 298.8	42 713.3	51 748.3	66 068.4	69 513.0
花生	14.9	10.7	29.8	618.0	505.6	726.8
油菜籽	0.3			2.4		9.1
食用植物油	41 858.9	45 297.9	33 111.8	141 377.5	82 119.0	94 225.9
豆油	4 997.6	2 441.3	6 973.1	44 620.4	6 970.5	12 694.5
菜籽油				5.4	207.0	4.2
棕榈油	26 739.3	33 266.7	13 141.8	65 336.1	45 270.3	52 619.2
食糖	14 507.5	14 800.9	13 490.0	55 096.2	28 171.9	47 071.7
蔬菜	8 185.9	6 592.8	10 886.8	16 953.0	24 563.9	23 929.9
水果	8 586.5	7 982.3	8 133.6	17 065.4	21 559.0	27 049.5
畜产品	57 203.0	68 675.7	83 685.0	123 114.1	114 426.0	173 946.6
猪肉		8.3	101.1		21.5	16.4
牛肉	27 704.8	40 961.2	49 026.7	48 375.5	40 783.7	72 995.0
羊肉	142.3	298.2	540.6	880.6	722.4	1 384.3
家禽	83.3	1 529.1	1 566.0	6 999.3	9 877.3	19 136.8
蛋产品	114.5	24.2	28.7	166.0	377.4	221.7
乳品	16 892.8	12 367.6	17 425.1	48 136.7	42 919.5	46 218.7
动物生皮	70.8	28.6	301.1	1 366.0	1 759.9	2 231.2
动物生毛皮		0.8			1.5	
羊毛	222.9	187.5	117.5	480.9	53.4	62.8
水产品	15 056.1	16 875.8	22 469.6	37 986.7	47 790.2	50 569.9
饮品	4 404.2	3 677.2	6 996.3	37 452.7	38 062.4	41 667.3
酒	6.1	16.2	221.6	2 992.5	2 069.1	4 929.7
茶	1 030.4	978.1	2 677.3	22 950.5	22 796.5	22 163.5
咖啡	1 057.3	1 125.4	1 878.1	6 695.2	6 639.8	5 029.7

埃及主要农产品进口额（二）

单位：万美元

项 目	2011年	2012年	2013年	2014年	2015年
农产品	1 519 885.4	1 601 004.2	1 215 938.0	1 543 822.6	1 491 952.8
谷物	547 973.1	538 252.5	276 727.1	507 913.4	439 249.5
小麦产品	320 175.1	320 053.9	72 592.0	307 215.2	254 722.8
玉米产品	220 403.0	198 710.0	201 151.7	197 220.5	180 597.7
稻谷产品	5 296.3	17 354.1	1 629.0	2 428.7	2 841.7
棉花	14 990.6	4 497.8	17 133.0	17 722.8	14 560.8
食用油籽	107 874.3	127 485.3	117 019.9	119 733.3	88 925.3
大豆	93 672.1	108 883.7	99 441.0	106 727.5	74 590.3
花生	590.8	1 130.3	511.7	559.1	747.0
油菜籽	8.5		12.3		
食用植物油	194 455.0	154 586.0	152 897.7	100 812.8	65 671.1
豆油	53 329.0	3 756.2	21 606.2	10 735.2	31 169.6
菜籽油		0.5	46.9	66.8	51.4
棕榈油	86 042.0	44 584.5	62 478.6	42 799.4	10 389.0
食糖	87 987.2	78 751.0	17 965.5	30 608.0	41 079.0
蔬菜	35 861.6	31 846.6	34 172.4	34 659.4	33 925.1
水果	39 137.5	56 465.1	52 682.3	72 907.9	96 619.3
畜产品	174 425.9	232 843.4	211 365.9	274 076.6	305 511.0
猪肉	93.4	133.4	111.9	85.0	63.1
牛肉	66 309.7	91 324.3	83 482.7	119 931.1	145 538.7
羊肉	356.7	1 518.6	894.9	1 627.9	1 163.5
家禽	11 425.3	25 173.2	15 022.8	19 721.2	19 561.0
蛋产品	233.4	345.4	383.7	408.5	256.1
乳品	62 829.1	75 638.0	76 830.9	87 637.1	76 295.7
动物生皮	1 189.2	448.7	80.0	277.7	461.2
动物生毛皮					
羊毛	246.1	3 303.2	4 518.6	4 113.7	4 686.2
水产品	53 616.4	78 533.6	34 231.6	75 361.2	77 150.3
饮品	52 968.7	63 001.2	61 439.6	60 989.1	58 323.8
酒	3 898.9	3 890.9	5 399.4	3 830.8	2 684.6
茶	31 220.6	33 082.3	30 755.5	34 513.2	29 051.2
咖啡	6 963.2	10 395.2	10 499.0	8 212.0	10 983.7

4-33-4 埃及主要农产品出口量（一）

单位：吨

项　目	2005年	2006年	2007年	2008年	2009年	2010年
农产品						
谷物	1 153 695.6	1 020 754.9	1 260 671.7	399 221.2	759 393.5	741 853.5
小麦产品	24 989.5	17 744.4	13 989.0	24 150.1	61 602.7	105 827.2
玉米产品	4 523.6	5 326.6	5 588.6	7 996.1	21 274.7	27 197.2
稻谷产品	1 119 798.1	983 885.9	1 232 529.8	360 543.7	654 753.4	575 838.6
棉花	96 799.8	55 241.1	68 854.1	93 118.3	2 068.4	79 030.7
食用油籽	28 074.5	20 901.5	16 589.8	28 255.3	62 724.7	44 649.6
大豆	27.9	20.0	50.0	1 008.2	1 433.1	1 796.4
花生	18 278.6	9 617.2	8 026.4	11 268.1	39 183.9	25 643.5
油菜籽	15.1				0.1	2.3
食用植物油	20 078.9	15 728.2	11 663.2	86 825.6	95 114.3	84 005.1
豆油	4 333.1	4 558.3	2 903.0	18 927.0	20 311.6	27 428.5
菜籽油					19.5	25.3
棕榈油	7 476.5	1 370.4	443.6	3 378.5	11 882.3	19 773.4
食糖	113 560.0	101 110.6	252 433.1	33 655.9	200 097.1	493 539.0
蔬菜	898 478.0	813 809.3	838 766.9	1 079 585.4	901 604.0	1 466 755.2
水果						
畜产品						
猪肉		193.7		45.8	17.7	89.8
牛肉	515.5	455.0	517.3	162.6	116.7	344.2
羊肉	19.9	38.0	3.1	12.8	31.2	245.4
家禽	480.8	350.9	478.0	10 288.8	8 875.4	32 987.0
蛋产品						
乳品	23 215.7	19 551.7	28 037.7	158 143.5	149 971.6	199 904.4
动物生皮	3.5	122.1	29.1	789.2	707.9	4 519.8
动物生毛皮						
羊毛	550.2	297.9	595.6	1 643.8	1 438.8	3 078.8
水产品						
饮品						
酒						
茶	1 433.1	1 878.7	2 125.4	4 231.1	4 758.4	3 348.6
咖啡	60.0	216.2	51.5	2 833.3	6 115.9	7 011.8

埃及主要农产品出口量（二）

单位：吨

项 目	2011年	2012年	2013年	2014年	2015年
农产品					
谷物	182 874.7	221 599.7	453 554.0	251 236.1	352 981.9
小麦产品	116 911.5	81 534.4	83 152.5	120 311.5	201 335.0
玉米产品	2 541.2	4 510.2	2 633.0	6 011.1	6 457.0
稻谷产品	46 102.0	125 396.9	337 634.7	82 950.4	136 561.7
棉花	62 339.5	73 619.0	42 495.9	25 785.5	49 995.7
食用油籽	43 324.2	41 891.2	37 455.3	38 270.5	13 609.6
大豆	91.5	1 101.6	67.0	1 186.4	667.7
花生	31 028.3	31 184.6	16 599.4	20 514.9	6 474.0
油菜籽	0.2	37.5	0.1	189.4	7.9
食用植物油	132 620.5	123 337.1	80 015.8	138 478.9	69 081.5
豆油	40 716.4	42 275.7	30 760.8	95 930.4	30 587.0
菜籽油			2.7	144.2	0.1
棕榈油	28 879.8	11 389.3	7 245.0	10 855.3	7 485.9
食糖	281 927.2	178 102.9	248 292.2	271 100.2	247 706.2
蔬菜	1 722 842.7	1 015 646.8	2 221 038.8	2 155 347.5	1 687 692.5
水果					
畜产品					
猪肉	12.7	7.1	1 933.1	3 765.0	15.1
牛肉	216.4	259.1	1 712.4	1 651.2	276.7
羊肉	96.9	13.4	12.6	23.9	13.7
家禽	4 822.7	4 382.6	55 846.3	7 741.8	9 866.6
蛋产品					
乳品	197 959.3	98 214.2	123 629.2	171 292.4	77 504.0
动物生皮	4 874.3	3 441.5	2 042.0	1 224.4	69.8
动物生毛皮					
羊毛	1 560.1	901.7	25 521.7	3 284.8	731.8
水产品					
饮品					
酒					
茶	4 762.1	5 132.6	2 196.0	2 549.3	3 260.8
咖啡	10 725.2	2 161.8	3 146.7	2 747.2	1 545.0

4-33-5 埃及主要农产品进口量（一）

单位：吨

项　目	2005年	2006年	2007年	2008年	2009年	2010年
农产品						
谷物	11 154 795.1	9 617 970.2	10 524 387.8	6 688 440.6	6 079 398.4	15 395 862.0
小麦产品	5 755 196.8	5 819 307.2	5 911 194.3	4 080 828.2	4 062 058.6	9 930 500.5
玉米产品	5 109 173.5	3 786 760.1	4 488 654.2	2 572 111.6	1 963 519.3	5 298 902.9
稻谷产品	4 760.3	5 819.0	118 025.1	11 606.3	16 302.6	17 703.3
棉花	109 275.6	71 214.8	5 087.1	67 363.2	46 011.2	55 450.2
食用油籽	599 111.4	606 182.6	1 150 149.3	457 965.4	585 914.5	555 595.2
大豆	574 040.7	573 170.9	1 136 646.9	419 267.1	549 118.4	496 714.9
花生	155.6	197.4	178.8	3 582.8	3 518.5	5 291.0
油菜籽	1.5			40.1		16.9
食用植物油	1 011 753.7	1 155 736.5	527 513.2	660 043.2	440 654.4	455 067.5
豆油	88 212.0	45 173.3	95 884.6	224 639.2	38 083.5	34 067.8
菜籽油				5.6	79.9	22.0
棕榈油	754 516.5	957 304.2	260 667.1	269 216.0	256 149.5	253 342.9
食糖	577 994.5	394 215.9	432 438.3	1 321 474.9	416 750.3	868 839.8
蔬菜	120 903.6	105 106.6	121 346.6	177 222.0	119 890.2	416 283.4
水果						
畜产品						
猪肉		88.8	1 179.7		62.4	323.1
牛肉	150 957.8	222 208.7	254 203.6	139 649.0	95 561.9	547 180.1
羊肉	754.5	1 698.5	2 541.9	3 435.3	1 312.5	11 682.6
家禽	667.4	11 053.0	10 538.9	33 401.4	39 876.8	60 984.2
蛋产品						
乳品	93 192.3	70 180.8	88 212.8	144 449.4	106 851.8	274 663.1
动物生皮	294.7	105.3	945.2	6 653.5	8 759.7	59 997.1
动物生毛皮						
羊毛	759.4	758.9	478.4	912.6	534.1	596.5
水产品						
饮品						
酒						
茶	9 243.9	8 685.4	22 337.6	59 374.1	80 327.8	141 243.1
咖啡	7 030.3	6 535.8	7 865.7	20 484.9	18 034.4	23 612.8

埃及主要农产品进口量（二）

单位：吨

项目	2011 年	2012 年	2013 年	2014 年	2015 年
农产品					
谷物	17 061 621.6	14 613 896.0	23 755 140.8	1 330 994.0	6 525 680.3
小麦产品	9 805 138.7	8 252 761.1	136 001.1	1 260 718.4	18 802.4
玉米产品	7 110 910.5	6 114 695.5	21 325 895.7	61 785.3	6 447 491.1
稻谷产品	94 352.1	186 494.5	1 824 040.8	7 510.7	30 554.6
棉花	45 484.4	14 287.8	4 833 833.4	76 436.5	73 044.5
食用油籽	1 215 139.8	2 020 942.3	1 180 988.9	1 414 995.7	1 227 386.2
大豆	1 116 296.8	1 923 497.0	1 080 124.1	1 331 869.3	1 207 482.5
花生	3 931.8	7 096.6	3 398.2	5 522.7	4 656.3
油菜籽	26.1		131.5		
食用植物油	1 162 529.3	1 081 598.0	1 315 723.2	1 037 317.8	625 365.2
豆油	350 101.4	28 965.0	130 469.9	99 736.2	325 185.2
菜籽油		3.0	277.4	488.4	401.9
棕榈油	509 060.0	326 766.7	707 123.6	466 103.5	97 216.7
食糖	1 248 471.0	891 671.9	825 964.1	347 923.9	398 828.0
蔬菜	272 355.0	183 295.4	29 425 717.9	149 468.7	182 772.7
水果					
畜产品					
猪肉	298.6	489.1	80 885.8	85.4	199.8
牛肉	153 303.5	189 731.1	44 978 839.9	62 233.0	296 509.5
羊肉	858.1	2 204.7	211 160.1	1 224.7	1 754.6
家禽	42 098.1	111 055.9	12 566 480.1	75 620.6	88 533.7
蛋产品					
乳品	332 875.7	152 219.9	201 563.0	213 922.1	163 845.3
动物生皮	4 559.0	2 162.5	603.6	1 687.5	1 528.6
动物生毛皮					
羊毛	391.9	14 450.6	5 416.8	5 616.5	22 629.4
水产品					
饮品					
酒					
茶	100 449.1	109 405.9	104 809.0	103 300.3	88 019.5
咖啡	22 697.4	18 429.5	35 323.6	27 361.2	24 599.8

4-33-6 埃及农产品出口额前15位国家（地区）
（2015年）

单位：万美元，%

序号	国家（地区）	出口额	同比增长
1	沙特阿拉伯	71 748.7	28.0
2	俄罗斯	29 254.0	−6.4
3	阿拉伯联合酋长国	28 435.0	21.4
4	科威特	25 041.0	57.1
5	利比亚	23 319.3	−25.1
6	约旦	18 832.4	−8.3
7	英国	18 067.5	−10.2
8	苏丹	15 628.3	48.9
9	意大利	15 348.9	−21.3
10	伊拉克	14 742.6	−37.0
11	黎巴嫩	14 474.8	−8.2
12	荷兰	13 510.9	−13.9
13	德国	12 843.7	−9.8
14	美国	10 968.1	13.5
15	叙利亚	9 924.4	−29.6
	总计	**322 139.4**	

4-33-7 埃及农产品进口额前15位国家（地区）
（2015年）

单位：万美元，%

序号	国家（地区）	进口额	同比增长
1	巴西	220 097.1	49.4
2	阿根廷	138 033.2	20.0
3	乌克兰	136 080.5	−12.6
4	美国	128 763.8	−37.2
5	俄罗斯	127 324.4	−15.9
6	法国	74 868.6	23.1
7	印度	56 877.6	−21.8
8	荷兰	39 746.9	−8.5
9	意大利	35 951.2	74.1
10	新西兰	35 439.0	1.9
11	罗马尼亚	32 817.2	−41.7
12	澳大利亚	27 982.3	−14.7
13	英国	27 136.0	−19.8
14	肯尼亚	26 994.5	−16.7
15	德国	26 933.3	22.0
	总计	**1 135 045.5**	

4-34 津巴布韦主要农产品贸易情况

4-34-1 津巴布韦主要农产品出口额（一）

单位：万美元

项 目	2005年	2006年	2007年	2008年	2009年	2010年
农产品	45 370.1	179 398.5	86 966.1	57 235.6	85 663.1	78 011.8
谷物	32.6	47.5	28.8	2.9	50.1	51.5
小麦产品	16.1		10.4			5.9
玉米产品	8.7	41.3	1.4	2.4	32.5	35.9
稻谷产品	0.2	0.3	1.1		17.6	8.5
棉花	5 029.5	8 978.5	9 493.8	9 035.9	10 281.3	15 821.3
食用油籽	67.4	61.6	72.3	163.7	695.1	401.5
大豆	3.3	4.0	7.1	86.2	80.1	1.1
花生	13.2	27.5	24.0	43.0	17.1	24.3
油菜籽	0.5	0.4				
食用植物油	2.5	9.2	35.6	4.2	5.8	136.5
豆油				0.1		1.4
菜籽油						
棕榈油		0.1				
食糖	5 847.6	5 527.4	3 518.6	3 932.7	7 352.3	4 851.5
蔬菜	524.9	45 863.0	14 653.4	3 915.6	656.1	475.5
水果	3 666.4	5 158.0	1 125.6	4 486.2	433.7	514.3
畜产品	1 682.6	2 247.3	3 431.4	1 700.9	1 558.1	2 280.3
猪肉	126.4	218.3	195.2	82.7	0.3	
牛肉	0.2	3.1	38.6	6.5	0.1	
羊肉						
家禽	262.2	166.2	307.5	66.4	110.6	127.9
蛋产品	369.3	472.0	1 574.0	347.1	181.1	117.4
乳品	280.3	488.6	500.6	174.2	233.6	78.8
动物生皮	391.1	305.1	318.3	861.6	944.1	1 761.2
动物生毛皮					0.1	
羊毛	0.6	0.3				
水产品	195.2	1 270.0	1 150.8	152.5	228.7	327.6
饮品	881.2	2 040.8	1 453.6	622.9	1 449.5	2 171.0
酒	392.4	438.2	434.8	196.0	477.7	741.7
茶	283.3	1 354.9	838.4	315.9	815.6	1 290.2
咖啡	188.7	227.9	166.0	80.0	137.8	89.6

津巴布韦主要农产品出口额（二）

单位：万美元

项　目	2011年	2012年	2013年	2014年	2015年
农产品	115 609.5	127 978.1	123 754.3	119 376.5	114 860.1
谷物	148.8	231.5	217.9	122.8	195.9
小麦产品	3.7	113.5	11.3	0.1	66.0
玉米产品	137.5	84.4	151.5	69.2	90.3
稻谷产品	7.6	30.8	27.7	36.1	34.9
棉花	27 562.6	22 227.4	10 613.0	7 196.8	5 132.3
食用油籽	981.1	336.4	434.5	179.8	291.4
大豆	1.2	10.9	55.7	104.3	7.6
花生	110.2	48.1	47.3	43.0	52.2
油菜籽					
食用植物油	117.3	424.0	219.0	9.9	
豆油		6.1			
菜籽油					
棕榈油	0.1		0.3		
食糖	4 995.5	10 270.1	9 063.3	15 033.9	9 984.7
蔬菜	567.2	672.3	927.4	638.1	759.5
水果	601.2	586.1	866.1	772.1	887.3
畜产品	3 028.3	3 511.0	3 637.4	3 440.0	654.4
猪肉		12.8		1.1	
牛肉	9.0			0.6	0.5
羊肉					
家禽	176.9	184.2	214.0	291.8	303.4
蛋产品	258.4	229.9	93.5	86.3	
乳品	1.7	142.8	94.5	8.2	75.9
动物生皮	2 564.4	2 896.4	3 197.7	3 032.0	179.4
动物生毛皮				0.6	
羊毛					
水产品	809.9	794.8	578.4	1 608.2	1 290.4
饮品	2 428.1	2 762.4	3 452.6	2 619.4	2 559.0
酒	667.9	825.3	1 081.5	406.0	282.2
茶	1 584.2	1 768.7	2 142.2	1 874.9	1 942.8
咖啡	126.3	91.0	41.4	196.9	142.0

4-34-2 津巴布韦主要农产品进口额（一）

单位：万美元

项　目	2005年	2006年	2007年	2008年	2009年	2010年
农产品	24 797.0	46 091.4	38 600.9	48 276.4	79 613.8	107 305.3
谷物	5 095.2	14 848.1	22 126.5	28 443.6	36 573.5	40 027.7
小麦产品	792.8	2 411.2	3 864.7	5 525.0	15 627.7	24 492.6
玉米产品	3 100.3	10 183.7	16 401.0	19 566.6	15 753.6	8 721.1
稻谷产品	1 082.9	690.5	1 110.3	1 216.1	2 694.0	5 710.3
棉花	3 984.0	19.0	52.4	7.0	21.3	66.4
食用油籽	715.8	616.2	379.2	211.1	986.1	1 389.3
大豆	120.7	153.3	234.7	86.4	579.1	1 255.1
花生	49.5	73.8	93.8	98.9	341.3	78.5
油菜籽	2.3	6.8	1.1			2.0
食用植物油	1 200.6	19 324.5	1 859.6	3 788.9	9 974.3	13 217.4
豆油	326.6	227.6	73.4	234.3	153.0	2 981.3
菜籽油	6.0			4.1	0.9	1.5
棕榈油	658.6	565.1	482.8	124.7	195.2	699.2
食糖	1 841.7	1.3	7.9	325.4	2 667.2	5 973.2
蔬菜	657.4	336.7	430.1	732.8	1 602.0	3 219.0
水果	188.6	1 172.1	1 492.8	817.2	2 364.7	4 579.6
畜产品	627.3	610.4	932.7	2 438.6	7 031.9	6 779.1
猪肉		10.3	74.5	20.9	190.9	62.8
牛肉	81.4	16.2	33.6	19.8	44.4	53.7
羊肉	1.5		0.9	0.9		1.7
家禽	95.1	115.9	233.4	249.8	3 104.4	2 439.2
蛋产品	3.1	4.5	0.7	4.2	638.3	623.5
乳品	279.3	207.9	300.5	1 922.3	2 114.8	2 944.0
动物生皮	85.6	18.0	32.6	14.6	2.6	0.3
动物生毛皮						
羊毛			0.1	0.2	0.3	1.2
水产品	266.4	542.1	384.6	548.9	630.1	1 881.7
饮品	1 169.4	506.1	708.2	2 562.3	4 044.9	4 688.1
酒	274.9	391.7	460.8	1 603.5	2 389.3	2 070.2
茶	1.0	13.9	14.9	46.3	78.2	96.7
咖啡	739.6	6.6	36.9	36.9	63.5	211.6

津巴布韦主要农产品进口额（二）

单位：万美元

项　目	2011年	2012年	2013年	2014年	2015年
农产品	130 633.1	142 103.6	111 643.2	98 304.7	101 745.7
谷物	48 562.1	53 822.2	35 051.2	38 295.3	46 429.3
小麦产品	24 783.4	15 329.9	10 665.1	12 658.0	14 549.5
玉米产品	14 293.1	27 358.3	12 590.4	13 114.1	18 259.1
稻谷产品	8 592.8	10 281.4	10 659.3	11 520.5	12 700.0
棉花	238.1	498.0	534.6	123.4	210.1
食用油籽	401.6	953.4	1 488.5	1 896.3	2 456.1
大豆	316.6	762.0	1 134.7	1 188.6	1 867.2
花生	19.8	144.1	307.4	639.7	553.5
油菜籽			10.5	11.8	15.5
食用植物油	19 429.3	19 650.2	9 209.5	8 283.8	11 933.0
豆油	5 345.7	7 793.4	3 851.2	5 649.8	10 833.8
菜籽油			0.1	3.6	1.1
棕榈油	1 629.8	835.3	757.9	647.5	542.5
食糖	4 395.8	6 332.5	9 339.8	2 775.0	2 696.1
蔬菜	3 912.4	3 756.9	2 998.6	3 073.8	2 584.1
水果	5 798.3	7 076.9	4 224.9	5 108.3	4 988.3
畜产品	9 335.5	8 302.3	8 847.1	6 976.5	5 579.7
猪肉	12.3	111.8	45.8	90.9	88.5
牛肉	11.5	4.5	52.5	82.9	127.2
羊肉	6.9	13.6	2.9	7.0	10.9
家禽	1 606.6	1 716.3	914.1	1 102.8	952.6
蛋产品	137.8	271.6	473.7	718.4	948.4
乳品	4 870.0	4 085.9	5 065.2	2 968.2	1 840.1
动物生皮	2.7	1.0	1.3	3.4	53.1
动物生毛皮					
羊毛	3.2	1.9		1.1	0.2
水产品	3 127.1	2 877.9	3 008.0	2 894.8	2 921.6
饮品	5 391.9	5 434.6	5 395.1	6 702.3	6 249.7
酒	2 609.8	2 397.9	2 015.6	2 219.9	1 525.5
茶	130.3	168.5	244.6	292.3	292.8
咖啡	136.5	124.0	190.0	99.2	115.6

4-34-3 津巴布韦主要农产品出口量（一）

单位：吨

项目	2005年	2006年	2007年	2008年	2009年	2010年
农产品						
谷物	789.9	1 590.0	879.7	21.1	409.2	376.6
小麦产品	623.0		768.6			97.3
玉米产品	92.3	1 559.8	40.9	12.8	89.1	152.3
稻谷产品	0.5	2.8	38.9		320.0	120.0
棉花	71 475.9	83 538.8	92 057.7	78 736.3	91 255.8	92 352.9
食用油籽	7 416.0	5 419.9	407.0	9 352.7	40 543.3	13 609.9
大豆	95.3	204.0	170.3	6 441.9	1 732.7	26.2
花生	157.6	362.5	236.6	455.3	182.2	178.4
油菜籽	5.2	0.9				
食用植物油	55.2	113.6	367.9	242.5	35.7	1 643.8
豆油				0.5		13.0
菜籽油						
棕榈油		0.1				
食糖	180 838.8	173 309.4	57 814.2	79 389.1	138 173.0	112 000.0
蔬菜	7 302.3	211 883.6	113 287.8	5 507.9	4 049.6	3 783.7
水果						
畜产品						
猪肉	566.9	1 040.0	873.0	753.3	11.6	
牛肉	1.5	21.9	82.7	46.9		
羊肉						
家禽	583.6	355.3	476.4	221.6	55.1	72.4
蛋产品						
乳品	2 649.9	5 153.0	4 899.3	3 099.2	550.3	118.3
动物生皮	835.3	434.4	155.6	214.8	327.2	3 085.5
动物生毛皮						
羊毛	4.6	1.3				
水产品						
饮品						
酒						
茶	5 027.4	11 602.4	3 575.8	7 153.3	7 873.6	10 022.7
咖啡	1 852.1	1 791.0	774.2	812.8	709.2	315.3

津巴布韦主要农产品出口量（二）

单位：吨

项　目	2011 年	2012 年	2013 年	2014 年	2015 年
农产品					
谷物	1 721.4	4 727.2	2 323.3	1 334.7	2 557.9
小麦产品	63.7	1 113.0	110.9	1.0	1 510.7
玉米产品	1 435.3	2 503.9	1 122.1	344.8	468.7
稻谷产品	222.0	1 092.9	818.0	769.9	512.0
棉花	98 249.4	139 056.0	63 921.6	43 382.7	36 178.1
食用油籽	15 709.9	1 897.5	10 225.1	1 323.3	1 522.4
大豆	86.0	103.0	314.0	841.0	89.4
花生	1 078.9	190.3	195.0	212.2	283.0
油菜籽					
食用植物油	1 426.7	3 484.7	1 580.3	79.2	0.2
豆油		34.0			
菜籽油					
棕榈油	0.2		1.0		
食糖	102 000.0	158 000.1	151 600.1	261 434.3	197 119.1
蔬菜	3 633.6	2 053.3	2 954.7	2 184.8	2 878.9
水果					
畜产品					
猪肉		20.9		2.6	
牛肉	28.0			0.5	0.6
羊肉					
家禽	36.5	40.5	55.6	93.6	99.7
蛋产品					
乳品	1.9	310.9	271.3	48.0	389.8
动物生皮	4 662.8	5 667.7	6 095.8	3 868.9	104.5
动物生毛皮					
羊毛					
水产品					
饮品					
酒					
茶	11 221.5	11 540.1	11 863.0	12 789.9	13 959.8
咖啡	251.5	193.7	109.5	806.8	432.0

4-34-4 津巴布韦主要农产品进口量（一）

单位：吨

项　目	2005年	2006年	2007年	2008年	2009年	2010年
农产品						
谷物	228 813.7	516 681.7	951 232.6	1 973 637.3	1 328 891.1	667 616.2
小麦产品	51 712.4	55 211.7	126 827.7	90 101.4	297 670.4	285 339.6
玉米产品	137 823.5	378 401.3	787 800.9	558 036.4	949 756.1	259 171.0
稻谷产品	31 071.6	19 302.8	36 469.8	1 287 129.0	37 761.3	100 295.6
棉花	37 594.9	2 174.4	406.1	62.4	177.8	459.0
食用油籽	52 100.4	28 605.8	6 758.6	3 496.3	9 807.1	30 657.3
大豆	5 775.3	4 555.2	5 571.3	2 224.7	7 805.1	27 223.4
花生	319.1	1 094.3	1 130.0	889.6	1 678.8	1 048.4
油菜籽	36.0	35.1	37.3			31.2
食用植物油	38 665.1	28 926.5	23 035.8	24 175.0	62 590.8	97 267.1
豆油	12 779.7	2 828.7	1 035.3	1 335.1	1 286.9	21 924.3
菜籽油	79.4		0.2	5.9	5.5	6.0
棕榈油	22 596.2	11 437.4	8 745.1	1 142.6	1 790.0	6 150.6
食糖	30 746.4	11.6	123.9	3 624.0	38 838.9	93 629.7
蔬菜	7 290.5	5 664.5	2 843.3	6 735.7	18 179.4	31 232.1
水果						
畜产品						
猪肉	0.4	53.0	290.6	84.0	648.6	280.7
牛肉	383.2	86.2	99.0	75.4	234.7	167.0
羊肉	1.3		1.6	3.3		2.9
家禽	102.4	363.3	278.9	698.5	16 002.0	17 295.1
蛋产品						
乳品	1 681.1	880.2	1 359.9	1 384.0	13 632.5	15 614.8
动物生皮	554.3	33.6	0.5	37.2	6.4	0.5
动物生毛皮						
羊毛		0.1	0.7	1.4	1.0	2.1
水产品						
饮品						
酒						
茶	8.9	39.5	44.0	154.1	227.3	284.0
咖啡	2 353.6	13.6	76.6	80.5	142.5	342.1

津巴布韦主要农产品进口量（二）

单位：吨

项　目	2011年	2012年	2013年	2014年	2015年
农产品					
谷物	1 027 996.8	912 713.4	733 005.8	784 340.2	1 131 792.2
小麦产品	364 589.5	295 163.3	202 359.0	259 795.9	315 860.5
玉米产品	511 889.3	446 716.1	348 361.5	327 694.3	597 346.1
稻谷产品	129 311.4	153 499.0	160 015.9	175 811.0	201 930.8
棉花	659.8	5 878.8	8 348.4	795.0	1 307.5
食用油籽	6 246.6	12 163.2	20 200.1	29 017.7	38 849.7
大豆	5 761.4	9 395.8	16 209.5	21 890.1	30 667.3
花生	300.4	2 343.8	3 547.6	6 195.0	8 064.0
油菜籽			41.0	41.6	57.8
食用植物油	113 719.5	118 462.5	322 457.4	70 314.2	114 649.6
豆油	30 977.0	46 916.6	27 331.3	47 758.0	104 655.0
菜籽油		0.1		21.9	9.6
棕榈油	10 290.2	5 545.2	260 205.7	5 634.1	4 670.4
食糖	51 918.3	78 226.1	126 920.4	40 441.4	42 557.4
蔬菜	30 975.6	28 650.8	26 967.1	24 419.4	22 715.1
水果					
畜产品					
猪肉	428.8	740.8	321.3	324.1	262.1
牛肉	336.8	101.9	214.0	229.7	437.5
羊肉	7.6	21.7	3.1	14.3	18.5
家禽	26 030.7	28 391.2	6 491.9	8 197.9	8 449.3
蛋产品					
乳品	24 855.9	25 391.2	26 020.6	19 732.7	14 113.7
动物生皮	22.2	3.1	10.0	6.0	20.5
动物生毛皮					
羊毛	28.8	26.1	0.1	0.5	0.4
水产品					
饮品					
酒					
茶	222.1	367.9	549.6	607.6	693.1
咖啡	238.9	241.1	348.5	213.0	204.8

4-35 尼日利亚主要农产品贸易情况

4-35-1 尼日利亚主要农产品出口额（一）

单位：万美元

项　目	2005年	2006年	2007年	2008年	2009年	2010年
农产品		22 228.3	99 867.9	121 292.7	256 255.8	350 529.1
谷物		0.8	402.1	295.2	69.9	90.9
小麦产品		0.8	394.4	266.4	30.7	29.7
玉米产品			4.6		34.4	22.0
稻谷产品					4.7	
棉花		43.7	4 732.6	7 262.6	6 245.8	33 657.0
食用油籽		281.2	12 230.2	15 361.0	19 496.5	64 265.0
大豆			6.7	12.1		94.3
花生				0.7	1.2	6.2
油菜籽			94.8			
食用植物油			2.8	54.9	58.4	108.7
豆油						45.8
菜籽油						
棕榈油			2.8	54.9	30.2	14.9
食糖			151.5		42.9	55.4
蔬菜		20.7	1 783.3	2 082.4	2 596.8	6 521.5
水果		1.0	1 219.6	1 299.4	700.0	501.5
畜产品		23.7	642.6	1 160.6	1 118.6	3 756.2
猪肉						
牛肉		0.1		0.8	0.3	
羊肉		5.6	3.6			
家禽						
蛋产品				7.7		
乳品		0.4	476.9	869.0	1 072.5	3 588.1
动物生皮			25.1	75.1	1.3	61.1
动物生毛皮			30.9	1.5	22.4	84.7
羊毛				34.7		
水产品		44.3	5 694.5	7 326.0	33 708.6	32 408.8
饮品		1 793.9	48 915.2	62 409.5	145 205.2	133 283.7
酒		22.5	1 165.1	2 009.5	2 064.8	2 472.9
茶		0.2	0.1	4.6	0.3	
咖啡			212.8	16.6		

尼日利亚主要农产品出口额（二）

单位：万美元

项　目	2011年	2012年	2013年	2014年	2015年
农产品	245 934.0	796 083.5	476 217.4	217 890.6	
谷物	364.9	4.9	21 322.6	108.7	
小麦产品	95.5	3.1	20 078.2	8.6	
玉米产品	12.7	0.9	651.4	0.2	
稻谷产品	256.0		535.0	0.3	
棉花	8 161.3	17 922.0	12 180.3	18 220.7	
食用油籽	39 101.0	50 427.6	93 123.2	55 686.3	
大豆		16.5	143.3	11.4	
花生	32.3	595.4	1 982.6	22.3	
油菜籽	23.8	16.8	1.0		
食用植物油	69.2	63.2	1 143.8	652.6	
豆油		0.1			
菜籽油	0.1	34.2	0.1		
棕榈油		3.4	1 049.3		
食糖	49.3	338.9	1 268.6	5.7	
蔬菜	4 989.4	10 609.9	13 948.8	3 554.2	
水果	454.1	1 095.8	2 683.6	699.9	
畜产品	5 832.9	123 331.5	24 792.2	3 050.7	
猪肉					
牛肉		0.3	5.2	0.1	
羊肉			43.3	101.4	
家禽			4.3		
蛋产品			60.0		
乳品	5 487.1	116 028.8	23 448.9	1 844.3	
动物生皮		80.1	293.9	891.1	
动物生毛皮				54.5	
羊毛			57.3	10.8	
水产品	10 406.2	35 358.4	29 177.3	9 359.6	
饮品	115 897.1	382 068.6	207 867.1	87 811.2	
酒	2 024.5	1 311.1	2 080.3	1 745.0	
茶	12.0	72.0	179.9	0.1	
咖啡	8.4	49.1	4.3	2.9	

4-35-2 尼日利亚主要农产品进口额（一）

单位：万美元

项 目	2005年	2006年	2007年	2008年	2009年	2010年
农产品		424 495.8	683 551.1	291 468.4	420 616.8	477 267.8
谷物		179 338.5	266 441.2	77 584.3	158 600.4	134 787.7
小麦产品		136 580.1	217 907.3	67 123.1	110 779.9	84 706.6
玉米产品		61.3	97.4	39.5	246.0	419.4
稻谷产品		42 356.9	48 095.8	9 598.1	47 189.5	49 485.0
棉花		1.0	27.9	1.9	5.6	81.3
食用油籽		354.0	229.2	570.5	335.0	13 828.9
大豆		157.6	13.9	23.3	201.3	12 534.8
花生		0.1	52.2	424.7	61.0	1 218.8
油菜籽						
食用植物油		6.2	960.3	166.2	1 342.3	1 057.8
豆油			0.4		107.7	6.4
菜籽油				1.3	12.8	0.3
棕榈油			754.9	0.4	1 002.7	938.4
食糖		9 562.8	27 865.4	5 438.8	30 472.8	37 279.5
蔬菜		10 707.7	10 682.4	6 871.5	8 512.0	14 168.2
水果		6 956.8	11 632.3	8 820.7	14 395.9	13 660.9
畜产品		71 927.2	112 074.8	49 361.1	34 329.3	41 729.3
猪肉		2.4				
牛肉		171.4	0.3	2.3		
羊肉						0.9
家禽		24.4			6.4	9.1
蛋产品		24.6		0.5	30.2	83.3
乳品		66 274.2	101 647.4	38 746.4	30 038.3	34 317.2
动物生皮		38.7	5.6	903.2	45.0	119.1
动物生毛皮			9.5	0.9	0.5	1.5
羊毛				1.9	9.7	
水产品		82 034.9	128 057.1	69 553.6	82 032.4	100 424.7
饮品		11 105.7	37 766.2	16 808.0	17 310.7	24 546.1
酒		6 296.1	27 723.5	11 632.2	9 898.3	15 487.0
茶		1 938.3	3 174.9	1 152.2	1 806.7	2 490.4
咖啡		420.0	1 695.0	767.1	1 759.4	1 244.2

尼日利亚主要农产品进口额（二）

单位：万美元

项　目	2011 年	2012 年	2013 年	2014 年	2015 年
农产品	2 092 986.2	835 769.1	816 716.4	819 920.9	
谷物	513 857.0	344 274.7	140 193.8	249 479.7	
小麦产品	347 642.7	149 185.0	129 670.3	174 063.5	
玉米产品	622.1	2 843.8	6 396.6	6 458.3	
稻谷产品	165 303.2	192 058.1	3 837.5	67 950.6	
棉花	1 070.0	46.7	2 193.1	199.5	
食用油籽	81 137.6	3 646.8	10 689.1	5 027.4	
大豆	1 000.1	3 066.2	736.2	4 021.1	
花生	425.6	464.2	397.1	363.9	
油菜籽					
食用植物油	4 662.0	9 440.3	16 993.3	40 583.0	
豆油	13.6	0.8	16.3	1.7	
菜籽油	4.9	2.0	1.2	11.9	
棕榈油	3 986.0	9 150.0	16 702.8	40 237.9	
食糖	147 869.3	94 837.4	87 330.6	85 363.8	
蔬菜	19 289.4	17 118.1	19 087.9	19 873.1	
水果	12 941.7	12 117.9	19 464.0	19 833.5	
畜产品	199 380.8	55 527.9	49 242.1	93 343.3	
猪肉					
牛肉	0.7		175.7	2.4	
羊肉					
家禽	7.4	7.5	14.2	19.8	
蛋产品	61.7	103.2	204.1	123.9	
乳品	171 580.3	47 776.8	43 729.5	86 532.7	
动物生皮	23.1	121.5	275.2	486.6	
动物生毛皮	0.2	1.8	4.0	1.3	
羊毛	0.1	23.6	43.8	18.0	
水产品	206 952.1	148 231.9	124 351.3	132 000.7	
饮品	212 261.6	59 152.6	38 395.9	40 093.6	
酒	17 114.8	20 983.5	19 913.4	25 684.4	
茶	3 246.0	3 303.0	2 591.5	2 312.6	
咖啡	954.5	1 500.6	1 475.2	2 506.8	

4-35-3 尼日利亚主要农产品出口量（一）

单位：吨

项 目	2005年	2006年	2007年	2008年	2009年	2010年
农产品						
谷物		22.0	11 756.5	6 031.4	16 479.5	190.4
小麦产品		22.0	11 627.0	5 093.5	16 411.6	57.6
玉米产品			115.9		52.1	118.8
稻谷产品					13.4	
棉花		225.9	39 799.5	57 359.4	40 462.8	45 146.1
食用油籽		18 500.2	149 620.7	130 797.9	112 042.4	234 041.1
大豆			280.9	306.9		879.5
花生			0.4	6.1	1.5	26.4
油菜籽			79.8			
食用植物油			64.0	772.6	137.0	1 397.6
豆油						1 000.5
菜籽油						
棕榈油			64.0	772.6	44.0	34.2
食糖			3 183.3		214.7	158.1
蔬菜		51.2	15 904.2	13 549.2	14 794.0	29 580.9
水果						
畜产品						
猪肉						
牛肉				2.2	30.0	
羊肉		0.2	19.1			
家禽				0.1		
蛋产品						
乳品		87.0	2 301.7	2 351.4	5 011.4	11 992.2
动物生皮		46.5	227.6	519.2	39.5	53.0
动物生毛皮						
羊毛				122.9		
水产品						
饮品						
酒						
茶		4.2	0.1	9.0	1.5	
咖啡		59.6	718.9	67.3		

尼日利亚主要农产品出口量（二）

单位：吨

项　目	2011 年	2012 年	2013 年	2014 年	2015 年
农产品					
谷物	1 380.2	4 333.8	111 179.6	1 721.1	
小麦产品	906.8	11.1	109 701.1	157.7	
玉米产品	74.2	4 300.1	508.8	2.4	
稻谷产品	239.1	2.0	863.5	4.1	
棉花	21 067.1	62 951.7	39 236.7	98 123.2	
食用油籽	170 615.6	246 455.1	201 665.1	235 861.7	
大豆		20.0	1 241.8	150.9	
花生	76.5	3 418.5	19 508.0	155.0	
油菜籽	190.0	129.5	1.0		
食用植物油	572.3	215.7	750.9	1 539.8	
豆油		0.2			
菜籽油	7.3	3.3	2.0		
棕榈油		32.2	15.0	0.1	
食糖	147.5	3 556.3	19 675.1	81.1	
蔬菜	14 652.2	19 135.0	73 467.3	15 853.3	
水果					
畜产品					
猪肉	0.3				
牛肉		6.3	25.6	0.1	
羊肉			4.1	315.4	
家禽	0.8	25.5	19.1		
蛋产品					
乳品	14 320.1	50 993.2	42 651.7	5 418.6	
动物生皮		37.2	27.3	743.3	
动物生毛皮					
羊毛			20.0	23.3	
水产品					
饮品					
酒					
茶	29.4	6.3	1 103.5	0.1	
咖啡	1.5	292.4	88.9	10.1	

4-35-4 尼日利亚主要农产品进口量（一）

单位：吨

项　目	2005年	2006年	2007年	2008年	2009年	2010年
农产品						
谷物		15 929 828.3	12 429 754.2	2 610 331.6	1 734 031.4	2 299 121.4
小麦产品		13 341 249.5	11 408 423.4	2 428 477.9	1 323 283.3	1 438 648.8
玉米产品		1 994.8	1 586.9	522.1	1 735.8	143 966.5
稻谷产品		2 551 812.1	1 014 420.5	160 394.2	398 092.9	711 364.4
棉花		2.0	216.1	19.3	11.2	655.1
食用油籽		11 580.2	882.5	2 787.6	1 327.9	6 183.0
大豆		4 624.4	281.0	507.9	715.5	3 013.4
花生		0.7	173.0	1 842.2	261.5	2 113.4
油菜籽						
食用植物油		43.1	14 498.5	431.5	11 345.7	2 990.5
豆油			4.6		1 802.6	500.0
菜籽油				10.5	132.4	12.0
棕榈油			13 632.5	5.1	6 091.0	2 035.3
食糖		188 427.4	533 607.7	113 396.8	544 687.4	440 097.5
蔬菜		337 360.0	129 759.0	67 939.6	102 273.7	126 767.0
水果						
畜产品						
猪肉		4.2				
牛肉		106.2	0.7	5.1		
羊肉		0.1				18.0
家禽		82.2			20.7	19.2
蛋产品						
乳品		1 060 859.6	440 167.4	125 820.0	510 223.4	1 763 229.1
动物生皮		104.0	20.4	5 379.0	657.2	4 370.8
动物生毛皮						
羊毛				7.3	35.8	
水产品						
饮品						
酒						
茶		8 357.5	9 797.3	4 419.3	11 387.1	6 388.6
咖啡		10 586.8	2 781.5	1 008.8	6 550.6	6 070.7

尼日利亚主要农产品进口量（二）

单位：吨

项　目	2011 年	2012 年	2013 年	2014 年	2015 年
农产品					
谷物	2 229 351.9	2 471 419.3	1 833 783.6	5 384 051.1	
小麦产品	1 778 416.2	1 975 101.9	1 750 959.5	4 489 284.6	
玉米产品	7 487.9	15 830.5	61 175.8	134 121.8	
稻谷产品	441 576.2	479 013.5	19 763.6	752 641.1	
棉花	2 631.0	378.2	5 040.7	1 330.0	
食用油籽	34 820.8	64 739.1	27 909.7	61 724.8	
大豆	15 903.1	58 710.6	12 933.1	58 963.2	
花生	3 510.5	4 070.8	7 550.7	1 561.0	
油菜籽					
食用植物油	25 262.8	7 879.6	18 483.8	437 556.9	
豆油	5.0	2.0	101.0	12.5	
菜籽油	64.5	10.7	8.6	83.0	
棕榈油	21 233.4	3 504.2	15 936.0	436 640.8	
食糖	1 477 766.3	1 127 087.1	1 454 900.7	1 376 119.1	
蔬菜	181 726.3	200 261.0	286 638.6	167 470.1	
水果					
畜产品					
猪肉					
牛肉	3.8	0.2	8.1	5.3	
羊肉					
家禽	4.2	50.9	43.7	18.5	
蛋产品					
乳品	176 165.6	155 929.8	127 210.8	233 368.5	
动物生皮	130.5	1 524.5	2 673.7	1 689.3	
动物生毛皮					
羊毛	2.0	11.2	22.0	52.8	
水产品					
饮品					
酒					
茶	7 928.2	8 834.5	14 931.6	4 766.3	
咖啡	4 201.4	5 337.5	4 674.7	2 440.8	

4-36 阿尔及利亚主要农产品贸易情况

4-36-1 阿尔及利亚主要农产品出口额（一）

单位：万美元

项 目	2005年	2006年	2007年	2008年	2009年	2010年
农产品	7 103.7	9 049.2	10 036.9	13 042.5	11 696.1	32 363.9
谷物	301.2	144.8	244.7	660.0	180.9	157.6
小麦产品	301.1	144.5	242.1	660.0	173.3	0.1
玉米产品						0.1
稻谷产品		0.2	1.8		2.5	0.5
棉花	2.2	5.8			2.8	0.3
食用油籽	0.6	6.6			0.1	
大豆						
花生		0.1				
油菜籽						
食用植物油	428.6	1 478.0	64.4	896.0	174.4	723.0
豆油			33.9	830.9	92.2	39.9
菜籽油		1 049.8	0.4	0.8	0.1	
棕榈油						
食糖		273.7	171.2	11.2	658.6	23 135.2
蔬菜	132.8	426.2	1 310.1	1 263.0	2 314.7	1 082.6
水果	1 963.6	2 074.1	2 353.8	2 071.4	1 477.5	2 325.0
畜产品	596.3	671.8	451.3	496.7	280.6	481.2
猪肉						
牛肉		11.2	10.3			
羊肉		3.3	47.7			
家禽		1.1	8.1	0.2	0.7	2.7
蛋产品		0.4	0.4			0.6
乳品	538.5	394.8	201.0	296.3	227.5	109.8
动物生皮	51.7	243.8	168.9	194.3	46.5	364.4
动物生毛皮						
羊毛						
水产品	1 192.8	1 298.5	1 431.9	1 511.1	975.1	684.4
饮品	1 254.5	1 355.1	2 401.0	3 750.8	2 937.0	3 157.7
酒	296.1	218.8	228.8	188.2	135.8	175.5
茶		0.1				
咖啡	0.2	0.2	0.1	0.6	0.1	0.8

阿尔及利亚主要农产品出口额（二）

单位：万美元

项　目	2011 年	2012 年	2013 年	2014 年	2015 年
农产品	35 886.4	32 005.5	40 525.5	32 608.2	23 770.3
谷物	3.8	30.0	26.0	71.5	156.3
小麦产品		27.6	18.7	69.0	153.6
玉米产品					
稻谷产品	0.5		6.5		0.4
棉花					
食用油籽					12.2
大豆					
花生					
油菜籽					
食用植物油	927.5	729.6	156.1	19.5	60.0
豆油	104.0	49.4	0.1		44.7
菜籽油			0.6	2.3	0.2
棕榈油				0.1	
食糖	26 504.5	20 797.5	27 248.7	22 938.4	15 041.1
蔬菜	1 103.6	1 367.3	2 360.5	659.9	1 062.2
水果	2 706.2	2 693.9	3 096.5	4 063.3	3 767.5
畜产品	138.6	244.9	494.1	446.3	303.9
猪肉					
牛肉					
羊肉					
家禽	32.0	3.3	3.9	23.7	16.2
蛋产品					
乳品	102.5	225.1	486.2	408.2	260.4
动物生皮				0.1	
动物生毛皮					
羊毛		1.2		12.1	18.5
水产品	673.2	657.3	635.3	779.4	668.8
饮品	2 962.6	3 516.1	4 031.5	2 424.7	1 775.2
酒	112.3	122.5	65.7	96.7	60.4
茶	0.1		1.6		
咖啡	1.7	3.5	0.2	1.5	2.2

4-36-2 阿尔及利亚主要农产品进口额（一）

单位：万美元

项　目	2005 年	2006 年	2007 年	2008 年	2009 年	2010 年
农产品	398 702.4	417 646.5	555 145.8	855 591.2	650 928.2	679 809.2
谷物	142 872.6	138 731.0	196 050.6	401 871.7	231 737.5	195 380.9
小麦产品	102 498.7	99 724.5	139 447.1	317 444.3	183 048.7	125 191.0
玉米产品	35 568.1	33 892.0	51 921.8	67 370.7	41 092.1	64 029.5
稻谷产品	2 267.9	2 488.3	3 058.1	6 287.8	4 498.3	5 808.5
棉花	1 389.6	1 261.2	918.8	1 474.2	1 305.3	1 133.0
食用油籽	3 277.8	2 370.1	2 930.5	3 674.0	3 952.3	3 730.5
大豆	65.2	53.3	171.4	113.2	135.8	120.7
花生	2 472.2	1 906.1	2 175.5	2 676.5	2 913.4	2 461.0
油菜籽	3.1	5.9	4.5	6.5	1.1	9.3
食用植物油	24 500.2	30 816.1	43 197.6	64 052.9	48 346.3	57 531.9
豆油	14 926.1	18 464.9	25 840.4	40 665.4	31 549.2	39 846.6
菜籽油	813.6	0.7	1.8	8.3	6.4	751.7
棕榈油	2 830.6	7 672.9	4 988.1	16 783.2	3 895.1	5 102.3
食糖	28 107.1	42 747.6	41 298.2	41 051.1	54 053.7	64 642.2
蔬菜	7 231.4	11 118.9	18 017.1	16 138.9	19 659.9	18 507.7
水果	15 673.4	15 203.8	20 209.0	24 737.8	29 943.3	35 289.5
畜产品	101 990.5	92 487.7	123 116.2	148 207.5	110 668.5	126 844.0
猪肉	8.8	4.0	1.2	0.9	0.5	1.6
牛肉	17 993.4	14 502.0	12 176.9	15 870.3	17 202.7	16 580.8
羊肉	4 093.1	1 890.8	1 909.0	1 129.6	5.1	232.4
家禽	1 780.2	2 916.1	1 743.5	2 060.7	2 303.2	2 583.4
蛋产品	178.3	179.9	87.8	117.2	343.2	62.7
乳品	74 150.3	70 686.6	106 253.3	127 379.8	85 812.8	99 236.4
动物生皮	10.7	3.2	1.3	14.3	18.1	
动物生毛皮						
羊毛	19.5	9.0	24.2	28.2	19.2	11.6
水产品	2 709.1	3 389.5	2 710.3	3 241.6	5 511.0	7 599.2
饮品	17 612.1	21 530.3	29 148.4	39 865.2	32 660.6	32 965.4
酒	1 353.3	1 987.4	2 241.2	2 558.7	1 720.3	2 097.9
茶	1 199.9	1 179.3	1 182.5	1 364.2	1 405.1	1 537.8
咖啡	13 001.7	15 656.5	22 758.4	30 937.9	24 080.9	22 460.2

阿尔及利亚主要农产品进口额（二）

单位：万美元

项　目	2011 年	2012 年	2013 年	2014 年	2015 年
农产品	1 089 284.0	1 014 115.1	1 061 908.9	1 194 650.4	1 014 215.6
谷物	402 355.5	326 380.1	327 907.4	365 228.2	352 188.8
小麦产品	284 745.3	212 992.1	212 486.0	237 421.5	240 229.1
玉米产品	100 162.9	94 522.1	89 679.7	98 044.9	87 716.8
稻谷产品	5 360.6	6 841.7	9 791.8	9 290.7	6 244.8
棉花	1 226.8	1 693.8	952.9	1 765.0	1 073.8
食用油籽	5 338.5	7 429.8	10 560.7	10 174.3	9 695.8
大豆	171.1	218.2	148.5	215.5	167.7
花生	3 535.4	5 395.5	7 867.2	6 728.9	6 253.8
油菜籽	13.2	18.9	29.1	31.8	34.5
食用植物油	83 172.2	85 894.1	84 346.8	70 056.6	60 170.7
豆油	61 484.9	57 185.1	66 359.5	56 646.1	46 523.9
菜籽油	1 824.3		3.6	4.8	5.6
棕榈油	8 886.6	6 028.3	11 175.5	5 769.9	7 663.0
食糖	111 809.2	96 090.2	88 183.6	84 088.6	69 649.3
蔬菜	21 658.4	30 373.0	30 447.4	32 178.3	31 692.1
水果	48 821.5	58 749.0	64 712.5	73 533.2	64 988.5
畜产品	185 823.1	166 266.7	171 081.9	253 696.0	154 625.4
猪肉	1.6	0.3	10.3	59.9	
牛肉	16 299.9	24 031.8	23 648.9	27 272.4	23 957.5
羊肉		1 459.9	1 513.7	2 718.1	1 932.1
家禽	2 958.3	3 432.3	3 506.2	3 188.3	3 170.9
蛋产品	110.1	152.9	157.3	121.3	147.0
乳品	154 180.0	126 560.7	126 027.1	204 355.5	116 861.0
动物生皮	0.6	1.4	14.8		
动物生毛皮					
羊毛	7.3			4.6	
水产品	6 108.2	7 015.1	9 685.7	14 552.0	11 612.0
饮品	50 209.0	56 358.7	57 294.6	59 242.7	51 153.0
酒	4 315.4	6 122.6	8 341.8	8 249.0	5 245.5
茶	2 128.4	2 790.5	2 601.3	3 161.2	3 354.3
咖啡	32 911.1	34 796.7	32 597.3	31 932.4	30 777.5

4-36-3 阿尔及利亚主要农产品出口量（一）

单位：吨

项 目	2005年	2006年	2007年	2008年	2009年	2010年
农产品						
谷物	10 059.7	5 130.0	5 208.0	8 718.6	4 343.9	10 991.5
小麦产品	10 058.7	5 126.6	5 109.3	8 718.0	4 289.6	0.5
玉米产品					1.1	0.1
稻谷产品	1.0	2.3	91.4		24.8	5.0
棉花	7.0	25.6			5.1	0.7
食用油籽	0.1	100.2			1.5	
大豆						
花生		0.2				
油菜籽						
食用植物油	3 557.3	17 004.3	483.7	5 167.2	1 281.4	5 323.4
豆油			370.7	4 850.0	763.9	281.3
菜籽油		13 847.5	2.4	1.4	0.4	
棕榈油						
食糖		6 323.2	4 601.4	204.9	13 820.2	366 783.7
蔬菜	2 323.6	1 774.5	11 084.5	7 600.9	16 507.3	11 751.5
水果						
畜产品						
猪肉						
牛肉		23.1	31.7			
羊肉		3.1	21.6			
家禽		3.2	11.5	0.5	20.0	341.5
蛋产品						
乳品	8 545.4	5 008.3	2 254.4	2 651.5	2 164.7	1 067.7
动物生皮	531.8	2 670.1	1 104.7	1 107.8	331.3	3 727.2
动物生毛皮						
羊毛						
水产品						
饮品						
酒						
茶		0.5	0.2			
咖啡	0.6	0.5	0.2	2.4	0.4	3.2

阿尔及利亚主要农产品出口量（二）

单位：吨

项 目	2011年	2012年	2013年	2014年	2015年
农产品					
谷物	28.8	810.3	353.8	1 039.0	3 506.5
小麦产品		784.2	288.0	1 028.6	3 479.5
玉米产品			0.2		
稻谷产品	5.1	0.1	61.6		3.6
棉花					
食用油籽				0.1	58.8
大豆					
花生					
油菜籽					
食用植物油	7 154.7	4 549.3	936.0	114.4	446.4
豆油	768.2	420.0	0.5	0.8	404.2
菜籽油		0.1	1.4	6.1	0.3
棕榈油				2.5	0.1
食糖	333 373.5	313 384.2	474 610.1	476 486.5	372 830.4
蔬菜	11 311.6	7 286.0	7 902.6	7 542.1	8 859.9
水果					
畜产品					
猪肉					
牛肉					
羊肉					
家禽	819.9	286.6	370.0	1 818.0	1 412.0
蛋产品					
乳品	714.3	1 840.3	4 292.9	3 210.3	2 693.6
动物生皮				0.1	
动物生毛皮					
羊毛		10.0		94.0	478.0
水产品					
饮品					
酒					
茶	0.1		1.2		0.1
咖啡	3.8	10.2	0.6	5.2	4.6

4-36-4 阿尔及利亚主要农产品进口量（一）

单位：吨

项 目	2005年	2006年	2007年	2008年	2009年	2010年
农产品						
谷物	8 343 732.3	10 227 590.3	7 283 142.3	9 117 285.2	7 906 855.4	8 126 320.7
小麦产品	5 685 906.6	7 804 616.9	4 856 163.4	6 486 751.5	5 719 898.9	5 232 704.6
玉米产品	2 455 245.7	2 198 167.7	2 287 529.8	2 203 735.8	2 001 489.9	2 788 377.3
稻谷产品	54 439.7	67 379.4	73 745.9	97 650.6	75 948.9	95 017.6
棉花	11 377.1	7 455.6	6 457.4	7 818.1	9 610.3	6 096.4
食用油籽	60 331.9	47 329.6	60 273.0	63 728.4	65 340.7	58 395.1
大豆	354.0	517.2	3 134.9	878.6	1 095.3	1 036.9
花生	51 597.6	40 872.3	47 226.9	53 290.8	57 084.5	46 846.7
油菜籽	59.1	85.3	71.6	66.7	16.9	132.5
食用植物油	442 174.2	559 861.9	546 139.3	515 695.1	597 955.1	621 792.9
豆油	278 328.5	328 177.1	309 327.0	330 991.3	391 095.5	426 777.7
菜籽油	12 161.4	0.2	3.9	40.1	26.3	7 003.2
棕榈油	58 240.1	151 009.3	66 538.1	135 140.9	51 214.3	56 004.9
食糖	993 375.9	1 052 440.4	1 189 303.3	1 096 650.7	1 214 719.4	1 225 837.4
蔬菜	124 636.2	197 392.2	297 110.6	1 394 607.3	242 132.4	239 836.6
水果						
畜产品						
猪肉	20.7	3.7	1.7	6.4	0.9	1.2
牛肉	79 977.9	58 372.4	56 798.0	52 202.2	62 230.0	56 582.6
羊肉	15 384.2	8 052.8	8 132.2	4 983.8	26.8	687.4
家禽	2 020.8	1 175.6	1 012.1	992.6	1 455.1	2 029.0
蛋产品						
乳品	287 517.3	288 099.8	293 223.5	293 630.3	324 601.8	298 898.2
动物生皮	58.8	29.7	2.1	16.8	102.4	0.1
动物生毛皮						
羊毛	112.6	70.6	90.5	120.7	132.9	60.7
水产品						
饮品						
酒						
茶	10 631.9	11 189.1	10 822.5	11 257.5	11 813.4	12 671.5
咖啡	113 648.3	110 597.3	118 145.1	126 859.3	123 791.6	121 999.4

阿尔及利亚主要农产品进口量（二）

单位：吨

项　目	2011 年	2012 年	2013 年	2014 年	2015 年
农产品					
谷物	11 097 310.1	9 918 068.8	10 178 811.1	12 438 199.8	13 839 367.4
小麦产品	7 454 909.7	6 347 734.8	6 305 682.2	7 418 324.3	8 506 073.0
玉米产品	3 158 323.1	3 046 498.3	3 226 132.8	4 114 585.9	4 425 383.6
稻谷产品	86 963.8	108 752.4	119 216.1	117 359.5	113 967.4
棉花	3 758.4	6 471.6	4 280.1	7 704.2	5 370.8
食用油籽	64 008.1	52 050.4	68 214.6	69 443.7	69 014.6
大豆	1 342.1	1 624.8	1 138.8	1 608.2	1 460.8
花生	52 060.7	39 053.3	52 881.4	52 975.7	48 581.1
油菜籽	141.9	209.2	288.0	301.6	296.0
食用植物油	655 444.4	711 057.1	806 115.5	772 033.3	796 185.7
豆油	484 490.6	464 720.9	622 640.5	624 671.5	622 445.8
菜籽油	14 003.1		20.4	31.7	37.3
棕榈油	71 344.2	53 261.5	119 037.6	63 167.0	105 811.3
食糖	1 551 354.8	1 672 489.2	1 790 472.2	1 901 173.2	1 904 963.9
蔬菜	237 666.5	325 440.9	289 495.2	271 303.5	312 105.5
水果					
畜产品					
猪肉	1.1	0.1	27.0	160.5	
牛肉	48 395.2	68 927.3	64 137.3	72 745.6	65 174.3
羊肉		3 055.4	2 857.5	4 633.5	3 547.7
家禽	2 495.5	2 523.3	2 854.9	2 880.4	2 728.3
蛋产品					
乳品	375 949.1	344 379.1	307 420.0	424 400.6	405 939.6
动物生皮	1.2	1.2	75.6		
动物生毛皮					
羊毛	19.1			2.2	
水产品					
饮品					
酒					
茶	15 775.9	16 010.0	12 993.6	14 835.4	15 197.5
咖啡	117 260.5	127 571.8	127 990.7	129 696.6	129 975.5

4-37 肯尼亚主要农产品贸易情况

4-37-1 肯尼亚主要农产品出口额（一）

单位：万美元

项 目	2005年	2006年	2007年	2008年	2009年	2010年
农产品	163 102.7	191 271.4	223 379.8	274 972.6	255 588.9	298 925.6
谷物	771.1	634.9	1 592.8	1 384.2	1 108.5	2 786.7
小麦产品	13.8	68.2	45.4	231.0	318.7	310.3
玉米产品	424.4	439.6	1 314.0	890.5	442.4	668.0
稻谷产品	52.8	47.6	66.5	103.8	155.2	138.8
棉花	40.8	10.4	14.8	0.4	11.2	32.5
食用油籽	382.6	724.4	789.4	619.4	684.9	926.3
大豆	35.5	335.1	222.3	166.9	2.7	224.1
花生	8.9	4.5	3.0	16.5	65.5	100.6
油菜籽	0.2	4.8				
食用植物油	2 755.2	2 794.3	4 211.4	5 777.4	5 183.8	8 681.9
豆油	336.3	192.5	389.4	375.4	167.7	130.3
菜籽油			0.4	1.5		0.2
棕榈油	2 270.1	2 527.2	3 716.1	5 221.3	4 726.7	8 350.3
食糖	744.4	802.0	1 416.3	2 905.9	150.0	194.3
蔬菜	21 853.5	24 210.2	27 816.1	30 307.1	25 907.2	28 651.9
水果	7 962.1	7 977.5	10 379.9	12 906.1	10 087.9	12 351.5
畜产品	2 567.2	2 739.0	3 204.8	3 297.8	3 283.2	4 507.2
猪肉	180.7	182.8	228.3	258.8	270.2	224.5
牛肉	53.6	63.3	129.9	204.1	141.3	352.7
羊肉	18.6	36.4	46.9	49.7	85.1	434.0
家禽	83.7	39.6	88.5	131.1	119.3	372.8
蛋产品	17.5	9.4	8.3	5.7	12.4	56.8
乳品	436.4	860.7	1 662.1	1 599.0	1 366.6	1 697.7
动物生皮	1 146.2	862.3	212.8	57.7	38.2	14.5
动物生毛皮	0.1					
羊毛	188.9	193.0	343.5	222.8	260.6	290.3
水产品	6 191.9	5 613.0	6 241.6	7 631.2	5 904.8	6 478.2
饮品	71 030.3	83 097.6	91 503.3	114 578.7	116 933.2	145 147.2
酒	856.4	2 592.7	4 213.6	5 045.7	6 279.0	6 564.8
茶	56 832.8	66 142.9	69 862.2	93 176.5	89 410.8	116 376.6
咖啡	12 821.0	13 839.1	16 622.5	15 402.5	20 228.2	20 886.6

肯尼亚主要农产品出口额（二）

单位：万美元

项　目	2011 年	2012 年	2013 年	2014 年	2015 年
农产品			254 669.5		
谷物			1 910.2		
小麦产品			541.6		
玉米产品			266.1		
稻谷产品			179.9		
棉花			93.8		
食用油籽			791.4		
大豆			5.0		
花生			38.4		
油菜籽			0.3		
食用植物油			6 651.4		
豆油			135.1		
菜籽油			2.2		
棕榈油			6 227.4		
食糖			56.9		
蔬菜			22 443.8		
水果			16 459.0		
畜产品			4 961.5		
猪肉			278.7		
牛肉			748.9		
羊肉			778.8		
家禽			316.8		
蛋产品			49.6		
乳品			1 264.7		
动物生皮			155.7		
动物生毛皮			0.2		
羊毛			402.1		
水产品			4 383.4		
饮品			151 221.5		
酒			8 193.5		
茶			122 144.3		
咖啡			19 091.9		

4-37-2 肯尼亚主要农产品进口额（一）

单位：万美元

项　目	2005年	2006年	2007年	2008年	2009年	2010年
农产品	58 778.1	71 259.5	103 739.2	134 380.5	161 266.4	149 716.5
谷物	18 603.5	20 780.6	28 507.0	40 909.5	79 320.7	42 636.7
小麦产品	10 626.9	11 186.3	17 394.3	21 189.1	19 899.7	23 307.8
玉米产品	2 339.3	2 582.7	2 975.5	10 272.8	45 959.4	8 433.7
稻谷产品	5 257.3	6 392.4	7 124.8	8 655.8	9 959.6	10 034.7
棉花	331.2	589.8	465.5	448.2	502.2	513.6
食用油籽	505.5	472.4	2 209.2	1 987.4	3 027.4	2 307.5
大豆	430.7	355.5	1 718.5	733.3	1 666.3	833.6
花生	19.9	19.9	387.0	349.6	548.2	786.1
油菜籽	0.3			0.2		
食用植物油	17 247.4	22 509.9	32 542.7	48 231.8	34 124.2	46 213.2
豆油	113.5	463.0	661.1	1 386.5	3.7	54.8
菜籽油	0.6	0.8	0.1	2.5	0.6	4.4
棕榈油	16 819.2	21 622.5	31 390.4	45 876.0	33 261.9	45 196.0
食糖	4 851.0	6 722.2	10 843.8	9 955.2	9 377.6	16 839.1
蔬菜	1 212.6	1 819.3	1 954.5	2 345.2	2 074.5	2 226.1
水果	1 375.3	1 789.0	2 552.6	3 336.9	3 624.8	4 287.9
畜产品	568.3	954.7	1 277.9	1 332.8	1 716.6	2 599.5
猪肉	63.4	106.0	165.5	141.4	70.9	59.2
牛肉	0.1			0.1		3.4
羊肉	0.3		0.8	0.1		0.1
家禽	15.9	16.7	23.8	42.8	38.5	84.5
蛋产品	49.6	21.8	70.7	19.6	8.8	2.5
乳品	226.3	411.6	466.0	623.1	1 121.1	1 479.9
动物生皮	131.8	293.2	427.7	362.7	327.9	733.7
动物生毛皮	0.1					
羊毛	3.5					0.1
水产品	743.8	834.9	1 152.7	1 048.8	1 078.2	1 453.7
饮品	3 222.8	4 035.8	4 350.2	4 780.3	4 694.4	7 480.7
酒	1 697.7	1 895.9	2 240.7	2 651.3	2 555.3	3 515.6
茶	810.9	1 121.3	838.5	514.7	469.7	1 787.4
咖啡	103.6	131.2	201.0	155.8	225.3	342.0

肯尼亚主要农产品进口额（二）

单位：万美元

项　目	2011年	2012年	2013年	2014年	2015年
农产品			180 291.7		
谷物			50 636.6		
小麦产品			27 906.3		
玉米产品			2 680.4		
稻谷产品			16 388.1		
棉花			460.7		
食用油籽			2 700.6		
大豆			365.0		
花生			820.8		
油菜籽			0.1		
食用植物油			54 025.4		
豆油			287.5		
菜籽油			14.3		
棕榈油			51 888.5		
食糖			17 603.5		
蔬菜			3 233.6		
水果			7 110.0		
畜产品			3 877.6		
猪肉			61.5		
牛肉			1.3		
羊肉			0.4		
家禽			95.8		
蛋产品			27.6		
乳品			2 474.9		
动物生皮			959.2		
动物生毛皮			0.2		
羊毛					
水产品			1 880.6		
饮品			9 339.6		
酒			4 393.1		
茶			2 022.0		
咖啡			623.9		

4-37-3 肯尼亚主要农产品出口量（一）

单位：吨

项　目	2005年	2006年	2007年	2008年	2009年	2010年
农产品						
谷物	17 266.4	23 237.4	56 781.9	33 764.1	18 201.1	83 157.5
小麦产品	488.9	3 211.6	2 944.9	4 364.2	5 413.1	7 465.8
玉米产品	11 751.9	17 800.6	50 027.7	24 858.4	5 940.3	11 144.3
稻谷产品	783.5	1 043.2	697.9	1 540.8	2 510.2	2 242.5
棉花	426.5	83.2	122.0	3.0	27.3	130.4
食用油籽	7 499.6	12 038.2	7 765.7	8 086.2	6 496.5	11 024.3
大豆	919.7	6 325.8	4 374.5	1 933.7	75.9	5 290.2
花生	112.4	60.8	23.4	83.0	243.7	381.8
油菜籽	2.1					
食用植物油	36 642.8	36 562.1	38 837.0	38 840.4	47 890.1	72 030.0
豆油	3 798.2	2 134.7	3 339.4	2 202.8	1 222.3	903.6
菜籽油			0.7	9.6		0.1
棕榈油	31 510.7	33 731.8	34 564.7	35 542.2	44 624.7	69 790.3
食糖	11 978.3	14 518.9	22 267.0	45 095.2	2 135.9	2 750.4
蔬菜	88 336.4	94 252.5	124 735.7	105 391.2	95 900.4	111 124.7
水果						
畜产品						
猪肉	594.7	560.4	637.7	688.8	738.2	565.9
牛肉	148.3	188.7	395.9	625.0	318.7	873.4
羊肉	52.6	115.7	144.9	136.1	216.0	1 388.8
家禽	63.7	59.3	50.6	355.5	152.7	207.2
蛋产品						
乳品	6 479.5	7 522.8	11 812.7	10 721.4	9 177.9	12 091.5
动物生皮	15 683.0	11 875.4	2 415.6	841.3	716.9	322.4
动物生毛皮						
羊毛	1 456.7	1 372.8	1 973.5	1 326.6	1 842.4	1 851.8
水产品						
饮品						
酒						
茶	348 215.2	325 145.6	374 416.8	390 294.5	331 607.4	417 704.3
咖啡	50 562.8	50 266.5	59 384.6	44 178.3	62 110.1	44 363.5

肯尼亚主要农产品出口量（二）

单位：吨

项　目	2011年	2012年	2013年	2014年	2015年
农产品					
谷物			33 206.0		
小麦产品			11 189.4		
玉米产品			1 802.3		
稻谷产品			2 203.5		
棉花			675.3		
食用油籽			4 997.4		
大豆			144.6		
花生			375.6		
油菜籽			0.2		
食用植物油			49 965.6		
豆油			706.2		
菜籽油			0.1		
棕榈油			48 014.9		
食糖			490.3		
蔬菜			104 039.5		
水果					
畜产品					
猪肉			775.0		
牛肉			1 878.5		
羊肉			1 590.2		
家禽			101.4		
蛋产品					
乳品			10 355.4		
动物生皮			2 830.2		
动物生毛皮					
羊毛			2 288.1		
水产品					
饮品					
酒					
茶			451 028.0		
咖啡			50 124.8		

4-37-4 肯尼亚主要农产品进口量（一）

单位：吨

项 目	2005年	2006年	2007年	2008年	2009年	2010年
农产品						
谷物	952 305.3	1 014 987.5	1 068 061.1	1 112 332.0	2 748 229.0	1 453 932.4
小麦产品	624 566.2	652 678.7	619 752.2	563 181.8	802 913.3	873 837.0
玉米产品	82 809.1	82 351.8	137 739.9	258 846.8	1 545 338.0	263 835.5
稻谷产品	228 979.2	260 935.9	261 711.4	266 220.8	302 802.7	283 059.7
棉花	3 742.8	4 732.2	3 782.4	2 701.6	4 243.4	2 995.5
食用油籽	14 343.5	14 362.3	89 646.7	29 446.6	50 530.2	40 753.9
大豆	8 588.1	10 236.7	59 904.8	14 876.0	34 797.6	21 465.1
花生	965.1	861.5	21 865.5	5 865.5	7 658.7	12 161.2
油菜籽	20.1			1.1		
食用植物油	379 617.3	462 125.8	427 276.0	431 204.5	495 715.4	545 002.4
豆油	3 522.7	6 648.4	7 257.9	10 201.7	13.9	482.1
菜籽油	7.4	4.6	0.4	12.1	7.7	17.9
棕榈油	372 310.1	450 788.5	415 970.5	415 757.1	487 061.8	536 571.7
食糖	149 663.4	166 325.2	230 013.0	220 526.4	184 537.4	257 724.2
蔬菜	9 765.0	22 830.4	35 365.2	58 907.9	26 009.9	22 787.1
水果						
畜产品						
猪肉	251.0	444.8	671.8	535.0	251.8	231.0
牛肉	0.4		0.2	0.3		18.0
羊肉	3.6		1.5	0.2		0.1
家禽	20.1	4.6	4.2	7.6	22.8	22.9
蛋产品						
乳品	1 151.8	2 221.2	2 899.7	3 394.4	5 164.5	8 679.9
动物生皮	1 448.0	2 834.5	3 505.7	2 804.6	2 370.1	4 360.6
动物生毛皮						
羊毛	14.8					0.1
水产品						
饮品						
酒						
茶	11 181.7	12 102.7	8 682.9	4 935.8	4 334.6	13 735.5
咖啡	666.7	341.6	329.1	349.2	446.1	674.4

肯尼亚主要农产品进口量（二）

单位：吨

项　目	2011 年	2012 年	2013 年	2014 年	2015 年
农产品					
谷物			1 368 751.2		
小麦产品			748 154.2		
玉米产品			93 992.8		
稻谷产品			409 606.8		
棉花			2 322.9		
食用油籽			31 466.5		
大豆			8 997.7		
花生			8 484.4		
油菜籽			0.5		
食用植物油			609 095.8		
豆油			2 255.5		
菜籽油			81.4		
棕榈油			593 882.4		
食糖			238 165.6		
蔬菜			43 443.7		
水果					
畜产品					
猪肉			183.4		
牛肉			2.3		
羊肉			1.2		
家禽			50.8		
蛋产品					
乳品			12 157.0		
动物生皮			4 039.9		
动物生毛皮					
羊毛					
水产品					
饮品					
酒					
茶			12 933.5		
咖啡			999.6		